후재집

이 책은 2020 · 2021년도 정부(교육부)의 재원으로 한국고전번역원의 지원을 받아
수행된 '권역별거점연구소협동번역사업'의 결과물임.

This work was supported by Institute for the Translation of Korean Classics - Grant funded by the Korean Government.

한국고전번역원 한국문집번역총서/단국대학교 동양학연구원

후재집 4

厚齋集

김간 지음
金幹

최예심 옮김
이라나
권진옥

일러두기

1. 이 책의 번역은 한국고전번역원에서 간행한 한국문집총간 155~156집 소재《후재집(厚齋集)》을 대본으로 하였다. 번역 대본의 원문 텍스트와 원문 이미지는 한국고전종합DB(http://db.itkc.or.kr)에서 확인할 수 있다.
2. 내용이 간단한 역주는 간주(間註)로, 긴 역주는 각주(脚註)로 처리하였다.
3. 대본의 본문과 원주의 구분이 명확하지 않은 경우는 역자가 임의로 조정하였다.
4. 한자는 필요한 경우 이해를 돕기 위하여 넣었으며, 운문(韻文)은 원문을 병기하였다.
5. 맞춤법과 띄어쓰기는 한글 맞춤법과 표준어 규정을 따랐다.
6. 이 책에서 사용한 부호는 다음과 같다.

   ( ) : 번역문과 음이 같은 한자를 묶는다.
   〔 〕: 번역문과 뜻은 같으나 음이 다른 한자를 묶는다.
   " " : 대화 등의 인용문을 묶는다.
   ' ' : " " 안의 재인용 또는 강조 문구를 묶는다.
   「 」: ' ' 안의 재인용을 묶는다.
   『 』: 「 」 안의 재인용을 묶는다.
   《 》: 책명 및 각주의 전거(典據)를 묶는다.
   〈 〉: 책의 편명 및 운문·산문의 제목을 묶는다.

차례

후재집 제21권

후재집 제22권

후재집 제23권

후재집 제24권

차기 논어 箚記 論語

서설 序說

학이 제일 學而 第一

위정 제이 爲政 第二

팔일 제삼 八佾 第三

후재집

제19권

차기 箚記

소학 小學

차기 소학 箚記 小學

경신
敬身

성인의 법〔聖模〕

모(模)는 《설문(說文)》에 '법(法)'이라고 하였는데, 서개(徐鍇)가 말하기를, "나무로 규모(規模)를 삼은 것이다."라고 하였다. 혹 '모(橅)' 자로 쓰기도 하고, '모(摹)' 자와 통용하여 쓴다.

현인의 법〔賢範〕

범(範)은 본래 '범(笵)' 자이다. 《설문》에는 '법(法)'이라고 하였다. 《통속문(通俗文)》에 "규모(規模)를 범(笵)이라고 하는데, 흙으로 만든 것을 형(型)이라고 하고, 쇠로 만든 것을 용(鎔)이라고 하고, 나무로 만든 것을 모(模)라고 하고, 대〔竹〕로 만든 것을 범(笵)이라고 한다."[1]라고 하였다. 《광운(廣韻)》에는 '식(式)'이라고 하였다.

공경하지 않음이 없어……백성을 편안하게 할 것이다.〔毋不敬……安

1 흙으로……한다 : 모두 그릇을 주조하는 틀을 말한 것이다.

民哉.〕

주자(朱子)가 말하기를, "군자가 몸을 닦는 요점이 이 세 가지에 있고 그 효과는 백성을 안정시키기에 충분하다."라고 하였다.

오만함을 키워서는 안 된다.〔敖不可長〕

오(敖)는 《설문》에 '거만하다〔倨〕'는 뜻이라고 하였고, 《광운》에는 '오만하다〔慢〕'는 뜻이라고 하였다. 또 마음에 오만함이 있는 명칭이다. '무(鶩)' 자와 통용하여 쓴다.

즐거움을 극도로 해서는 안 된다.〔樂不可極〕

마씨(馬氏)가 말하기를, "즐거움은 인정에 없을 수 없는 일이지만 방탕하여 절제가 없으면 천리에 어긋나고 욕심을 끝까지 추구하게 된다. 그러므로 성인(聖人)이 알맞은 예를 세워서 막아 방종하지 못하게 한 것이니, 이것이 극도로 해서는 안 되는 이유이다."라고 하였다.

친하면서도 공경하다.〔狎而敬之〕

압(狎)은 '할(割)'과 '갑(甲)'의 반절이다. 《설문》에 '개를 길들이다.'는 뜻이라고 하였는데, 서개(徐鍇)가[2] "짐승 가운데 길들일 수 있는 것으로는 개가 가장 적합하다."고 하였다. 《증운(增韻)》에는 '친근하다〔親近〕', 또 '완숙하다〔翫熟〕'는 뜻이라고 하였다.

2 서개(徐鍇)가 : 아래의 말이 서개의 《설문계전(說文繫傳)》에 나오는 내용이므로 보충하여 말하였다.

나눌 적에 많이 가지려고 구하지 말라.〔分無求多〕

분(分)은 문운(問韻)에 있는 것은 '부(符)'와 '문(問)'의 반절로, '나누다〔別〕', '균등하다〔均〕'는 뜻이다. 《춘추좌씨전(春秋左氏傳)》에 "환란을 구제하고 재해를 분담한다.〔救患分災〕"라고 하였다.

의심스러운 일은 질정하지 말라.〔疑事毋質〕

질(質)은 《운회(韻會)》에 '바루다〔正〕'는 뜻이라고 하였다. 《예기》〈소의(少儀)〉의 '몸소 의심스러운 말을 단정적으로 말하지 말라.〔毋身質言語〕' 주석에 "말을 할 적에 의심스러운 것은 빼버리고 자신이 단정해서는 안 되니, 잘못이 있을까 염려해서이다."라고 하였다.

사람 마음이 주인이 되어 사욕을 이기고 예로 돌아가는 기틀이다.〔人心之所以爲主而勝私復禮之機〕-주(註)-

살펴보건대, 마음은 사람 몸의 주재(主宰)이다. 그러므로 마음이 주인이 되면 사욕을 이기고 천리를 회복할 수 있다. 이른바 '사물(四勿)'[3]이 바로 주재인 마음이 사욕을 이기고 예로 돌아가는 기틀이다. 기(機)는 '노아(弩牙 쇠뇌의 시위를 거는 곳)'이니 움직임이 생기는 곳이다.

3 사물(四勿) : 네 가지 하지 말아야 할 행위로, 안연(顔淵)이 극기복례(克己復禮)의 조목을 묻자, 공자가 "예가 아니면 보지 말며, 예가 아니면 듣지 말며, 예가 아니면 말하지 말며, 예가 아니면 움직이지 말라.〔非禮勿視, 非禮勿聽, 非禮勿言, 非禮勿動.〕"라고 대답한 데서 나온 말이다. 《論語 顔淵》

문을 나갈 때에는 큰 손님을 뵙듯이 한다.〔出門如見大賓〕

"문을 나가고 백성을 부릴 때에는 이와 같이 하는 것이 가하지만, 문을 나가지 않고 백성을 부리지 않을 때에는 어떻게 해야 합니까?"라는 질문에, 정자(程子)가 말하기를, "이는 엄숙히 생각하는 듯이 할 때이다. 마음속에 있은 뒤에 밖으로 드러나니, 문을 나가고 백성을 부릴 때에 그 공경함이 이와 같음을 본다면 이보다 앞서 공경하였음을 알 수 있으니, 문을 나가고 백성을 부림으로 인하여 이런 공경이 있는 것이 아니다."라고 하였다.

거처할 때에 공손하다.〔居處恭〕-처(處)는 상성(上聲)이다.-

처(處)는 상성(上聲)이 되면 어운(語韻)에 속한다. 《설문》에 "처(處)는[4] '그치다〔止〕'는 뜻이니, 본래 처(処)로 쓴다. 궤(几)를 얻어서 머무는 것이다."라고 하였다. 《시경》의 '여기에 거하고 여기에 처한다.〔爰居爰處〕' 주석에 "거(居)는 고정된 거처이고, 처(處)는 잠시 머무는 것이다."라고 하였다.

만맥(蠻貊)

만(蠻)은 《설문》에 "남만(南蠻)의 뱀 종류이다."라고 하였다. 맥(貊)은 《설문》에 "북방 나라의 돼지 종류이다."라고 하였다.

절도를 넘으면 욕을 부른다.〔踰節則招辱〕-주(註)-

4 처(處)는 : 대본에는 없는데, 저자가 인용한 《고금운회거요(古今韻會擧要)》에 의거하여 '處'를 보충하여 번역하였다.

살펴보건대, 근신하지 못하여 예절을 넘으면 반드시 치욕을 부른다. 《논어》의 "유자(有子)가 말하기를, '공손함이 예에 가까우면 치욕을 멀리할 수 있다.'고 하였다.〔恭近於禮, 遠恥辱也〕" 주석에 "공손을 극진히 하면서도 그 절도에 맞게 하면 치욕을 멀리 할 수 있다."라고 하였다.

눈과 귀에 머물러 두지 않으며……그 의를 행해야 한다.〔不留聰明……以行其義.〕

〈악기(樂記)〉 본주(本註)의 "불류(不留)·불접(不接)·불설(不設)[5]은 《논어》의 '사물(四勿)'이란 말과 같다. 이와같이 하면 온몸이 명을 따라 의(義)를 따르게 될 것이니, 이 한 구절은 바로 배우는 자가 몸을 닦는 중요한 법이다."라고 하였다.

관경중은 이름이 이오이다.〔管敬仲名夷吾〕-주(註)-

살펴보건대, 《사기》에 "중(仲)은 자(字)가 이오(夷吾)이다."라고 하였고, 이백(李白)의 주석에 "관중(管仲)은 자가 이오이고, 영상(潁上) 사람이다. 희성(姬姓)의 후손으로 관엄(管嚴)의 아들이다."라고 하였으니, 여기에서 이름을 이오라고 한 것과 다르다.

이상은 심술(心術)의 요점을 밝힌 것이다.

5 불류(不留)·불접(不接)·불설(不設): '눈과 귀에 머물러 두지 않는다.〔不留聰明〕'·'마음에 접하지 않는다.〔不接心術〕'·'신체에 베풀지 않는다.〔不設於身體〕'를 말한다.

몸가짐을 바르게 하며 안색을 가지런히 하며 언사를 순하게 한다.〔正容體, 齊顔色, 順辭令.〕

방씨(方氏)가 말하기를, "몸가짐은 본받을 만해야 하므로 바르다고 말하였고, 안색은 볼 만해야 하므로 가지런하다고 말하였고, 언사는 따를 만해야 하므로 순하다고 말하였다."라고 하였다.

귀를 기울여 듣지 말라.〔毋側聽〕

남전 여씨(藍田呂氏)가 말하기를, "군자를 모시고 있을 적에는[6] 말하고 행동하고 보고 듣는 것을 모두 경(敬)에 두어야 한다. 머리 자세는 곧아야 하므로 귀를 한쪽으로 기울여 듣지 말아야 한다. 목소리는 조용해야 하므로 큰소리로 급하게 대답하지 말아야 한다. 눈빛은 단정해야 하므로 눈동자를 굴려 곁눈질하지 말아야 한다. 기운은 엄숙해야 하므로 태만하거나 방종하지 말아야 한다. 발걸음은 무거워야 하므로 거만하게 걷지 말아야 한다. 설 때에는 재계하듯이 하므로 기우뚱하게 서지 말아야 한다. 앉을 때에는 시동처럼 하므로 다리를 뻗지 말아야 한다. 그 의관을 바르게 해야 하므로 머리카락을 거두어 싸매어 늘어뜨리지 말아야 하고, 관을 벗지 말아야 하고, 힘든 일이 있어도 웃옷을 벗지 말아야 하고, 날씨가 더워도 하의를 걷어 올리지 말아야 한다."라고 하였다.

6 군자를……적에는 : 대본에는 '君子'로 되어 있는데, 《예기집설대전(禮記集說大全)》에 의거하여 '侍於君子'로 바로잡아 번역하였다.

교(噭)

교(噭)는 《설문》에는 '고함치다〔吼〕'는 뜻이라고 하였고, 《광운》에는 '큰 소리〔深聲〕'라고 하였다.

체(髢)

체(髢)는 《운회》에 '다리〔髲〕'라고 하였다. 피(髲)은 《주례(周禮)》 주석에 "길고 짧은 머리카락을 차례로 이어서 만드는 것이다."[7]라고 하였다.

문 밖에 두 켤레의 신이 있거든……말소리가 들리지 않으면 들어가지 않는다.〔戶外有二屨……言不聞則不入.〕

《예기》 〈곡례〉의 '어른을 모시고 앉아 있을 때에는 신을 신고 당에 오르지 않는다.〔侍坐於長者, 屨不上於堂.〕' 주석에 "당에 앉은 어른을 모시기 때문에 감히 신을 신고 올라가지 못하는 것이다. 만약 어른이 방 안에 있다면 신을 신고 당에 올라 갈 수 있지만 방에는 들어갈 수 없으니, '문 밖에 두 켤레의 신이 있다.'는 것이 바로 이 경우이다."라고 하였다.

문에 들어갈 때에는 빗장을 받든다.〔入戶奉扃〕

살펴보건대, 집해(集解)의 설[8]이 진씨(陳氏 진호(陳澔))의 주석[9]에 비

7 길고……것이다 : 이것은 《주례》 〈추사(追師)〉의 "추사가 왕후의 머리 꾸밈을 관장하여 부편차를 만든다.〔追師掌王后之首服, 爲副編次.〕" 주석 가운데 '차(次)'에 대한 설명으로, 앞부분에 "차는 피체이다.〔次者髲髢也〕"라는 말이 있다.

하여 비교적 순하니 따를 만하다.

자리 모퉁이를 따라 올라가 앉는 것이다.〔由席角而升坐〕-주(註)-

《예기정의(禮記正義)》에 "우(隅)는 모퉁이〔角〕와 같다. 남의 자리를 밟지 않고서 두 손으로 치마 앞을 걷어잡고 천천히 좌석의 아래 모서리에서부터 시작하여 아래에서 올라가 자신의 자리에 해당하는 곳에 나아가 앉는다."라고 하였다.

재속(齊遫)

속(遫)은 《운회》에 '오그라들다〔蹙遫〕'는 뜻이라고 하였다. 정현(鄭玄)은 '움츠러드는〔蹙蹙〕' 것과 같다고 하였다. 엄릉 방씨(嚴陵方氏)는 말하기를, "재(齊)은 펴지지 않음이고, 속(遫)은 느리지 않음이다."라고 하였다.

재는 '기기재율'의 재와 같다.〔齊如夔夔齊慄之齊〕-주(註)-

《서경》〈대우모(大禹謨)〉 주석에 "재(齊)는 엄숙히 공경함이고, 율(慄)을 두려워함이고, 기기(夔夔)는 엄숙히 공경하고 두려워하는 모양이다."라고 하였다.

8 집해(集解)의 설 : "문에 들어갈 때에 두 손으로 문에 빗장을 설치한 곳을 받든다."라고 하였다.

9 진씨(陳氏)의 주석 : "문에 들어갈 때는 두 손을 가슴높이로 올려 마치 문빗장을 받드는 것처럼 한다."라고 하였다.

발걸음은 무겁게 하고……얼굴빛은 엄숙하게 한다.〔足容重……色容莊〕

송강(松江) 정철(鄭澈)은 말하기를, "아홉 가지 몸가짐〔九容〕은 이치이지 기운이 아니다."라고 하였고, 율곡(栗谷) 선생은 말하기를, "아홉 가지 몸가짐은 이치가 아니니, 발동하는 것은 기운이다."라고 하였고, 우복(愚伏) 정경세(鄭經世)는 "발로 달리고 손으로 잡는 것은 기운이고, 반드시 무겁게 하고 반드시 공손하게 하는 것은 이치이니, 이른바 '사물이 있으면 법칙이 있다.'라는 것이다."라고 하였다.

앉아 있을 때에는 시동처럼 하고 서 있을 때에는 재계하듯이 한다.〔坐如尸, 立如齊〕

영가 주씨(永嘉周氏)가 말하기를, "그 마음이 엄숙한 자는 그 용모가 반드시 장중하고, 그 뜻이 성실한 자는 그 몸가짐이 반드시 공경스럽다. 반드시 장중하고 반드시 공경스러워야 시동이 될 수 있기 때문에 군자가 앉기를 시동처럼 하는 것이다. 반드시 장중하고 반드시 공경스러워야 재계할 수 있기 때문에 군자가 서 있기를 재계하듯이 하는 것이다. 이때에는 그 마음이 고요하여 외물이 전혀 없고, 진실하게 공경하여 다른 생각이 없으니, 이 마음이 성인(聖人)의 마음이다. 이는 학자들이 덕에 들어가는 요체이니 생각하지 않아서는 안 된다."라고 하였다.

두루 친압하지 말며 남의 옛 잘못을 말하지 않는다.〔不旁狎, 不道舊故〕

주자(朱子)가 말하기를, "방(旁)은 널리 미침이니, 널리 남과 친근하고 익숙한 것은 공경하지 않는 것이다. 남의 옛 잘못을 말하지 않는 것은 이것이 오늘의 급선무가 아닌데다 혹여 남의 지난 잘못을 들추어내어 증오를 취하기 때문이니, 진승(陳勝)의 빈객이 진승의 옛일을 이야기하다가 진승에게 죽임을 당한 것과 같은 따위이다.

갑작스럽게 가지 말라.〔毋報往〕

살펴보건대, 《예기》〈상복소기(喪服小記)〉의 '급하게 장사 지낸 경우에는 급하게 우제를 지낸다.〔報葬者報虞〕' 주석에 "보(報)는 '부(赴)'로 읽으니 급하고 빠르다는 뜻이다."라고 하였으니, 뜻이 여기의 '보(報)' 자와 같다.

'의에 나아가기를 목마른 듯이 급하게 추구하면 의에서 떠나기를 뜨거운 것을 만진 것처럼 급히 피한다.'라고 말하는 것과 같다.〔猶云其就義若渴則其去義若熱〕-주(註)-

살펴보건대, 이것은 바로 《장자(莊子)》〈열어구(列禦寇)〉의 글이다.

신을 모독하지 말라.〔毋瀆神〕

독(瀆)은 《운회》에 "'묵(黷)' 자와 통용하여 쓰고, '더럽히다〔慁〕'는 뜻이다."라고 하였다.

〈왕제〉에 '제후의 상대부는 경이고, 하대부는 다섯 사람이다.'라고 하였다.〔王制諸侯上大夫卿下大夫五人〕-주(註)-

《예기》〈왕제(王制)〉의 '제후의 상대부(上大夫)-인- 경(卿)-과- 하대부(下大夫)·상사(上士)·중사(中士)·하사(下士) 모두 다섯 등급이다.' 주석에 "상·중·하의 대부가 있는데도 하대부만 말한 것은 경을 상대하여 말했기 때문이다."라고 하였다. 살펴보건대, 경(卿)

이 바로 상대부이고, 이 외에 또 하대부 다섯 사람이 있는 것이다

관직에 있는 사람이란 상사에서부터 서인의 신분으로 관직에 있는 자까지를 말한다.[10]〔居官者謂上士至庶人在官者〕-주(註)-

살펴보건대, 상사(上士) 이상이 바로 경(卿)과 대부(大夫)이다. 그렇다면 '관직에 거하는 자〔居官者〕'에 대한 주석에서 경과 대부를 아울러 말해야 하는데, 지금 단지 상사 이하부터 말한 것은 어째서인가? 경문(經文)에 '대인과 함께 말할 때에는〔與大人言〕' 이라고 하였으니, 이른바 '대인'이란 바로 경과 대부이다. 그러므로 여기에서 경과 대부를 말하지 않고 단지 '상사에서부터 서인까지'라고 말한 것이다.

빠른 바람과 급한 우레……의관을 갖추고 앉는다.〔疾風迅雷……衣服冠而坐.〕

금화 응씨(金華應氏 응용(應鏞))가 말하기를, "심한 번개와 우레는 천지의 노여운 기운이 드러난 것이다. 비록 깜깜한 한밤중이라도 반드시 의복을 성대히 갖추고 일어나 앉는 것은 그 변고를 공경하는 것이다."

서 있는 사람에게 물건을 줄 때에는 무릎 꿇고서 주지 않으며, 앉아 있는 사람에게 물건을 줄 때에는 서서 주지 않는다.〔授立不跪, 授坐不立.〕

10 관직에……말한다 : 대본에는 '居官者爲上士 止 庶人在官者'로 되어 있는데, 《소학》에 의거하여 '居官者謂上士至庶人在官者'로 바로잡아 번역하였다.

엄릉 방씨(嚴陵方氏)가 말하기를, "서 있는 사람에게 물건을 줄 때에 무릎 꿇고서 주지 않는 것은 어른이 번거롭게 몸을 구부리기 때문이며, 앉아 있는 사람에게 물건을 줄 때에 서서 주지 않는 것은 어른이 번거롭게 올려다보기 때문이다."라고 하였다. 《예기》〈소의(少儀)〉에 "서 있는 사람에게 물건을 줄 때에 무릎 꿇고 주지 않고, 앉아 있는 사람에게 물건을 줄 때에 서서 주지 않는 것은 어른에게 줄 때만 그런 것이 아니라, 자신보다 낮은 자에게 주더라도 마찬가지이다."라고 하였다.

인력(蹸轢)-주(註)-

인(蹸)은 《운회》에 본래 '인(躪)'으로 되어 있다. '양(良)'과 '인(刃)'의 반절이다. 《설문》에는 '짓밟다〔轢〕'는 뜻이라고 하였고, 《광운》에는 '수레가 밟다.〔車踐〕'는 뜻이라고 하였다.

치는 일이 되고, 각은 백성이 되고, 궁은 임금이 되고, 우는 사물이 된다.〔徵爲事, 角爲民, 宮爲君, 羽爲物.〕-주(註)-

〈악기(樂記)〉의 '궁(宮)이 임금이 되고, 상(商)이 신하가 되고, 각(角)이 백성이 되고, 치(徵)가 일이 되고, 우(羽)가 사물이 된다.' 주석에 "궁(宮)은 토(土)에 속하고, 악기의 현(絃)에 가장 많은 81가닥의 실을 사용하여 소리가 지극히 탁하다. 오성(五聲) 가운데 홀로 존귀하기 때문에 군주의 상(象)이 된다. 상(商)은 금(金)에 속하고, 현에 72가닥의 실을 사용하여 소리가 그 다음으로 탁하다. 그러므로 군주의 다음 차례가 되어 신하의 상이 된다. 각(角)은 목(木)에 속하고, 현에 64가닥의 실을 사용하여 소리가 반은 맑고 반은 탁하다.

오성의 중앙에 있기 때문에 신하의 다음 차례가 되어 백성의 상이 된다. 치(徵)는 화(火)에 속하고, 현에 54가닥의 실을 사용하여 그 소리가 맑다. 백성이 있은 뒤에 일이 있기 때문에 일의 상이 된다. 우(羽)는 수(水)에 속하고, 현에 가장 적은 48가닥의 실을 사용하여 소리가 지극히 맑다. 일이 있은 뒤에 사물을 사용하므로 사물의 상이 된다. 이것이 오성의 크고 작은 차례이다."라고 하였다.

상을 말하지 않은 것은 혹 서방의 냉혹하게 죽이는 소리이기 때문에 빼버린 듯하다.〔不言商者, 或以西方肅殺之音, 故遺之歟.〕-주(註)-

살펴보건대, 《주례》의 '제사 음악에는 상을 쓰지 않는다.〔祭祀之樂, 不用商〕' 주석에 "제사 음악에 상(商)이 없는 것은 제사에는 부드러움을 숭상하는데 상은 굳세고 강하기 때문이다."라고 하였으니, 이와 뜻이 같다.

〈채자〉에 맞추어 빨리 걸어가고 〈사하〉에 맞추어 걸어간다.〔趨以采齊, 行以肆夏.〕

《주례》〈춘관(春官) 악사(樂師)〉의 '악사가 음악에 알맞은 예의(禮儀)를 가르쳐 〈사하〉에 맞추어 걷게 하고 〈채자〉에 맞추어 빨리 걷게 하였다.〔樂師教樂儀, 行以肆夏, 趨以采齊.〕' 주석에 "〈사하(肆夏)〉와 〈채자(采齊)〉는 모두 악곡의 명칭이다. 혹자(或者)는 모두 일시(逸詩)[11]라고 하였다. 이것은 걸어갈 때에는 〈사하〉로 절도를 삼고, 걷는 것보다 빨리 달려갈 때에는 〈채자〉로 절도를 삼는다는

11 일시(逸詩) : 《시경》에 수록되지 않고 빠진 시를 말한다.

말이다."라고 하였다. 정현(鄭玄)은 "행(行)은 태묘(太廟) 안에서 걷는 것을 말하고, 추(趨)는 조정에서 추창하는 것을 말한다."라고 하였고, 《이아(爾雅)》에는 "당 위를 다니는 것을 행(行)이라고 하고, 문밖에서 다니는 것을 추(趨)라고 한다."라고 하였다. 안성 유씨(安成劉氏)가 말하기를, "〈채자〉는 어떤 사람이 《시경》의 〈소아(小雅) 초자(楚茨)〉라고 하였다."라고 하였다. 《시경》 〈주송(周頌) 시매(時邁)〉 주석에는 "혹자가 말하기를, '이 시는 바로 이른바 〈사하〉이니, 편 안에 「사우시하(肆于時夏)」라는 말이 있기 때문에 명명한 것이다.'고 하였다."라고 하였다.

쟁(鏘)

쟁(鏘)은 《운회》에 본래 창(瑲)으로 되어 있다. '천(千)'과 '양(羊)'의 반절이다. 《설문》에 "옥이 부딪치는 소리〔玉聲〕이라고 하였다. 《시경》에 "여덟 개의 말방울이 울린다.〔八鸞鏘鏘〕"라고 하였다.

난화(鸞和)

난(鸞)은 《운회》에 "'난(鑾)' 자와 통용하여 쓴다. '노(盧)'와 '환(丸)'의 반절이다."라고 하였다. 《설문》에는 "임금이 타는 수레에는 네 말의 재갈에 8개의 난령(鑾鈴)을 매달아 난새〔鸞鳥〕의 울음소리를 형상하니, 소리가 조화롭게 울리면 공경스러운 것이다."라고 하였다. 최표(崔豹)의 《고금주(古今註)》에 "오로(五路)[12]의 횡목(衡木)

12 오로(五路) : 오로(五輅)를 말하는데, 임금이 타는 다섯 종류의 수레인 옥로(玉輅), 금로(金輅), 상로(象輅), 혁로(革輅), 목로(木輅)이다.

위에 있는 금작(金雀)이 주조(朱鳥)이다. 그러므로 주조란(朱鳥鸞)이라고 한 것이다. 입에 방울을 물고 있기 때문에 난(鑾)이라고 한 것이다."라고 하였다. 또 화란(和鸞)[13]이라고도 하는데, 《시경》의 '화와 난이 조화롭게 울린다.〔和鸞雝雝〕' 주석에 "화(和)는 식(軾)에 달려있고 난(鸞)은 재갈〔鑣〕에 달려있다."라고 하였다.

표(鑣)-주(註)-

표(鑣)는 《설문》에 '말 재갈〔馬銜〕'이라고 하였다.

나아가고 물러나고 주선함을 반드시 예에 맞게 한다.〔進退周旋, 必中禮.〕

《예기》 본주(本註)에 나오는 여씨(呂氏)의 설은 다음과 같다. "예(禮)에 활 쏘는 자는 반드시 먼저 짝을 맞춘다. 그러므로 한 짝에 상우(上耦)와 하우(下耦)가 있어서 모두 활을 잡고 화살을 활시위에 끼운다. 나아갈 적에는 계단을 마주했을 때와 계단에 이르렀을 때 및 물(物 활을 쏘는 자리)을 마주했을 때와 물에 이르렀을 때에 모두 읍하며, 물러날 적에도 이처럼 한다. 걸을 때에 서로 좌우로 걷고 오르내릴 때에 선후로 오르내리며 활을 쏠 때에는 모두 번갈아 쏜다. 복(楅 화살통)에서 화살을 취할 때에는 처음 나아갈 때에 읍하고, 복을 마주하여 읍하고, 화살을 취하고서 읍하고, 화살을 허리띠에 꽂고 활시위에 끼운 다음 읍한다. 물러날 때에는 나오려고 하는 자와 함께 읍한다. 화살을 취할 적에는 활을 눕히고, 손바닥을 위로 향하

13 화란(和鸞) : 대본에는 '和'로 되어 있는데, 저자가 인용한 《고금운회거요》에 의거하여 '和鸞'으로 수정하여 번역하였다.

고, 부(弣)를 함께 잡고, 화살의 깃털을 고르게 하고, 번갈아가며 취하는 절도가 있다. 활쏘기를 끝마치고 술을 마실 때에는 이긴 자는 소매를 벗고 깍지와 토시를 끼고 시위를 메긴 활을 잡으며, 이기지 못한 자는 소매를 꿰고 깍지와 토시를 벗고 시위를 푼 활을 손 위에 올린다. 당(堂)에 올라가 술을 마실 때에는 처음과 같이 서로 읍한다. 이와같으니 나아가고 물러나고 주선함이 반드시 예에 맞음을 볼 수 있다."

덕행을 볼 수 있다.〔可以觀德行〕

여씨(呂氏)가 말하기를, "군자는 경(敬)으로 내면을 곧게 하고 의(義)로 외면을 방정하게 한다. 내면에 보존된 것이 경하면 외면에 드러나는 것이 장중하니, 안팎이 서로 닦이면 실제 일에 드러난 것이 중도에 맞다. 활쏘기가 하나의 기예에 불과하지만 반드시 예의(禮義)를 즐기고 오랫동안 공경(恭敬)을 지속하여 뜻이 분산되지 않는 마음이 있어야만 제대로 쏠 수 있으니, 그 덕행을 알 수 있다."라고 하였다.

이상은 위의(威儀)의 법칙을 밝힌 것이다.

장수하고 길하여 너의 큰 복을 크게 하리라.〔壽考維祺, 介爾景福.〕

고(考)는 《설문》에 '늙음〔老〕'이라고 하였다. 개(介)는 《춘추좌씨전》에 '돕다〔助〕'는 뜻이라고 하였으니, 너의 큰 복을 돕는다는 것이다. 살펴보건대, 개(介)의 뜻풀이가 《의례》 본주(本註)[14]와 같지 않다.

날을 점치다〔筮日〕-주(註)-

서(筮)는 《광운》에 "결정하다〔決〕는 뜻이다. 거북점을 복(卜)이라고 하고 시초점을 서(筮)라고 한다."라고 하였다.

치포관(緇布冠)-주(註)-

〈교특생(郊特牲)〉의 '관례(冠禮)의 의(義)에 있어 처음 관을 씌울 때에는 치포관(緇布冠)으로 한다. 태고 시대에는 베〔布〕로 만든 관을 썼는데 재계할 때에는 검은색으로 물들였다.' 주석에 "관례 때에는 세 번 관을 씌우는데 먼저 치포관을 씌우니 바로 태고 시대 재계할 때의 관이다. 검은 베로 만드는데, 비녀를 사용하지 않고 규(頍)[15]를 사용하여 발제(髮際)[16]를 둘러싸고 목 가운데에서 묶은 뒤에 그대로 매어서 관을 고정시킨다. 이 관은 후세에서 더 이상 사용하지 않는데도 초관(初冠)으로 잠시 사용하는 것은 옛 제도를 잊지 않고자 해서이다."라고 하였다. 〈옥조(玉藻)〉의 '처음에 치포관을 씌우는 것은 제후 이하에 통용되는데, 관례를 마치고서 폐기해도 괜찮다.' 주석에 "관례 때에 처음 치포관을 씌우는 것은 제후 이하에 통용되는 예이다. 고례(古禮)를 보존하기 때문에 사용하고, 시왕(時王)의 제도가 아니기 때문에 사용하고 나서 곧 폐기하는 것이

14 의례 본주(本註) : 《의례》 본주에서는, 개(介)를 '크다〔大〕'는 뜻으로 보아 "너의 큰 복을 크게 할 것이다."라고 풀이하였다.

15 규(頍) : 머리를 묶어 관을 고정시키는 머리 장식이다.

16 발제(髮際) : 머리카락의 가장자리 부위로, 이마 위쪽에 있는 머리카락 가장자리를 전발제(前髮際)라고 하고, 목뒤 위쪽에 있는 머리카락 가장자리를 후발제(後髮際)라고 한다.

다."라고 하였다. 《논어》의 '마면이 예이다.〔麻冕禮也〕'라는 공자(孔子)의 말씀에 대한 주석에 "마면은 치포관이니 30승(升)의 베로 만든다."라고 하였고, '단장보(端章甫)' 소주(小註)에 "장보는 치포관이다. 하(夏)나라에서는 모퇴(毋追)-음이 모퇴(牟堆)이다.-라고 하였고, 상(商)나라에서는 장보(章甫)라고 하였고, 주(周)나라에서는 위모(委貌)라고 하였으니, 검은 베로 만들었다."라고 하였다. 살펴보건대, 이 몇 가지 설을 가지고 살펴보면 이른바 치포관이란 《가례(家禮)》의 이른바 '치관(緇冠)'과 그 명칭이 이미 다르고 그 제도도 다른데, 후세 사람들이 뒤섞어 하나의 관으로 여겼다. 심지어 《상례비요(喪禮備要)》에서도 치포관을 치관이라고 하였으니 그 이유를 모르겠다.

동려(凍黎)-주(註)-

여(黎)는 혹 '이(梨)'로 쓴다. 《운회》에 '노인〔老〕'이라고 하였다. 《방언(方言)》에 "미(眉)·여(黎)·질(耊)·태(鮐)는 '노인'이니, 동제(東齊)[17]에서는 미(眉)라고 하고, 연(燕)나라와 대(代)나라 북쪽에서는 여(黎)라고 하였다."라고 하였는데, 곽박(郭璞)의 주석에 "얼굴색이 언 배와 비슷하다."라고 하였다. '이(犁)' 자와 통용하여 쓰니, 《서경》에 '노인을 버리다.〔播棄犁老〕'라고 하였다.

피변(皮弁)-주(註)-

17 동제(東齊) : 주왕조(周王朝) 때의 제(齊)나라를 말하는데, 그 땅이 주나라 동쪽에 있기 때문에 붙여진 이름이다.

〈사관례(士冠禮)〉의 '피변복(皮弁服)' 주석에 "피변복은 임금이 조회를 볼 때 입는 옷이다. 피변은 흰 사슴 가죽으로 만드니 상고(上古)를 본뜬 것이다.[18]"라고 하였다. 천자부터 서인까지 함께 사용하였다. 고문(古文)의 '변(弁)' 자는 상형자(象形字)이니, 그 모습이 마치 손을 모은 것처럼 위가 뾰족하다.

작변(爵弁)-주(註)-

〈사관례〉에 '가죽 재질에 작색으로 꾸몄다.〔韋質爵飾〕'라고 하였는데, 정씨(鄭氏)가 말하기를, "작색(爵色)으로 꾸몄다는 것은 검은색이 많고 붉은 색이 적은 것이 이것이다."라고 하였다. 천자・제후・대부의 길흉의 행사에도 착용하고, 재부(宰夫)와 옹인(饔人)[19]의 무리도 착용하였다.

부모가 생존해 있으면 관과 옷에 흰색으로 선을 두르지 않는다.〔父母存, 冠衣不純素.〕

순(純)은 '주(朱)'와 '윤(閏)'의 반절로, 가장자리를 꾸미는〔緣〕 것이다. 《예기정의》에 "예(禮)에 부모와 조부모가 모두 생존해 계시면 관과 옷에 무늬 있는 천으로 선을 두르고, 부모만 생존하고 조부모는 없을 경우에는 청색으로 선을 두른다."라고 하였다.

18 상고(上古)를 본뜬 것이다 : 소(疏)에 "상고를 본뜬다는 것은 삼황(三皇) 때에는 흰 사슴 가죽으로 만든 모자로 머리를 덮고 턱에 걸어 목에 둘렀기 때문이니, 이른바 '삼〔麻〕과 실〔絲〕이 없어서 그 깃털과 가죽을 입었다.'라는 것이다."라고 하였다.

19 재부(宰夫)와 옹인(饔人) : 둘 다 관직 이름으로, 재부는 음식을 주관하는 관리이고, 옹인은 조리를 담당한다.

고자가 집안을 맡아서는 관과 옷에 채색으로 선을 두르지 않는다.〔孤子當室, 冠衣不純采.〕

《예기》〈심의(深衣)〉의 '부모만 생존해 있으면 옷에 청색으로 선을 두르고, 고자(孤子)의 경우는 옷에 흰색으로 선을 두른다.〔具父母, 衣純以靑, 如孤子, 衣純以素.〕'에 대한 여씨(呂氏)의 주석에 "30세 이하로 아버지가 없는 자를 '고(孤)'라고 칭할 수 있다. 30세 이상은 남의 아버지가 되는 도리가 있으므로 '고'라고 말하지 않는다."라고 하였다. 《예기정의》에 "집안을 맡는다고 하였으니 적자(適子)를 말한다. 어려서 아버지를 잃었기 때문에 상복을 벗더라도 여전히 흰색으로 선을 두르는 것이다. 그러나 〈심의〉에 '고자는 옷에 흰색으로 선을 두른다.'고 하였으니, 적자와 서자가 모두 그런 것이지, 어찌 적자만 그렇겠는가. 다만 적자는 안으로는 제사를 다스리고 밖으로는 종족과 사귀어 아버지를 대신함이 이미 갖추어졌으니 혹 적자는 서자와 다르다고 할까봐 혐의하여 밝힌 것이다."라고 하였다. 살펴보건대, 이는 본주(本註) 여씨의 설[20]과 같지 않다.

감취(紺緅)

감(紺)은 《석명(釋名)》에 "'머금다〔含〕'는 뜻이니, 청색에 붉은 색

20 본주(本註) 여씨의 설 : 여씨의 설은 다음과 같다. "'당실'은 아버지의 후계자가 된 자를 말한다. 〈문상(問喪)〉에 '어린아이는 시마복(緦麻服)을 입지 않지만, 집안의 후계자가 된 자는 시마복을 입는다.'라고 하였으니, 또한 아버지의 후계자가 된 경우를 말한 것이다. 이른바 '채색으로 선을 두르지 않는다.'는 것은 상복을 벗어도 여전히 흰색으로 선을 두르는 것이니, 오직 아버지의 뒤를 계승한 자만 이렇게 하고 아버지를 계승한 자가 아니면 이렇게 하지 않는다."

을 머금은 것이다."라고 하였다. 취(緅)는 《운회》에 '청적색(青赤色)'이라고 하였다. '감'은 재계할 때의 복색과 비슷하고, '취'는 상복(喪服)의 꾸밈새와 비슷하기 때문에 이런 색으로 장식하지 않는 것이다.

휴(觿)-주(註)-

휴(觿)는 제운(齊韻)에 있는 것은 '현(玄)'과 '규(圭)'의 반절이다. 《설문》에 "뿔이니, 끝이 뾰족하여 묶인 것을 풀 수 있다."라고 하였다. 지운(支韻)에 있는 것은 현(翾)과 규(規)의 반절이다. 《예기》의 '소휴(小觿)[21]' 주석에 "코끼리뼈로 만들었다."라고 하였다.

이상은 의복의 제도를 밝힌 것이다.

손때를 묻히지 않는다.〔不澤手〕

살펴보건대, 집주(集註)의 장자(張子)의 설[22]이 본주(本註)의 한택(汗澤)의 설[23]과 다르나 오히려 더 평순한 듯하니 따라야 할 듯하다.

21 소휴(小觿) : 대본에는 '小鑴'로 되어 있는데, 《예기》 〈내칙(內則)〉에 의거하여 '小觿'로 바로잡아 번역하였다.

22 집주(集註)의 장자(張子)의 설 : "'불택수(不澤手)'는 반드시 다른 물건으로 음식을 취하여 그 손을 적시지 않게 하는 것이다."라는 설이다.

23 본주(本註)의 한택(汗澤)의 설 : "'불택수'는 옛날에 밥을 먹을 경우에는 손을 사용하였는데, 남과 함께 밥을 먹으면서 손을 비벼서 땀이 떨어지면 남이 싫으면서도 말하기 곤란하기 때문이다."라는 설이다.

밥숟가락을 크게 뜨지 말라.〔毋放飯〕

살펴보건대, 《맹자》의 '방반(放飯)'에 대한 주자(朱子)의 주석에 "이른바 '밥숟가락을 크게 뜨는〔大飯〕' 것이다."라고 하였다. 무절제하게 함부로 먹는 것이라는 《예기》주석에 비해 주자의 주석이 나은 듯하니 이를 따라야 할 듯하다.

음식을 앞에 놓고 혀를 차지 말라.〔毋咤食〕

타(咤)는 《설문》에 '화내다〔噴〕', '성내다〔叱怒〕'는 뜻이라고 하였다. 무타식(毋咤食)은 《예기》 소(疏)에 "타(咤)는 입속에서 소리를 내는 것을 말하니, 주인의 음식을 꺼려하는 듯한 것이다."라고 하였다.

뼈를 깨물지 말라.〔毋齧骨〕

《예기정의》에 "뼈를 깨물지 말라는 것은 첫 번째는 소리가 나기 때문이고, 두 번째는 주인의 음식이 부족하여 뼈를 먹어 배를 채우려 한다는 것을 혐의해서이다. 그러므로 유씨(庾氏 유울지(庾蔚之))는 '고기가 없다는 혐의가 된다.'라고 하였다. 세 번째는 뼈를 깨물면 입술이 미워지기 때문이다. 이 때문에 뼈를 깨물지 않는다."라고 하였다. 살펴보건대, 주인의 음식에 대해 혐의한다는 설명이 비교적 나은 듯하다. 사직(士直 김유(金楺))이 말하기를, "이는 음식의 절도를 일반적으로 논한 것이니, '주인(主人)' 두 글자는 연문(衍文)인 듯하다."라고 하였다.

숟가락의 편리함을 귀중하게 여겨서이다.〔貴其匕之便〕-주(註)-

비(匕)는 《운회》에 '시(匙)' 자로 되어 있다. 《설문》에 '시(匙)'를

'숟가락〔匕〕'이라고 하였으니 또한 밥을 뜨는데 사용하는 것이다.

국을 들이마시지 말라.〔毋嚃羹〕

탑(嚃)은 '탁(託)'과 '합(合)'의 반절이다. 《운회》에 '크게 마시다〔大歠〕'는 뜻이라고 하였다. 정현(鄭玄)의 주석에 "탑(嚃)은 국에 있는 나물을 씹지 않는 것이다."라고 하였고,《예기정의》에 "사람이 국에 있는 나물을 씹지 않고 머금어 삼켜버린다면 빨리 많이 먹으려는 것이고 또 소리가 나서 조심스럽지 못하니, 청렴을 손상시킨다."라고 하였다.

국에 간을 맞추지 말라.〔毋絮羹〕

소(疏)에 "음식이 담긴 그릇에 소금과 매실로 간을 맞추는 것은 바로 주인의 음식 맛이 나쁜 것을 꺼려서이다."라고 하였다. 정현의 주석에 "국에 간을 맞추지 말고 젓국을 마시지 말하는 것은 모두 음식 맛을 너무 따지는 것을 혐의해서이다."라고 하였다.

국에 나물이 있는 것은 젓가락을 사용해야 한다.〔羹之有菜者宜用挾〕-주(註)-

살펴보건대, 협(挾)는 젓가락〔箸〕이다.

효자(殽胾)-주(註)-

자(胾)는 '측(側)'과 '사(史)'의 반절이다. 〈곡례(曲禮)〉의 '왼쪽에는 효를 놓고 오른쪽에는 자를 놓는다.〔左殽右胾〕' 주석에 "뼈에 붙은 고기를 효(殽)라고 하고, 살코기를 저민 것을 자(胾)라고 한다."라고 하였다.

포수(脯脩)-주(註)-

〈곡례〉의 '포와 수를 놓는다〔以脯脩置〕' 소(疏)에 "포(脯)의 의미는 '시작하다〔始〕'이니, 시작하면 곧 이루어진다. 수(脩) 또한 포(脯)이다. 수(脩)의 의미는 '다스리다〔治〕'이니 다스려야 이루어진다."라고 하였다. 또 "얇게 찢은 것을 포(脯)라고, 하고 두들겨 부풀려서[24] 생강과 계피로 조미한 것을 단수(腶脩)라고 한다."라고 하였다.

조금씩 먹고 빨리 삼키다.〔小飯而亟之〕-'亟'은 음이 격(擊)이다.-

《예기》〈소의(少儀)〉 본문에는 '亟'의 음을 극(棘)이라고 하였다.

구역질하거나 목이 메일 염려가 없다.〔無噦噎之患〕-주(註)-

열(噎)은 '일(一)'과 '결(結)'의 반절이다. 《설문》에는 '밥이 목에 메이는〔飯窒〕' 것이라고 하였고, 《광운》에는 '음식이 목에 막히는〔食塞〕'는 것이라고 하였고, 《증운》에는 "음식이 막혀 기가 통하지 않는 것이다."라고 하였다.

정은 쌀을 정하게 대낀 것이다.〔精, 鑿也.〕-주(註)-

착(鑿)은 《운회》에는 본래 '착(糳)'으로 되어 있다. '착(鑿)' 자와 통용하여 쓴다. '사(仕)'와 '삭(朔)'의 반절이다. 《설문》에 "여미(糲

24 두들겨 부풀려서 : 대본에는 '捶'로 되어 있는데, 《의례주소(儀禮註疏)》에 의거하여 '捶之'로 바로잡아 번역하였다.

米)-여(糲)는 쌀이 정하지 못한 것이다.- 1곡(斛)을 찧어 9말〔斗〕이 된 것을 착(糳)[25]이라고 한다."라고 하였다. 《광운》에는 '정미(精米)'라고 하였다.

저며서 자르다〔聶而切之〕-주(註)-

〈소의(少儀)〉의 '소와 양과 물고기의 날고기를[26] 저며서 썰어 놓은 것을 회라고 한다.〔牛與羊魚之腥, 聶而切之爲膾.〕' 주석에 "섭이절지(聶而切之)는-절(切)은 자르는 것이다.- 먼저 저며서 큰 살점을 만든 뒤에 다시 잘라서 회로 만드는 것이다."라고 하였다. 섭(聶)은 《운회》에는 본래 '접(牒)'-직(直)과 섭(涉)의 반절이다.-으로 되어 있다. '섭(聶)'자와 통용하여 쓴다. 《설문》에는 '얇게 자른 고기'라고 하였다.

알맞은 장을 얻지 못하면 드시지 않았다.〔不得其醬, 不食.〕

장(醬)은 《설문》에 '해(醢)'라고 하였는데, 해는 육장(肉醬)이다. 살펴보건대, 고례(古禮)에 고기를 먹을 때에는 반드시 각각 알맞은 장이 있었으니, 〈내칙(內則)〉의 이른바 '생선회에는 개장(芥醬 겨자장)을 쓰고 젓은 물고기에는 곤장(卵醬)[27]을 쓴다.'와 같은 따위이다. 만약 생선회에 개장을 얻지 못하고 젓은 물고기에 곤장을 얻지

25 착(糳) : 대본에는 '鑿'으로 되어 있는데, 《설문해자》에 의거하여 '糳'으로 수정하였다.

26 소와……날고기를 : 대본에는 '牛與魚羊之腥'으로 되어 있는데, 《예기》〈소의(少儀)〉에 의거하여 '牛與羊魚之腥'로 바로잡아 번역하였다.

27 곤장(卵醬) : 곤장(鯤醬)으로, 물고기 알로 만든 장이다.

못하면 바로 그치고 먹지 않았으니, 구차하게 갖추어 반드시 먹으려고 하지 않는 것이다.

환시(豢豕)

환(豢)은 《운회》에 "곡식으로 우리에 갇힌 돼지를 기르는 것이다."라고 하였다.

한번 술을 올리는 예에 빈객과 주인이 백 번 절한다.〔一獻之禮, 賓主百拜.〕

〈악기(樂記)〉 본소(本疏)에 "오늘날 향음주례(鄕飮酒禮)에는 한 번 올리는데 백 번 절함이 없으니, 여기에서 백 번 절한다고 한 것은 많음을 비유한 것이다."라고 하였다.

이상은 음식의 예절을 밝힌 것이다.

계고

稽古

지난 행적을 수집하다.〔摭往行〕

척(摭)은 《설문》에 '줍다〔拾〕'는 뜻이라고 하였다.

주나라 태왕의 아들〔周太王子〕-주(註)-

태왕은 즉 고공단보(古公亶父)니, 공숙서(公叔鉏)의 아들이고 왕계(王季)의 아버지이다.

음란한 소리〔淫哇〕-주(註)-

와(哇)는 혹 '와(鼃)' 자로 되어 있다. 안사고(顔師古)가 말하기를, "와(鼃)는 음란한 소리이고 올바른 악곡이 아니다."라고 하였다.

맹가의 어머니〔孟軻之母〕

맹자(孟子)의 아버지는 격공의(激公宜)이다.-한편으로 언박(彥璞)이라고 한다.- 장씨(仉氏)-'仉'은 음이 장(蔣)이다.-의 딸에게 장가들어 맹자를 낳았는데, 맹자 나이 3세에 아버지 격공의가 죽었다.

희희(嬉戲)

희(嬉)는 《박아(博雅)》에는 '놀이〔戲〕'라고 하였고, 《증운(增韻)》에는 '놀다〔游〕'는 뜻이라고 하였다.

조두(俎豆)

조(俎)는 《설문》에 '예조(禮俎)'[28]라고 하였다. 〈예기(禮器)〉 주석에 "도마〔机〕로서, 희생의 몸체를 담는 것이다."라고 하였다.

용약이란 벽옹[29]을 말한다.〔踊躍者, 擗踊之謂.〕-주(註)-

살펴보건대, 용약(踊躍)은 무덤을 만들어 매장하는 자가 발로 뛰는 것이니, 주석의 설이 오류인 듯하다.

이가 종종걸음으로 뜰을 지나다.〔鯉趨而過庭〕

공자(孔子) 나이 20세에 이(鯉)를 낳았는데, 마침 그때에 노 소공(魯昭公)이 잉어〔鯉魚〕을 보냈기 때문에 공자가 임금의 하사를 영화롭게 여겨 아들 이름으로 지었다.

이상은 가르침을 세움이다.

사는 곳이 촌락을 이루다.〔所居成聚〕-주(註)-

취(聚)는 《설문》에 "부락을 취(聚)라고 한다."라고 하였다. 《한서음의(漢書音義)》에 "큰 고을을 향(鄉)이라고 하고, 작은 고을을 취(聚)라고 한다."라고 하였다.

28 예조(禮俎) : 《설문》 주석에 "예경(禮經)의 도마를 말한다."라고 되어 있다.

29 벽옹 : 부모상(父母喪)을 당하여 가슴을 치고 발을 굴러 뛰며 지극히 애통해 하는 모습이다.

순 임금이 섭정할 때 나이가 50세였다.〔舜攝政時年五十〕-주(註)-

살펴보건대, 《서경》〈순전(舜典)〉의 '순임금이 나이 30세에 부름을 받아 등용되고 30년에 제위에 올랐다.' 주석에 "순임금 나이 30세에 요(堯)임금이 비로소 불러 등용하여 3년 동안 차례로 시험하였고 섭위한 것이 28년이니 통틀어 31년 만에[30] 제위(帝位)에 올랐다."라고 하였다. 이것으로 미루어보면 섭정 17년째가 바로 순임금의 나이 50세 때이다.

내수(內豎)

《주례》〈천관(天官) 내수(內豎)〉의 '내수가 안팎으로 명을 전하는 일을 관장한다.〔內豎掌內外之通令〕' 주석에 "어린 내시〔童豎〕로 하여금 안팎의 명을 전하게 한다."라고 하였다.

음식을 회복하다.〔復膳〕

선(膳)은 《설문》에 '음식을 갖추다〔具食〕'는 뜻이라고 하였는데, 서개(徐鍇)가[31] "이러한 음식을 구비한다는 말이다. 요리사〔庖人〕가 음식 맛을 조화시켜 반드시 더 맛있게 만들기 때문에 '선(善)' 자로 구성되었다."라고 하였다. 《주례》의 '왕의 음식과 선수를 관장한다.〔掌王之飮食膳羞〕' 주석에 "선(膳)은 희생 고기이다."라고 하였다.

30 통틀어 31년 만에 : 《서경》 채침(蔡沈)의 주석에는 "통틀어 30년 만에〔通三十年〕"라고 되어 있다.

31 서개(徐鍇)가 : 아래의 말이 서개의 《설문계전(說文繫傳)》에 나오는 말이므로 보충하였다.

선재(膳宰)

《주례》〈총재(冢宰)〉 소(疏)에 "재(宰)는 음식 맛을 조화롭게 하는 데 대한 명칭이다."라고 하였다. 《증운(增韻)》에는 '삶다〔烹〕', '도축하다〔屠〕'는 뜻이라고 하였다.

규보(跬步)-주(註)-

규(跬)는 지운(紙韻)에 있는 것은 '견(犬)'과 '예(蕊)'의 반절이다. 《설문》에 '반걸음〔半步〕'이라고 하였다.

태왕과 왕계와 문왕[32]의 기업을 잇다.〔纘大王王季文王之緖〕-주(註)-

찬(纘)은 《설문》에 '잇다〔繼〕'는 뜻이라고 하였다. 서(緖)는 《설문》에 '실의 첫머리〔絲端〕'라고 하였고, 《증운》에는 '처음의 토대가 이어지는' 것이라고 하였다.

장례를 치른 뒤에는 '돌아와 보니 계시지 않는다.'라고 한다.[33]〔旣葬則曰反而亡焉〕-주(註)-

〈단궁(檀弓)〉에 "장례를 마치고 돌아와 곡할 때 조문하는 것은 상주의 애통함이 지극하기 때문이니, 장례를 마치고 돌아와 보니 계시지 않아 무엇인가 잃어버린 듯한 마음이 이 때에 더욱 심하다."라고 하였다.

32 문왕 : 대본에는 없는데, 《소학》에 의거하여 '文王'을 보충하여 번역하였다.

33 장례를……한다 : 대본에는 '旣葬反而亡焉'으로 되어 있는데, 《소학》에 의거하여 '旣葬則曰反而亡焉'으로 바로잡아 번역하였다.

영아(嬰兒)

영(嬰)은 《석명(釋名)》에 "처음 태어난 아이를 영(嬰)이라고 한다. 영(嬰)은 가슴 앞이다. 가슴 앞에 두고서 젖을 먹여 기르기 때문에 '영'이라고 한 것이다."라고 하였다. 《증운》에는 '유아〔嬰孩〕'라고 하였다. 《설문》에는 '목걸이〔頸飾〕'라고 하였다. '여(女)' 자와 '영(賏)' 자로 구성되었는데, 영(賏)는 조개〔貝〕를 이은 것이다. 호인(胡人)이 조개를 이어서 목에 장식한 것을 '영'이라고 하니, 여자의 장식이다.

반란(斑爛)

난(爛)은 《운회》에 "'이(離)'와 '한(閑)'의 반절로, 색이 섞인 것이다."라고 하였다.

질부(跌仆)

질(跌)은 《방언(方言)》에 '넘어지다〔蹶〕'는 뜻이라고 하였다. 안사고(顔師古)가 말하기를, "발이 디딜 데를 잃은 것이다."라고 하였다.

그 신체를 훼손하지 않고 그 몸을 욕되지 않게 한다.〔不虧其體, 不辱其身.〕

마씨(馬氏)가 말하기를, "신체발부(身體髮膚)를 감히 훼손하지 않는 것이 그 신체를 훼손하지 않는 것이고, 후세에 입신양명(立身揚名)하는 것이 그 몸을 욕되지 않게 하는 것이다. 옛날에 증자(曾子)가 손발을 내보인 뒤에 깊은 못에 임한 듯이 하고 얇은 얼음을 밟는 듯이 하는 두려움을 풀이하였는데,[34] 악정자춘(樂正子春)이 그 문인이었으니, 어찌 근심하지 않을 수 있겠는가."라고 하였다.

자주 칭찬하였다.〔亟稱之〕-주(註)-

기(亟)는 치운(寘韻)으로 '거(去)'와 '이(吏)'의 반절이다. 《광운》에는 '자주〔數〕'라고 하였다. 《맹자》의 '기문(亟問)'·'기궤정육(亟餽鼎肉)'·'중니기칭어수(仲尼亟稱於水)'의 기(亟)는 모두 '자주'의 뜻이다.

백유(伯兪)

한(漢)나라 때 양(梁) 땅 사람이다.

아랫사람을 엄격하게 대하면서도 상해를 입히지 않았다.〔嚴臨下而不毀傷〕

살펴보건대, 엄격하고 까다로운 자는 간혹 상해를 입히게 되는데, 오직 증자(曾子)는 비록 아랫사람을 엄격하게 대했으나 상해를 입히지 않았다.

대련과 대련〔少連大連〕

〈잡기(雜記)〉 본문에는 '소련(少連)' 위에 '공자왈(孔子曰)' 자가 있다.

고자고……어려운 일이라고 여겼다.〔高子皐……以爲難.〕

34 증자(曾子)가……풀이하였는데 : 증자가 병이 들어서 제자들을 불러놓고 "이불을 걷고 나의 발과 손을 보아라. 《시경》에 이르기를, '두려워하고 조심하여 깊은 못에 임한 듯이, 얇은 얼음판을 밟는 듯이 한다.'라고 하였으니, 죽음에 임한 지금에야 나는 이러한 근심을 면하게 되었음을 알겠노라. 제자들아!"라고 말한 것을 가리킨다. 《論語 泰伯》

엄릉 방씨(嚴陵方氏)가 말하기를, "군자가 이에 대하여 진실로 옳다고도 여기지 않지만 또한 잘못이라고도 할 수 없으니, 단지 하기 어려운 일로 여길 뿐이다."라고 하였다.

방황하며 마치 부모를 찾아도 찾지 못한 것처럼 하였다.〔皇皇然如有求而不得〕・바라보면서 쫓아도 미칠 수 없는 것처럼 하였다.〔望望然如有從而不及〕・마치 부모가 돌아올 시간이 안 되어 기다리는 것처럼 하였다.〔如不及其反而息〕

《예기》〈문상(問喪)〉의 '황황연(皇皇然)' 주석에 "황황(皇皇)은 방황의 뜻과 같다."라고 하였다. 〈단궁(檀弓)〉의 '마치 찾아도 찾지 못하는 것처럼 하였다.〔如有求而不得〕' 주석에 "마치 잃어버린 것이 있어 찾아보아도 찾을 수 없는 것과 같은 것이다."라고 하였다. 〈문상〉의 '망망연(望望然)' 주석에 "망망(望望)은 바라보는 뜻이다."라고 하였다. 또 "급급하게 뒤좇아도 미치지 못하는 것처럼 하였다."라고 하였고, 또 "다시 돌아오기를 바라는 것이다."라고 하였다.

기자(箕子)

기자(箕子)는 이름이 서미(胥靡)이다.[35]

백성에게 환심을 얻는 것이다.〔自說於民〕

35 기자(箕子)는 이름이 서미(胥靡)이다 : 기자의 이름은 서여(胥餘)라고 알려져 있으니, 이 부분은 오류가 있는 듯하다. 서미는 노역(勞役)을 하던 노예로, 은(殷)나라 부열(傅說)의 별칭으로 쓰인다.

열(說)은 《설문》에 '기쁘다〔悅〕'는-'悅'은 음이 역(睪)이다.- 뜻이라고 하였다. 서개(徐鍇)가 말하기를, "열지(說之)는 또한 기쁘게 하는〔使悅〕-'悅'은 음이 역(睪)이다.- 것이다."라고 하였다.

거짓으로 미친 체하여 노예가 되었다.〔佯狂爲奴〕

《주례》〈추관(秋官) 사려(司厲)〉의 '사려가 도적이 사용한 기물과 재물을 관장한다. 그 노예는 남자는 죄례(罪隸)로 보내고 여자는 용고(舂槀)[36]로 보낸다.'에 대한 정사농(鄭司農)의 주석에 "도적질하다 걸려 노예가 된 자는 죄례(罪隸)・용인(舂人)・고인(槀人)의 부서로 보낸다."라고 하였다. 이것을 가지고 보면 오늘날의 노비는 옛날의 죄인이다. 그러므로 《논어》에 '기자가 노예가 되었다.〔箕子爲之奴〕'고 한 것이니 죄례(罪隸)의 노비이다.

7개의 구멍〔七竅〕

의서(醫書)에 "상지(上智)는 심장에 구멍이 7개이고, 중지(中智)는 5개이고, 하지(下智)는 3개이고, 상인(常人)은 2개이고, 우인(愚人)은 1개이고, 하우(下愚)는 1개인데 매우 작다."라고 하였다.

어긋나지 않다.〔不咈〕-주(註)-

36 용고(舂槀) : 용인(舂人)과 고인(槀人)을 말한다. 《주례》〈지관(地官) 사도(司徒)〉에 따르면, 용인은 제향(祭享)・빈객(賓客)・연향(燕饗) 등에서 쌀을 내주는 일을 관장하고, 고인은 내외의 조정에서 숙직하는 자의 식사 및 노인・고아와 왕궁을 숙위하는 경・대부의 자제의 음식 및 제사에 쓸 개〔犬〕를 기르는 일을 관장한다고 하였다.

불(咈)은 《설문》에 '어기다〔違〕'는 뜻이라고 하였다. '불(拂)' 자와 통용하여 쓴다.

천하가 주나라를 높였다.〔天下宗周〕

종(宗)은 《한서》의 안사고(顏師古) 주석에 '높인다〔尊〕'는 뜻이라고 하였다. 또 '주인으로 삼다〔主〕'는 뜻이다.

백이와 숙제〔伯夷叔齊〕

《사기》에 "고죽군(孤竹君)은 은(殷)나라 탕왕(湯王)이 봉해준 제후로, 성이 묵태(墨台)이다. 이(夷)와 제(齊)는 시호이다. 백이는 이름이 윤(允)이고, 자가 공신(公信)이다. 숙제는 이름이 지(智)이고, 자가 공달(公達)이다. 아버지 고죽군은 이름이 초(初)이고, 자가 자조(子朝)이다. 고죽성은 요서(遼西) 영지현(令支縣)에 있다.

주나라 곡식을 먹지 않았다.〔不食周粟〕

살펴보건대, 속(粟)은 봉록(祿)이다. 주나라 곡식을 먹지 않았다는 것은 주나라의 봉록을 먹지 않았다는 말이다. 정자(程子)가 말하기를, "그 곡식을 먹지 않았다는 것은 단지 그 봉록을 먹지 않았다는 것일 뿐, 굶주리면서 먹지 않은 것이 아니다."라고 하였다.

고사리를 캐어 먹었다.〔採薇而食之〕

육기(陸璣)가 말하기를, "미(薇)는 산나물이다. 줄기와 잎이 모두 소두(小豆)와 비슷한데 덩굴로 자라난다. 맛은 소두곽(小豆藿)과 같고 국을 끓일 수 있다."라고 하였다. 《본초(本草)》에 "미(薇)는

'회초미'로, 산비탈이나 들판에서 자라며 사람들이 대부분 채취하여 삶아 먹는다."라고 하였다.

덜커덩거리며……과연 거백옥이었다.〔轔轔……果伯玉也〕

인(轔)은 《운회》에 '수레 소리〔車聲〕'라고 하였다. 본문에는 '과백옥(果伯玉)' 아래에 "공이 돌아와서 부인을 놀려 '그 사람이 아니다.'라고 하니, 부인이 술잔에 술을 따르고 재배하면서 공을 축하하였다. 공이 '그대는 무엇 때문에 나를 축하하는가?'라고 묻자, 부인이 '첩은 처음에 위(衛)나라에 오직 거백옥만 있는 줄 알았는데, 이제 위나라에 다시 그와 비견할 만한 이가 있으니, 이는 곧 임금에게 두 신하가 있는 것입니다. 나라에 어진 신하가 많은 것은 나라의 복이니, 제가 이 때문에 축하드린 것입니다.'라고 말하였다. 공이 놀라 '훌륭하다.'라고 말하고 마침내 사실대로 말해 주었다."는 내용이 있다.

뒷간을 바르다.〔墁溷厠〕-주(註)-

만(墁)은 한운(翰韻)에 있는 것은 '흙 바르는 도구〔塗具〕'로, 《광운》에 '담장을 칠해서 꾸미는 도구'라고 하였다. 한운(寒韻)에 있는 것은 '만(鏝)' 자로 쓰는데, 《설문》에 '쇠 흙손〔鐵朽〕'이라고 하였다. 이것은 '만(墁)' 자와 통용하여 쓰니, 《맹자》에 "기왓장을 부수고 새로 칠한 담장에 낙서를 한다.〔毁瓦畫墁〕"라고 하였다.

몸에 옻칠하여 문둥이처럼 꾸미고 숯을 삼켜 벙어리가 되다.〔漆身爲癩, 呑炭爲啞.〕

자호 왕씨(慈湖王氏 왕유학(王幼學))가 말하기를, "옻에는 독이 있어

사람이 가까이하면 문둥이처럼 부스럼〔瘡腫〕이 생긴다."라고 하였다. 나(癩)는 《설문》에 '나쁜 질병'이라고 하였다. 《전국책(戰國策)》에 "예양(豫讓)이 길거리에서 구걸을 하자, 그 아내가 '모습은 우리 남편 같지 않은데 목소리는 어찌 그리 우리 남편과 같은가.'라고 하니, 예양이 마침내 숯을 삼켜 목소리를 바꾸었다."라고 하였다. 사계(沙溪) 선생이 말하기를, "숯을 삼켰다는 것은 숯불을 삼켜 그 혀를 지져서 목소리를 바꾼 것이다."라고 하였다.

폐백을 바쳐 신하가 되다.〔委質爲臣〕-'質'은 음이 지(只)이다.-

질(質)은 치운(寘韻)에 있는 것은 '척(陟)'과 '이(利)'의 반절로, 물건을 저당 잡히는 것이다. 질운(質韻)에 있는 것은 '직(職)'과 '일(日)'의 반절이다. 《춘추좌씨전》의 '간책에 이름을 올려 몸을 바친다.〔策名委質〕'의 '위질(委質)'은 '몸을 맡긴다.〔委身〕'는 뜻과 같다. 이것을 가지고 살펴보면 '질(質)' 자는 입성(入聲)으로 읽어야 될 듯하다.

마을 문에 기대어 기다리다.〔倚閭而望〕

여(閭)는 《설문》에 "마을의 문〔里門〕이다. 《주례》에 '5가(家)가 비(比)가 되고, 5비(比)가 여(閭)가 된다.'라고 하였는데, 여(閭)는 짝〔侶〕이라는 뜻이니, 25가(家)가 서로 무리를 이룬 것이다."라고 하였다. 《이아(爾雅)》에는 "마을의 문〔巷門〕'을 여(閭)라고 한다."라고 하였다.

기 땅의 극결(郤缺)이 김을 매다.〔冀缺耨〕

누(耨)는 '내(乃)'와 '두(豆)'의 반절이다. 《맹자》에 "깊이 밭을 갈고 김을 잘 매다.〔深耕易耨〕"라고 하였다. 《찬문(纂文)》에 "누(耨)는 산(鏟)-나무를 평평하게 하는 철기이다.-과 같으니, 자루 길이는 3자〔尺〕이고 날의 넓이는 2치〔寸〕로 땅을 파서 풀을 제거하는 것이다."라고 하였다. 《자고(字詁)》에는 "머리 길이는 6치이고 자루는 6자로, 밭을 김매는 것이다."라고 하였다.

들밥을 내가다.〔饁之〕

엽(饁)은 《설문》에 '들밥 내가다〔餉田〕'는 뜻이라고 하였다. '의(疑)'와 '첩(輒)'의 반절이다. 《시경》〈빈풍(豳風)〉에 "저 남쪽 이랑으로 밥을 내가다.〔饁彼南畝〕"라고 하였다.

문을 열다.〔闖門〕

위(闖)는 지운(紙韻)에 있는 것은 '우(羽)'와 '위(委)'의 반절이다. 《설문》에 '문을 열다〔闢門〕'는 뜻이라고 하였다. 가운(佳韻)에 있는 것은 '공(空)'과 '와(媧)'의 반절로, 문이 바르게 열리지 않은 것이다.

죽을지언정 다른 사람에게 시집가지 않으리라.〔之死矢靡他〕-주(註)-

《시경》 주석에 "지(之)는 '이르다〔至〕'는 뜻이고, 시(矢)는 '맹세하다〔誓〕'는 뜻이고, 미(靡)는 '없다〔無〕'는 뜻이다."라고 하였다.

지름길로 가지 않는다.〔不徑〕 · 구멍으로 빠져 나가지 않는다.〔不竇〕

《가어(家語)》〈치사(致思)〉에 다음과 같은 내용이 있다. "계고(季羔)가 위(衛)나라 사사(士師)로 있을 적에 죄인의 다리를 베는 월형

(刖刑)을 집행하였다. 얼마 뒤에 괴외(蒯聵)의 난이 일어나 계고가 도망쳐 성곽 문으로 달려갔는데, 월형을 받았던 사람이 문을 지키고 있었다. 그 사람이 계고에게 '저쪽에 담장이 무너진 곳이 있다.'라고 하자, 계고가 '군자는 그런 곳을 넘지 않는다.'라고 하였다.-무너진 곳을 넘지 않는 것이다.- 그 사람이 또 '저쪽에 구멍이 있다.'라고 하자, 계고가 '군자는 땅굴로 다니지 않는다.'라고 하였다.-구멍으로 나가지 않는 것이다.- 그 사람이 또 '여기에 방이 있다.'라고 말하자, 계고가 그곳으로 들어갔다. 얼마 뒤에 추격하는 자들이 해산하였다. 계고가 그곳을 떠날 때 월형을 받았던 자에게 말하기를, '나는 국법을 무너뜨릴 수 없어 직접 그대의 발을 잘랐소. 내가 지금 어려움에 처했으니 바로 그대가 원한을 갚을 기회인데 내게 세 번이나 도망갈 길을 알려준 것은 어째서인가?'라고 물으니, 월형을 받았던 사람이 말하기를, '발이 잘린 것은 진실로 나의 죄 때문입니다. 예전에 공이 법으로 저를 다스릴 적에 형벌을 논함에 이르러 슬퍼하는 기색이 있었으니, 어찌 내게 사정(私情)을 둔 것이겠습니까. 하늘이 낸 군자는 그 도가 본래 그런 것입니다. 이것이 제가 그대를 좋아하는 이유입니다.'라고 하였다. 공자(孔子)가 이 일을 듣고 말씀하기를, '법을 쓰는 것은 똑같지만, 인(仁)과 서(恕)를 추구하면 덕(德)을 심고 엄하고 사납게 대하면 원망을 심으니, 공평하게 시행한 자는 자고(子羔)일 것이다.'라고 하였다."

살펴보건대, 주자(朱子)의 '일이 없을 때에는 가하다.'라는 말[37]을

37 주자(朱子)의……말 : "지름길로 가지 않고 구멍으로 나가지 않음은 평안할 때는 가하지만, 만일 도적이나 환난이 있으면 어찌 이를 지켜 그 몸을 죽이겠는가. 공자께서

가지고 살펴보면, 자우(子羽)가 지름길로 가지 않은 것[38]은 가하지만, 자고(子皐)가 지름길로 가지 않은 것은 불가하다. 공자가 "시(柴)는 어리석다."라고 하셨으니, 이것도 어리석은 행동인 듯하다.

백옥의 흠집〔白圭之玷〕-주(註)-

규(圭)는 고문(古文)에는 '규(珪)'로 썼다 《운회》에 "서옥(瑞玉)이다. 이것으로 제후를 봉하는데 위는 둥글고 아래는 모나다."라고 하였다. 점(玷)은 《운회》에 '옥의 흠집〔玉病〕'라고 하였고, 《증운》에는 '흠결〔缺〕'이라고 하였다.

온은 시-음이 세(洗)로 삼〔麻〕이다.- 저-음이 저(宁)로 솜〔絮〕이다.-이다.〔縕, 枲著也.〕-주(註)-

《예기》〈옥조(玉藻)〉의 '묵은 솜으로 포를 만든다.〔縕爲袍〕' 주석에 "온(縕)은 묵은 솜이고, 묵은 솜으로 만든 옷을 포(袍)라고 한다."라고 하였다. 온(縕)은 《운회》에 '모시〔枲〕'라고 하였고,《증운》에는 '솜〔絮〕'이라고 하였고, 《광운》에는 '뒤얽힌 삼〔亂麻〕'이라고 하였고, 정현(鄭玄)은 "솜을 넣은 옷에 대한 명칭이다."라고 하였다. 조씨(趙氏)가 말하기를, "시저(枲著)는 수삼〔枲麻〕을 섞어서 포(袍)에 넣은 것이다."라고 하였다.

미복(微服)으로 송(宋)나라를 지나갔던 것을 보면 알 수 있다."라는 말이다.

38 자우(子羽)가……것 : 자우(子羽)는 담대멸명(澹臺滅明)의 자(字)로, 《논어》〈옹야(雍也)〉에 담대멸명이 길을 다닐 때 지름길로 다니지 않았다는 내용이 나온다.

정나라 자장이 송나라로 망명하였다.〔鄭子臧出奔宋〕

희공(僖公) 7년 가을에 영무(甯毋)에서 회맹하였는데, 정백(鄭伯)이 태자 화(華)를 시켜서 회맹에서 명을 듣게 하였다. 태자 화가 제후(齊侯)에게 말하기를, "설씨(洩氏)・공씨(孔氏)・자인씨(子人氏) 세 종족이 실로 우리 군주의 명령을 거역하였으니,-세 종족은 정(鄭)나라 대부이다.- 만약 군(君)께서 이들을 제거한다면 저는 정나라로써 제나라의 내신(內臣)이 될 것이니 군에게도 불리할 게 없습니다."라고 하였다.-봉내(封內)의 신하처럼 정나라를 가지고 제나라를 섬기겠다는 것이니, 태자 화가 이 틈을 타서 나라를 찬탈하고자 한 것이다.- 제후(齊侯)가 허락하려 하자, 관중(管仲)이 "군이 예(禮)와 신의(信義)로 제후들을 회합하고서 간악하게 끝마친다면 불가하지 않겠습니까. 자식과 아버지가 범하지 않는 것을 예(禮)라고 하고-자식이 아버지의 명을 범하지 않는 것이다.- 명을 지켜 시사(時事)를 함께하는-공(共)은 공(恭)이다.- 것을 신(信)이라고 하니-임금의 명을 지켜 시사를 함께하는 것이다.- 이 두 가지를 어긴다면 이보다 큰 간악은 없습니다. 군께서는 허락하지 마소서. 정나라는 반드시 맹약을 받아들일 것입니다. 저 태자 화는 태자 된 몸으로 대국에 의지하여 자신의 나라를 약화시키고자 하였으니 반드시 화를 면치 못할 것입니다."라고 하였다. 이에 제후가 태자 화의 요청을 거절하였다. 태자 화가 이로 말미암아 정나라에서 죄를 얻었다. 16년 겨울 11월 을묘에 정나라에서 태자 화를 죽였고, 24년에 정나라 태자 화의 아우 자장(子臧)이 송나라로 망명하였다.

의복이 걸맞지 않음〔服之不衷〕

충(衷)은 《운회》에 '선(善)'이라고 하였고, 《춘추좌씨전》 본주(本

註)에는 '알맞다〔適〕'는 뜻이라고 하였다.

그 어머니를 뵈었다.〔朝其母〕

조(朝)는 《운회》에 "임금을 뵙는 것에 대한 총칭이다. 또 아침에 뵙는 것을 조(朝)라고 한다."라고 하였다.

동(僮)

동(僮)은, 《설문》에 '동(童)'은 종〔奴〕이고, '동(僮)'은 어리다〔幼〕는 뜻이라고 하였는데, 요즘 글에 '동유(僮幼)' 자는 '동유(童幼)'라고 쓰고, '동복(童僕)' 자는 '동복(僮僕)'으로 쓰니, 서로 잘못을 이은 것이다.

듣지 못하였다.〔未之聞邪〕

살펴보건대, 듣지 못했다는 것은 고사(古事)를 듣지 못했다는 말이니, 바로 아래 글 '너에게 말하겠다.〔語汝〕' 이하에 진술한 말이 이것이다. 이는 어린아이가 관직을 맡아 이런 고사에 대하여 들은 것이 없다고 문백(文伯)을 꾸짖은 것이다.

현담(玄紞)

담(紞)은 《설문》에 '면류관의 귀막이 끈이다.'라고 하였다. 《시경》 〈갈담(葛覃)〉 주석에 "담(紞)은 5색의 채색 실을 끈[39] 모양으로 짜서

39 끈 : 대본에는 '條'로 되어 있는데, 《모시주소(毛詩註疏)》에 의거하여 '縚'로 바로잡아 번역하였다.

귀막이를 매다는데 쓴다."라고 하였고, 《모시정의(毛詩正義)》-주(註)-에 "담(紞)은 채색 실로 짜는데 천자와 제후는 5색으로 짜고 신하는 3색으로 짠다."고 하였다. 이것으로 귀막이〔瑱〕를 매달아 귀에 닿게 한다. 전(瑱)은 귀를 막는 것으로, 천자는 옥으로 만들고 제후는 돌로 만든다.

굉연(紘綖)

굉(紘)은 《설문》에 '관권(冠卷)'[40]이라고 하였다. 한편으론 갓끈〔纓〕에 유(緌 늘어진 끈)가 없는 것을 말하는데 아래에서 위로 관에 이었다. ○연(綖)은 《예기》〈옥조(玉藻)〉의 '전후수연(前後邃延)' 주석에 "수(邃)는 '깊다〔深〕'는 뜻이다. 연(延)은 면류관 위의 덮개로 겉은 검은 색이고 속은 분홍 색이다. '전후수연'이라는 것은 앞뒤에 각각 12개의 술〔旒〕이 드리워져 깊숙하고, 연(延)이 그 위에 있는 것을 말한다."라고 하였다. 소(疏)에 "연(延)은 12승(升)의 베〔布〕를 황색으로 물들여 면류관 위에 덮은 것이다."라고 하였다. 마씨(馬氏)가 말하기를, "면류관 모양은 뒤는 모나고 앞은 둥글며 뒤는 올라가고 앞은 내려오며 연(延)이 위에 있고 술이 아래에 있으니, 언뜻 보기에는 길쭉하고 자세히 보면 깊숙하다."라고 하였다.

소적(素積)-주(註)-

적(積)은 《운회》에 본래 '적(襀)'으로 되어 있는데, '적(積)' 자와 통용하여 쓴다. 적(襀)은 《운회》에 "주름〔襞襀〕으로, 옷 사이를 오

40 관권(冠卷) : 관의 아랫부분 테두리로서 이마를 둘러 감싸는 부분이다.

그리는 것이다."라고 하였다. 《예기》 〈교특생(郊特牲)〉의 '삼왕이 모두 피변을 쓰고 소적을 입었다.〔三王共皮弁素積〕' 주석에 "소적(素積)은 흰 명주로 하의를 만들고 허리 부분에 주름을 잡은 것이다."라고 하였다. 엄릉 방씨(嚴陵方氏)가 말하기를, "소적은 흰 명주로 하의를 만든 것이다. 하의라고 말했으니 상의도 그러함을 알 수 있다. 하의는 반드시 폭을 겹으로 쓰기 때문에 적(積)이라고 말한 것이다."라고 하였다. 《통전(通典)》 주석에 "소적은 15승(升)의 베〔布〕로 만든다."라고 하였다.

이상은 몸을 공경함이다.

장강은 아름다웠으나 아들이 없었다.〔莊姜美而無子〕

《시경》 〈위풍(衛風) 석인(碩人)〉에서 장강(莊姜)의 아름다움을 말하기를, "손은 새순처럼 부드럽고 피부는 엉긴 기름처럼 윤택하네. 목은 굼벵이처럼 희고 길며 치아는 박씨처럼 고르네. 넓은 이마에 나방같은 눈썹이니 예쁜 웃음에 보조개 보이며 아름다운 눈에 흑백이 분명하네다."라고 하였다.

그 여동생 대규가 환공을 낳다.〔其娣戴嬀生桓公〕

《춘추좌씨전》 본문에는 '아름다웠으나 아들이 없다.〔美而無子〕' 아래에 "또 위장공이 또 진(陳)나라에서 아내를 맞이하였으니 여규(厲嬀)-여(厲)는 시호이다.- 효백(孝伯)을 낳았으나 일찍 죽었고, 그의 여동생 대규(戴嬀)가 환공을 낳았다."라는 글이 있다. 본문을 가지고 살펴보면 이른바 그 여동생이란 바로 여규의 여동생이지 장강의 여동생이 아니다.-규(嬀)는 진(陳)나라 성이다.-

사랑하는 첩의 아들이다.〔嬖人之子〕

《춘추좌씨전》 본주(本註)에 "신분이 천하면서 총애를 받는 것을 '폐(嬖)'라고 한다."라고 하였다.

네 가지가 오는 것은〔四者之來〕

《춘추좌씨전》 본주에 "네 가지는 모두 밖에서 이르는 것이기 때문에 '온다〔來〕'라고 한 것이다."라고 하였다.

자중할 수 있는 자가 적다.〔能眕者鮮矣〕

《춘추좌씨전》 본주에 "편안하지 못하고 자중하지 못한다."라고 하였다. 《설문》에 "진(眕)은 눈에 원망하는[41] 빛이 그치지 않는 것이다."라고 하였다.

그 뒤에 주우는 환공을 시해하고 석작에게 죽임을 당하였다.〔其後州吁弑桓公, 爲石碏所誅〕-주(註)-

은공(隱公) 4년 봄에 위(衛)나라 주우(州吁)가 환공(桓公)을 시해하고 스스로 임금이 되었다. 주우가 그 백성을 화합시키지 못하니, 석후(石厚)-석작(石碏)의 아들이다.-가 석자(石子)-석작이다-에게 임금

41 원망하는 : 대본에는 '限'으로 되어 있는데, 《설문해자》에 의거하여 '恨'으로 바로잡아 번역하였다

의 지위를 안정시킬 방법을 물었다. 석자가 말하기를, "천자를 조회하면 안정시킬 수 있을 것이다."-천자에게 조회하여 그 총명(寵命)을 얻으면 임금의 지위를 안정시킬 수 있다.-라고 하니, 석후가 "어떻게 하면 천자에게 조회할 수 있습니까?"라고 물었다. 석자가 말하기를, "진 환공(陳桓公)은 지금 천자의 총애를 받고 있고 진(陳)나라와 위(衛)나라는 지금 화목하니, 만약 주우가 진 환공에게 조회하여 천자에게 청하게 한다면 필시 천자를 조회할 수 있을 것이다."라고 하니, 석후가 주우를 따라 진나라로 갔다. 석작이 진나라로 사람을 보내어 고하기를, "위나라는 땅이 협소하고 나는 늙어서 아무 일도 할 수 없습니다. 이 두 사람은 실로 우리 임금을 시해한 자들이니, 즉시 죽이십시오."라고 하였다. 진나라 사람들이 이들을 체포하고서 위나라에게 직접 와서 처리하라고 청하니-위나라 사람이 직접 와서 토죄하기를 청한 것이다.- 9월에 위나라 사람이 우재추(右宰醜)를 보내어 복(濮)에서 직접 주우를 죽이고, 석작이 자신의 가신(家臣) 누양견(獳羊肩)을 보내어 진(陳)에서 직접 석후를 죽였다.

유 강공(劉康公)

건안 웅씨(建安熊氏)가 말하기를, "유(劉)는 채읍(采邑)의 이름이고, 강공(康公)은 정왕(定王)의 동모제(同母弟)이다."라고 하였다.

사에서 제육을 받다.〔受脤于社〕

신(脤)은 《설문》에 "제사 고기〔社肉〕이다. 본래 신(祳)[42]으로 쓰니,

42 신(祳) : 대본에는 '脤'으로 되어 있는데, 《설문해자》에 의거하여 '祳'으로 바로잡

조개〔蜃〕에 제사고기를 담기 때문에 신(祳)[43]이라고 한 것이다."라고 하였다. 《운회》에 "옛 사람들은 대부분 조개를 그릇으로 썼으니 단지 제육을 담았을 뿐만이 아니다."라고 하였다. 《주례》〈지관(地官) 장신(掌蜃)〉 주석에 "신(蜃)은 대합(大蛤)이다."라고 하였고, '제사를 지낼 때에 신기의 조개를 제공한다.〔祭祀共蜃器之蜃〕'의 주석에 "신기(蜃器)는 조개로 장식했기 때문에 이로 인하여 명칭이 된 것이다."라고 하였다. 정사농(鄭司農)이 말하기를, "조개〔蜃〕는 그릇을 희게 할 수 있으니 흰색을 낸다."라고 하였다.

사에 의제사를 지내다.〔宜于社〕-주(註)-[44]

의(宜)는 제사 이름이다. 〈왕제(王制)〉의 '사에 의제사를 지내다.〔宜于社〕' 주석에 "큰일을 일으키고 대중을 동원할 때에는 반드시 사(社)에 제사 지내어 주벌(誅罰)이 정당함을 얻게 하였다."라고 하였다.

이로써 명을 안정시킨다.〔以定命也〕

살펴보건대, 동작(動作)·예의(禮義)·위의(威儀) 사이에는 모두 일정하여 바뀔 수 없는 이치가 있으니, 그 일정하여 바뀔 수 없는 이치를 따르고 잘못하거나 바꾸는 바가 없는 것이 이른바 '명을 안정

아 번역하였다.

43 신(祳) : 대본에는 '脤'으로 되어 있는데, 《설문해자》에 의거하여 '祳'으로 바로잡아 번역하였다.

44 주(註) : 대본에는 없는데, 《소학》 본문이 아니라 집설(集說)에 나오는 구절이므로 '註'를 보충하여 번역하였다.

시키는〔定命〕' 것이다. 그 명을 따르면 모든 일이 이치를 따라서 반드시 복과 경사가 있고, 그 명을 거스르면 모든 일이 이치에 어긋나 반드시 재앙과 실패를 취할 것이니 이것이 필연적이 이치이다.

제사에는 제육을 잡는다.〔祀有執膰〕

번(膰)은 《설문》에 '종묘 제사의 고기'라고 하였다. '번(燔)' 자와 통용하여 쓴다. 《춘추공양전(春秋公羊傳)》에 "날고기를 신(脤)이라고 하고, 익힌 고기를 번(膰)이라고 한다."라고 하였다.

과연 찬탈하여 나라를 얻었다.〔果以簒奪得國〕-주(註)-

소공(昭公) 원년 겨울에 초(楚)나라 공자 위(圍)가 정(鄭)나라를 빙문하러 나갔는데 국경을 나가기 전에 왕이 병들었다는 소식을 듣고 되돌아갔다. 11월 기유(己酉)에 공자 위가 이르러 병문안하러 들어가 왕의 목을 졸라 시해하고 스스로 임금이 되고서 건(虔)으로 개명하니 이 사람이 바로 영왕(靈王)이다. 마침내 왕의 두 아들 막(幕)과 평하(平夏)-모두 왕의 아들이다.-를 죽이니, 우윤(右尹) 자간(子干)은 진(晉)나라로 망명하고 궁구윤(宮廐尹) 자석(子晳)는 정나라로 망명하였다.

그 뒤에 또 다시 시해 당하여 잘 마치지 못하였다.〔其後亦復被弑而不能終也〕-주(註)-

소공(昭公) 13년 여름 4월에 초(楚)나라 공자 비(比)-자간(子干)이다.-진(晉)나라에서 초나라로 돌아와 그 임금 건(虔)을 간계(乾谿)에서 죽였다.

이상은 통론이다.-사직(士直)이 말하기를, "통론에서 논한 바는 경(敬) 한 글자에서 벗어나지 않는다."라고 하였다.-

가언

嘉言

아름다운 말을 기술하다.〔述嘉言〕

술(述)은 《광운》에 '닦다〔修〕', '찬술하다〔譔〕'는 뜻이라고 하였다. 남의 일을 마무리하는 것과 남의 말을 모으는 것을 모두 술(述)이라고 한다.

어린아이〔童稚〕

치(稚)는 《설문》에 '어린 벼〔幼禾〕'라고 하였는데, 《설문계전(說文繫傳)》에 "늦게 심어서 나중에 익는 것이다."라고 하였다. 《증운》에는 "대체로 어린 사람이나 동물을 모두 치(稚)라고 한다."라고 하였다.

황향이 부모의 베개에 부채질하다.〔黃香扇枕〕

살펴보건대, 《후한서(後漢書)》 〈황향열전(黃香列傳)〉 본문에는 부모의 베개에 부채질한 한 가지 일이 누락되었으니 그 이유를 알 수 없다.

명아주와 콩잎〔藜藿〕-주(註)-

여(藜)는 《설문》에 '풀'이라고 하였는데, 서개(徐鍇)가 "오늘날의 낙추(落帚)이다."라고 하였다. 처음 나온 것은 먹을 수 있다. 《이아(爾雅)》에 "명아주 과(科) 식물은 큰 것은 나무처럼 자라 빗자루를 만들 수 있다."라고 하였다. 《이아익(爾雅翼)》에 "여(藜)는 채소로, 삶아서 먹는다."라고 하였다. 또 지팡이를 만들 수 있는데, 원헌(原憲)이 명아주 지팡이를 짚고 문에 나가 마중하였다.[45]"라는 말이 있다. 속명(俗名)은 '댑싸리〔댑뽀리〕'이다. ○곽(藿)은 《설문》에 '작은 콩'이라고 하였다. 《시경》의 '내 마당의 콩잎을 먹는다.〔食我場藿〕' 주석에 "'곽은 콩잎〔豆葉〕이니, 형갱(鉶羹)[46]을 끓이는데 쓴다." 라고 하였다.

쌓인 곡식이 만종이다.〔積粟萬鍾〕-주(註)-

종(鍾)은 6곡(斛)4두(斗)[47]의 용량이다.

경서를 배우고 글을 읽는다.〔經學念書〕

사계(沙溪) 선생이 말하기를, "《근사록》과 《소학》의 제가(諸家) 주석에 모두 '경서를 배우고 글을 읽는다.'고 풀이하였는데, 그렇지 않은 듯하다. 기고봉(奇高峯 기대승(奇大升))은 '육경(六經)의 학은 마땅히 염두에 두어야 할 책이다.'라고 풀이하였으니, 이것이 문의(文義)에 통하는 듯하다."라고 하였다. 정우복(鄭愚伏 정경세(鄭經世))가 말하기를, "'경학(經學)'을 경서를 배운다고 풀이한 것도 참으로 잘

45 원헌(原憲)이……마중하였다 : 《장자(莊子)》 〈양왕(讓王)〉에 나오는 내용이다.

46 형갱(鉶羹) : 채소를 넣고 오미(五味)로 조미한 고깃국으로, 국그릇인 형(鉶)에 담아 제사에 올리므로 형갱이라고 한다.

47 4두(斗) : 대본에는 '四升'으로 되어 있는데, 《맹자집주(孟子集註)》에 의거하여 '四斗'로 바로잡아 번역하였다.

못이고, '염서(念書)'를 마땅히 염두에 두어야 할 책이라고 풀이하여 반드시 경학과 상대하여 말한 것 또한 옳지 않은 듯하다. '염서'는 단지 글을 읽는다는 뜻이니, 지금 중국어에선 독(讀)을 염(念)이라고 하고 송(誦)을 배념(背念)이라고 한다. 이를테면 '입으로 글을 읽으면서 마음은 다른 곳으로 내달린다.〔口念書而心馳他〕'라는 말이 또한 '글을 읽으면서도 마음이 거기에 있지 않다.'는 말인 것과 같다." 라고 하였다.

또한 스스로 뜻을 잃게 된다.〔亦自喪志〕

《서경》에 "물건에 정신이 팔리면 뜻을 잃는다.〔翫物喪志〕"라고 하였다.

고시 300편〔古詩三百篇〕

《시경》에 수록된 시가 311편인데 300편이라고 한 것은 큰 수를 든 것이다.

주자가 말하기를, "일찍이 〈곡례〉의 '옷을 휘날리지 말며……모두 옛사람이 어린아이를 가르치는 말이라고 의심하였다."라고 하였다. 〔朱子曰: 嘗疑曲禮衣毋撥……皆古人教小兒之語.〕-주(註)-

살펴보건대, '옷을 휘날리지 말고〔衣毋撥〕, 발을 움직이지 말며〔足毋蹶〕, 당에 오를 때에는〔將上堂〕 반드시 소리를 드높이며〔聲必揚〕, 문에 들어갈 때에는〔將入戶〕 반드시 시선을 아래로 내리라〔視必下〕'는 것은 모두 압운(押韻)하여 구절을 만들었으니, 옛날의 《초학운어(初學韻語)》 등속과 비슷하다. 그러므로 주자(朱子)가 옛사람이 어린아이를 가르치는 말이라고 의심한 것이다.

하우(下愚)

정자(程子)가 말하기를, "이른바 하우(下愚)에는 두 종류가 있으니, 자포자(自暴者)와 자기자(自棄者)이다. 사람이 진실로 선(善)으로 자신을 다스린다면 변화시키지 못할 것이 없으니, 지극히 어리석은 자라도 모두 점점 연마하여 나아갈 수 있다. 다만 '자포자'는 선을 막아서 믿지 않고, '자기자'는 선을 끊어서 행하지 않으니, 비록 성인(聖人)이 함께 지내더라도 교화되어 선에 들어갈 수 없다. 성인이 그가 스스로 선을 거절한다고 하여 '하우'라고 한 것이다."라고 하였다.

노여움을 남에게 옮기지 않음〔不遷〕· 같은 잘못을 두 번 되풀이하지 않음〔不貳〕

애공(哀公)이 묻기를, "제자 가운데 누가 배우기를 좋아합니까?"라고 하니, 공자가 대답하기를, "안회(顔回)라는 제자가 배우기를 좋아하여 노여움을 남에게 옮기지 않고 같은 잘못을 두 번 되풀이하지 않았는데, 불행하게도 명이 짧아 죽었습니다."라고 하였다.

나는 어린아이이다.〔我爲孩童〕

해(孩)는 《설문》에는 본래 '해(咳)' 자로 되어 있는데, '어린아이의 웃음소리'라고 하였다. 《사기》 〈편작열전(扁鵲列傳)〉에 '막 웃기 시작한 어린아이〔咳嬰之兒〕'라는 말이 있다. 고문(古文)에는 '해(孩)'로 되어 있으니, 오늘날 '해아(孩兒)'라는 글자는 고문을 따른 것이다. 《맹자》의 '해제지동(孩提之童)' 주석에 "2, 3세 정도 나이로 웃을 줄 알고 손을 잡고 안아 줄만한 아이이다."라고 하였다.

마원이 교지에 있으면서〔援在交趾〕

《사기》에 따르면, 교지(交趾)는 남오(南奧) 지역에 있는데 한(漢)나라 때부터 중국에서 복속시켜 교주 자사(交州刺史)를 두었다. 이후 반란을 일으키자 마원이 가서 평정하였다.

용백고(龍伯高)

관직이 선도장(仙都長)에 이르렀다.

곡(鵠)

곡(鵠)은 《설문》에 '홍곡(鴻鵠)'이라고 하였고, 안사고(顔師古)는 '수조(水鳥)라고 하였다.

목(鶩)

목(鶩)은 《설문》에 '서부(舒鳧)'라고 하였다. 방씨(方氏)가 말하기를, "사람에게 길러져 잘 날지 못하고 천천히 걸어 빠르지 못하기 때문에 '서부'라고 한 것이다."라고 하였다. 속세에선 압(鴨)이라고 한다. 〈곡례(曲禮)〉 소(疏)에 "들오리〔野鴨〕를 부(鳧)라고 하고, 집오리〔家鴨〕를 목(鶩)이라고 한다."라고 하였다.

당세의 일을 논평함에 턱을 풀어 웃는다.〔論當世而解頤〕

살펴보건대, 사람이 배울 줄을 몰라 무식하기 때문에 남이 당세의 일을 논하는 것을 듣고 함께 가부(可否)를 논하지 못한 채 단지 그 입 주변을 풀어 웃을 뿐이니, 이것은 그 배우지 못해 무지한 모습을 형용한 것이다. 숙함(叔涵 김재해(金載海))이 말하기를, "이른바 '당세를 논한다.'는 것은 시비(是非)를 함부로 논하는 것이고, '턱을 푼다.'는 것은 즉 당세를 비웃는 것이니, 남의 말을 듣고 웃을 뿐이라는 것은 말뜻을 벗어난 것인 듯하다."라고 하였다. 살펴보건대, 숙함의 설이 좋기는 하지만, 단지 당세를 비방하고 웃는 뜻으로만 간주하면 배우지 못해 부지하다는 뜻이 부족한 듯하다. 더구나 턱을 푼다는 것은 그저 웃는다는 뜻이지, 애초에 '비(非)' 자의 뜻은 없다. 어떠할지 모르겠다.

시양과 무엇이 다르겠는가.〔廝養何殊〕

위소(韋昭)는 "땔나무를 쪼개는 자가 시(廝)이고, 불을 때서 밥을 짓는 자가 양(養)이다."라고 하였고, 《운회》에는 "시(廝)는 말을 기르는 자이다."라고 하였고, 소림(蘇林)은 "'시'는 땔감을 채취하는 자이다."라고 하였고, 《광운》에는 '부리다〔役〕'는 뜻이라고 하였다. 살펴보건대, 이른바 '시양과 무엇이 다르겠는가.'라는 것은 천하고 무지한 사람과 다름이 없다는 말이다.

누룩〔麴糱〕

국(麴)은 《설문》에 '주모(酒母)'라고 하였는데, 서개(徐鍇)가 말하기를, "술이 누룩에 근본을 두기 때문에 '주모'라고 한 것이다."라고 하였다. 얼(糱)은 《설문》에 '싹이 난 쌀〔牙米〕'라고 하였다.

앙앙(昂昂)

앙(昂)은 《증운》에 '들다〔擧〕'는 뜻이라고 하였다. 또 '높다〔高〕'는 뜻이다.

거저와 척시(籧篨戚施)

거저(籧篨)는 《설문》에 "거칠게 짠 대자리이다."라고 하였다. 조씨(曹氏)가 말하기를, "대자리의 쓰임이 항상 위로 향해 펼쳐져 있고 아래를 굽어볼 수 없다."라고 하였다. 《시경》의 '거저가 적지 않다.〔籧篨不鮮〕' 부분의 전(傳)에 "거저는 몸을 구부리지 못하는 것이다."라고 하였다. 《이아(爾雅)》〈석훈(釋訓)〉에 "거조는 아첨하는 것이다."라고 하였는데, 그 주석에 "거저는 본래 질병 이름이니, 《국어(國語)》〈진어(晉語)〉에 '거저에게 몸을 굽히게 할 수 없고, 척시(戚施)에게 위를 쳐다보게 할 수 없다.'라고 하였다. 아첨하는 자는 반드시 우러러 남의 안색을 살펴 말하니 몸을 굽힐 수 없는 사람과 같다. 이로 인하여 아첨하는 사람을 거저라고 명명한 것이다."라고 하였다.

총괄(總括)-주(註)-

괄(括)은 《설문》에는 '묶다〔絜〕'는 뜻이라고 하였고, 《광운》에는 '맺다〔結〕'는 뜻이라고 하였고, 《증운》에는 '포괄하다〔包括〕'는 뜻이라고 하였다.

지초와 난초〔芝蘭〕

지(芝)는 《설문》에 '신초(神草)'라고 하였는데, 먹으면 신선이 된다.

푸른색·붉은색·노란색·흰색·검은색·자주색 여섯 종류가 있다. 모양은 사슴뿔과 일산과 비슷하고, 모두 딱딱하고 향기가 나며 두드리면 소리가 난다.

뱀과 전갈〔蛇蠍〕

갈(蠍)은 《운회》에 '독충(毒蟲)'이라고 하였다. 《시경》의 '말아 올린 머리털이 전갈 같도다.[48]〔卷髮如蠆〕' 주석에 "꼬리가 긴 것이 채(蠆)이고 꼬리가 짧은 것이 갈(蠍)이다."라고 하였다.

나의 의리에 편안하다면 작은 벼슬도 깨끗하게 여기지 않는다.〔吾義所安, 小官有所不屑〕-주(註)-

웅씨(熊氏)가 말하기를, "또한 벼슬에 나아가 스스로 낮추는 것을 불결하게 여기고 오직 의리에 맞게 할 뿐이다."라고 하였다. 사계(沙溪) 선생이 말하기를, "불설(不屑)은 깨끗하게 여기지 않는다는 것과 같다. 작은 벼슬은 문지기나 야경꾼 같은 따위이다. 이런 벼슬은 해도 괜찮지만 의리에 있어 나아가지 않는 것이 편안하다면 또한 깨끗하게 여기지 않는 것이다."라고 하였다.

희문은 범문정공이다.〔希文, 范文正公〕-주(註)-

이름이 중엄(仲淹)이다.

48 전갈 같도다 : 대본에는 '爲蠆'로 되어 있는데, 《시경》 〈도인사(都人士)〉에 의거하여 '如蠆'로 바로잡아 번역하였다.

고령 진 선생〔古靈陳先生〕

선생은 어린 시절에 아버지를 잃었으나 능히 스스로 자립하였다. 향교(鄕校)에 나가 공부하면서 진렬(陳烈)·주희맹(周希孟)·정목(鄭穆)과 교유하여 함께 바닷가에서 도를 일으켰다. 듣는 자들이 모두 비웃고 놀라 우활하다고 지목하였으나 선생은 변함이 없었다. 당시 해빈 사선생(海濱四先生)으로 불렸다.

이웃 마을이 서로 돕는다.〔隣保相助〕

보(保)는 《증운》에 '의지하다〔依〕'는 뜻이고 '지키다〔守〕'는 뜻이라고 하였다. 《예기》〈월령(月令)〉의 '사방 변경의 백성들이 성보(城堡)로 들어온다.(四鄙入保)' 주석에 "보(保)는 보(堡)와 같으니 작은 성이다."라고 하였다.

도박을 배우지 말라.〔無學賭博〕

도(賭)는 《운회》에 "바둑이나 장기 내기로 재물을 취하는 것이다."라고 하였다.

이상은 입교(立教)를 넓힌 것이다.

후재집

제20권

차기 箚記

소학 小學

차기 소학 箚記 小學

가언
嘉言

힘을 다하여 장만하다.〔極力營辦〕

영(營)은 《운회(韻會)》에 '헤아리다〔度〕'는 뜻이라고 하였다. 판(辦)은 《운회》에 '갖추다〔具〕'는 뜻이라고 하였다.

나중소(羅仲素)

선생은 어려서부터 총명하여 언어와 문자에만 힘쓰는 공부를 하지 않았다. 귀산 선생(龜山先生 양시(楊時)) 선생이 이락(伊洛)의 학문[1]을 얻었다는 소식을 듣고 찾아가 스승으로 섬겼다. 시호는 문질(文質)이다.

병들어 침상에 누워 있을 때 용렬한 의원에게 맡기는 것은 자식을 사랑하지 않고 부모에게 효도하지 않는 것에 비견된다.〔病臥於床, 委之

1 이락(伊洛)의 학문 : 정호(程顥)와 정이(程頤)의 이학(理學)을 지칭한다. 두 사람이 이수(伊水)와 낙수(洛水) 사이에서 학문을 강론하였기 때문이다.

庸醫，比之不慈不孝.〕

사계(沙溪) 선생이 말하기를, "제가(諸家)의 주석이 옳지 않은 듯하다. 내 생각에는, 병들어 침상에 누운 사람이 부모와 자식을 말하는 게 아니라, 바로 자신이 병들어 침상에 누운 것이다. 내 몸은 바로 부모가 남겨준 몸이고 질병은 생사가 달린 문제이다. 그런데 용렬한 의원의 손에 맡겨서 약을 혹 잘못 써서 그 몸을 망친다면 불효에 비견되니, 부모를 섬기는 자는 더욱 의술을 몰라서는 안 된다. 《예기》 주석에서, 주자(朱子)는 '아래로는 후사를 전할 수 없기 때문에 자애롭지 못함에 비견되고, 위로는 선조를 받들지 못하기 때문에 불효에 비견된다.'라고 하였다.[2] 나중에 《이정수언(二程粹言)》을 살펴보니 '병와(病臥)' 위에 '신(身)' 자가 있었다."라고 하였다.

승냥이와 수달〔豺獺〕

시(豺)는 《설문(說文)》에 '이리〔狼〕의 일종'이라고 하였다. 개 울음소리를 내고 양을 잡아먹는데, 짐승을 잡았을 적에 하늘에 제사지낸다. 이아(爾雅)》에는 "다리는 개와 같고 꼬리가 길며 뺨은 흰 색이고 몸은 누렇다."라고 하였다. 달(獺)은 《설문》에 "짐승 이름이니, 형체는 작은 개와 같고 물에 살면서 물고기를 잡아먹는다."라고 하였다.

사당에는 반드시 신주가 있다.〔廟必有主〕

2 예기……하였다 : 이 부분은《예기》〈곡례(曲禮)〉의 '거상(居喪)의 예는, 병이 있으면 술을 마시고 고기를 먹고 병이 그치면 처음으로 돌아간다. 상(喪)을 견디지 못하는 것은 자애롭지 못하고 불효에 가깝기 때문이다.'는 구절에 대한 주석이다.

이천(伊川) 선생이 말하기를, "신주(神主)는 밤나무로 만드는데, 그 법식은 시(時)·일(日)·월(月)·진(辰)에서 취한다. 신주의 받침〔趺〕은 사방 4치〔寸〕로 한 해의 사시(四時)를 형상하고, 신주의 높이는 1자〔尺〕 2치로 12달을 형상하고, 신주의 너비는 30푼〔分〕으로 한 달의 30일 날수를 형상하고, 신주의 두께는 12푼으로 하루의 12시진을 형상한다. 신주 윗부분을 5푼 깎아내어 머리를 둥글게 만든다. 1치 내려와서 앞면을 깎아 턱을 만들고, 쪼개어 신주 두께의 3분의 1은 앞면으로 하고, 3분의 2는 뒷면으로 한다. 가운데에 홈을 파서 관작과 이름과 항렬을-행(行)은 항렬이다.- 쓰고, 합쳐서 받침대에 세운다. 그 옆에 구멍을 뚫어 가운데와 통하게 하는데, 구멍 크기는 신주 두께의 3분의 1과 같고 위치는 신주 아래에서부터 3분의 2지점이다. 그 앞면에 분(粉)을 칠하여 속칭(屬稱)[3]을 쓰고, 그 옆에 제사를 주관하는 사람의 이름을 쓴다."라고 하였다. 사마온공(司馬溫公)이 말하기를, "부군(府君)과 부인(夫人)은 하나의 독(櫝)을 같이 쓴다."라고 하였다.

초하루에 반드시 천신한다.〔朔必薦新〕

정자(程子)가 말하기를, "새로 수확한 것을 맛보는 것은 반드시 천신한 뒤에야 가하다. 자주 올리면 외람되기에 반드시 고삭(告朔) 때에 올린다."라고 하였다. 《예기》〈소의(少儀)〉의 '천신하지 않았으면 새로운 것을 먹지 않는다.〔未嘗不食新〕' 주석에 "상(嘗)은 침묘(寢

3 속칭(屬稱) : 신주에 쓰는 친속 관계의 호칭으로, 속(屬)은 고조(高祖), 증조(曾祖), 조(祖), 고(考) 등과 같은 친속 관계의 호칭이고, 칭(稱)은 관직이나 호(號) 등이다.

廟)에 천신함을 말한다."라고 하였다. 《구씨의절(丘氏儀節)》에 "채소 따위는 편의에 따른다."라고 하였다.

시제는 각 계절의 중간 달에 지낸다.〔時祭用仲月〕

《주자가례(朱子家禮)》의 '시제는 각 계절의 중간 달에 지내고 열흘 전에 날을 택한다.' 주석에 "각 계절 중간 달의 삼순(三旬) 중에서 각각 하루를 택하는데 정일(丁日)이나 해일(亥日)로 택한다."라고 하였다.

동지에는 시조에게 제사 지낸다.〔冬至祭始祖〕

시조의 제사에 대해서는, 주자(朱子)는 "시조를 계승한 종자(宗子)만이 제사 지낼 수 있다."라고 하였고, 정자(程子)는 "이는 처음으로 사람을 낳은 조상이다. 동지는 일양(一陽)이 시작되는 시점이기 때문에 그 유사함을 형상하여 제사 지낸다."라고 하였다. 주자가 말하기를, "어떤 사람은 '성(姓)을 받은 조상이니 채씨(蔡氏)의 경우 그 조상 채숙(蔡叔)와 같은 부류이다.'라고 하고, 어떤 사람은 '처음으로 사람을 낳은 조상이니, 반고(盤古)[4] 같은 부류이다.'라고 한다."라고 하였다.

입춘에는 선조에게 제사 지낸다.〔立春祭先祖〕

선조의 제사에 대해서는, 주자는 "시조나 고조를 계승한 종자가 제사

4 반고(盤古) : 천지가 개벽할 당시에 맨 먼저 나와서 세상을 다스렸다는 중국 신화 속의 인물이다.

지낼 수 있다. 시조를 계승한 종자는 초조(初祖) 이하를 제사 지내고, 고조를 계승한 종자는 선조(先祖) 이하를 제사 지낸다."라고 하였고, 보주(補註)에 "대종(大宗) 집안의 친진(親盡)된 2세 이하의 조상 및 소종(小宗) 집안의 친친된 고조의 경우가 이른바 선조이다."라고 하였고, 정자(程子) "초조 이하부터 고조 이상까지의 조상이다. 입춘은 만물이 생겨나기 시작하는 시점이므로 그 유사함을 형상하여 제사 지낸다."라고 하였다.

계추에는 아버지의 사당에 제사 지낸다.〔季秋祭禰〕

주자가 말하기를, "아버지를 계승한 종자 이상은 모두 제사 지낼 수 있다. 다만 지자(支子)는 제사 지내지 못한다."라고 하였고, 정자는 "계추는 만물이 완성되기 시작하는 시점이니〔成物之始〕,-시(始)는 《시경》 주석에 '시(時)'로 되어 있다.[5]- 또한 그 유사함을 형상하여 제사 지낸다."라고 하였다.

기일에는 신주를 옮긴다.〔忌日遷主〕

사계(沙溪) 선생이 말하기를, "기(忌)는 슬픔을 머금어 다른 일에 미칠 겨를이 없다는 말이지, 제사의 이름이 아니다."라고 하였다. 주자는 말하기를, '옛날에는 기제가 없었는데, 근래 여러 선생들이

5 시(始)는……있다 : 《시경》〈아장(我將)〉 주석에 나오는 정자(程子)의 말로, "만물은 상제에게서 형체를 이루고 사람은 아버지에게서 형체를 이룬다. 그러므로 계추에 상제에게 제향하면서 아버지를 배향하니 계추는 만물을 완성하는 때〔成物之時〕이기 때문이다."라고 하였다.

비로소 상고하여 여기에 미쳤다."라고 하였다.

죽은 사람을 섬기는 예는 산 사람을 봉양하는 것보다 후하게 해야 한다.〔事死之禮, 當厚於奉生者.〕

살펴보건대, 이것은 윗글의 '부모 봉양에는 후하면서 선조에게는 박하다.〔厚於奉養而薄於先祖〕'는 뜻을 뒤집어 결론지은 것이다.

벌써 두건과 모자를 씌운다.〔已加巾帽〕

살펴보건대, 《주자가례》에서는 관례를 행할 적에 처음에는 관과 두건을 씌우고 두 번째로 모자를 씌운다고 하였다.

은혜를 베풀다.〔覃恩〕-주(註)-

담(覃)은 '도(徒)'와 '남(南)'의 반절이다. 《설문》에는 '늘이다〔延〕'는 뜻이라고 하였고, 《광운(廣韻)》에는 '미치다〔及〕', '깊고 넓다〔深廣〕'는 뜻이라고 하였다.

강보(襁褓)-주(註)-

강(襁)은 《운회》에 "어린아이를 등에 업는 포대기이다."라고 하였다. 《논어》 〈자로(子路)〉의 '포대기로 자식을 업다.〔襁負其子〕' 주석에 "실로 짜서 만들어 등에 어린아이를 묶는 것이다."라고 하였다. 보(褓)는 《운회》에 본래 '보(緥)' 자로 되어 있다. 《설문》에는 "어린아이의 옷이다."라고 하였다. 이기(李奇)가 말하기를, "제(齊)나라 사람은 어린아이의 이불을 보(褓)라고 한다."라고 하였다.

나이 15세 이상〔年十五以上〕

주자(朱子)가 말하기를, "남자 아이 15세부터 20세까지 모두 관례를 할 수 있다."라고 하였다.

거친 밥을 먹고 물을 마신다.〔疏食水飮〕

집해(集解)에 "소사(疏食)는 거친 쌀로 밥을 짓는 것을 말하고, 수음(水飮)은 장과 우유를 먹지 않는〔不食醬酪〕 것을 말한다."라고 하였다. -낙(酪)은 《설문》에 유장(乳醬)이라고 하였다.-

흙벽돌을 쌓고 진흙을 바른다.〔累土墼塗之〕-주(註)-

《가례고증(家禮考證)》에 "격(墼)은 굽지 않은 벽돌이고, 도(塗)는 진흙으로 바르는 것이다."라고 하였다. 〈사상례(士喪禮)〉주석에 "흙을 바르는 것은 화재에 대비하기 위함이다."라고 하였다.

당 가운데서 조금 서쪽〔堂中少西〕-주(註)-

사마온공(司馬溫公)이 말하기를, "주(周)나라 사람들은 서쪽 계단 위에 빈소(殯所)를 두었다. 지금은 당실의 제도가 다르고 혹 협소한 까닭에 다만 당 가운데서 조금 서쪽에 빈소를 두는 것뿐이다."라고 하였다. 〈단궁(檀弓)〉의 '서쪽 계단 위에 빈소를 두었으니 오히려 빈객으로 대우한 것이다.〔殯於西階上, 則猶賓之也.〕' 주석에 "효자가 차마 그 어버이를 죽었다고 생각할 수 없기 때문에 오히려 서쪽 계단에 빈소를 두고 빈객으로 예우한 것이다."라고 하였다.

방탕하다〔放誕〕

탄(誕)은 《운회》에 "함부로 큰소리치는 것이다."라고 하였다. 《순자(荀子)》에 "말을 함부로 쉽게 하는 것을 탄(誕)이라고 한다."라고 하였다.

2일의 쌀을 올리게 하다.〔令進二溢米〕

〈상대기(喪大記)〉의 '(임금의 상에) 세자와 대부와 여러 아들과 중사(衆士)들이 죽을 먹을 때에 아침에 쌀 1일(溢)을 사용하고 저녁에 쌀 1일을 사용한다.'와 〈간전(間傳)〉의 '(부모의 상에) 빈을 한 뒤에 죽을 먹을 때에 아침에 쌀 1일을 사용하고 저녁에 쌀 1일을 사용한다.' 주석에 "1일(一溢)은 24분의 1되〔升〕이다."라고 하였다. 사계(沙溪) 선생이 말하기를, "〈상복(喪服)〉의 '죽을 마실 때에 아침에 쌀 1일을 사용하고 저녁에 쌀 1일을 사용한다.' 주석에 '24량(兩)을 1일(溢)이라고 하니, 쌀 1되와 24분의 1되를 더한 것이다.'라고 하였다. 이는 1되 이외에 24분의 1되가 더 있는 것이니, 《소학》의 주석과 같지 않다. 그러나 '24량이 1일이다.'라고 한 것을 오늘날의 도량(度量)으로 따져보면 쌀 2되 남짓이 되니, 쌀의 수가 너무 많으므로 《소학》의 주석이 옳은 듯하다. 그러나 쌀이 너무 적은 것도 의심스럽다."라고 하였다.

포와 젓〔脯鮓〕

자(鮓)는 마운(馬韻)에 있는 것은 '측(側)'과 '하(下)'의 반절이다. 《설문》에 "저장한 생선〔藏魚〕이다. 남쪽 지방에서는 잠(魿)이라고 하고, 북쪽 지방에서는 자(鮓)라고 한다."라고 하였다. 소금과 쌀로 물고기를 절여서 젓을 만든다. 《본초(本草)》에 "자(鮓)는 '젓'이다."

라고 하였다.

보자기〔襆〕

복(襆)은 《운회》에 본래 '복(幞)' 자로 되어 있는데, "'봉(逢)'과 '옥(玉)'의 반절로, 수건〔帕〕이다."라고 하였다.

삶은 돼지고기〔蒸肫〕

돈(豚)은 《운회》에 '돈(肫)' 자와 통용하여 쓴다고 하였다. 《진서(晉書)》 〈왕제열전(王濟列傳)〉 "삶은 돼지고기는 맛이 매우 좋다."라고 하였다.

전연(靦然)

전(靦)은 《국어(國語)》에 "범려(范蠡)가 말하기를, '비록 버젓이 사람의 얼굴을 하고 있지만 실제로는 금수이다.〔雖靦然人面, 實禽獸也.〕'고 하였다."라고 하였다. 《시경》 주석에 "전(靦)은 활(姡)이다."라고 하였다.[6]

소식(素食)

소(素)는 《운회》에 '비다〔空〕'는 뜻이라고 하였다. 《한서(漢書)》

6 시경……하였다 : 이것은 《시경》 〈하인사(何人斯)〉의 '뻔뻔스럽게 면목을 갖추고서 끝없이 사람을 보는구나.〔有靦面目, 視人罔極.〕'라는 부분의 모전(毛傳) 주석이다. '활(姡)'은 마서진(馬瑞辰)의 《모시전전통석(毛詩傳箋通釋)》에 "전(靦)과 활(姡)은 모두 사람의 얼굴 모습이다."라고 하였다.

〈곽광전(霍光傳)〉 주석에 "고기 없이 채소만 먹는 것을 '소식'이라고 한다."라고 하였다.

여위고 피로하다.〔羸憊〕

비(憊)는 '보(步)'와 '배(拜)'의 반절이다. 《설문》에 '패(敗)' 자와 통용하여 쓴다고 하였다.

상차(喪次)

차(次)는 《운회》에 '위차(位次)'라고 하였다. 《주례》의 '대차와 소차〔大次小次〕' 주석에 "오늘날의 옷을 갈아입는 곳과 같다."라고 하였다.

참최에는 거적자리를 깔고 흙덩이를 벤다.〔斬衰寢苫枕塊〕

사계(沙溪) 선생이 말하기를, "언해(諺解)에 '참최를 입고 또 거적자리를 깐다.……'라고 풀이한 것은 옳지 않다. 《온공서의(溫公書儀)》에서는 참최(斬衰)·자최(齊衰)·대공(大功)을 차례로 거론하여 중한 상복에서부터 가벼운 상복까지 차등을 두어 말하였는데, 주자(朱子)가 이 편을 산입(刪入)하면서 단지 중한 상(喪)만 들어 '참최'라고 한 것뿐이다. 지금 응당 '참최의 상에는 거적자리를 깐다.……'라고 해야 하는데 모친상이 그 속에 포함된다."라고 하였다.

연고가 없으면 중문에 들어가지 않는다.〔無故不入中門〕

《주자가례》의 '각각 상차로 돌아간다.〔各歸喪次〕' 주석에 "때때로 어머니를 뵙는 경우가 아니면 중문에 들어가지 않는다."라고 하였다.

진수(陳壽)

촉한(蜀漢) 진식(陳式)의 아들로, 파서(巴西) 안한(安漢) 사람이다. 《삼국지(三國志)》를 지었으며, 같은 군(郡)의 초주(譙周)를 스승으로 섬겼다.

천당(天堂)

살펴보건대, 천당은 '천상(天上)의 당'이라고 말하는 것과 같으니, 존귀한 자의 거처이다.

지옥(地獄)

불경(佛經)에 도산(刀山)·철망(鐵網)·화성(火城)·동주(銅柱)·철상(鐵床)·확탕(鑊湯)·노탄(爐炭)·도병(刀兵)·도렬(屠裂)·박피(剝皮)·발서(拔舌)·정신(釘身)·이경(犁耕)·부작(斧斫)·한빙(寒氷)·어니(淤泥) 지옥 등의 이름이 있다.

시왕〔十王〕

시왕〔十王〕은 첫 번째는 진광(秦廣), 두 번째는 소강(所江), 세 번째는 송제(宋帝), 네 번째는 오관(五官), 다섯 번째는 염라(閻羅), 여섯 번째는 변성(變成), 일곱 번째는 태산(泰山), 여덟 번째는 평등(平等), 아홉 번째는 도시(都市), 열 번째는 전륜(轉輪)이다.

방아가 찧다.〔碓舂〕-주(註)-[7]

7 주(註) : 대본에는 없는데, 《소학》 본문이 아니라 집해(集解)에 나오는 구절이므로

대(碓)는 '도(都)'와 '내(內)'의 반절이다. 《광운》에는 '절굿공이와 절구〔杵臼〕'라고 하였고, 《증운》에는 '방아 찧는 도구〔舂具〕'라고 하였다. 환담(桓譚)의 《신론(新論)》에 "복희(宓犧)가 편리한 절굿공이와 절구를 만들었는데, 후세에 더욱 공교하게 만들어 사람 몸으로 방아를 밟음으로써 10배나 편리하게 되었다."라고 하였다.

맷돌이 갈다.〔碾磨〕-주(註)-

연(碾)은 '여(女)'와 '전(箭)'의 반절이다. 옛날에는 '전(輾)'으로 썼으니, 바퀴를 돌려 곡식을 찧는 것이다.

부장은 부적을 써서 글에 절하는 주술이다.〔符章, 卽書符拜章之術.〕-주(註)-

살펴보건대, 부적에 써서 글에 절한다는 것은 부적을 써서 글에 절하고 기도하는 것을 말하니, 모두 신에게 빌어 복을 구하는 주술이다. 《자치통감강목(資治通鑑綱目)》에 "수 양제(隋煬帝)가 시기가 많아 등왕윤(滕王綸)[8] 등이 근심하고 두려워 주술사를 불러 장초(章醮)[9] 하여 복을 구하였다."라고 하였으니, 살펴보건대 이른바 '장초'가 바로 글에 절하는 일이다.

'註'를 보충하여 번역하였다.

8 등왕 윤(滕王綸) : 대본에는 '滕王倫'으로 되어 있는데, 《북사(北史)》 〈수종실제왕전(隋宗室諸王傳)〉에 의거하여 '滕王綸'으로 바로잡아 번역하였다.

9 장초(章醮) : 도교(道敎)의 기도 방식으로, 제단을 설치하고 엎드려서 글을 올려 기도하는 것이다.

동료를 대하다.〔與同僚〕

여(與)는 《설문》에는 '당여(黨與)'라고 하였고, 《광운》에는 '사이가 좋다.〔善〕'는 뜻이라고 하였고, 《증운》에는 '대우하다〔待〕'는 뜻이라고 하였다.

이름은 본중이다.〔名, 本中.〕-주(註)-

다른 이름은 대중(大中)이다.

안례는 자가 입지이다.〔安禮, 字立之.〕-주(註)-

하간(河間) 사람이다. 사계(沙溪) 선생이 말하기를, "자(字) 자는 '명(名)' 자가 되어야 한다."라고 하였다.

온은 중매하는 노파이다.〔媪, 牙婆也.〕-주(註)-

아(牙)는 교역하고 무역하는 것을 말하고, 파(婆)는 늙은 여자이다. 아파(牙婆)는 오늘날 시장에서 사람 매매를 주관하는 늙은 여자이다.

헤아릴 수 없다.〔不貲〕

자(貲)는 '자(訾)' 자와 통용하여 쓴다. 《운회》에 '헤아리다〔量〕'는 뜻이라고 하였다. 《한서(漢書)》 〈합관요전(蓋寬饒傳)〉에 '헤아릴 수 없는 귀중한 몸으로〔用不貲之軀〕'라고 하였고, 〈화식전(貨殖傳)〉에 '그 가산(家産)도 헤아릴 수 없이 많았다.〔家亦不訾〕'라고 하였으니, 모두 헤아려 견줄 만한 것이 없다는 말이다.

교활(狡猾)-주(註)-

교(狡)는 《설문》에 '작은 개〔小狗〕'라고 하였고, 《광운》에는 '미치다〔狂〕', '건장하다〔健〕'는 뜻이라고 하였다. 《방언(方言)》에 "어린아이가 거짓말을 많이 하는 것을 교활(狡猾)하다고 한다."라고 하였다.

도(塗)

도(塗)는 《운회》에 '흙손질하다〔圬〕'는 뜻이라고 하였으니, '예양이 측간에 흙을 발랐다.〔豫讓塗厠〕'고 할 때의 '도(塗)' 자와 같다.

압자(押字)

압(押)은 '을(乙)'과 '갑(甲)'의 반절이다. 《설문》에 '서명하다〔署〕'는 뜻이라고 하였는데, 서씨(徐氏)가 "지금 사람들이 문자로 서명한다고 말하는 것이 이것이다."라고 하였다. 살펴보건대, 오늘날 서명〔着押〕은 모두 초서(草書)로 쓰니, 세속의 이른바 '수례〔슈례〕'[10]가 이것이다.

긁어내는 것이다.〔挑取也〕-주(註)-

도(挑)는 《운회》에 '제거하다〔撥〕', '취하다〔取〕'는 뜻이라고 하였고, 《설문》에는 '어지럽다〔撓〕'는 뜻이라고 하였다.

옛 판결〔舊判〕-주(註)-

살펴보건대, 판(判)는 피차의 시비를 판단하는 말인 듯하니, 오늘날

10 수례〔슈례〕: 수례는 수례(手例)로 수결(手決)을 말한다.

의 판결문서 따위이다.

옛 서명〔舊署〕-주(註)-

서(署)는 《광운》에 '쓰다〔書〕'는 뜻이라고 하였다. 또 '표식하다〔表識〕'는 뜻이다.

첩과 잉첩〔妾媵〕

잉(媵)은 《석문(釋文)》에 "옛날에 제후가 부인을 맞이하면 동성(同姓)의 두 나라에서 잉첩을 보냈다."라고 하였다. 〈시서(詩序)〉에서는 인하여 "딸려서 시집가는 여자를 '잉'이라고 한다."라고 하였고, 《춘추공양전(春秋公羊傳)》에 "제후는 한 번에 아홉 명의 여자를 맞이하는데 두 나라에서 잉첩을 보냈다."라고 하였으니, '잉'은 혼인에 특별히 보내는 것에 대한 명칭이다. 《석명(釋名)》에 "조카와 여동생을 '잉'이라고 하니, 잉은 '받들다〔承〕'는 뜻이다."

불초(不肖)

초(肖)는 《설문》에 "골육지친 사이에 서로 닮은 것이다. 사람들이 자기 선조와 닮지 않았다고 말할 적에 '불초'라고 한다."라고 하였다. 《광운》에는 '비슷하다〔似〕', '본받다〔法〕', '본뜨다〔象〕'는 뜻이라고 하였다. 안사고(顔師古)가 말하기를, "용렬하고 망령된 사람을 '불초'라고 하니, 그 용모가 닮은[11] 데가 없는 것을 말한다."라고 하였다.

11 닮은 : 대본에는 '相象'으로 되어 있는데, 《한서》 〈형법지(刑法志)〉에 의거하여 '象似'로 바로잡아 번역하였다.

친후한 은혜를 절제하고 헤아리다.〔節量親厚之恩〕

살펴보건대, 친후(親厚)는 바로 형제이다.

집안을 나누고 쪼개다〔分門割戶〕

살펴보건대, 집안을 나누고 쪼갠다는 것은 서로 분열됨을 말한다.

이에 이르다.〔抵此〕

저(抵)는 지운(紙韻)으로 '장(掌)'과 '씨(氏)'의 반절인데, '이르다〔至〕'는 뜻이다.

심지어 원수처럼 여기다.〔至若仇敵〕

살펴보건대, 구적(仇敵)은 윗글에서 유개(柳開)가 말한 '도적과 원수〔賊讎〕'이다. 적(敵)은 바로 적국(敵國)이다.

잔치를 열어 술을 마시며 낙성식을 하였다.〔宴飮以落之〕-주(註)-

〈잡기(雜記)〉 주석에 "유울지(庾蔚之)가 말하기를, '낙(落)은 빈객들과 함께 연회를 열어 술과 음식을 땅에 뿌리는 것을 말하니, 기뻐하고 즐거워하는 뜻이다.'고 하였다."라고 하였다.

규각(圭角)

살펴보건대, 규(圭)는 네모나고 뿔〔角〕은 들이받으니, 규각(圭角)이 없다는 것은 모나지 않고 저촉함이 없는 것을 말한다.

어깨를 치다.〔拍肩〕

박(拍)은 '필(匹)'과 '백(陌)'의 반절이다. 《설문》에는 '치다[拊]'는 뜻이라고 하였고, 《광운》에는 '치다〔打〕'는 뜻이라고 하였다.

거장은 추천해 준 사람이다.〔擧將, 擧主也〕-주(註)-

살펴보건대, 옛사람들이 시험을 주관한 자를 좌주(座主)라고 하였으니, 아마도 추천을 주관한 자를 거주(擧主)라고 한 듯하다. 동한(東漢)의 정홍(鄭弘)이 젊은 시절에 향색부(鄉嗇夫)가 되었는데, 태수 제오륜(第五倫)이 봄철에 순행하다가 그를 보고 기특하게 여겨 서독우(署督郵)로 부르고 효렴(孝廉)으로 천거하였다. 그 후 원화(元和) 원년에 이르러 정홍이 태위(太尉)가 되었는데, 그때 거장(擧將) 제오륜이 사공(司空)이 되어 반차가 그 아래에 있었다. 정삭(正朔)의 조회 때마다 정홍이 몸을 굽히며 자신을 낮추니, 황제가 그 이유를 물어서 알고는 마침내 운모병풍(雲母屛風)을 쳐서 그 사이를 분리시키도록 허락하니, 이로 말미암아 고사(故事)가 되었다. 위(魏)나라 경원(景元) 원년에 부현(傅玄)의 거장(擧將) 복야(僕射) 진공(陳公)이 세상을 떠나자, 부현이 당시의 현인들에게 자문하였는데, 광록(光祿) 정소동(鄭小同)이 말하기를, "의당 예법에 따라 정의(情義)로 판단해야 하니 조복(弔服)을 입고 마(麻)를 더하는 것이 가하고, 3개월 만에 벗습니다."라고 하였다.

의전과 의택을 설치하다.〔置義田宅〕

공은 재물을 가볍게 여기고 베풀기를 좋아하였으며 친척들에게 더욱 후하였다. 신분이 귀해진 뒤에 고소(姑蘇)의 성곽 근처에 좋은 밭 수천 묘(畝)를 사서 의장(義莊)으로 삼아 가난한 당형제와 자질(子

姪)을 길렀으며, 친척 중에 나이 많고 어진 사람을 1명 골라 재물의 출납을 주관하게 하였다. 한 사람에게 하루에 쌀 1되〔升〕를 먹이고 한 해에 비단 1필을 입혔으며, 남녀의 혼인이나 초상과 장사에 모두 넉넉히 지급하였다. 전공보(錢公輔)의 기록[12]에 상세히 보인다.

비단 1필을 입히다.〔衣縑一疋〕-주(註)-

겸(縑)은 《설문》에 '합사(合絲)한 비단'이라고 하였고, 《광운》에는 '명주〔絹〕'라고 하였다.

포름(庖廩)-주(註)-

포(庖)는 《설문》에 '부엌〔廚〕'이라고 하였으니, 삶고 굽는 뜻을 취한 것이다. 〈옥조(玉藻)〉의 '군자는 푸줏간과 주방을 멀리한다.〔君子遠庖廚〕'에 대한 방씨(方氏) 주석에 "포(庖)는 짐승을 도살하는 곳이고, 주(廚)는 조리하는 곳이다."라고 하였다. 늠(廩)은 《설문》에 '늠(㐭)'자로 되어 있다. 집의 형태에 문과 창을 두어 무더위를 막은 것을 형상하였다. 《예기》〈월령(月令)〉 주석에 "곡식을 보관하는 곳을 창(倉)이라고 하고, 쌀을 보관하는 곳을 늠(廩)이라고 한다."라고 하였다.

이상은 명륜(明倫)을 넓힌 것이다.

12 전공보(錢公輔)의 기록 : 전공보가 기록한 〈의전기(義田記)〉를 말한다.

손사막(孫思邈)

경조(京兆) 화원(華原) 사람이다. 백가(百家)의 설에 통달하여 노장(老莊)의 설을 잘 말하니, 독고신(獨孤信)이 기이하게 여겨 성동(聖童)이라고 하였다. 겸하여 음양(陰陽)·추보(推步 천체의 운행을 추산함)·의약(醫藥) 분야까지 정통하였다. 태백산(太白山)에 살면서 수 문제(隋文帝)가 국자 박사(國子博士)로 불러도 가지 않았다. 당 태종(唐太宗)이 불러서 경사(京師)에 갔는데 당시 이미 늙은 나이였다. 당 태종이 벼슬을 시키려 했으나 받지 않고 마침내 병을 핑계로 산으로 돌아왔다.

주인궤(朱仁軌)

당(唐)나라 박주(亳州) 영성(永城) 사람이다. 그 아우 주경칙(朱敬則)도 학문을 좋아하고 기절(氣節)을 중시하였다. 여러 관직을 거쳐 평장사가 되었다. 삼종형제(三從兄弟)와 40년간 함께 살면서 재산을 따로 소유하지 않아 당시 사람들에게 추중되었다.

단지 화려한 것에만 치달리다.〔徒騁葩藻〕-주(註)-

파(葩)는 《설문》에 '꽃〔華〕'이라고 하였다. 조(藻)는 육전(陸佃)이 말하기를, "조(藻)는 무늬가 있는 수초(水草)로, 물속에서 나서 물 위로 나오지 못하니, 물에 씻겨서 깨끗하다.[13]"라고 하였다. 살펴보

13 조(藻)는……깨끗하다 : 육전(陸佃)이 지은 《비아(埤雅)》에는 "조는 무늬 있는 수초이다. 물 아래에서 나서 물 밖으로 나오지 못한다. 그 글자가 '조(澡)' 자로 구성되어 있으니, 마치 씻은 것처럼 깨끗하다는 말이다.〔藻, 水草之有文者, 出乎水下而不能出水

건대, '파조'는 문사(文詞)가 화려하고 문채가 있는 것을 이르니, 단지 화려한 문사에만 매진하고 덕행과 사업의 실상이 없는 것을 말한다.

병을 비호하다.〔護疾〕

살펴보건대, 병을 비호한다는 것은 병을 숨긴다는 말과 같다.

강자(腔子)

강(腔)은 《설문》에 '안이 빈 것〔內空〕'이라고 하였다. 골체(骨體)를 '강'이라고 한다.

광탕(曠蕩)

광(曠)은 《운회》에 '멀다〔遠〕', '트이다〔闊〕'는 뜻이라고 하였고, 안사고(顔師古)는 '비다〔空〕'는 뜻이라고 하였다. 탕(蕩)은 《운회》에 "'넓고 멀다〔廣遠〕'는 뜻이고, 또 '방탕하다〔流蕩〕'는 뜻이다."라고 하였다.

규구(規矩)

규(規)는 《설문》에 '법도가 있다.'는 뜻이라고 하였다. 부(夫)와 견(見)의 회의자(會意字)이다. 《자통(字統)》에 "장부(丈夫)는 쓰임을 알아 반드시 규구(規矩)에 부합하기 때문에 '부(夫)' 자로 구성되었다."라고 하였다. 또 '둥근 것을 바로잡는 기구'이다. 구(矩)는 본래

之上, 其字從澡, 言自絜如澡也.〕"라고 하였다.

'구(榘)' 자로 쓰는데, '목(木)' 자와 '시(矢)' 자로 구성되었으니 똑바르다는 뜻이다. 《증운》에는 '네모난 것을 바로잡는 기구'라고 하였다.

알다〔知道〕

《어록해(語錄解)》에 '알다〔아다〕'라고 하였다.

사욕을 극복하고 예로 돌아가다.〔克己復禮〕

주자(朱子)가 말하기를, "선성(先聖)이 말씀하신 극기복례(克己復禮)에 대하여 내가 평소 강설할 적에 '예(禮)' 자에 대하여 매번 뜻이 석연찮아 반드시 '이(理)' 자로 풀이하고야 말았는데, 이제야 비로소 그 정미하고 치밀한 뜻이 보통사람의 생각으로 미칠 수 없다는 것을 알았다."라고 하였다. 퇴계(退溪)가 말하기를, "안자(顔子)가 본래 인(仁)을 물었는데 공자가 예(禮)로 고해 준 것은 어째서인가? 인은 마음의 덕이고 예는 이치의 절도이다. 마음이 보존되지 않으면 이치가 어떻게 절도에 맞을 수 있으며, 이치가 절도에 맞지 않으면 마음이 어떻게 온전할 수 있겠는가. 이 때문에 공자가 예로 답하고 나서 그 절목을 묻는데 이르러선 보고 듣고 말하고 움직이는 것에 나아가 말하는데 지나지 않았으니, 배우는 자들로 하여금 먼저 밖을 제어하여 안을 편안하게 하고자 하신 것이다. 이것이 바로 성인(聖人)의 말씀이 정미하고 치밀한 이유이다."라고 하였다. 율곡(栗谷)이 말하기를, "인은 본심(本心)의 온전한 덕이고, 예는 천리(天理)의 절문(節文)이고, 기(己)는 일신의 사욕이다. 이 본심을 갖추지 않은 사람이 없는데도 인하지 못한 것은 사욕이 끼여 있기 때문이다. 사욕을 제거하려면 반드시 몸과 마음을 정리하여 한결같이 예를 따른 뒤에야 자신의 사욕을 극복하여 예를 회복할 수 있다. 의(義)・예(禮)・지(智)가 똑같은 천리(天理)인데 유독 예를 거론한 것은 예가 몸과 마음을 검속하는 물사(物事)이기 때문이다. 보고 듣고 말하고 움직임이 모두 하늘의 법칙을 따르고 행동거지와 주선함이 모두 절문에 맞다면 마음의 덕이 온전하여 의(義)와 지(智)가 그 속에 있게 될 것이다."라고 하였다. 살펴보건대, 《춘추좌씨전》에 "중니(仲尼)가 말하기를, '옛 책에 「극기복례는 인이다.〔克己復禮, 仁也〕」는 기록이 있다.'고 하였다."라고 하였는데, 그 주석에 "지(志)는 쓰다〔書〕는 뜻이니, '고서(古書)에 이런 말이 있다.'라는 말이다."라고 하였다. 지금 이것을 가지고 살펴보면, 이른바 '극기복례'는 반드시 공자 이전의 성현(聖賢)의 말이다.

마음을 잡는데 요령이 있으니 보는 것이 법칙이 된다.〔操之有要, 視爲之則.〕

경원 보씨(慶源輔氏)가 말하기를, "사람의 보는 것이 가장 앞에 있으니, 보지 말아야 할 것을 만났을 때에 조금이라도 그것을 보고자 하는 생각이 일어나면 곧 예(禮)가 아니다. 그러므로 응당 보는 것으로 마음을 잡는 법칙을 삼아야 한다."라고 하였다.

천성에 근본한다.〔本乎天性〕

"〈시잠(視箴)〉에서는 무엇 때문에 특별히 마음을 말했으며, 〈청잠(聽箴)〉에서는 무엇 때문에 특별히 성(性)을 말하였습니까?"라는 질문에, 주자(朱子)가 말하기를, "서로 바꾸어 말해도 된다. 그러나 속담에 '눈을 뜨면 바로 착란하게 된다.'고 하였으니, 이 때문에 보는 것을 마음에 나아가 말한 것이다. '사람이 병이(秉彛)의 양심을 가진 것은 천성에 근본한다.'고 하였으니 도가 본래 이 속에 있지만, 외면의 언어가 섞여 들어옴으로 인하여 유혹된다. 이 때문에 듣는 것을 성(性)에 나아가 말한 것이다.

말할 때에 조급하고 경망함을 금해야 한다.〔發禁躁妄〕

주자(朱子)가 말하기를, "〈언잠(言箴)〉의 위 네 구절은 몸에서 가장 긴절한 부분을 말했으니, 반드시 조급하고 경망하지 않아야 마음이 비로소 고요하고 전일해진다. 자신의 마음이 스스로 주재(主宰)가 되지 못하면 어떻게 가서 사물을 접하겠는가. 아래에서 말한 '하물며 이 말은 몸의 추기(樞機)여서 전쟁을 일으키기도 하고 우호를 내기도 한다.'는 네 구절은 말을 삼가는 도리를 말한 것이요, 그 아래의 네 구절은 네 가지 병통을 말한 것이다."라고 하였다.

길흉영욕(吉凶榮辱)

살펴보건대, 길(吉)과 영(榮)은 우호를 내는 것이고, 흉(凶)과 욕(辱)은 전쟁을 일으키는 것이다.

지리(支離)-주(註)-

지(支)는 《운회》에 '나누다〔分〕'는 뜻이라고 하였고, 이(離)는 《맹자》의 '그 괴리된 바를 안다.〔知其所離〕' 주석에 "이(離)는 배반하여 떠나는 것이다."라고 하였으니, 이른바 '지리'란 나뉘어져 배반하고 떠난다는 뜻인 듯하다. 사직(士直)이 말하기를, "지(支)는 단지 '번다(煩多)하다'는 뜻일 뿐이다."라고 하였다.

생각에서 성실히 한다.〔誠之於思〕· 행동에서 지킨다.〔守之於爲〕

주자(朱子)가 말하기를, "생각은 동(動)의 은미함이고 행동은 동의 드러남이다. 이것은 동의 정추(精粗)를 갖춘 것이니, 안에서 생각을 성실히 하지 않을 수 없고, 밖에서 행동을 지키지 않을 수 없는 것이다."라고 하였다.

급박한 때에도 능히 생각하여 두려워하고 조심하여 스스로 지켜라.〔造次克念, 戰兢自持.〕

채씨(蔡氏)가 말하기를, "급박한 때에도 능히 생각한다는 것은 생각에 성실한 것을 가지고 말한 것이고, 두려워하고 조심하여 스스로 지킨다는 것은 행동에서 지키는 것을 가지고 말한 것이다."라고 하였다.

오랫동안 익혀서 기질지성과 함께 이루어지면 현인도 성인이 된다.〔習之旣久, 與氣質之性俱成, 則賢亦聖矣.〕-주(註)-

살펴보건대, 이른바 '현인도 성인이 된다.'라는 것은 정자(程子)의 본뜻을 잃은 듯하다. 이른바 '급박한 때라도 능히 생각하여 두려워하고 조심하여 스스로 지키라.'는 것은 익히는 일이니, 익힘이 오래되면 습관이 천성과 섞여 이루어져서 나도 성현과 함께 똑같은 데로 돌아갈 것이라는 말이다. 지금 진씨(陳氏)의 주석은 '성현(聖賢)' 두 글자에 나아가 '현자가 성인과 함께 돌아간다.'고 말하였으니, 옳지 않은 듯하다. 사계(沙溪)의 《경서변의(經書辨疑)》에도 이러한 설이 있다. 귀봉(龜峯) 송익필(宋翼弼)이 "'습관이 천성과 더불어 이루어진다.〔習與性成〕'고 할 때의 '성(性)'이 바로 '본연의 성〔本然之性〕'이다."라고 하니, 율곡(栗谷)이 말하기를, "응당 문자의 출처를 찾아야 하니, 이천(伊川)의 이 말은 실로 '이 의롭지 못함은 습관이 천성과 함께 이루어진 것이다.〔玆乃不義, 習與性成〕'라는 글에 근본하였는데, 이것도 본연의 성이라고 할 수 있는가?"라고 하였다. 또 말하기를, "습관이 천성과 함께 이루어진다는 것은 습관을 쌓아 공을 이루면 마치 천성에서 나오는 것과 같다는 말이니, 이른바 '어려서 이루어진 것은 천성과 같고, 습관은 자연과 같다.'라는 것이다."라고 하였다.

살펴보건대, 주자(朱子)가 '성은 서로 가깝지만 습관에 의해 서로 멀어진다.〔性相近, 習相遠.〕'에 대한 주석에서, "여기에서 말한 성(性)은 기질(氣質)을 겸하여 말한 것이니, 선을 익히면 선해지고 악을 익히면 악해진다."라고 하였다. 이로 말미암아 살펴보면, 이윤(伊尹)의 이른바 '이 의롭지 못함은 습관이 천성과 함께 이루어진 것이다.'라는 것은 바로 악을 익히면 악해진다는 말이고, 이곳의 이른바 '습관이 천성과 함께 이루어지면 성현과 함께 돌아갈 것이다.'라는 것은 바로 선을 익히면 선해진다는 말이다. 그렇다면 '기질의 성'이 틀림없을 듯하다.

덕으로 이어감이 없다.〔無德以將之〕-주(註)-

장(將)은 《광운》에는 '돕다〔助〕'는 뜻이라고 하였고, 《증운》에는 '유지하다〔持〕', '끼다〔挾〕', '함께하다〔偕〕'는 뜻이라고 하였다. 사직(士直)이 말하기를, "유지하다〔持〕는 뜻으로 풀이하는 것이 옳으니, 《서경》 〈주고(酒誥)〉의 이른바 '덕을 이어가 취하지 말라.〔德將無醉〕'는 것이 그 출처이다."라고 하였다.

잔치하고 노는 즐거움〔燕遊之樂〕

《운회》에 "연(醼)은 모여서 마시는 것이다. 본래 '연(燕)' 자로 쓰니, 《시경》에 '손님을 즐겁게 한다.〔以燕樂嘉賓〕'[14]고 하였다. '연(讌)' 자와 통용하여 쓰고, '연(宴)' 자와도 통용하여 쓴다."라고 하였다.

점검(點檢)

《어록해》에 '살피다〔솔피다〕'라고 하고, 또 '상고하여 차리다〔샹고ᄒᆞ여출호다〕'라고 하였다.

일체 세상의 재미〔一切世味〕

체(切)는 제운(霽韻)에 있는 것은 '칠(七)'과 '계(計)'의 반절이다. 일체(一切)은 '대체로〔大凡〕'라는 뜻이다. 《전한서(前漢書)》〈평제기(平帝記)〉에 "대체로 정식으로 실직(實職)을 맡은 사람처럼 임기를 채웠다[15].〔一切滿秩如眞〕"라고 하였는데, 안사고(顔師古)가 "일체(一切)는 한 때의 임시적 조치이니, 칼로 물건을 자를 때에 구차하게 정돈하는 것만 취하고 길이나 가로 세로를 돌아보지 않는 것과 같다. 그러므로 일체라고 말한 것이다."라고 하였다. 설운(屑韻)에 있는 것은 '천(千)'과 '결(結)'의 반절이다. 구차한 것을 '일절'이라고 하니, 한 때의 임시적 조치라고 말하는 것과 같다.

14 손님을 즐겁게 한다 : 대본에는 '以燕嘉賓'으로 되어 있는데, 《시경》〈녹명(鹿鳴)〉에 의거하여 '以燕樂嘉賓'으로 바로잡아 번역하였다.

15 임기를 채웠다 : 대본에는 '蒲秩'로 되어 있는데, 《한서(漢書)》〈평제기(平帝紀)〉에 의거하여 '滿秩'로 바로잡아 번역하였다.

부귀한 표시〔富貴相〕

살펴보건대, 부귀한 표시란 의복・음식・집이 화려하고 성대한 따위이다.

몸이 장수와 정승을 도맡다.〔身都將相〕

도(都)는 《운회》에 '모두〔摠〕', '차지하다〔居〕'는 뜻이라고 하였다.

별도로 경영하고 헤아림이 없다.〔別無調度〕

살펴보건대, 조도(調度)는 경영하고 구획하는 뜻이다.

남의 물건을 요구하다.〔求覓人物〕

살펴보건대, 이것은 남의 물건을 요구하는 것을 말한다.

문안하고 요구하다.〔問訊干求〕-주(註)-

신(訊)은 《설문》에는 '묻는다〔問〕'는 뜻이라고 하였고, 《광운》에는 '고하다〔告〕'는 뜻이라고 하였다.

뒤져 보아서는 안 된다.〔不可翻看〕-주(註)-

살펴보건대, 번(翻)은 펼쳐본다는 뜻이다.

생경(生硬)-주(註)-

경(硬)은 《광운》에는 '견고하다〔堅牢〕'는 뜻이라고 하였고, 《증운》에는 '강하다〔强〕'는 뜻이라고 하였다.

몸을 낮추어 자신을 기른다.〔卑以自牧〕

구씨(丘氏)가 말하기를, "목(牧)은 기르는〔養〕 것이다."라고 하였다.

비상한 기질〔甚生氣質〕

살펴보건대, 집주(集註)에 "심생(甚生)은 비상(非常)과 같다."라고 말한 것은 진씨(陳氏)의 주석과 같지 않다.

문자들〔文字輩〕

살펴보건대, 배(輩)는 무리〔類〕와 같다. 그 말한 것이 하나가 아니기 때문에 배(輩)라고 한 것이다.

과정(課程)

과(課)는 '고(苦)'와 '와(臥)'의 반절로, '시험하다〔試〕'는 뜻이다. 《광운》에는 '순서를 매기다〔第〕'는 뜻이라고 하였고, 《증운》에는 '헤아리다〔計〕'는 뜻이라고 하였다. 정(程)은 《설문》에 '등급〔品〕'이라고 하였다. 《순자(荀子)》의 '정은 물의 표준이다.〔程者物之準〕' 주석에 "정(程)은 도량형(度量衡)의 총칭이라고 하였다."라고 하였다. 《광운》에는 '기약〔期〕', '법식〔式〕', '한도〔限〕'라는 뜻이라고 하였다.

전적(典籍)

전(典)은 《설문》에 "오제(五帝)의 서적이다. 책(冊)이 책상〔丌〕 위에 있는 형상으로 구성되었으니 높여서 보관하는 것이다."라고 하였다. 적(籍)은《설문》에 '부서(簿書)'라고 하였다.

낭자(狼藉)

자(藉)는 백운(陌韻)에 있는 것은 '진(秦)'과 '석(昔)'의 반절이다. 풀이 가지런하지 않고 낭자한 것이니, 흩어지고 어지러운 모양이다. 마운(禡韻)에 있는 것은 '자(慈)'와 '야(夜)'의 반절로, 석의(釋義)가 백운(陌韻)과 같다.

부질(部秩)

부(部)는 《운회》에 '소속시키다〔屬〕'는 뜻이라고 하였다. 부(部)라는 말은 '장부에 기록하다.〔簿〕'는 뜻이니, 나누어 기록하는 것이다. 《태현경(太玄經)》에 "여러 고을을 나누어 기록하여 혹 넷으로 만들고 혹 둘로 만들었다."라고 하였다. 질(秩)은 《광운》에 '차례〔次〕'라는 뜻이고 또 '순서〔序〕'라는 뜻이라고 하였다.

오늘날 사람들에게 들어감은〔今之入人〕

살펴보건대, 입(入)는 '빠져들다〔陷入〕'는 뜻이다.

이상은 경신(敬身)을 넓힌 것이다.

선행
善行

두건과 버선〔巾襪〕

사계(沙溪) 선생이 말하기를, "언해(諺解)에서 건(巾)은 두건(頭巾)이라고 하고 말(襪)은 버선〔足巾〕이라고 하였는데, 내 생각에 '건말'은 하나의 물건인 버선이다."라고 하였다. 어떤 사람이 말하기를, "건(巾) 자는 대부분 머리에 쓰는 것에 사용되니, 언해가 옳은 듯하다."라고 하였다.

다방과 주점〔茶肆酒肆〕

사(肆)는 《주례》〈사시(司市)〉의 "상점에 진열하고 물건을 분류하는 것을 관장한다.〔掌以陳肆辨物〕"에 대하여, 정현(鄭玄)이 "사(肆)는 물건을 진열하는 곳이다."라고 하였다. 《운회》에 '장사하는 집'이라고 하였다.

초 선생 천지 백강〔焦先生千之伯强〕

단도(丹徒) 사람이다. 구양수(歐陽脩)의 권면으로 과거 공부를 그만두고 경술(經術)에 전적으로 뜻을 두었다. 무석현령(無錫縣令)이 되었다.

장온지(張昷之)

장주(張鑄)의 조카로, 진사시에 급제하였다. 채제(蔡齊)가 그의 재주가 쓸 만하다고 천거하였다. 누차 천거되어 천장각 대제(天章閣待制)와 하북도전운사(河北都轉運使)를 지냈다. 관리 일을 잘하여 부임하는 곳마다 명성이 있었다. 광록경(光祿卿)의 지위로 치사(致仕)하였다.

신국부인의 언니였다.〔申國夫人姊也〕

자(姊)는 '장(蔣)'과 '시(兕)'의 반절로,《설문》에는 '손위 여자 형제〔女兄〕'라고 하였고,《이아(爾雅)》에는 "남자가 먼저 태어난 여자 형제를 자(姊)라고 한다."라고 하였다.

노구솥〔鍋〕

과(鍋)는《운회》에 "나(鑹)이니 음식을 끓이는 기구〔溫器〕이다."라고 하였다.-나(鑹)는 '노(盧)'와 '과(戈)'의 반절로,《설문》에는 '음식을 끓이는 기구'라고 하였고,《광운》에는 '작은 솥〔小釜〕'이라고 하였다.-

양성(陽城)

성품이 효성스럽고 우애로웠다. 명민하고 배우기를 좋아하여 읽지 않은 책이 없었다. 진사시에 급제하였으나 마침내 중조산(中條山) 유곡(柳谷) 북쪽에 은거하였다. 뒤에 덕종(德宗)의 부름으로 간의대부(諫議大夫)가 되었는데, 배연령(裴延齡)을 정승으로 삼아서는 안 된다고 간하다가 사업(司業)으로 옮겼다.

국자사업(國子司業)

주자(朱子)가 말하기를, "옛사람은 거상(居喪) 중에 업(業)을 그만두었다. '업'은 바로 순거(簨簴)[16] 위의 판자이니, '업을 그만둔다.'는 것은 음악을 연주하지 않는다는 말일 뿐이다. 《주례》에 '업'을 맡는 관직이 있는데 사악(司樂)이라고 한다."라고 하였다.

괄마(刮劘)

괄(刮)은 '고(古)'와 '찰(刹)'의 반절로, 《설문》에 '갈다〔摩切〕'는 뜻이라고 하였고, 《광운》에는 '깎다〔刮削〕'는 뜻이라고 하였다. 마(劘)는 '미(眉)'와 '파(波)'의 반절로, 《광운》에 '깎다〔削〕'는 뜻이라고 하였고, 《증운》에는 '베다〔剴〕', '자르다〔切〕'는 뜻이라고 하였다.

비단 이것을 알 뿐만 아니라……모두 근본이었다.〔非獨只理會此……都是本原.〕-주(註)-

살펴보건대, 이 글은 '치사재(治事齋)에서는 단지 백성을 다스리고 군대를 다스리는 방도를 아는 것만 일삼을 뿐 아니라, 머리 모양은 곧게 하고 손 모양은 공손하게 하는 따위도 일삼아 그 근본으로 삼았다.'는 말이다.

예악을 주선하다.〔周旋禮樂〕

살펴보건대, 예악을 주선한다는 말은 예악에서 주선한다는 말이다.

〈왕제〉에 "의논이 정해진 뒤에 벼슬시킨다."라고 하였다.〔王制曰論定

16 순거(簨簴) : 악기(樂器)를 걸어두는 틀로, 순(簨)은 편종(編鐘)이나 편경(編磬)을 다는 가로대이고, 거(簴)는 종이나 경쇠 또는 북 따위를 다는 기둥을 말한다.

然後官之]-주(註)-

〈왕제(王制)〉의 '대악정(大樂正)이 조사(造士) 중에 우수한 자를 논하여 왕에게 고하고 사마(司馬)에게 올리니, 이들을 진사(進士)라 한다. 사마가 벼슬할 만한 인재를 분별하여 진사 중에 어진 자를 논하여 왕에게 고하여 그 의논을 정하고 의논이 정해진 뒤에 벼슬시킨다.' 주석에 "논(論)은 그 사람의 행실과 기예를 상세하게 심사하고 평가하는 것이다."라고 하였다.

학제를 살펴 상세하게 하였다.〔看詳學制〕

살펴보건대, 간상(看詳)은 자세히 살펴보고 상세히 정한다는 뜻인 듯하다. 《자치통감강목(資治通鑑綱目)》에 "송 철종(宋哲宗) 원우(元祐) 원년 5월에 정이(程頤) 등에게 명하여 학제(學制)를 수정(修定)하게 하였는데, 채확(蔡確)이 큰 옥사(獄事)를 일으킨 뒤로 태학(太學)에서 박사(博士)와 제생(諸生)이 만나지 못하도록 금지하는 바람에 명을 시행할 수 없었다. 어사중승(御史中丞) 유지(劉摯)가 이에 대해 말하자, 이때에 이르러 정이·손각(孫覺)·고림(顧臨)에게 명하여 함께 태학 장이(太學長貳)가 되어 조례를 상세히 살펴 수정하게 하였다."라고 하였다.

지방에서 뽑아 올리는 진사(進士)의 정원을 줄여 이익으로 유인하는 법을 없애다.〔鐫解額, 以去利誘.〕

정자(程子)의 본문은 다음과 같다. "원풍(元豊 송 신종(宋神宗)의 연호) 연간으로부터 이익으로 유인하는 법을 만들어 국학(國學)의 정원을 늘려 5백 명에 이르렀으니, 오는 자들이 몰려와서 부모의 봉양을 버리고 골육간의 사랑을 잊고서 도로에 왕래하고 타향에 붙어살면서 인심이 날로 투박해지고 선비들의 기풍이 날로 각박해졌습니다. 지금 헤아려서 1백 명만 남겨 두고 나머지 4백 명은 주군(州郡) 가운데 정원이 작은 곳에 나누어 있게 하고자 하니, 이렇게 하면 자연히 선비들이 각자 향토(鄕土)에서 안정되어 그 효도하고 사랑하는 마음을 기르고 쫓아다니고 유랑하는 뜻을 그쳐서 풍속 또한 후해질 것입니다."

들어서 시행하다.〔擧而措之〕-주(註)-

조(措)는 《증운》에 '놓아서 시행하다.〔安著施布〕'는 뜻이라고 하였다.

이상은 입교(立敎)를 실증한 것이다.

강혁(江革)

한(漢)나라 때 사람이다. 어머니가 세상을 떠나자 시묘살이 하면서 상복(喪服)을 벗지 않았다. 뒤에 효렴(孝廉)으로 천거되어 승진하여 간의대부(諫議大夫)가 되었다.

설포(薛包)

동한(東漢) 안제(安帝) 때 사람으로, 어려서부터 지극한 행실이 있었다. 황제가 그 이름을 듣고서 관거(官車)를 보내어 특별히 불렀다. 이후 시중(侍中)의 벼슬에 제수되자, 설포가 죽음으로 사직을 청하니 조서를 내려 돌아가게 하고 장제(章帝)가 모의(毛義)를 예우한 것[17]처럼 예우를 더하였다.

아우 및 그 아들이다.〔弟及其子也〕-주(註)-

사계(沙溪) 선생이 말하기를, "제자(弟子)는 아우의 아들인 듯하다." 하고 하였다.

왕상(王祥)

성품이 지극히 효성스러웠다. 일찍이 서주 별가(徐州別駕)가 되어 병사를 거느리고 도적떼를 토벌하니 주군(州郡)이 깨끗해지고 교화가 크게 행해졌다. 진(晉)나라 초기에 태보(太保)에 제수되고 공작(公爵)의 지위에 올랐다.

왕부(王裒)

왕부는 어려서부터 지조가 있었다. 모친이 생전에 우레를 무서워하였는데, 모친이 사망한 뒤에 우레가 치면 그때마다 무덤에 이르러 "제가 여기 있습니다."라고 하였다.

아버지 왕의〔父儀〕

왕의(王儀)의 자(字)는 민표(民表)이고, 왕수(王修)의 아들이다. 성정이 바르고 곧았으며 권세를 두려워하지 않았다.

17 장제(章帝)가……것 : 장제가 조서를 내려 모의(毛義)에게 1천 석을 하사하고 매년 8월이면 장리(長吏)를 보내어 안부를 묻고 거기에 더하여 양고기와 술을 하사한 일을 말한다.《資治通鑑 卷50 漢紀42》

왕부는 진나라 사람이다.〔裒, 晉人.〕-주(註)-

살펴보건대, 응당 위(魏)나라 사람이라고 말해야 하니, 지금 진(晉)나라 사람이라고 한 것은 《춘추(春秋)》의 뜻을 잃은 듯하다.[18]

위나라 가평〔魏嘉平〕-주(註)-

위주(魏主) 조방(曹芳)의 연호(年號)이다.

왕연(王延)

어려서 모친을 잃고 계모가 자애롭지 않게 대하였다. 한겨울에 계모가 물고기를 먹고 싶어 하자, 왕연이 분수(汾水)를 따라가며 얼음을 두드리면서 곡하니 갑자기 큰 물고기나 뛰어올랐다. 이를 가져와서 식사에 올리니 이에 어머니가 깨닫고서 자신의 소생처럼 보살폈다. 관직이 상서좌승(尙書左丞)에 이르렀다. 근준(靳準)이 난을 일으켜 왕연을 좌광록대부(左光祿大夫)로 삼자, 왕연이 욕하며 받지 않으니 구준이 마침내 죽였다.

유비(柳玭)

유중정(柳仲郢)의 아들이다. 희종(僖宗) 때에 어사대부(御史大夫)가 되었는데, 강직하고 청렴하여 아버지의 풍도가 있었다. 가훈(家

18 응당……듯하다 : 왕부는 위(魏)나라가 사마씨(司馬氏)에게 멸망하고 진(晉)나라가 세워지자 진나라에 신하노릇을 하지 않으려는 뜻으로 종신토록 궁궐이 있는 쪽을 향해 앉지 않은 인물이니, 이런 사람을 진나라 사람이라고 한 것은 춘추대의(春秋大義)에 어긋난다는 말이다.

訓)을 지어 자손을 경계하였다.

최남산의 형제와 자손의 번성함〔崔山南昆弟子孫之盛〕

최관(崔琯)으로, 최정(崔頲)의 아들이다. 송신석(宋申錫)이 참소를 입고 비옥(祕獄)에 갇혀 화를 예측할 수 없었는데, 최관이 외정(外庭)에 넘겨 다스리도록 청하니, 천하 사람들이 어질다고 칭하였다. 상서좌승(尙書左丞)으로 있다가 형남 절도사(荊南節度使)가 되었고, 동도 유수(東都留守)로 옮겼다가 산남서도 절도사(山南西道節度使)로 마감하였다. 성품이 방정하고 곧아 삼공(三公)의 명망이 있었다. 형제 8인이 모두 재주가 있어 세상에서 이들을 순씨 팔용(荀氏八龍)[19]에 견주었다. 아우 최조(崔璪)는 형부 상서(刑部尙書)를 지냈으며, 최여(崔璵)는 하중 절도사(河中節度使)을 지내고 박릉백(博陵伯)에 봉해졌으니 식읍(食邑)이 500호였다. 최공(崔珙)은 영남 절도사(嶺南節度使)를 지냈고, 최진(崔瑨)은 병부 시랑(兵部侍郎)을 지냈고, 최구(崔球)는 상서랑(尙書郎)을 지냈고, 최최(崔璀)는 호남 절도사(湖南觀察使)를 지냈다. 최여의 아들 최담(崔澹)은 진사로 급제하여 동평장사(同平章事)를 지냈고, 최최의 아들 최항(崔沆)은 동평장사를 지냈다.

유검루(庾黔婁)

유검루는 어려서부터 학문을 좋아하였고 성품이 지극히 효성스러웠

19 순씨 팔용(荀氏八龍) : 후한(後漢) 때의 순숙(荀淑)의 여덟 아들이 모두 재능이 뛰어나 당시 사람들이 팔룡(八龍)이라고 불렀다.

다. 남제(南齊)에서 벼슬하여 산기상시(散騎常侍)로 마감하였다.

아버지 유이〔父易〕

유이(庾易)의 자는 유간(幼簡)으로 신야(新野) 사람이다. 성품이 조용하였으며 문학으로 즐거움을 삼았다. 남제(南齊) 임치왕(臨淄王)이 표문을 올려 천거하고 보리 백 곡(斛)을 보냈으나 받지 않았다. 건무(建武광무제(光武帝)의 연호) 연간에 사공 주부(司空主簿)로 부름을 받았으나 나아가지 않았다. 유이의 셋째아들은 유견오(庾肩吾)이고, 유견오의 아들은 유신(庾信)이다.

하자평(何子平)

여강군(廬江) 첨현(灊縣) 사람이다. 어려서부터 지조와 행실이 있었으며 지극한 효성으로 어머니를 섬겼다. 송 문제(宋文帝) 때에 오군(吳郡) 해우 현령(海虞縣令)이 되었는데, 봉록을 얻으면 오직 어머니만 공양하고 처자식에게는 미치지 않았다. 사람들이 너무 검박하다고 의심하니, 하자평이 말하기를, "봉록을 바란 것이 본디 어버이를 봉양하려는 뜻이 있어서이고 나 자신을 위해서가 아니다."라고 하니, 듣는 자들이 부끄러워하며 물러났다.

주수창(朱壽昌)

어머니가 죽자 눈물을 흘리며 울어 거의 실명할 지경이었는데[20], 휜

20 거의 실명할 지경이었는데 : 대본에는 '喪明'으로 되어 있는데, 《소학》 〈선행(善行)〉에 의거하여 '幾喪明'으로 바로잡아 번역하였다.

까마귀가 그 무덤 위에 모이는 이변이 있었다. 뒤에 사농 소경(司農少卿)이 되었다.

그 아우와 여동생을 보살폈다.〔拊其弟妹〕

무(撫)는 '비(斐)'와 '부(父)'의 반절로, '부(拊)' 자와 통용하여 쓴다. 《설문》에 '편안하게 하다〔安〕'는 뜻이라고 하였다.

태자 세마(太子洗馬)

전지(前志)[21]에 "태자 태부(太子太傅)와 태자 소부(太子少傅)의 속관(屬官)에 선마(先馬)가 있다."라고 하였는데, 여순(如淳)이 말하기를, "선도하여 달리는 자이다. 혹 '세(洗)' 자로 쓴다."라고 하였다. 《후한서(後漢書)》에 "태자가 외출하면 당직자(當直者)가 앞에서 달리면서 위의(威儀)를 높인다."[22]라고 하였다.

무안후 전분이 승상이 되었는데 연봉 2천 석을 받는 관원이 배알하면 전분은 답례하지 않았다. 그런데 급암은 전분을 만날 적에 절한 적이 없고 읍만 하였다.〔武安侯田蚡爲丞相, 中二千石拜謁, 蚡不爲禮, 黯見蚡, 未嘗拜, 揖之.〕

살펴보건대, 조정의 사체로 보면 급암의 이 일은 오만불손하여 예모(禮貌)에 어긋난다고 할 수 있다. 그런데도 주자(朱子)가 《소학》에

21 전지(前志) : 《한서(漢書)》 〈백관공경표(百官公卿表)〉의 오류인 듯하다.

22 후한서(後漢書)에……높인다 : 《후한서》 〈백관지(百官志)〉에는 "태자가 외출하면 당직자가 앞에서 위의를 인도한다.〔太子出, 則當直者在前導威儀〕."라고 되어 있다.

채록한 것은 어째서인가? 전분이 부귀로 남에게 교만하게 구는데 급암은 굴복하지 않았기 때문에 취한 것이 아니겠는가. 과연 그렇다면 후세의 삼공(三公) 중에 만일 부귀로 남에게 교만하게 구는 자가 있다면 읍만 하더라도 가한가? 사직(士直)이 말하기를, "옛날에 대부(大夫)와 사(士)가 서로 만날 적에 모두 절하였다. 대부가 사를 만날 때에는 나가서 맞이하지 않고 들어올 때에 한 번 절하고 물러날 때에 두 번 절하고 전송하였다. 한(漢)나라는 옛 시절과 멀지 않아 아마도 이러한 예법이 완전히 없어지지 않았을 듯한데, 2천석을 받는 자들이 배알하는데 전분은 예우하지 않았다. 그렇다면 이는 전분이 잘난 척함이 심하여 스스로 예를 잃은 것뿐이니, 급암이 절하지 않고 읍한 것은 아마도 그 예를 균등하게 절충하고자 해서일 뿐이다. 또 주자가 이 내용을 《소학》에 채록한 이유는 급암의 우직하고 고집 센 모습의 처음과 끝을 드러내고자 해서일 뿐, 꼭 이런 절목을 후세의 법으로 삼으려는 의도가 있었던 것이 아니다. 어떠할지 모르겠다."라고 하였다. 후세에선 귀천이 서로 만날 때에 예모가 더욱 엄절하여 삼공이 손님을 만날 때 절하지 않은 지 오래이다. 지금 혹 귀한 신분을 내세워 남에게 교만하게 구는 자가 있다면 만나지 않는 것이 가하니, 풍속을 어기고 읍만 행하는 것은 마땅치 않은 듯하다.

평상 가에 걸터앉아 만나 보았다.〔踞廁視之〕

왕씨(王氏)가 말하기를, "측(廁)은 음이 측(側)이니 평상의 가를 말한다. 어떤 사람은 측간이라고 하는데 옳지 않다."라고 하였다. 호씨(胡氏)가 말하기를, "이것은 또한 '문제(文帝)가 측에 임하다〔臨廁〕'[23]에서 '측은 산언덕을 말한다.'고 한 것과 같다."라고 하였다.

중풍(仲馮)이 말하기를 "옛날에 대신(大臣)을 만날 때에는 임금이 어좌에서 일어났으니, 그렇다면 평상 가에 걸터앉은 것은 상대를 경시하는 것이다."라고 하였다. 사직(士直)이 말하기를, "'거측'은 높은 곳에 임하여 아래로 몸을 숙이는 것을 말한다."라고 하였다.

고윤(高允)

발해(渤海) 수현(蓨縣) 사람으로, 한(漢)나라 때 태부(太傅)를 지냈던 고포(高褒)의 후손이다. 어려서부터 비범한 기백과 풍도가 있었기에 최굉(崔宏)이 기이하여 여겨 "고자(高子)는 내면의 덕이 안에서 윤택하고 문채가 밖에서 빛나니, 필시 한 시대의 큰 그릇이 될 것이다."라고 하였다. 위(魏)나라에서 벼슬하여 관직이 중서령(中書令)에 이르고 함양공(咸陽公)이라는 작위를 받았다. 영화롭고 존귀하여도 집은 여전히 가난하였다. 위 무제(魏武帝)가 한번은 그의 집에 갔는데, 몇 칸 초가집에서 베 이불을 덮고 해진 솜옷을 입고 있었으며 부엌에는 절인 채소만 있을 뿐이었다. 무제가 말하기를, "옛사람의 청빈함이 어찌 이 정도였겠는가."라고 하면서 광록대부(光祿大夫)에 올렸다. 98세에 세상을 떠났다.

최호가 역사 편찬의 일로 수감되었다.〔崔浩以史事被收〕

《자치통감강목》에 따르면 다음과 같다. 위 무제(魏武帝)가 최호(崔浩)와 고윤(高允) 등에게 함께 국사(國史)를 편찬하게 시키면서 '실

23 문제(文帝)가 측에 임하다〔臨厠〕: 이 부분은《사기(史記)》〈장택지열전(張釋之列傳)〉의 '북쪽에 거하여 강 언덕에 임하다.〔居北臨厠〕'는 구절이다.

제 기록에 따르기를 힘쓰라.'고 하였다. 저작영사(著作令史) 민담(閔湛)과 치표(郗標)는 교활하고 간사한 성품을 지녔는데, 최호에게 편찬한 국사를 돌에 새겨서 직필(直筆)을 드러내라고 권하였다. 고윤이 이 이야기를 듣고서 저작랑(著作郎) 종흠(宗欽)에게 말하기를, '민담와 치표가 도모한 일이 짧은 시간에 최씨 집안의 만세의 화가 될 듯하니, 우리들 또한 살아남을 사람이 없을 것이다.'라고 하였다. 최호가 마침내 돌에 새겨 교단(郊壇) 동쪽에 세웠다. 위나라 선조의 사적을 상세하게 기술하였는데, 이를 네거리에 늘어놓자 북인(北人)들이 모두 원한을 품고서 함께 최호를 참소하여 '나라의 악을 드러내었다.'라고 하였다. 위왕(魏主)이 매우 노하여 유사(有司)를 시켜 최호를 조사시키고, 6월에 조서를 내려 최호를 죽이고 그 종족을 멸하였다. 원위(元魏 북위(北魏))의 탁발씨(拓拔氏)가 북쪽 변방에서 왔는데, 그의 선조가 개와 교미하여 태어났다. 최호가 국사를 편찬하면서 그 일을 기록했던 것이다. 최호는 자(字)가 백연(伯淵)으로 최굉(崔宏)의 아들이다. 각종 서적을 두루 섭렵하였고 천문(天文)에 밝았다.

이군행(李君行)

홍국(興國) 사람으로, 식견이 매우 탁월하였다. 치평(治平 송 영종(宋英宗)의 연호) 연간에 진사시에 급제하였고 홍주 사리참군(洪州司理參軍)이 되었다. 성품이 효성스러워 부친상을 당하여 상을 마치도록 사실(私室)에 들어가지 않았다. 여러 관직을 거쳐 기주 지사(蘄州知事)가 되었다.[24] 자제들이 개봉(開封)에 호적을 올리는 것을 허락하지 않았다. 그 후 세 아들이 연이어 진사시에 급제하였고, 아우[25]

이혼(李渾)과 이혼의 아들 이존(李存)이 모두 당시에 명망이 있었다.

개봉에 호적을 두다.〔貫開封戶籍〕

관(貫)은 《운회》에 "본관(本貫)·향적(鄕籍)이다."라고 하였다.

최현위(崔玄暐)

당(唐)나라 박릉(博陵) 안평(安平) 사람이다. 어려서부터 학문과 행실로 이름이 났으며, 숙부인 비서 소감(祕書少監) 최행공(최行功)이 큰 인재로 여겼다. 명경과(明經科)에 급제하고, 누차 천거되어 봉각난대 평장사(鳳閣蘭臺平章事)가 되었다. 사람 됨됨이가 청정하고 욕심이 적었다. 뒤에 이장(二張)[26]을 주살한 공으로 중서령(中書令)에 제수되었다가 폄적되어 길에서 죽었다. 시호는 문헌(文獻)이다.

이형(姨兄)

《설문》에 "아내의 자매로서 이미 시집간 자를 자(姨)라고 한다."라고 하였다. 《시경》〈위풍(衛風) 석인(碩人)〉의 '형후의 처제〔邢侯之姨〕' 주석에 "아내의 자매를 자(姨)라고 한다."라고 하였다. 사계

24 여러……되었다 : 대본에는 '至蘄州'로 되어 있는데, 이잠(李潛)의 행력(行歷)에 의거하여 '知蘄州'로 바로잡아 번역하였다.

25 아우 : 대본에는 '第'로 되어 있는데, 문맥에 의거하여 '弟'로 바로잡아 번역하였다.

26 이장(二張) : 측천무후의 총신(寵臣)인 장역지(張易之)·장창종(張昌宗) 형제를 가리킨다.

(沙溪) 선생이 말하기를, "율곡(栗谷)은 아버지의 자매로 풀이하였는데, 어머니의 자매로 풀이하는 것이 더 순조로울 듯하다."라고 하였다.

신현어(辛玄馭)

무후(武后) 때에 둔전낭중(屯田郎中)이 되었다.

명확한 의논〔確論〕

확(確)은 《운회》에 '견고하다〔堅〕'는 뜻이라고 하였다.

유기지(劉器之)

사마온공(司馬溫公)의 문인으로, 온공과 같은 해에 태어났다. 시호는 충정(忠定)이다.

참정 장관을 알현하였다.〔謁張觀參政〕

장관은 자(字)가 사정(思正)으로, 송(宋)나라 강주(絳州) 사람이다. 관직이 자정전 학사(資政殿學士)에 이르렀다. 지취가 대체로 담박하고 광달하였으며 몸가짐이 청렴하여, 인종(仁宗)이 일찍이 비백체(飛白體)로 '청(淸)' 자를 써서 하사하여 그 절조를 치하하였다. 살펴보건대, 《명신언행록(名臣言行錄)》에 "유안세(劉安世)가 처음 과거에 급제하여 두 동년(同年 동방급제자)과 함께 참정 이약곡(李若谷)을 알현하였다."고 하였으니, 《소학》에서 참정 장관을 알현했다는 것과 같지 않다. 《소학》과《명신언행록》은 모두 주자(朱子)가 편차한 것인데 두 곳에 채록한 것이 이처럼 다르니, 이약곡을 알현했는지 장관을 알현했는지 어느 것이 옳은지 모르겠다.

차도(且道)

차도(且道)는 《어록해》에 '아무거나 이르다〔아므나니ᄅ라〕'라고 하였다.

무슨 일〔甚事〕

심사(甚事)는 《어록해》에 "심(甚)은 무슨〔므슴〕이다."라고 하였다.

유이(劉彝)-주(註). 아래 세 조목도 같다.-

유이는 자가 집중(執中)이고, 회안(懷安) 사람이다. 어려서부터 고고하여 시속을 따르지 않았으며, 호원(胡瑗)에게 수학하여 치수(治水)에 뛰어났다. 진사시에 합격하여 구산령(朐山令)이 되어서는 고아와 과부를 구휼하고 부역을 고르게 시행하였으며 간사하고 교활한 자들을 억제하였다. 도수승(都水丞)으로 관직을 마쳤다. 저서로는 《칠경중의(七經中義)》170권, 《명선집(明善集)》과 《거양집(居陽集)》이 각각 30권 있다.

전조(錢藻)-주(註)-

전조는 자가 순로(醇老)로, 오월왕(吳越王) 원관(元瓘)의 5대손이다. 화주(和州)에서 고소(姑蘇)로 집을 옮겨 호원(胡瑗)에게 수학하였다. 진사시에 급제하여 여러 관직을 거쳐 한림시독학사(翰林侍讀學士)에 이르렀고, 인화백(仁和伯)에 봉해졌다. 읽지 않은 책이 없어 문장이 분방하고 비범하였으며, 사람 됨됨이가 깨끗하고 근실하며 욕심이 적었다.

손각(孫覺)-주(註)-

손각은 자가 신로(莘老)로, 고우(高郵) 사람이다. 진사시에 급제하여 여러 관직을 거쳐 이부 시랑(吏部侍郎)에 올랐다.

전공보(錢公輔)-주(註)-

전공보는 자가 군의(君倚)로, 무진(武進) 사람이다. 어려서부터 호원에게 수학하였다. 진사시에 급제하였으며 영종(英宗)이 즉위하자 〈치평십의(治平十議)〉를 진술하였다. 뒤에 저주 단련사(滁州團練使)로 폄적되었다가 신종(神宗)이 즉위하자 다시 들어와 지제고(知制誥)가 되었다.

그 아들 순종(其子舜從)

호문(好問)-자가 순도(舜徒)이다.-의 아우이다.

포선(鮑宣)

발해(渤海) 고성(高城) 사람이다. 학문을 좋아하고 경서(經書)에 밝았다. 효렴(孝廉)으로 천거되어 낭관이 되었고 여러 관직을 거쳐 간대부(諫大夫)에 이르렀다. 동현(董賢)이 권력을 휘두르자 직언을 그치지 않았는데, 애제(哀帝)가 명유(名儒)로 대우하여 관대하게 용납하였다. 사예 교위(司隷校尉)에 제수되고 얼마 뒤에 어떤 죄로 정위(廷尉)에게 조사를 받았는데, 태학의 생도 천여 인이 대궐 문을 지키고 상소하여 마침내 죄가 경감되었다. 왕망(王莽)이 정권을 잡자 포선이 해를 당하였다.

자회(資賄)

회(賄)는 《설문》에 '재물〔財〕'이라고 하였고, 《광운》에 '선사하다〔贈送〕'는 뜻이라고 하였다.

조상이 죽임을 당하여 조씨가 모두 죽었다.〔爽被誅, 曹氏盡死〕

《자치통감강목》에 따르면 다음과 같다. 위주(魏主) 조방(曹芳)의 가평(嘉平) 원년 춘정월에 사마의(司馬懿)가 조상(曹爽)을 죽이고 그 일족을 멸하였다. 조상은 교만하고 사치함이 한도가 없어 음식과 의복이 황제에 비길 정도였다. 또 사사로이 선제(先帝)의 재인(才人)을 취하여 기악(伎樂)으로 삼았는데, 아우 조희(曹羲)가 눈물을 흘리며 말려도 듣지 않았다. 또 형제가 자주 함께 출유(出遊)하였는데, 사농(司農) 환범(桓範)이 "만기(萬機)를 총괄하고 금병(禁兵)을 맡은 사람이 함께 나가서는 안 됩니다. 만약 성문이 닫히는 일이 생긴다면 들여보낼 수 있는 자가 누가 있겠습니까."라고 하니, 조상이 "누가 감히 그렇게 하겠는가."라고 하였다. 그 달에 위왕 조방이 고평릉(高平陵)을 배알할 때 조상이 아우 조희·조훈(曹訓)·조언(曹彦)과 함께 뒤따랐다. 사마의가 사마사(司馬師)·사마소(司馬昭)와 함께 모의하여 황태후의 명으로 여러 성문을 닫고서 군사를 정돈하여 무기 창고를 점거하였다. 사도(司徒) 고유(高柔)를 불러서 가절(假節)로 대장군의 일을 수행하게 시켜 조상의 군영을 점거하고, 태복(太僕) 왕관(王觀)에게 중령군(中領軍)의 일을 수행하게 시켜 조희의 군영을 점거하고는 아뢰기를, "태위 신(臣) 장제(蔣濟)

등이 모두 '조상이 임금을 무시하는 마음을 지녔으니 그 형제들이 군대를 맡아 숙위(宿衛)해서는 안 된다고.'고 하기에 황태후에게 아뢰었더니, 신이 아뢴 대로 시행하라고 명하셨습니다. 신은 즉시 일을 주관하는 자에게 명하여 '조상·조희·조훈의 관병을 해산하고 후작(侯爵)의 신분으로 집으로 돌아가게 하라. 감히 어가를 지체시킴이 있다면 군법으로 처리하라.'고 하였습니다. 신은 병든 몸을 이끌고 병사들을 거느리고 낙수(洛水) 부교(浮橋)에 주둔하여 비상시의 사태를 살피겠습니다."라고 하였다. 조상이 주문(奏文)을 받고는 군색하여 어찌할 바를 몰랐다. 사마의가 조상이 믿는 사람을 시켜서 조상에게 "일찌감치 스스로 죄를 인정한다면 관직만 면할 뿐이다."라고 유세하였다. 조상이 마침내 사마의의 주문을 황제에게 전하고는 조서를 내려 자신의 관직을 면직해 줄 것을 청하고 어가를 받들어 환궁하였다. 조상 형제가 집으로 돌아오자 사마의가 관병을 풀어 포위하여 조상과 조희 등을 붙잡고 삼족(三族)도 함께 멸하였다.

경서(經書)와 사서(史書)를 대략 섭렵하였다.〔略涉書史〕

살펴보건대, 물을 건너는 것을 섭(涉)이라고 하니, 이것은 경서와 사서를 대략 아는 것이 마치 물을 건너는 것과 같고 상세한데 이르지는 못했다는 말이다.

촌락을 노략질하였다.〔剽掠村落〕

낙(落)은 《운회》에 "거처하다〔居〕는 뜻이다. 사람들이 모여 사는 곳이기 때문에 촌락(村落)이라고 하였다."라고 하였다. 퇴계(退溪) 선생이 말하기를, "《운회》에 낙(洛)은 '낙(落)' 자와 통용하여 쓴다고 하였다. 또 '이락(籬落)'의 낙(落)은 본래는 '낙(格)'-음이 낙(洛)이다.-으로 되어 있는데, '낙(落)' 자와 통용하여 썼다. '호락(虎落)'은 대껍질을 서로 이어서 막은 것이다."라고 하였다. 살펴보건대, 촌락은 촌려(村閭)인 듯하니 모여 살면서 울타리를 이었다는 뜻이다.

정역(丁役)

《당서(唐書)》〈식화지(殖貨志)〉에 "남자 나이 20세가 정(丁)이 된다."라고 하였다.[27]

목융(繆肜)

소릉(召陵) 사람이다.

소경(蘇瓊)

소경은 장락(長樂) 사람으로, 북제(北齊)에서 벼슬하여 남청하(南淸河) 태수가 되었다. 고을에 도적이 많았는데 소경이 부임하자 간악한 도적이 없어졌다. 소경은 성품이 근실하여 개인적인 편지를 왕래하지 않았다. 고을 사람 조영(趙穎)이 5월에 오이 2개를 바쳤는데 소경은 들보 위에 놓아두고 끝내 먹지 않았다.

밖으로 나가기를 청하다.〔乞外〕

외(外)는 밖으로 나가는 것을 말한다.

27 당서(唐書)……하였다 : 《당서》〈식화지〉에는 "남자 나이 21세 정(丁)이 된다." 기록되어 있는데, 혹 오류가 있는 듯하다.

따로 살다.〔分異〕

분이(分異)는 재산을 나누어 따로 사는 것을 말한다.

왕람(王覽)-주(註)-

효성스럽고 우애가 있으며 공손하고 근실하다는 명성이 부친 왕상(王祥)에 버금갔다. 벼슬이 태중대부(太中大夫)에 이르렀다. 손자 왕도(王導)는 시흥공(始興公)에 봉해졌다.

둥유가……마침내 그 자식을 버리다.〔鄧攸……乃棄其子〕

등유가 강동(江東)에 이르자, 원제(元帝)가 그를 중서자(中庶子)로 삼았다. 오군(吳郡) 태수로 옮겨서는 양식을 싣고 고을에 부임하여 녹봉을 받지 않고 오군에서 나는 물만 마셨다. 뒤에 병을 핑계로 오군을 떠날 때에 규례에 따른 송영전(送迎錢) 수백 만전이 있었는데 등유는 1전도 받지 않았다. 백성이 등유가 탄 배를 붙잡는 통에 떠날 수 없어 조금 머물다 밤에 출발하였다. 오군 사람들이 노래하기를, "둥둥 울리는 5경(更)의 북소리여, 닭 울음소리에 하늘이 밝아오네. 등후(鄧侯)는 끌어당겨도 머물지 않고, 사령(謝令)은 떠밀어도 떠나지 않네."라고 하였다. 관직이 이부 상서(吏部尙書)에 이르렀다. 그 아들을 나무에 묶어두고 떠나 마침내 세속의 명성을 얻었다. ○ 사계(沙溪) 선생이 말하기를, "《소학》에는 절의를 지키지 못한 왕상(王祥)이나 범질(范質), 충성스럽지 못한 이적(李勣)같은 이들도 취하여 수록하였다. 이는 사람이 옳지 못하다 하여 그의 훌륭한 언행까지 폐기하지 않은 것이다. 다만 등유가 자식을 버린 경우는 사람이 차마 할 수 없는 일을 행한 것이니, 옛사람이 말한 인정(人

情)에 가깝지 않은 일인데도 수록되었으니 필시 이유가 있을 것인데 감히 알 수 없다."라고 하였다. 우재(尤齋 송시열) 선생이 말하기를, "선생이 《소학》을 편차할 때 유자징(劉子澄)과 상의하여 감정(勘定)하였는데, 유자징에게 보낸 편지에 등유의 일을 빼려는 뜻이 지극히 간절하였는데, 지금 《소학》에 그대로 있고 빠지지 않았으니 그 이유를 알 수 없다."라고 하였다.

유곤(庾衮)

언릉(鄢陵) 사람이다. 어버이를 섬길 적에 효성으로 이름이 났다. 효렴(孝廉)에 선발되고 수재(秀才)와 청백이행(淸白異行)에 천거되었으나 모두 뜻을 굽히고 나아가지 않으니, 세상에서 이행(異行)이라고 일컬었다. 부친이 생존시에 항상 유곤에게 술을 경계하였는데, 뒤에 취할 때면 스스로 자책하기를, "내가[28] 부친의 경계를 폐했으니 어찌 남을 가르치겠는가.[29]"라고 하고는 마침내 부친 무덤 앞에서 스스로 20대를 매질하였다.[30]

양파(楊播)

홍농(弘農) 사람이다. 본래의 자(字)는 원휴(元休)였는데, 위(魏)

28 내가 : 대본에는 '汝'로 되어 있는데, 《동문선(東文選)》에 의거하여 '予'로 바로잡아 번역하였다.

29 어찌 남을 가르치겠는가 : 대본에는 '何以爲人'으로 되어 있는데, 《동문선》에 의거하여 '何以訓人'으로 바로잡아 번역하였다.

30 매질하였다 : 대본에는 '戒'로 되어 있는데 《동문선》에 의거하여 '杖'으로 바로잡아 번역하였다.

나라 효문제(孝文帝)가 연경(延慶)으로 바꾸어 주었다. 모친 왕씨(王氏)는 문명태후(文明太后)의 고모이다. 화음자(華陰子)의 작위를 받았다.

아침저녁으로 뵙고 문안하다.〔朝暮參問〕

참(參)은 뵙다〔覲〕는 뜻이다.

그때마다 심부름 보내는 편을 통하여〔輒因使次〕

사차(使次)는 인편〔便次〕과 같다.

우홍(牛弘)

본래의 성은 요(尞)인데, 부친 윤(允)이 후위(後魏)에서 시중(侍中) 벼슬에 올라 우(牛) 성을 하사받았다. 우홍은 성품이 너그러웠으며 학문을 좋아하여 박학하였다. 수(隋)나라 초기에 비서감(祕書監)이 되어 서적을 진헌할 길을 열어달라고 청하였다. 오례(五禮)를 닦고 명당(明堂)을 세우니 황제가 훌륭하게 여겼다.

숙이 소를 쏘아 죽이다.〔叔射殺牛〕

《친속기(親屬記)》에 "아내가 남편의 아우를 숙(叔)이라고 칭한다."라고 하였다.

그 형 백강과 함께〔與其兄伯康〕

살펴보건대, 송(宋)나라 사마지(司馬池)는 진사시에 급제하여 벼슬이 천장각(天章閣)에 이르렀다. 맏아들 사마단(司馬旦)은 자가 백강

(字康)인데, 부임(父任)[31]으로 비서성 교서랑(祕書省校書郎)이 되었다. 둘째아들 사마광(司馬光)은 보원(寶元 송 인종(宋仁宗)의 연호) 초기에 진사시에 급제하고 여러 관직을 거쳐 단명전 학사(端明殿學士)가 되었고 태사에 추증되고 온국공(溫國公)에 봉해졌다. 사마광의 아들 사마강(司馬康)은 명경과(明經科)에 급제하여 여러 관직을 거처 사간(司諫)과 직집현원(直集賢院)이 되었다. 이것을 가지고 본다면 이른바 그 형 백강이란 바로 사마단이니, "이름이 강(康)이고, 자가 백강(伯康)이다."라고 말한 오씨(吳氏)의 주석은 옳지 않다.

조이도(晁以道)

문원공(文元公) 조형(晁逈)의 현손(玄孫)이다. 젊은 시절에 격앙하여 경술(經術)에 각고의 노력을 가하였으며, 문정공(文正公) 사마광(司馬光)의 사람 됨됨이를 사모하여 경우(景迂)라고 자호(自號)하였다.[32] 진사시에 급제하였는데, 원부(元符 송 철종(宋哲宗)의 연호) 연간에 당적(黨籍)이라는 이유로 국문(國門)에 들어가는 것을 허락받지 못했다. 뒤에 휘유각 대제(徽猷閣待制)로 관직을 마쳤다. 공은 여러 서적을 널리 읽어 육경(六經)에 통달하였으며 《역전(易傳)》더욱 정통하였다. 저서 《조씨객어(晁氏客語)》등의 책이 세상에 통행되었다. 주자(朱子)가 말하기를, "조이도가 나중에 양사성(梁師

31 부임(父任) : 아버지의 음덕으로 관직에 등용되는 것을 말한다.

32 문정공(文正公)……자호(自號)하였다 : 사마광의 호가 '우활한 늙은이〔迂叟〕'였으므로 자신은 '우활한 늙은이를 앙모하다〔景迂〕'라는 뜻으로 자호하였다.

成)[33]에게 붙자, 어떤 사람이 시를 지어 조롱하기를, '일찍이 주장의 밥에 달려가더니 채자의 시에 화답하였네.[34] 이제는 강직함을 접어 두고 매사 편의를 따르네.〔早赴朱張飯, 隨賡蔡子詩. 此回休倔强, 凡事且從宜.〕'라고 하였다." 하였다.

석분(石奮)

석분은 하내(河內) 온현(溫縣) 사람이다. 경제조(景帝朝)에 구경(九卿)이 되었다.

궁궐 문을 지나다.〔過宮門闕〕

궐(闕)은 《설문》에 '궐문〔門觀〕'이라고 하였다. 서개(徐鍇)가 말하기를, "중앙을 비워놓고 길을 만들었기 때문에 '궐'이라고 한 것이다."라고 하였다. 《고금주(古今註)》에 "궁문을 '궐'이라고 한다."라고 하였는데, 최표(崔豹)의 주석에 "신하가 여기에 이르면 빠트린 바를 생각한다."라고 하였다.

질박한 행질〔質行〕

질(質)은 《운회》에 '진실하다〔實〕'는 뜻이라고 하였고, 《광운》에는 '순박하다〔朴〕', '미덥다〔信〕', '바르다〔正〕'는 뜻이라고 하였다.

33 양사성(梁師成) : 송 휘종(宋徽宗) 때의 환관으로, 총애를 받아 태위(太尉)에까지 이르러 당시 사람들이 은상(隱相)이라고 불렀다. 《宋史 468》

34 일찍이……화답하였네 : 주장(朱張)과 채자(蔡子)는 미상이다.

작은 아들 경〔小子慶〕

석경(石慶)이 태복 어사(太僕御史)로 있을 적에 황제가 그에게 수레에 채운 말이 몇 마리냐고 묻자, 석경이 채찍으로 말의 수를 하나하나 센 다음 손을 들고서 여섯 마리라고 대답하였다.

중군측투(中裙廁牏)

중군(中裙)은 안사고(顏師古)가 말하기를, "몸에 가까이 닿는 작은 속적삼이다."라고 하였다. 투(牏)는 《운회》에 본래 '투(窬)' 자로 되어 있는데, "변기〔行圊〕이니-행청(行圊)은《박아(博雅)》에 '뒷간〔圂廁〕'이라고 하였고, 《석명(釋名)》에 "행청(行淸)은 바로 똥통〔糞槽〕이니, 더러워서 항상 깨끗이 치워야 함을 말한 것이다."라고 하였다.- 바로 똥을 담는 통이다."라고 하였다. 맹강(孟康)이 말하기를, "측간에서 똥을 담는 통이다. 동남(東南) 지방 사람들은 나무속을 깎아내어 말구유처럼 오목하게 만든 것을 투(牏)라고 하였다."라고 하였다. 살펴보건대 오씨(吳氏) 주석[35]이 오류인 듯하다.

황금을 더 하사하다.〔加賜黃金〕

사계(沙溪) 선생이 말하기를, "벼슬을 그만둔 자에게 의례 하사하는 물품 이외에 또 20근을 더 하사한 것이다."라고 하였다. 혹자는 말하기를, "이미 치사(致仕)를 허락하고 다시 이것을 더 준 것이다."라고 하였다.

35 오씨(吳氏) 주석 : "측투(廁牏)는 몸에 가까이 닿는 작은 적삼이니, 지금의 한삼(汗衫)과 같다."라고 하였다.

응당 어른의 말씀이라고 한다.〔宜從丈人所〕

안씨(顔氏)가 말하기를, "응당 어른의 말씀이라고 하고 내 말이라고 누설하지 말라는 것이다."라고 하였다.

방공(龐公)

현산(峴山) 남쪽에 살다가 뒤에 처자를 데리고 녹문산(鹿門山)에 은거하였다. 아들 방환(龐煥)은 진(晉)나라 태강(泰康 진 무제(晉武帝)의 연호) 연간에 장가 태수(牂牁太守)에 제수되었다.

도연명(陶淵明)

진(晉)나라 시절엔 이름이 연명(淵明)이었고, 송(宋)나라 시절엔 이름이 잠(潛)이었다. 세상에서 정절선생(靖節先生)이라고 불렀으니, 도간(陶侃)의 증손이다. 어려서부터 고상한 것을 좋아하였으며 박학하고 문장에 뛰어났다. 자호는 오류선생(五柳先生)이다. 팽택현령(彭澤縣令)으로 있을 때 마침 군(郡)에서 독우(督郵)가 시찰을 나왔는데, 아전이 의관(衣冠)을 갖추고 독우를 만나야 한다고 하자, 도잠이 탄식하면서 "내가 쌀 다섯 말 때문에 허리를 구부리며 향리의 어린아이를 만날 수 없다."라고 하고는, 즉시 수령의 인끈을 풀고 떠나며 〈귀거래사(歸去來辭)〉를 지었다. 송나라가 건국함에 미쳐 누차 불러도 나아가지 않았다.

최효분 형제〔崔孝芬兄弟〕

효분(孝芬)는 자(字)가 공재(恭梓)로, 최정(崔挺)의 장남이다. 일찍부터 재주와 식견이 있었으며 박학하고 문장을 좋아하였다. 위(魏)

나라 효문제(孝文帝)가 불러서 보고 매우 감탄하였다. 사공(司空)으로 옮기고 뒤에 의동삼사 겸 이부상서(儀同三司兼吏部尙書)가 되었다. 담론(談論)을 잘하고 후진(後進)을 아껴서 종일토록 즐겁게 고금의 일을 토론하였다. 아우 효직(孝直)은 자가 광숙(叔廣)이다. 용모가 수려하고 일찍부터 지상(志尙)이 있었다. 산기상시(散騎常侍) 벼슬을 지냈다. 이주조(爾朱兆)[36]가 쳐들어오자 관직을 버리고 고향에 돌아가 집에서 죽었다. 아우 효정(孝政)은 자가 계양(季讓)으로, 10살에 아버지 최정이 죽자 통곡을 그치지 않아 보는 자들이 슬퍼하였다. 지상(志尙)이 방정하고 곧았으며 경사(經史)에 박학하였다. 태위인 여남왕(汝南王)의 참군을 지냈다.

숙부 진〔叔振〕

최진(崔振)은 최정(崔挺)의 아우이다.

집물(什物)

집(什)은 '시(是)'와 '집(執)'의 반절이다. 《사기》의 '집기(什器)' 주석에 "집(什)은 '여럿〔數〕'이라는 뜻이니, 인가(人家)에서 상용하는 그릇이 한둘이 아니기 때문이다."라고 하였다. 《한서(漢書)》의 안사고(顔師古) 주석에 "옛날에 군대가 행군할 때에 10명이 십(什)이 되었고 식기(食器)의 수가 반드시 이와 같았다. 그러므로 십물(什物)·십구(什具)라고 하였다. 지금 사람들은 '생활 도구'를 통틀어

36 이주조(爾朱兆) : 북위(北魏)의 장수로, 반란을 일으켜 낙양(洛陽)으로 쳐들어가 효장제(孝莊帝)를 죽이고 절민제(節閔帝)를 세워 권력을 장악하였다.

'집물'이라고 한다."하고 하였다.

동생행(董生行)

행(行)는 가행(歌行)이니, 고악부(古樂府)의 장가행(長歌行)과 단가행(短歌行)의 행이 바로 이 뜻이다.

상서를 내림이 시기가 없었다.〔下瑞無時期〕

시(時)는 다른 본에 '휴(休)' 자로 되어 있다.

유공작(柳公綽)

유공작은 화원(華原) 사람이다. 성품이 효성스럽고 우애가 있었으며, 평생토록 성인의 글이 아니면 읽지 않았다. 산남동도 절도사(山南東道節度使)가 되었다가 누차 옮겨서 검교좌복야(檢校左僕射)가 되었다.

중영(仲郢)

유중영(柳仲郢)은 방정하고 엄격하며 간결하고 소박하였다. 여러 관직을 거쳐 시어사(侍御史)·경조윤(京兆尹)·하남윤(河南尹)이 되었다. 아들 유박(柳璞)·유규(柳珪)·유벽(柳璧)이 모두 가법(家法)을 착실하게 지켰다.

공권(公權)

공권은 경술(經術)에 관한 책을 널리 보았다. 원화(元和 당 헌종(唐憲宗)의 연호) 초에 진사에 급제하고 시서학사(侍書學士)에 올랐다.

목종(穆宗)이 한번은 서법(書法)을 물었는데, "마음이 바르면 필체가 바르다."라고 대답하니, 목종이 그것이 필간(筆諫)[37]임을 깨달았다. 문종조(文宗朝)에 여러 관직을 거쳐 학사 승지(學士承旨)에 이르렀고, 태자태보(太子太保)로 치사(致仕)하였다.

힐문견(纈文絹)

《자치통감강목》 주석에 "염색한 비단을 채(綵)라고 한다. 채를 쥐고서 실로 묶어서 염색하는데, 염색한 뒤에 그 묶인 곳을 풀면 묶인 곳은 모두 본래의 색이고 나머지는 염색되어 그 색이 아롱다롱하니 이것을 힐(纈)이라고 한다."라고 하였다.

한 우리에서 함께 먹다.〔共一牢〕

뇌(牢)는 《주례》 〈충인(充人)〉의 '우리에 묶어 놓는다.〔繫于牢〕' 주석에 "뇌(牢)는 '울타리〔閑〕이니, 반드시 울타리를 두는 것은 짐승이 들이받고 물어뜯는 것을 막기 위함이다."라고 하였다.

이상(李相)

이방(李昉)의 아버지 이초(李超)는 진(晉)나라 집현전 학사(集賢殿學士)를 지냈다. 이방은 진사시에 급제하여 여러 관직을 거쳐 중서시랑 평장사(中書侍郎平章事)가 되었고 사공(司空)으로 치사(致仕)하였다. 졸시(卒謚)는 문정(文正)이다.

37 필간(筆諫) : 서법(書法)에서 붓을 놀리는 도리를 빌려 권간(勸諫)하는 것을 말한다.

종악(宗諤)

종악은 이방(李昉)의 셋째 아들이다. 일곱 살에 문장을 잘 지었으며 여러 관직을 거쳐 한림학사(翰林學士)에 이르렀다. 사람 됨됨이가 풍류가 있고 우아하였으며 가정에서의 행실이 지극히 순박하였다. 계모를 섬길 적에 효성으로 이름이 났으며 아우 이종량(李宗諒)과 우애로웠다. 저서로 문집과 《내외제(內外制)》가 있다. 둘째 아들 이소술(李昭述)는 진사시에 급제하고 상서 우승(尙書右丞)을 지냈다. 조카 이소구(李昭遘)는 문장에 능하였으며 공부 낭중(工部郎中)을 지냈다. 형 이종눌(李宗訥)은 문장에 능하고 글씨를 잘 썼으며 태상박사(太常博士)를 지냈다. 이종눌의 아들 이소형(李昭逈)은 진사시에 급제하고 둔전원외랑(屯田員外郎)을 지냈고, 이소원(李昭遠)은 태자중사(太子中舍)를 지냈다.

이상은 명륜(明倫)을 실증한 것이다. "명륜을 실증하는데 어찌하여 붕우(朋友)에 관한 조목은 없습니까?"라는 질문에, 주자(朱子)가 말하기를, "당시에 부류대로 나누어 편차할 적에 우연히 이것이 빠졌을 뿐이다."라고 하였다. 이씨(李氏)는 '포효숙(包孝肅)이 경조윤(京兆尹)으로 있었을 때'[38]라는 한 장을 가지고 붕우의 사귐을 실증한 것으로 여겼다.

제오륜(第五倫)

어려서부터 개연히 의로운 행실이 있었다. 고을 태수 선우포(鮮于

38 포효숙(包孝肅)이……때 : 《소학》 〈선행(善行)〉 42번째에 나오는 내용이다.

褒)가 보고서 기특하게 여겨 관리로 임명하였고 뒤에 향색부(鄕嗇夫)가 되었다. 몇 년 뒤 선우포가 경조윤(京兆尹) 염흥(閻興)에게 그를 천거하여 주부(主簿)로 삼았는데, 장안(長安)의 시장을 관리하자 시장에서 속임수가 없어졌다. 건무(建武 후한(後漢) 광무제(光武帝)의 연호) 연간에 효렴으로 천거되었다. 광무제가 불러서 만나보고 매우 기특하게 여기고 정사를 물었다. 광무제가 장난삼아 제오륜에게 말하기를, "듣자니 경은 관리로 있으면서 장인을 매질하였고, 종형(從兄)의 밥보다 많이 먹지 않았다는데, 그런 일이 있었는가?"라고 하니, "신은 세 번 장가들었는데 모두 아비가 없는 사람이었습니다. 신이 어린 시절에 굶주림의 고통을 당했기에 실로 감히 다른 사람의 밥보다 많이 먹을 수 없습니다."라고 하여 광무제가 크게 웃었다. 회계 태수(會稽太守)에 제수되어서는 자신이 직접 꼴을 베고 말을 길렀으며 아내는 직접 밥을 지었다. 봉록을 받으면 1개월치 양식만 남겨두고 나머지는 모두 싸게 팔아서 가난한 백성에게 주었다. 5년 뒤에 법망에 걸려 소환되자, 남녀노소가 수레를 붙잡고 말고삐를 잡으며 울부짖으며 뒤따랐다. 장제(章帝) 때에 발탁되어 사공(司空)이 되었다.

유관(劉寬)

홍농(弘農) 화음(華陰) 사람으로, 사도(司徒) 유기(劉崎)의 아들이다. 성정과 도량이 너그럽고 어질었다. 환제(桓帝) 때에 남양 태수(南陽太守)가 되었다. 아전들이 잘못을 저지르면 부들 회초리〔蒲鞭〕로 때려 욕을 보였다. 희평(熹平 후한(後漢) 영제(靈帝)의 연호)[39] 연간에 태위에 제수되었고, 뒤에 수향후(逡鄕侯)에 봉해졌다.

장담(張湛)

광무제(光武帝) 때 광록훈(光祿勳)에 제수되어 자주 간쟁하였다. 뒤에 태자 태부(太子太傅)가 되었다.

양진(楊震)

양진은 경서에 밝고 널리 글을 읽었다. 나이 50세에 처음으로 벼슬하여 안제(安帝) 때에 태위에 제수되었다. 관직 생활이 청렴하였는데, 어떤 사람이 재산을 증식하도록 권하자, 양진이 "후세 자손으로 하여금 청백리 자손으로 칭해지게 하는 것이 좋지 않겠는가."라고 하였다.

무재(茂才)

한(漢)나라 때에 광무제(光武帝)의 이름인 '수(秀)' 자를 피하여 수재(秀才)를 무재(茂才)라고 칭하였다.

꽁무니〔尻〕-주(註)-

고(尻)는 '구(丘)'와 '도(刀)'의 반절이다. 《증운》에 '등뼈가 끝나는 부분'이라고 하였다.

발바닥〔蹠〕-주(註)-

척(跖)은 《설문》에 '발밑〔足下〕'이라고 하였다. 서개(徐鍇)가 말하기를, "척(跖)은 '발밑〔足底〕'이라는 뜻으로, '척(蹠)' 자와 통용하여

39 희평(熹平) : 대본에는 '嘉平'으로 되어 있는데, 연호(年號)에 의거하여 '熹平'으로 바로잡아 번역하였다.

쓴다. 지금 속세에서 발바닥을 족척(足蹠)이라고 한다."라고 하였다.

포박지구(蒲博之具)

포(蒲)는 《운회》에 "저포(摴蒲)로, 놀이이다."라고 하였다. 《박물지(博物志)》에 "노자(老子)가 오랑캐 땅에 들어가 만들었는데, 사람들에게 이것을 던지면서 놀게 하였다."하고 하였다.

편복(鞭扑)

복(扑)은 '보(普)'와 '목(木)'의 반절이다. 《설문》에 '가볍게 치다〔小擊〕'는 뜻이라고 하였다. 또한 '박(撲)' 자로 쓴다.

왕발(王勃)

왕발은 자가 자안(子安)으로, 왕통(王通)의 손자이고 왕복치(王福畤)의 아들이다. 왕복치는 옹주 사공참군(雍州司功參軍)을 지냈다. 왕발은 나이 6세에 문장을 잘 지었다. 인덕(麟德 당 고종(唐高宗)의 연호) 초기에 대책문(對策文)으로 과거에 급제하여 조산랑(朝散郞)에 제수되었다가 뒤에 죄를 지어 폐출되었다. 왕복치가 왕발의 일에 연좌되어 교지 영(交趾令)으로 좌천되었는데, 왕발이 아버지를 문안하러 가던 중 홍주(洪州)를 지나다가 〈등왕각서(滕王閣序)〉를 지었다. 형제 왕면(王勔)·왕거(王勮)·왕조(王助)가 모두 진사시에 급제하여 재주와 명성이 드러났다.

양형(楊炯)

동과(童科)에 합격하여 교서랑(校書郞)에 제수되었다. 나이 11세에

홍문관 대제(弘文館待制)가 되었다. 무후조(武后朝)에 송지문(宋之問)과 함께 예관(藝館)에서 나누어 당직하였다. 영천 영(盈川令)으로 관직을 마쳤다.

노조린(盧照隣)

노조린은 자가 과지(果之)로, 유주(幽州) 사람이다. 고종(高宗) 때 왕발(王勃)·양형(楊炯)·낙빈왕(駱賓王)과 함께 네 사람이 문장으로 명성이 나란하였다.

낙빈왕(駱賓王)

낙빈왕은 의오(義烏) 사람이다. 나이 7세에 시를 잘 지었다. 처음에 조왕(趙王)의 부속(府屬)이 되었다가 차례로 무공 주부(武功主簿)가 되었다. 무후(武后) 때에 자주 상소하여 일을 말하였는데, 임해승(除臨海丞)에 제수되자 뜻을 얻지 못한 것을 원망하여 벼슬을 버리고 떠났다. 서경업(徐敬業)이 난적(亂賊)를 토벌할 때 낙빈왕을 임명하여 부속으로 삼았다. 서경업을 위해 천하에 격문을 보내어 무후의 죄상을 지적하였는데, 무후가 읽으며 단지 웃을 뿐이더니, '선제(先帝) 묘지의 한 줌 흙이 마르지도 않았는데 어린 황제는 어디에 있는가.'라는 대목에 이르러 놀라 말하기를, "누가 지은 것인가?"라고 물었다. 어떤 사람이 낙빈왕이 지었다가 대답하자, 무후가 "재상은 어찌 이런 사람을 잃었단 말인가."라고 하였다. 서경업이 패배하자 낙빈왕은 망명하였는데 간 곳을 알 수 없었다.

배행검(裴行儉)

정관(貞觀 당 태종(唐太宗)의 연호) 연간에 명경과(明經科)에 급제하여 장안 영(長安令)이 되었다. 고종(高宗) 때 누차 옮겨서 이부 시랑(吏部侍郞)이 되었는데, 인재 선발을 맡아 사람을 알아보는 밝은 안목이 있었다. 뒤에 예부 상서(禮部尙書)에 제수되었다. 졸시(卒諡)는 헌(獻)이다.

공감(孔戡)

당 헌종(唐憲宗) 때 사람이다. 진사시에 급제하여 대리평사(大理評事)에 보임되어 소의군 절도사(昭義軍節度使)를 보좌하였는데, 절도사 노종사(盧從史)가 오만하고 법도를 무시하여 극구 간해도 따르지 않자 마침내 병을 이유로 낙양(洛陽)으로 돌아갔다. 사후에 사훈원외랑(司勳員外郞)에 추증되었다.

모두 절을 받도록 허락하였다.〔皆許納拜〕

사계(沙溪) 선생이 말하기를, "《운회》를 보면 납(納)은 '들어가다〔入〕'는 뜻이니, 유공작(柳公綽)이 여러 아들에게 들어가 막료들에게 절하도록 시킨 것이다."라고 하였다. 우복(愚伏)이 말하기를, "주자(朱子)가 황단명(黃端明)에게 올린 편지에 '상서 단명 대감께 재배의 예를 올립니다.〔請納再拜之禮于尙書端明台座〕'라고 하였으니, 여기에 근거하면 '납'은 '받는다〔受〕'는 뜻이 아니라 '올린다〔獻〕'는 뜻이다."라고 하였다.

승려와 도사에게 도첩을 발부하지 않았다.〔不度僧道〕

살펴보건대, 도(度)는 도첩(度牒)이다. 승도(僧道)는 승려와 도사이다. 한문공(韓文公 한유(韓愈))의 〈논불골표(論佛骨表)〉에 "사람들에게 도첩을 주어 승려나 도사가 되는 것을 허락하지 않았다."라고 하였다.

장리(贓吏)

장(贓)은 《운회》에 '관리가 뇌물을 받는' 것이라고 하였다.

세(貰)

세(貰)는 《설문》에 '빌리다〔貸〕'는 뜻이라고 하였고, 《광운》에는 '용서하다〔恕〕'는 뜻이라고 하였다.

탕장(帑藏)

탕(帑)은 《운회》에 '금과 폐백을 저장하는 곳'이라고 하였다. 장(藏)은 《운회》에 "물건을 쌓아 둔 곳을 장(藏)이라고 한다."라고 하였다. 사직(士直)이 말하기를, "장(藏)은 본래 글자대로 읽으니, '식저(食儲)'에 상대하여 말한 것이다."라고 하였다.

비녀 하나를 팔다.〔貨一釵〕

화(貨)는 《운회》에 "교역하는 것을 '화'라고 한다. 또 '화'라는 것은 '변화하다〔化〕'는 뜻이니, 변화하여 바꾸는 물건이다. 정강성(鄭康成)은 금옥(金玉)을 '화'라고 하였다."라고 하였다.

각다(榷茶)-주(註)-

각(榷)은 효운(效韻)에 있는 것은 음이 '교(較)'로, '다리〔杠〕'[40]라는 뜻이다. 위소(韋昭)가 말하기를, "나무를 놓아 물을 건너는 것을 각(榷)이라고 하니, 백성이 술을 빚어 파는 것을 금하고 관청에서 스스로 설치한 것이 마치[41] 도로에 나무로 다리를 만들어 이로움을 독차지하는 것과 같다는 말이다."라고 하였다. 서씨(徐氏)가 말하기를, "이것은 오늘날의 이른바 목박교(木彴橋)-박(彴)은 《운회》에 '나무를 가로질러 놓아 물을 건너는 것이다.'라고 하였다.-이다."라고 하였다. 각운(覺韻)에 있는 것은 음이 '각(角)'이다. 물 위에 가로놓인 나무로, 물을 건너는 것이니, 석의(釋義)가 효운(效韻)과 같다.

왕애와 가속이 모두 환관 구사량에게 죽임을 당하였다.〔涯餗皆爲宦者仇士良所殺〕-주(註)-

문종(文宗) 태화(太和) 9년 11월에 구사량(仇士良)이 이훈(李訓)·정주(鄭注)·서원여(舒元輿) 및 왕애(王涯)·가속(賈餗) 등을 죽였다. 당시 환관들의 전횡이 심하여 황제가 견딜 수 없었다. 이훈과 정주가 황제의 뜻을 헤아리고 자주 은미한 말로 황제를 선동하였는데, 황제가 그들이 큰일을 함께[42] 도모할 수 있다고 여겨 마침내 은밀하게 성심으로 고하니, 이훈과 정주가 마침내 환관을 주살하는 것을

40 다리〔杠〕: 대본에는 '扛'으로 되어 있는데, 《통감절요(通鑑節要)》〈한기(漢紀) 세종효무황제(世宗孝武皇帝)〉와 《이아(爾雅)》에 의거하여 '杠'으로 바로잡아 번역하였다.

41 마치 : 대본에는 없는데, 《통감절요》〈한기 세종효무황제〉에 의거하여 '如'를 보충하여 번역하였다.

42 함께 : 대본에는 없는데, 《통감절요》〈당기(唐紀) 문종(文宗)〉에 의거하여 '與'를 보충하여 번역하였다.

자신들의 임무로 삼았다. 정주를 봉상 절도사(鳳翔節度使)로 삼으니, 정주가 이훈과 함께 계획을 세웠다. 정주가 봉상진(鳳翔鎭)에 도착하여 장사(壯士) 수백 명을 뽑아 친병(親兵)으로 삼은 뒤에 들어가서 왕수징(王守澄)의 장례를 호위하겠다고 주청하고 이어 환관을 전부 모아 보내달라고 청하여 이 기회에 친병을 시켜 전부 주살하기로 하였다. 약속이 정해진 뒤에 이훈이 그 당여들과 모의하기를, "이처럼 일이 이루어지면 정주가 그 공을 독차지할 것이다."라고 하여, 마침내 곽행여(郭行餘)를 빈녕 절도사(邠寧節度使)로 삼고 왕번(王璠)을 하동 절도사(河東節度使)로 삼아 그들로 하여금 장사를 많이 모집하여 부곡(部曲)으로 삼게 하고, 나립언(羅立言)에게 경조부(京兆府)의 일을 맡기고 한약(韓約)을 금오위 대장군(金吾衛大將軍)으로 삼는 한편 어사중승(御史中丞) 이효본(李孝本)과 함께 모의하여 정주까지 아울러 제거하기로 하였다. 재상 중에는 오직 서원여만 그 모의에 참여하였고 다른 사람은 아무도 알지 못했다. 거사하는 날에 이르러 황제가 자신전(紫宸殿)에 나오고 백관의 반열이 정해지자, 한약이 "좌금오(左金吾) 청사 뒤의 석류나무에 간밤에 감로(甘露)가 내렸습니다."라고 아뢰었다. 황제가 구사량을 돌아보며 환관을 거느리고 가서 살펴보게 하였다. 구사량 등이 도착하였는데, 한약이 얼굴색이 변하여 땀을 흘리니 구사량이 이상하게 여겼다. 조금 뒤에 바람이 불어 장막이 걷히자 병기를 든 사람들이 매우 많았다. 구사량 등이 놀라 달려와 황제에게 고변하니, 이훈이 금오위의 병사를 불러서 대전에 오르게 하였다. 환관들이 즉시 연여(軟輿)를 대령하여 황제를 태우고 대전 뒤 그물망을 뚫고 북쪽으로 빨리 달려갔다. 나립언은 경조의 나졸(邏卒) 3백 명을 거느리고 이효본은 어사대 종인(從人) 2백 명을 거느리고서 모두 대전에 올라 환관을 마구 공격하니 사상자가 10여 인이었다. 이훈은 일이 성공하지 못할 것을 알고서 말을 달려 나가고, 왕애·가속·서원여는 중서성(中書省)으로 돌아갔다. 구사량 등이 좌우신책병(左右神策兵) 5백 명에게 명하여 칼날을 뽑아들고 나가서 적을 토벌하라고 명하자, 금오위의 관리와 병사 1천 6백여 명을 죽이고, 서원여·왕애·왕번·나립언 등을 사로잡아 두 군영에 가두었다. 왕애는 나이가 70여 세로 고문을 견디지 못하여 거짓으로 자복하였다. 이훈은 어떤 사람에게 죽임을 당하여 그 머리가 전해졌고, 왕애·왕번·나립언·가소·서원여·이효본을 끌어내어 독류수(獨柳樹)[43] 아래에서 요참형(腰斬刑)을 시행하였다. 그 친속도 모두 죽어 어린아이 하나 남지 않았다. 백성들이 왕애가 차[茶] 판매를 독점하는 것을 원망하겠기 때문에 어떤 이는 욕을 하고 어떤 이는 돌멩이를 던졌다.

왕 문정공(王文正公)

어렸을 때부터 명민하여 글을 잘 지었다. 여러 관직을 거쳐 우복야평장사 집현전태학사(右僕射平章事集賢殿太學士)가 되었고 기국공(沂國公)에 봉해졌다. 자질이 단정하고 온후하였다. 조정에 있을 때에는 나아가고 머무름이 모두 일정한 곳이 있었으며, 엄정한 태도로 직언을 다하였다. 사인(士人)을 승진시키고 퇴출시킬 적에 이에 대해 아는 자가 없었다.[44] 일찍이 말하기를, "집정자(執政者)가 은혜

43 독류수(獨柳樹) : 한 그루 서 있는 버드나무인데, 당(唐)나라 때 주로 그 나무 아래에서 사람을 처형하였다

를 자신에게 돌리려 한다면 원망은 누가 감당하게 할 것인가."라고 하였다.

반드시 그 방도를 다하다.〔必盡其方〕

살펴보건대, 《운회》에 "방(方)은 '방도〔道〕'의 뜻이다."라고 하였으니. '진기방(盡其方)'이란 그 할 바의 방도를 다한다는 말이다.

관녕(管寧)

주허(朱虛) 사람이다. 수염과 눈썹이 아름다웠으며 병원(邴原)[45]과 친하였다. 한(漢)나라 말기에 난을 피해 요동(遼東)에 갔다가 나중에 배를 타고 군으로 돌아갔다. 위(魏)나라 초기에 누차 불러도 나아가지 않았으며 시서(詩書)를 즐기며 그 즐거움을 바꾸지 않았다. 84세에 세상을 떠났다.

성기(聲伎)

기(伎)는 '기(技)' 자와 통용하여 쓰니, '공교하다〔巧〕'는 뜻이다. 《광운》에는 '방술(方術)'이라고 하였다.

44 사인(士人)을……없었다 : 왕단(王旦)이 많은 사람을 천거하였으나, 그 사실을 다른 사람이 알지 못하도록 초본을 모두 없앴기 때문에 사람들은 임금이 스스로 등용한 것으로 알았다. 왕단이 죽고 나서 《진종실록(眞宗實錄)》이 편찬되었을 때 비로소 왕단이 추천하였음을 사람들이 알았다고 한다. 《宋史 卷282 王旦列傳》

45 병원(邴原) : 관녕(管寧)과 같은 주허현 사람이다. 황건적의 난이 일어나자 요동(遼東)으로 피했다가 조조(曹操)에게 귀의하여 오관장(五官將)을 역임하였다. 《三國志 卷11 魏書 邴原傳》

니소(泥塑)

소(塑)는 《운회》에 "진흙을 반죽하여 물상을 형상한 것이다."라고 하였다.

팔꿈치를 당기다.〔掣肘〕

춘추시대에 노(魯)나라에서 밀자천(宓子賤)을 선보 영(單父令)으로 삼았는데, 밀자천이 임금에게 글씨를 잘 쓰는 사람을 빌렸다. 밀자천이 그 두 사람에게 글을 쓰게 시키고 그 팔꿈치를 잡아당겼다. 글씨가 삐뚤면 화를 내고 글씨를 잘 쓰려 하면 또 잡아당기니, 글씨 쓰는 자가 하직하고 돌아가 이 사실을 고하였다. 노(魯)나라 임금이 말하기를, "밀자천은 내가 그를 흔들어 선정을 베풀 수 없게 하는 것을 괴로워하는 것이다."라고 하고서 선보에서 징발하지 못하게 명하니, 얼마 지나지 않아 교화가 크게 행해졌다.

이 문정공(李文靖公)

이병(李炳)의 아들이다. 태종(太宗) 때에 진사시에 급제하였다. 황제가 일찍이 그의 풍도가 단정하고 의젓하다고 칭찬하였다. 진종(眞宗) 때에 재상에 제수되었는데, 유씨(劉氏)를 귀비(貴妃)로 책봉하는 황제의 조서를 불태우고 서하(西夏)의 음모를 무력화시켰으며, 경박한 사람을 등용하지 않고 개인적인 은혜를 베풀어 환심을 사지 않았다. 날마다 수재(水災)·한재(旱災)·도적의 피해를 취하여 황제에게 보고하였는데, "임금이 나이가 어리니 사방의 어려운 일을 알게 해야 한다. 그렇게 하지 않으면 토목 공사를 일으키고 귀신에게 비는 일에 뜻을 둘 것이다."라고 하였다. 왕단(王旦)이 처음에는 이것을 작은 일로 여겼다가 나중에 과연 그 말이 징험되니 탄식하여 말하기를, "이 문정은 참으로 성인(聖人)이다."라고 하였다.

장 문절공(張文節公)

어려서부터 학문에 독실하여 진사시에 급제하였다. 관직이 중서문하 평장사(中書門下平章事)에 이르렀는데도 가난한 선비처럼 검소하였다.

그릇은 자기와 칠기를 사용하였다.〔器用瓷漆〕

살펴보건대, 자(瓷)는 도기(陶器)이고, 칠(漆)은 칠기(漆器)이다.

왕신민(汪信民)

성품이 효성스럽고 우애로웠다. 집이 가난한데도 학문을 좋아하여 예부(禮部) 시험에 장원으로 급제하였다. 분교장사(分敎長沙) 벼슬을 지냈고 40세에 세상을 떠났다. 평소에 덕이 심후하여 자신을 자랑하지 않았으며 친척과 벗의 어려운 사정을 구휼하여 옷을 벗어 주고 음식을 양보하는데 어려워하는 기색이 없었다. 저서로 《청계유고(靑溪類藁)》와 《논어직해(論語直解)》가 있다.

나물 뿌리를 먹으면 모든 일을 할 수 있다.〔咬得菜根, 則百事可做〕

살펴보건대, 이 말은 반드시 나물 뿌리를 먹은 뒤에야 모든 일을 할 수 있다는 것이 아니라, 나물 뿌리를 먹으면서도 그 지조를 바꾸지 않을 수 있다면 모든 일을 할 수 있다고 말한 것일 뿐이다. 서산 진씨(西山眞氏)가 채(菜)를 논하여 "백성은 하루라도 굶주린 기색

〔菜色〕이 있어서는 안 되고, 사대부는 하루도 나물 맛〔菜味〕를 몰라서는 안 된다."라고 하였다. 작비암(昨非菴) 정선(鄭瑄)이 말하기를, "(백성이 굶주린 기색이 있는 것은) 바로 사대부가 나물 맛을 모르기 때문이다. 만약 말직(末職)부터 구경(公卿)에 이르기까지 모두 나물 뿌리를 먹는 사람을 얻는다면 반드시 직분에 맡은 바를 알 것이니 백성이 어찌 굶주린 기색을 근심하겠는가."라고 하였다.

이상은 경신(敬身)을 실증한 것이다.

후재집

제21권

차기 대학
箚記 大學

차기 대학 箚記 大學

장구서
章句序

채청(蔡淸)이 말하기를,[1] "'장구(章句)'는 겸사(謙辭)이다. 《논어》와 《맹자》의 주석을 '집주(集註)'라고 하는 것도 겸사이다. '전술(傳述)하되 창작하지 않는다.'는 의미이다." 하였다.

○또 다음과 같이 말하였다. "'집주'라고 하지 않고 '장구'라고 한 것은, 《논어》와 《맹자》의 경우 거론된 말이 한 가지 일이 아니고 기록된 것도 같은 때가 아니어서 모두 별개의 사건에 관련된 말인데 비해, 장구의 경우는 대체로 고르게 정리된 것으로 《대학》과 《중용》은 그 글자 수가 많지만 혈맥이 관통해서 원래 한 편의 문장일 뿐이다. 주자가 이 때문에 '장구'로 구별하였으니, 지금의 '위는 경(經) ○장이다', '위는 전(傳) ○장이다'라는 것이다. '장'이라고만 해도 '구'는 그 안에 포함되어 있다.

○또 다음과 같이 말하였다. "'장구'는 경전(經傳)을 가리켜 한 말

1 채청(蔡淸)이 말하기를 : 채청의 《사서몽인(四書蒙引)》 권1 〈대학〉에서 인용, 발췌한 것이다.

같으니, 주석을 가리킨 경우는 보지 못했다. 그러나 〈중용서(中庸序)〉에서 분명히 '장구'를 '혹문(或問)'과 대비하여 말하였다.[2] 또 주자가 말하기를, '《대학》이라는 책에는 「정경(正經)」이 있고 「장구」가 있고 「혹문」이 있다.'[3] 하였으니 '장구'가 주석이 아니면 무엇이겠는가?" 하였다.

《대학》이라는 책은 옛날 태학에서 사람을 가르치던 법이다.〔大學之書, 古之大學所以敎人之法也.〕

살펴보건대, 어떤 이가 말하기를, "위의 '대'자는 원래의 음으로 읽고, 아래의 '대'자는 '태' 음으로 읽는다. 원래의 음으로 읽는 것은 '대학'이라는 책을 말하고 '태' 음으로 읽는 것은 '태학'이라는 관청을 이른다." 하였다. 그러나 《혹문》을 보면 "대학은 어른의 공부이다."[4] 라고 하였는데, 이것은 어린이의 공부와 대비해서 말한 것이다. 또 《대대기(大戴記)》 〈보부편(保傅篇)〉을 보면, "8세가 되면 외사(外舍)로 나가서 소예(小藝)를 배우고 소절(小節)을 수행한다."라

2 〈중용서(中庸序)〉에서……말하였다 : 〈중용서〉에 "…… 마침내 감히 여러 사람의 말을 모아 절충해서 이미 《장구》 한 책으로 만들어 후세의 군자를 기다리고……또 일찍이 논변하여 취사한 뜻을 모아 별도로 《혹문》을 만들어 그 뒤에 붙였다.〔乃敢會衆說而折其衷, 旣爲定著章句一篇, 以俟後之君子.……且記所嘗論辯取舍上聲之意, 別爲或問, 以附其後.〕"라고 하여 《장구》와 《혹문》을 대등하게 거론하고 있다.

3 《대학》이라는……있다 : 《대학장구대전》 〈독대학법(讀大學法)〉에 보인다.

4 《혹문》을……학문이다 : 《대학혹문》에는 "어떤 이가 묻기를, '대학의 도를 그대가 어른의 배움이라고 하였는데 무슨 뜻인가?' 하였다." 하여 이곳의 인용과 일치하지 않는다.

고 하였는데, 주에 "소학은 학교이다 ……." 하였다. 옛날에 어린이가 배우는 책을 '《소학》'이라 하였고, 어린이가 들어가 공부하는 학교도 '소학'이라고 명칭 하였다. 이것을 말미암아 보면 이른바 '대학'이라는 학교 역시 어른이 입학하는 곳이라서 그런 이름을 얻은 듯하다. 그렇다면 음을 '태'로 읽는 것은 잘못된 듯하니, 어떠한가?

이미 인의예지의 성(性)을 부여하지 않음이 없다.〔則既莫不與之以仁義禮智之性〕

살펴보건대, 하늘이 사람을 내실 때 완전한 전체의 이치를 주었다. 이치가 마음에 갖추어진 것을 '성(性)'이라고 하는데 '성'에는 '인의예지(仁義禮智)'라는 네 개의 큰 강령이 있다. 이른바 '인의예지'라는 것은 바로 명덕의 본체〔體〕이다.

'예'는 공경과 준절의 도리이다.〔禮, 是箇恭敬撙節底道理.〕-소주(小註)[5]-

살펴보건대, 《설문(說文)》에 "준(撙)은 조(祖)와 본(本)의 반절음으로, 꺾음〔挫〕이다." 하였고, 《증운(增韻)》[6]에 "억제함〔裁抑〕이다." 하였고, 《예기》 〈곡례〉에 "군자는 공경하고 준절하며 물러나 사양하여 예를 밝힌다."하였는데 정현(鄭玄)의 주에 "준(撙)은 나아감〔趨〕과 같으니, 절제와 단속함에 나아감을 이른다." 하였다.

5 소주(小註) : 《대학집주대전》의 집주 아래 소자 쌍행의 주석을 가리킨다.

6 증운(增韻) : 《증수호주예부운략(增修互注禮部韻略)》의 약칭이다. 송대(宋代) 모황(毛晃)이 《예부운략(禮部韻略)》에 주석을 보태고, 그의 아들 모거정(毛居正)이 다시 교감하고 주석을 더 보태어 완성하였다. 모두 5권이다.

‘지(智)’는 마음의 신명함으로, 뭇 이치를 묘하게 운용하여 만물을 주재하는 것이다.〔智, 心之神明, 所以妙衆理而宰萬物者也.〕[7]-소주-

살펴보건대, 마음은 몸의 주인이고 ‘지(智)’는 마음의 신명함이다. 마음의 본체〔體〕는 본래 뭇 이치가 갖추어져 있으나 그것을 묘하게 운용하는 것은 ‘지’에 달려있고, 마음의 작용〔用〕은 만사에 반응할 수 있지만 그것을 주재하는 것은 ‘지’에 달려 있다.

○어떤 이가 호씨의 이 설이 문제가 있다고 여겨 말하기를, “‘지(智)’는 오성(五性) 중 하나이고, ‘지(知)’는 마음의 작용〔用〕이니 혼돈해서 하나로 보아서는 안 된다.” 하였고, 또 “마음과 성(性)의 구별에 밝지 못하다.” 하였고, 또 “이치로 이치를 묘하게 운용하는 것이다.” 하였다.-김중화(金仲和)의 설이 이와 같다.[8]- 그의 말이 그럴 듯하지만 내가 보기에 어떤 이의 설이 더욱 문제가 있다. 어째서인가? ‘지(智)’는 오성의 하나로 그 속성은 받아들이고 온축하며 관찰하고 인식하는 것이다. 그것의 주된 소임으로 말하면 바로 앎〔知〕을 주로 하는 것으로, ‘지(智)’가 앎을 주로 하는 것은 인(仁)이 사랑함〔愛〕을

7 지(智)는……것이다 : 운봉(雲峰) 호씨(胡氏 胡炳文)의 설이다. 여기에서 ‘묘중리(妙衆理)’를 ‘뭇 이치를 묘하게 운용하다’로 번역하였는데, 《주자어류(朱子語類)》에 “묘중리(妙衆理)라고 한 것은 능히 뭇 이치를 운용할 수 있다고 말한 것과 같다. ‘운용’이라는 글자에 문제가 있기 때문에 단지 ‘묘’ 자를 쓴 것일 뿐이다.〔所以謂之妙衆理, 猶言能運用衆理也. 運用字有病, 故只下得妙字.〕”라는 내용을 근거로 하였다. 《朱子語類 卷17 大學4》

8 김중화(金仲和)의 설이 이와 같다 : 중화는 김창협(金昌協)의 자이다. 김창협은 호병문의 주장처럼 이치에 속하는 지(智)가 ‘뭇 이치를 묘하게 운용한다.’면, 이것은 곧 ‘이치로써 이치를 묘하게 운용하는〔以理妙理〕’ 셈이 되어 범주의 착오가 생김을 지적하였다. 《農巖別集 卷3 語錄》

주로 하고 의(義)가 마땅함〔宜〕을 주로 하는 것과 같다.

정자(程子)는 "지(智)는 지(知)이다." 하였고, 장자(張子 장재(張載))는 "지(智)는 '지(知)'로 훈석한다."[9] 하였고, 주자(朱子)는 "지(智)로써 안다〔知〕." 하였고, 남헌 장씨(南軒張氏 장식(張栻))는 "지(知)의 이치가 지(智)이다." 하였고, 북계 진씨(北溪陳氏 진순(陳淳))는 "사물을 관찰하는 것이 지(智)이다." 하였다.

이제 위의 여러 설을 합하여 살펴보면, '지(智)가 앎〔知〕을 주로 한다.'는 것을 알 수 있다. 오성(五性)은 각기 주로 하는 바가 있고, 오성 중에 지(智)는 앎〔知〕을 주로 한다. 만약 지(智)와 지(知)를 구별해서 두 가지 다른 개념으로 본다면, 지(智)가 주로 하는 일은 무엇인지 잘 모르겠다.

맹자께서 "옳고 그름을 가리는 마음이 지(智)의 단서이다." 하였다. 주자는 "옳고 그름의 이치를 아는〔知〕는 것이 지(智)이다." 하였고, 또 "지각이 바로 지(智)의 일이다." 하였다. 만약 지(知)를 지(智)와 상관없이 전적으로 마음의 작용〔用〕이라고만 본다면 어찌하여 '지(智)의 단서'라고 말했겠는가? 또 어찌하여 '옳고 그름을 아는 것이 지(智)이다.'라고 했겠는가? '지(智)의 일이다.'라고 말한 것은 매우 명백하고 정확한 말임을 조금도 의심할 것이 없다.

무릇 옳고 그름의 이치가 곧 지(智)이다. 옳고 그름을 판단해서 옳다고 하고 그르다고 하는 것이 곧 지(智)의 앎〔知〕이다. 이 지(智)를 담고 있고 이 앎〔知〕를 운용하는 것이 바로 마음이다. 그러므로 마음

9 장자(張子)는……훈석한다 : 《근사록》에는 이천(伊川) 정이(程頤)의 말로 기록되어 있다. 《近思錄 卷1 道體》

의 측면에서 총체적으로 말하면 이른바 '지(知)'라는 것은 마음에 예속된 것이고, 성(性)의 측면에서 나누어 말하면 이른바 '지(智)'라는 것이 전적으로 앎〔知〕을 주로 하는 것이다. 주로 하는 바를 따라가면 저절로 방해가 되지 않는다.

이것은 명칭과 의리가 나뉘는 지점에 있어서 터럭 끝만큼의 착오가 있을 수 없는 일인데, 어찌 '마음에 예속된 것'을 '전적으로 주로 하는 것'으로 의심해서 결국 "마음과 성(性)의 분변에 밝지 못하다."라고 말해서야 되겠는가?

인(仁)의 단서는 한 가지가 아니고, 의(義)의 단서도 한 가지가 아니다. 그러나 '지(智)'가 아니면 모두 알 수가 없다. 그러므로 맹자께서 "인의 실제는 어버이를 섬기는 것이고, 의의 실제는 형을 따르는 것이고, 지(智)의 실제는 이 두 가지를 아는 것이다." 하였고, 장자(張子)는 "인이 지(智)를 얻지 못하면 알지 못한다." 하였고, 주자는 "지(智)는 본래 인과 예와 의를 내재하고 있다. 오직 이와 같음을 알아야지 비로소 이와 같음이 된다.[10]" 하였다. 그렇다면 인과 의도 지(智)가 있은 뒤에 알게 되는 것이다.

'지(智)'는 이치이고 인과 의도 이치이다. 지금 "지(智)로써 인과 의를 안다."라고 한다면 이것은 이치로 이치를 안다는 것과 비슷하다. 그러나 과거 성현께서 모두 이와 같이 말씀하신 이유는 지(智)의 성질이 본래 앎〔知〕을 위주로 하기 때문이다. 맹자와 정자 및 주자의 설이 지(智)로써 이치를 안다고 하는 데에 방해되지 않는다는 것을 안다면, 호씨가 말한 '묘하게 뭇 이치를 운용한다.〔妙衆理〕'는 말 또

10 지(智)는……된다 : 《주자어류》 권53에 보인다.

한 어찌 지(智)로써 이치를 묘하게 운용한다는 데에 문제가 되겠는가?

오성(五性) 중 '신(信)' 또한 성실함〔實〕을 위주로 하니, 인의예지는 '신'이 아니면 성실하게 할 수 없다. 그러므로 주자가 "'신'은 이 네 가지를 성실하게 하는 것이다."[11] 하였으니, 만일 지금의 의문과 같다면 '신'이 이 네 가지를 성실하게 하는 것 역시 이치로써 이치를 성실하게 하는 것이라고 이를 수 있는가?-주자가 "인이 네 가지 본성을 통솔한다.〔仁統四性〕"[12]라고 하였으니, 바로 이치로써 이치를 통솔하는 것이다. 장자(張子 장식(張式))가 "인이 의를 얻지 못하면 인을 행하지 못한다.〔仁不得義則不行〕"[13]라고 하였으니 바로 이치로써 이치를 행하는 것이다. 맹자가 "예는 이 두 가지를 조절하는 것이다.〔禮者節文斯二者〕"[14]라고 하였으니 바로 이치로써 이치를 조절하는 것이다.- 지(智)가 알 수 있는 것은 인이 사랑할 수 있는 것이나 의가 마땅하게 하는 것과 같은 것이다. 인이 아니면 사랑할 수 없고 의가 아니면 마땅하게 할 수 없다. 그렇다면 지(智)가 아니면 알 수 없다는 것이 어찌 매우 명백하지 않겠는가?

○어떤 이가 말하기를, "인은 사랑함〔愛〕이고 의는 마땅함〔宜〕이고 예는 분별함〔別〕이니, 그 이치는 쉽게 알 수 있다. 다만 이른바 '앎

11 신은……것이다 : 《주자어류》 권6에 보인다.

12 인이……통솔한다 : '인통사성(仁統四性)'이라는 말은 출전이 명확하지 않다. 다만 《회암집(晦菴集)》 권44 〈답유성지(答游誠之)〉에서, "인은 네 가지 덕을 통솔한다.〔仁統四德〕"라는 말이 보이는데, 이 말은 다시 《근사록집주》에 재인용되어있다.

13 인이……못한다 : 장식의 이 말은 《성리대전서》 권37과 《송원학안(宋元學案)》 권18 〈횡거학안(橫渠學案) 하〉 등에 보인다.

14 예는……것이다 : 《맹자》 〈이루 상〉에 보인다.

〔知〕'이라는 것은 본래 마음의 작용〔用〕인데, 이제 그것을 '지(智)'에 종속시키니 이에 대해 어찌 의심하지 않겠는가?" 하였다. 나는 다음과 같이 대답하였다. "마음이란 것은 본래 '움직임〔動〕'과 '고요함〔靜〕'을 겸하고 '본체〔體〕'와 '작용〔用〕'을 함께 갖춘 것이다. 고요할 때에는 인의예지의 본체를 갖추고 있고, 움직일 때에는 사랑함과 마땅함과 분별함과 앎의 작용이 있게 된다.

마음의 측면에서 구분하지 않고 말하면 이른바 '인(仁)은 사랑함이고, 의(義)는 마땅함이고 예(禮)는 분별함이고 지(智)는 앎이다.'라는 것 모두가 마음에 속하는 것이지, 어찌 앎〔知〕만이 마음에 속하겠는가? 그 가운데서 구별해 본다면, 이 네 가지는 각기 본체가 있고 각기 작용이 있다. 그 작용을 인하여 본체로 소급해 보면 사랑함은 인의 작용이고 마땅함은 의의 작용이고 분별함은 예의 작용이고 앎은 지의 작용이라는 것이 분명하다. 조리가 선명하고 맥락을 찾을 수 있는데, 어찌 지(智)의 앎만 되레 의심한단 말인가?

이 뜻은, 주자의 〈답진기지(答陳器之)〉와 〈옥산(玉山) 강의〉의 문답에서[15] 매우 자세하고 분명하게 이야기하고 있다. "측은지심(惻隱之心)을 말미암아 '인'이 있음을 반드시 알게 되며, 수오지심(羞惡之心)을 말미암아 '의'가 있음을 반드시 알며, 공경지심(恭敬之心)으로 말미암아 '예'가 있음을 반드시 알며, 시비지심(是非之心)을 말미암아 지(智)가 있음을 반드시 알게 된다." 그 말이 분명하고 알기 쉬움이 이와 같은데, 다만 후세 사람들이 이것을 상세하게 이해하려고

15 주자의……문답에서 : 〈답진기지〉는 《회암집(晦菴集)》 권58에, 〈옥산강의〉는 권74에 수록되어 있다.

노력하지 않을 뿐이다.

○어떤 이가 말하기를, "지(智)가 능히 앎〔知〕은 참으로 그렇습니다. 그러나 지(智)가 아는 것과 마음이 지각하는 것은 다른 것 같습니다." 하였다.-조장경(趙長卿 조향기(趙亨期))과 김중화의 설이 이와 같다.- 나는 다음과 같이 답하였다. "그렇지 않다. 지(智)라는 것은 지의 본체이고 앎〔知〕은 지(智)의 작용이다. 그리고 마음은 바로 이 본체와 작용을 통합한 것이다. 지(智)는 마음이 싣고 있는 이치이고, 마음은 지(智)가 담긴 그릇이다. 본래 완전히 융합하여 간격이 없어서 서로 떨어뜨릴 수 없다. 다만 지(智)는 운용할 수 없고 마음은 운용할 수 있기 때문에 마음의 운용이 아니면 지(智)는 스스로 발현할 수가 없다. 그러므로 맥락을 찾아서 보면 앎은 본래 지(智)에서부터 나온 것이고, 그 운용하는 곳을 따라서 보면 앎은 곧 마음에서부터 발현하는 것이다. 그렇다면 이 마음이 운용하는 앎은 바로 지(智)에서부터 나온 앎이다. 지(智)가 별개의 방면이고 마음이 별개의 방면이어서 각자 따로 아는 것이 아니니 어찌 지(智)의 앎 이외에 별도로 이른 바 마음의 앎이라는 것이 있겠는가?

맹자가 말하기를, "시비를 가리는 마음은 지(智)의 단서이다." 하였다. 이미 '시비를 가리는 마음'이라고 했다면 이 '마음〔心〕'이라는 한 글자를 보면 앎〔知〕이 바로 마음의 일이라는 것을 알 수 있다. 그 뒤로 이어서 '지(智)의 단서이다.'라고 하였으니 이 '지의 단서이다.〔智之端〕'라는 세 글자를 보면 앎〔知〕이 바로 그 지(智)가 발현한 것임을 알 수 있다.

맹자가 이 지(智)와 마음을 합하여 '앎'을 말하였고, 주자도 "지(智)로써 아는 것이 마음이다."하였다.-주자의 이 말씀은 매우 분명하게 알 수 있다.- 이로써 보면 지(智)로써 아는 것과 마음이 아는 것을 과연 분별할 수 있는가?

만약 참으로 지(智)의 앎과 마음의 앎이 다르다고 생각한다면 이것은 마음 안에 두 개의 앎〔知〕이 있는 것이니, 이것이 어찌 말이 되는가?

게다가 인의 사랑함과 의의 마땅함과 예의 구별함과 지(智)의 앎은 본래 일반적인 도리이다. 만약 지(智)로써 아는 것과 마음이 아는 것에 다름이 있다고 한다면, 또한 마땅히 인의 사랑함과 마음의 사랑함에 다름이 있고 의의 마땅함과 마음의 마땅함에 다름이 있다고 말해야만 그 말이 이해될 수 있을 것이니, 어찌 잘못되지 않았는가?

물병의 물로 비유하면 다음과 같다. 물병은 곧 '마음'이고 물병 속에 담긴 물은 '지(智)'이다. 물병이 운용하는 곳에서 물이 저절로 쏟아져 나오는 것이 바로 '앎〔知〕'이다.

이제 물병이 운용하는 곳에 나아가 그 쏟아져 나오는 것을 보면 이것은 진실로 병에서 쏟아져 나오는 것이다. 그 쏟아져 나온 곳에 나아가 그것이 나온 곳을 밝혀보면 이것은 병 속에 담긴 물이 쏟아져 나온 것이다. 그렇다면 물병에서 쏟아져 나온 물은 바로 물병 속에 담긴 물이었으니, 이것은 원래 두 가지 다른 종류의 물이 아니다. 이 이치가 매우 분명하니 어찌 의심할 수 있겠는가?

지금 김중화의 설로 살펴보면 이것은 물이 물병에서 쏟아져 나온 것만 알고 병에서 쏟아져 나온 물이 바로 병 속에 담긴 물이 쏟아져 나온 것임은 알지 못하는 것이다.

○주자가 말하였다. "도리는 진실로 본래 있는 것이지만[16] 앎〔知〕을 운용해야지 만이 발현할 수 있다. 그러므로 '묘하게 뭇 이치를 운용

한다.'라고 말한 것이다. '묘(妙)'는 뭇 이치를 운용한다는 말과 같다. '운용하다'라는 말에 문제가 있기 때문에 '묘(妙)'를 쓴 것이다."[17]

파양 심씨(番昜沈氏)[18]가 말하기를, "지(智)는 천리의 움직임과 고요함의 기틀을 함축하고 있고, 사람 일의 옳고 그름을 판단하는 거울을 갖추고 있다.〔智者, 涵天理動靜之幾, 具人事是非之鑑.〕" 하였다.-소주-

퇴계 선생이 말하였다. "파양호(鄱陽湖)이다. '파(鄱)'는 물 이름으로 음이 '파(婆)'이다. 글자를 줄여서 '파(番)'로 쓴 것일 뿐, 따로 '파양(番陽)'이 있는 것은 아니다. 파양(番昜)은[19] 바로 파양이다. '양(昜)'은[20] 옛날의 '양(陽)' 자이다. 파양은 예장현(豫章縣)으로 지금의 요주(饒州)이다."[21]

○채청이 말하였다. "파양 심씨의 설은 또 범위가 너무 넓은 오류가 있는 듯하다."

16 진실로……것이지만 : 대본에는 '本固'로 되어 있는데, 《주자어류》에 의거하여 '固本'으로 바로잡아 번역하였다.

17 도리는……쓴 것이다 : 《주자어류》 권17에 보인다.

18 파양 심씨(番昜沈氏) : 대본에는 '易'으로 되어 있는데, 《대학장구대전(大學章句大全)》 〈대학장구서〉에 의거하여 '昜'으로 바로잡아 번역하였다.

19 파양(番昜)은 : 대본에는 '番易'으로 되어 있는데, 《퇴계집(退溪集)》권21〈답리강이문목(答李剛而問目)〉에 의거하여 '昜'으로 바로잡아 번역하였다.

20 양(昜)'은 : 대본에는 '易'으로 되어 있는데, 《퇴계집》 권21 〈답리강이문목〉에 의거하여 '昜'으로 바로잡아 번역하였다.

21 퇴계……요주(饒州)이다 : 퇴계의 이 설은 《퇴계집》 권21 〈답리강이문목〉에 보인다.

그러나 그 기질을 부여받음은 혹 똑같지 못하다. 모두 그 본성의 고유함을 알아 그것을 온전하게 하지 못한다.〔然其氣質之稟, 或不能齊, 是以不能皆有以知其性之所有而全之也.〕

살펴보건대, 사람이 천지의 기운을 받아 기질〔質〕을 이루고 하늘의 이치를 부여받아 본성〔性〕을 이루니, 이치는 본래 하나이다. 그러므로 본성에는 지혜로움과 어리석음, 어짊과 불초함의 구분이 없으니 바로 "인의예지의 본성을 주지 않음이 없다."라는 것이다.

기운은 만 가지로 달라서 기질에는 맑음과 탁함, 순수함과 잡박함의 차이가 있으니 바로 "기질을 부여받음은 혹 똑같지 못하다."는 것이다.

맑고 순수한 자는 그 본성의 고유함을 알아 그것을 온전히 하니 어짊이 되고 지혜로움이 되지만 탁하고 더러운 자는 그 본성의 고유함을 알아 그것을 온전히 할 줄 모르니 어리석음이 되고 불초함이 된다. 이것이 이른바 "그 본성의 고유함을 알아 그것을 온전하게 하지 못한다."라는 것이다.

이른바 '모두 ……하지 못한다.〔不能皆〕'라는 것은 그 부여받은 기질이 똑같지 않기 때문에 사람마다 모두 그것을 알고 모두 그것을 온전하게 할 수 없다는 말이다. '모두 ……하지 못한다.〔不能皆〕'는 세 글자는 위의 '기질을 부여받음은 혹 똑같지 못하다.〔其氣質之稟, 或不能齊〕'라는 말에 호응한다.

○인의예지는 바로 사람이 하늘에게서 받아 본성이 된 것이다. 이것은 지혜로운 자나 어리석은 자, 어진 자나 불초한 자나 모두 같다. 다만 그 부여받은 기질이 태어나는 처음에 구애를 받기 때문에 맑음과 탁함〔淸濁〕, 순수함과 잡박함〔粹駁〕의 차이가 있는 것이고, 태어

난 후에는 물욕이 본성을 가리기 때문에 탁한 것은 더욱 탁해지고 잡박한 것은 더욱 잡박해지며 맑은 것은 탁해지고 순수한 것은 잡박해져서 결국에는 자기 본성의 고유함을 알고 그것을 온전하게 하지 못하는 지경에 이르게 된다.

○주자가 말하였다. "기(氣)는 애초에 부여받은 것이고, 질(質)은 이러한 모양으로 형성된 것이다."[22] 또 다음과 같이 말하였다. "이것은 단지 하나의 음양오행의 기운으로 천지 사이에 흐르는 것이다. 그 중 깨끗하고 순수한 것은 사람이 되고 남은 찌꺼기는 사물이 된다. 순수한 것 중에 더 순수한 것은 성인과 현인이 되고, 순수한 것 중에 찌꺼기는 어리석은 자와 불초한 자가 된다."

○채청이 말하였다. "기(氣)만 말해도 저절로 질(質)을 포함하고 있다. '부여받은 기가 맑고 밝다.'나 '물욕의 얽매임이 없다.' 등이 이 경우이다. 질만 말해도 기를 겸하고 있다. '총명하고 지혜롭다.'나 '나면서부터 아는 자질' 등이 이 경우이다. 여기에서 '기질'이라고 말한 것은 두 개를 모두 들어 아울러 말한 것이다.

그 중에서 한 명이라도 총명하고 지혜로워 그 본성을 다할 수 있는 자가 나오면 하늘이 반드시 명하신다.〔一有聰明睿智能盡其性者……天必命之.〕

살펴보건대, '총명하고 지혜로워 그 본성을 다할 수 있는 자'는 나면서부터 아는 성인이다. 태어나면서부터 이와 같은 사람이라면 단지 그자신만 억조의 많은 사람을 스스로 통솔할 수 있을 뿐만 아니라

22 주자가……자가 된다 : 모두 《주자어류》 권14에 보인다.

사람들도 자연스럽게 그에게 귀향하여 그를 추존하고 사모해서 임금으로 삼고 스승으로 삼는다. 자연히 이와 같이 되는 점이 바로 천명(天命)이니, 하늘이 간곡하게 명하는 일을 따로 두는 것은 아니다.

○주자가 말하였다. "예지(叡智)의 지(智)와 예지(禮智)의 지(智)는 단지 하나의 지(智)로 상하를 관통하여 말한 것이고, 예지는 확충하여 비교적 큰 개념이다. 지(智)는 사람이 모두 똑같이 가지고 있는 것이고, 예지는 성인만의 고유한 것이다.

○채청이 말하였다. "총명함은 눈과 귀에 속한 것이고 예지는 전적으로 마음을 가지고 한 말이다."

○사계 선생이 말하였다. "'한사람이라도 있으면〔一有〕'은 요행의 의미로 보아야 하니 성인의 탄생을 의미하는 듯하다. 수많은 세대의 오랜 시간과 천만 명의 많은 사람 중에 요행히 그러한 사람이 있으면 하늘이 반드시 그에게 명한다는 것이다."

○살펴보건대, '한사람이라도 있으면〔一有〕'이란 말은 '하늘이 백성을 내실 때 기질이 같지 않은 허다한 중에 총명하고 지혜로워 그 본성을 다할 수 있는 자가 그 사이에서 한사람이라도 나오게 된다면'이라는 말이다. 그러므로 '일유(一有)'라는 두 글자가 '기질을 부여받은 것이 혹 똑같지 못하기 때문에 모두 그 본성의 고유함을 알아 온전히 하지 못한다.'라는 글 아래에 있는 것이다. 위아래 문장의 의미와 맥락이 이어지니, 여러 사람 중에 이와 같은 사람이 한 명이 있다는 말이다. 사계 선생의 설은 다시 생각해보아야 한다.

총명하고 지혜로워 그 본성을 다할 수 있는 자가……백성을 가르쳐서 그들의 본성을 회복하게 한다.〔聰明睿智能盡其性……敎之以復其性.〕

살펴보건대, '총명하고 지혜로워 그 본성을 다한다.'는 것은 바로 밝은 덕을 밝히는 것이다. '그로 하여금 백성을 다스리고 가르쳐서 그 본성을 회복하게 한다.'는 것은 바로 백성의 덕을 새롭게 하는 것이다.

복희와 신농과 황제와 요임금과 순임금께서……사도의 직책과 전악의 벼슬을〔伏羲神農黃帝堯舜……司徒之職典樂之官.〕

살펴보건대, '복희와 신농과 황제와 요임금과 순임금'은 바로 '총명하고 지혜로워 그 본성을 다하는 자가 그 사이에서 나오면 억조창생의 군주와 스승으로 삼는' 것이고, '사도의 직책과 전악의 벼슬을 설치한 것'은 바로 '백성을 다스리고 가르쳐서 그 본성을 회복하게' 하는 일이다.

하늘을 이어 법칙을 세운 까닭〔所以繼天立極〕

살펴보건대, '천(天)'은 바로 하느님〔上天〕이다. '극(極)'은 도리의 당연한 법칙이다. 도리의 당연한 법칙은 그 근원이 모두 하늘에서 나왔다. 그러나 하늘은 스스로 작위하지 못해서 반드시 성인의 탄생이 필요하고, 하늘이 작위하지 못하는 곳에서 그것을 천명하여 백성에게 표준을 세워 그 도리의 당연한 법칙을 밝히는 것, 이것이 바로 '하늘을 이어 법칙을 세움〔繼天立極〕'이다.

왕궁과 수도로부터 여항에 이르기까지 배우지 않은 이가 없다.〔王宮國都以及閭巷, 莫不有學.〕

《예기》〈왕제(王制)〉의 "유우씨의 상상과 하상〔有虞氏上庠下庠〕"

주(註)에 "상상은 태학(太學)이니 서교(西郊)에 있고, 하상은 소학(小學)이니 국중(國中) 왕궁(王宮)의 동쪽에 있다." 하였고, "하후씨의 동서와 서서〔夏后氏東序西序〕"의 주에 "동서(東序)는 태학이니 국중 왕궁의 동쪽에 있고, 서서(西序)는 소학이니 서교에 있다." 하였고, "은인의 우학과 좌학〔殷人右學左學〕"의 주에 "우학(右學)은 태학이니 서교에 있고, 좌학(左學)은 소학이니 국중 왕궁의 동쪽에 있다." 하였고, "주인의 동교와 우상〔周人東膠虞庠〕" 주에 "동교(東膠)는 태학이니 국중 왕궁의 동쪽에 있고, 우상(虞庠)은 소학이니 서교에 있다." 하였다.

○채청이 말하였다. "왕궁(王宮)은 왕조의 안이고, 국도(國都)는 제후가 수도로 삼은 지역이다."

○이패림(李霈霖)이 말하였다. "서문에 분명히 '삼대의 융성한 시기에 그 법이 점점 갖추어졌고 그 후에 왕궁과 국도로부터 여항에 이르기까지 학교가 있지 않은 곳이 없었다.' 하였는데 여기서 '학교'라는 글자에 이미 대학과 소학을 통틀어 말하였으니, 국학을 대학이라고도 향학을 소학이라고도 하지 않았다.

아래에서 이어 말하기를 '사람이 태어나 여덟 살이 되면 왕과 공(公) 이하로 서인의 자제에 이르기까지 모두 소학에 들어가게 하여 가르치기를……그들이 열다섯 살이 되면 천자의 원자(元子)와 중자(衆子)로부터 공과 경, 대부와 원사(元士)의 적자(嫡子)와 일반 백성 중 준수한 자에 이르기까지 모두 태학에 들어가게 하여 가르치기를…….' 하였는데, 이는 소학과 대학의 입학을 단지 나이의 절차를 가지고 말한 것일 뿐이다. 언제 향학을 소학이라고 하고 국학을 대학이라고 하여 여덟 살에 향학에 들어가고 열다섯 살에 국학에 들어간다고 하였는가? 결국 동양 허씨(東陽許氏 허겸(許謙))와 장락 진씨(長樂陳氏 진상도(陳祥道))의 번다한 여러 설들은 모두 말도 안 되는 소리이다."[23]

예와 음악과 활쏘기와 수레몰기와 문자와 산술〔禮樂射御書數〕[24]

예(禮)에는 모두 다섯 가지가 있다. 첫째는 '길례(吉禮)'이니, 나라의 귀신지(鬼神祇)[25]를 섬기는 것으로 그 조목이 열두 가지이다. 첫째는 '인사(禋祀)'로, 하늘의 상제에게 제사한다.-뜻을 성실히 모아 제사를 올린다는 의미를 취하였다.- 둘째는 '실시(實柴)'로, 일월성신(日月星

23 이패림이……소리이다 : 이 말은 이패림의《사서주자이동조변(四書朱子異同條辨)》〈권1 대학〉에 보인다. 여기서는 동양 허씨와 장락 진씨의 자세한 설을 생략하고 그냥 '말도 안 되는 소리〔謬妄〕'라고 축약하였다. 저자는 '동양 허씨와 장락 진씨의 설'이라고 하였지만,《사서주자이동조변》의 해당 조에는 장락 진씨의 설은 보이지 않고 대신 채청의 설이 이설(異說)로 소개되고 이어 변(辨)에서 비판을 받았다. 동양 허씨는 향(鄕)과 주(州)와 당(黨)과 주(族)와 수(遂)와 현(縣)과 비(鄙)와 찬(酇) 모두 학교를 두었는데 여(閭)와 이(里)의 글방〔塾〕만이 소학이 되고 나머지는 모두 대학이 된다고 하였다. 이에 대해 이패림은 근거할 만한 자료가 없다고 반박하였다. 이어 허재(虛齋 채청(蔡淸)) 경우 왕궁의 자제와 경과 대부의 자제들이 모두 소학에 들어갈 때에 여(閭)와 이(里)의 작은 마을로 공부하러 나가지는 않았을 것이라고 의심하였고, 또 대국이라도 백 리를 넘지 않아 비록 민간의 준수한 자들이라 하더라도 가까운 거리로 양식을 싸서 학교에 갔을 것이고 아주 멀리 가지는 않았을 것이라고 하였는데, 이패림은 모두 꽉 막힌 학자나 썩은 유자의 논의라고 신랄하게 비판하고 있다.

24 예와……산술 : 이 조목에 관한《대학차의》의 내용은《사서몽인》의 설을 그대로 가져온 것이다.

25 귀신지 :《사서몽인》에 따르면 귀(鬼)는 인귀(人鬼)를, 신(神)은 천신(天神)을, 지(祇)는 지신(地神)을 말한다.

辰)에게 제사한다.-실시는 섶에 희생을 채워서 올려놓고 태우는 것이다. 성(星)은 5성을 이른다. 신(辰)은 해와 달이 모이는 12차를 이른다.[26]- 셋째는 '유료(槱燎)'로, 사중(司中)과 사명(司命)과 풍사(飌師)와-풍은 풍(風)의 옛글자이다.- 우사(雨師)에게 제사한다.-유료는 섶을 태우면서 희생을 채우지 않는 것이다. 사중과 사명은 문창성(文昌星)의 다섯 번째와 네 번째 별이다. 풍사는 기성(箕星)이고 우사는 필성(畢星)이다.- 넷째는 '혈제(血祭)'로, 사직과 오사(五祀)와 오악(五嶽)에게 제사한다.-혈제는 기운과 냄새를 중시한다. 사(社)는 토지신이고, 직(稷)은 곡식신이다. 오사는 문(門), 호(戶), 조(竈), 행(行 길의 신), 중류(中霤 중앙의 토지신)이다. 오악은 동쪽의 태산(泰山), 남쪽의 형산(衡山), 서쪽의 화산(華山), 북쪽의 항산(恒山), 중앙의 숭산(崇山)이다.- 다섯째는 '매침(貍沈)'으로-매는 매(埋)이다.- 산림과 천택에 제사한다.-산림에 제사하는 것을 '매(貍)'라고 하니 땅에 매장함을 이른다. 천택에 제사하는 것을 '침(沈)'이라고 하니 물속에 두는 것을 이른다.- 여섯째는 '벽고(疈辜)'로-벽은 핍(逼)이다.- 사방의 모든 사물에 제사한다.-벽(疈)은 (희생을) 벌여놓아 해체하는 것이고, 고(辜)는 마름하여 해체하는 것이다.[27]- 사방의 모든 사물에

26 신은……이른다 : 세성(歲星)이라고 불리는 목성(木星)이 황도를 일주하는 데는 약 12년(정확히는 11.86년)이 걸린다. 목성이 1년에 1차를 지난다고 보고 주천(周天)을 12차로 구분하였다는 설이 12차에 대한 가장 보편적인 설명이다. 12차마다 12지(支)의 방향을 배정하여 12진(辰)이라고 하였는데, 12진에 해당하는 12차의 명칭은 다음과 같다. 자(子)는 현효(玄枵), 축(丑)은 성기(星紀), 인(寅)은 석목(析木), 묘(卯)는 대화(大火), 진(辰)은 수성(壽星), 사(巳)는 순미(鶉尾), 오(午)는 순화(鶉火), 미(未)는 순수(鶉首), 신(申)은 실침(實沈), 유(酉)는 대량(大梁), 술(戌)은 강루(降婁), 해(亥)는 추자(娵訾)이다. 자세한 사항은《칠정산내편(七政算內篇)》〈중편 제2장 태양(大陽)〉을 참조할 것.

27 벽(疈)은……것이다 :《예기정의(禮記訂義)》의 왕소우(王昭禹) 설에 따르면,

제사하는 것은 바로 사제(蜡祭)이다. 일곱째는 '사헌관(肆獻祼)'으로-사는 척(剔), 관은 관(灌)이다.- 선왕께 제사한다.-사(肆)는 희생의 몸을 가른 것을 올리는 것으로, 익힌 것을 올림을 이른다. 헌(獻)은 희생의 몸을 올리는 것으로, 날 것을 올림을 이른다. 관(祼)은 울창주를 땅에 붓는 것으로 시동에게 올려 신(神)을 구함을 이른다.- 여덟째는 '궤식(饋食)'으로, 선왕께 제사한다.-궤식은 서직(黍稷)을 둠을 말한다. 제사 때에 먼저 강신주를 땅에 붓고 다음엔 희생의 날고기를 올리고 그다음엔 익힌 것을 올리고 다음에 궤식을 두니, 모든 제사가 다 그렇다.- 아홉째는 '사(祠)'로, 봄에 선왕께 제사한다.-봄에는 생물이 막 생겨나서 아직 제사 올릴 것이 없기 때문에 '사'라고 한다.[28]- 열 번째는 '약(禴)'으로, 여름에 선왕께 제사한다.-여름에는 양(陽)이 성대하여 음악을 위주로 하기 때문에 '약'이라고 한다.- 열한 번째는 '상(嘗)'으로, 가을에 선왕께 제사한다.-가을에는 생물이 성숙해서 맛볼 수 있기 때문에 '상'이라고 한다.- 열두 번째는 '증(烝)'으로, 겨울에 선왕께 제사한다.-겨울에는 만물이 많아지기 때문에 '증'이라고 한다.-

둘째는 흉례(凶禮)이니, 나라의 근심을 슬퍼하는 것으로 그 조목이 다섯 가지이다. 첫째는 '상례(喪禮)'로 사망(死亡)을 슬퍼하는 것이다.-'사(死)'는 기운으로 말한 것이고 '망(亡)'은 형체로 말한 것이다. 상례에는 부봉(賻賵)[29] 등이 있다.- 둘째는 '황례(荒禮)'로 흉찰(凶札)을 슬퍼하

"사방의 서로 다른 형체는 벌여져 있어서 완전하지 않기 때문에 '벽(疈)'으로 제사하고, 모든 사물의 서로 다른 쓰임은 각기 제정되어서 변하지 않기 때문에 고(辜)로 제사하니, 이 또한 각각 그 사물에 따라 마땅하게 하는 것이다. 〔四方異體, 肆而不全, 故祭以疈, 百物異用, 制而不變, 故祭以辜, 亦各以其物宜.〕" 하였다.

28 봄에는……사라고 한다 : 《설문》에 "봄제사를 '사(祠)'라고 하는데 물건은 적고 문사(文詞)가 많기 때문이다." 하였다. '사(祠)'를 문사의 '사(詞)'의 의미로 본 것이다.

는 것이다.-'흉(凶)'은 흉년을 이르고, '찰(札)'은 백성이 병듦을 이른다. 황례에는 산리(散利)[30]의 종류가 있다.- 셋째는 '조례(弔禮)'로 화재(禍災)를 슬퍼하는 것이다.-화재는 수재(水災)나 화재(火災)를 만남을 이른다. 조례에는 위문(慰問) 등이 있다.- 넷째는 '회례(繪禮)'로 위패(圍敗)를 슬퍼하는 것이다.-'위(圍)'는 나라가 포위를 당하는 것이고, 패(敗)는 군대가 패하는 것이다. 회(繪)는 재물을 모아서 손실을 보충하는 것이다.- 다섯째는 '휼례(恤禮)'로 구란(寇亂)을 슬퍼하는 것이다.-전쟁이 밖에서 일어나는 것을 '구(寇)'라고 하고, 안에서 일어나는 것을 '난(亂)'이라고 한다. 휼례에는 군대를 출동시켜 구원한다.-

셋째는 빈례(賓禮)이니, 이웃나라를 가까이하는 것으로 그 조목이 여덟 가지이다. 봄에 알현하는 것을 '조(朝)'라고 하고,-'조'는 '이르다〔早〕'와 같으니, 일찍 오기를 바라는 것이다.- 여름에 알현하는 것을 '종(宗)'이라 하고,-'종'은 '가까이하다〔親〕'이니, 왕을 높이고자 하는 것이다.- 가을에 알현하는 것을 '근(覲)'이라 하고,-'근'은 '부지런하다〔覲〕'이니 왕실의 일에 부지런하고자 하는 것이다.- 겨울에 알현하는 것을 '우(遇)'라고 하고,-'우'는 '우연히〔偶〕'라는 뜻이니 시기를 약속하지 않아도 모두 오기를 바라는 것이다.- 시현(時見)을 '회(會)'라고 하고,-시현은 일정한 기한이 없음을 말한다. 왕이 정벌을 하게 되면 나라 밖에 단(壇)을 만들고 제후를 모아 일을 명하는 것이다.- 은현(殷見)을 '동(同)'이라 하고,-'은(殷)'은 무리〔衆〕이니, 왕이

29 부봉(賻賵) : 죽은 이를 위해 보내는 부의를 가리키는 말로, 포백 등의 재화를 보내는 것을 '부(賻)'라고 하고 말과 수레 등을 보내는 것을 '봉(賵)'이라고 한다.

30 산리(散利) : 《주례》 〈지관(地官) 대사도(大司徒)〉에 흉년이 들었을 때 백성을 구제하는 12가지 조항의 구황(救荒) 정사를 소개하고 있는데, 산리는 그중 첫 번째 정책으로 백성에게 곡식 종자와 양식을 나누어주는 것이다.

12년마다 한번 순수(巡狩)를 하면 육복(六服)[31]이 모두 조회를 하고 왕도 단을 만들어 정사를 명하는 것이다.- 시빙(時聘)을 '문(問)'이라 하고,-시빙도 일정한 시일이 없다. 천자가 일이 있으면 곧 제후를 초빙한다.- 은조(殷覜)를 '시(視)'라고 한다.-은조는, 육복 중 한 복(服)의 제후만 조회하는 해에는[32] 조회하는 자가 적으므로 제후들이 경으로 하여금 대례(大禮)로 여럿이 빙문하게 함을 이른다.-

넷째는 '군례(軍禮)'이니, 국가를 화동(和同)하게 하는 것으로 그 조목이 다섯 가지이다. 첫째는 대사(大師)의 예(禮)로, 대중을 쓰는 것이다.〔用衆〕-정벌을 위주로 하기 때문에 그 명(命)을 쓰는 것이다. 앉고 일어나며 진격하고 퇴각할 때에 북과 목탁과 징과 꽹과리로 절도를 삼고 혼란하게 해서는 안 된다.- 둘째는 대균(大均)의 예로, 대중을 돌보는 것이다.〔恤衆〕-토지와 인민을 위주로 하기 때문에 그 일을 돌보는 것이다. 토지에 따라 부세를 명하고 가구에 따라 부역을 일으킨다. 균일하게 하는 것은 그것을 살피는 것이다.- 셋째는 대전(大田)의 예로, 대중을 간열(簡閱)하는 것이다.〔簡衆〕-전투를 가르치는 것을 위주로 하기 때문에 그 능력을 가리는 것이다. 사냥을 통하여 군사 훈련을 하고 그 전차와 보졸의 수를 열병한다.- 넷째는 대역(大役)의 예로, 대중을 부리는 것이다.〔任衆〕-건축하는 것을 위주로 하기 때문에 그 힘을 부리는 것이다. 성곽과 도로의 정비와 궁실과 교량 및 참호의 공사이다.- 다섯째는

31 육복(六服) : 《주례》 〈추관(秋官) 대행인(大行人)〉에 따르면 천자국의 방기(邦畿) 사방 천 리 밖으로 사방 5백 단위로 구역을 나눈 여섯 개 지역으로, 후복(侯服), 전복(甸服), 남복(男服), 채복(采服), 위복(衛服), 요복(要服)의 제후국을 말한다.

32 한 복(腹)의……해에는 : 후복의 제후는 1년에 한 번 천자에게 조회하고 전복은 2년에 한 번, 남복은 3년에 한 번, 채복은 4년에 한 번, 위복은 5년에 한 번, 요복은 6년에 한 번 조회한다. 매년 조회를 오는 후복만 조회하는 해는 원년, 7년, 11년이다. 《周禮·秋官·大行人》

대봉(大封)의 예로, 대중을 모으는 것이다.〔合衆〕-나라를 세우는 것을 위주로 하기 때문에 백성을 모으는 것이다. 국토의 경계, 도랑과 길의 견고함을 바로잡는다.-

다섯째는 가례(嘉禮)이니, 만백성을 친애하는 것으로 그 조목은 여섯 가지이다. 첫째는 음식(飮食)의 예로 종족과 형제를 화목하게 하고, 둘째는 관례와 혼례로 남녀를 친하게 하고 성인이 되게 하며, 셋째는 빈사례(賓射禮)로 오랜 친구와 벗을 친애하고,-사례(射禮)에는 비록 왕이라도 주인과 손님을 세운다. 왕의 오랜 친구와 벗이니 세자 시절에 함께 공부한 자이다.- 넷째는 향례(饗禮)와 연례(燕禮)로 사방의 빈객을 친근하게 대접하며,-향례에는 체천(體薦)이 있고 연례에는 절조(折俎)가 있다.[33] 빈객은 조현하러 온 자를 이른다. 제후가 조현하러 온 것을 '빈(賓)'이라고 하고 그의 신하를 '객(客)'이라고 한다.- 다섯째는 신번(脤膰)의 예로 형제 나라와 화친하고,-신번은 제사고기이다. 형제 나라에 나누어 주는 것이니 복록을 함께 하는 것이다.- 여섯째는 가경(嘉慶)의 예로 성이 다른 나라와 화친한다.-기쁜 일로 인해 축하하는 것이다.-

음악에는 모두 여섯 가지가 있으니, 첫째는 〈운문(雲門)〉이고,-황제(黃帝)의 음악이다. 운기(雲氣)의 출입을 형상화한 것이다. 그러므로 주나라 사람이 동지에 춤을 춰 천신(天神)에게 제사지낸다. 《주례》 주에 "문(門)은 나오는 곳을 말하니, 그 덕이 구름이 나오는 것과 같음을 이른다." 하였다.- 둘째는 〈함지(咸池)〉이고,-요임금의 음악이다. 못물이 두루 미치는 것을 형상화한 것이다. 그러므

33 향례에는……절조(折俎)가 있다 : 체천(體薦)은 제사나 연회 때에 희생의 고기 절반을 커다란 제기도마에 놓아 올리는 것이고, 절조(折俎)는 희생 고기의 사지를 해체한 후 제기 도마에 올리는 것이다.

로 주나라 사람이 하지에 춤을 춰 지신(地神)에게 제사지냈다. 《주례》 주에 "그 덕이 베풀어지지 않는 곳이 없음을 말한 것이다." 하였다.- **셋째는 〈대소(大韶)〉이고,**-순임금의 음악이다. 소(昭)는 '잇다〔紹〕'이다. 그가 요임금의 업적을 이어 칠정(七政)을 고르게 하고 12주를 처음으로 설치하였기 때문에[34] 주나라 사람이 춤을 춰 사망(四望)에 제사지냈으니, 사망은 사중(司中)·사명(司命)·풍사(風師)·우사(雨師)이다.- **넷째는 〈대하(大夏)〉이고,**-우임금의 음악이다. 하(夏)는 '크다〔大〕'이다. 그가 요임금과 순임금의 덕을 확대하여 물과 대지를 다스렸기 때문에 주나라 사람이 춤을 춰 큰 강에 제사지냈다. 《주례》 주에 "그 덕이 능히 중국을 확대했음을 말한 것이다." 하였다.- **다섯째는 〈대호(大濩)〉이고,**-탕임금의 음악이다. 호(濩)는 '보호하다〔護〕'이다. 탕임금이 관대하고 인자하여 능히 생민을 구제하고 보호하였기 때문에 주나라 사람이 춤을 춰 강원(姜嫄)[35]에게 제사지냈다. 《주례》 주에 "천하로 하여금 각기 제자리를 얻게 하였음을 말한 것이다." 하였다.- **여섯째는 〈대무(大武)〉이다.**-무왕의 음악이다. 전설에 무왕이 황종(黃鐘)으로 목야의 군진(軍陣)을 포진시키고 돌아올 때는 태주(太簇)와 무역(無射)을 사용하였다고 한다. 주나라 사람이 춤을 춰 선조에게 제사지냈다. 《주례》 주에 "무공을 이루었음을 말한 것이다." 하였다.-

34 칠정(七政)을……때문에 : 순임금이 선기옥형(璇璣玉衡)이라는 혼천의를 만들어 해와 달과 다섯 개의 별의 운행을 바로잡은 내용과, 12주를 처음 설치하고 12산에 봉표를 세운 내용이 《서경》 〈순전〉에 보인다. 칠정은 해와 달과 금목수화토 오성(五星)을 함께 일컫은 말이다. 12주는 기주(冀州), 연주(兗州), 청주(青州), 서주(徐州), 형주(荊州), 양주(揚州), 예주(豫州), 양주(梁州), 옹주(雍州), 유주(幽州), 병주(幷州), 영주(營州)를 말한다.

35 강원(姜嫄) : 대본에는 '源'으로 되어 있는데, 《시경》 〈생민(生民)〉에 의거하여 '嫄'으로 바로잡아 번역하였다. 강원은 주나라 시조인 후직(后稷)의 어머니이다.

활쏘기에는 모두 다섯 가지가 있다. 첫째는 백시(白矢)이고,-과녁을 꿰뚫고 지나가서 그 화살촉의 하얀 부분이 보이는 것을 말한다.- 둘째는 삼련(參連)이고,-앞서 화살 한 대를 쏘고 뒤에 화살 세 대를 연속해서 쏘는 것을 말한다.- 셋째는 염주(剡注)이고,-화살 깃의 머리 부분은 높고 화살촉은 낮게 하여 번쩍거리며 날아가는 것을 이른다.- 넷째는 양척(襄尺)이고,-양(襄)은 '양(讓)'으로 쓴다. 신하가 군주와 활쏘기를 할 때에 감히 군주와 나란히 서지 못하고 군주에게 1척을 양보하여 물러나는 것을 이른다.- 다섯째는 정의(井儀)이다.-화살 네 개가 과녁을 관통함이 마치 '정(井)' 자 모양 같음을 이른다.-
수레 몰기에는 모두 다섯 가지가 있다. 첫째는 명화란(鳴和鸞)이고,-화(和)와 난(鸞)은 모두 방울이다. '화'는 쇠 주둥이에 나무 혀이고, '난'은 쇠 주둥이에 쇠 혀로, 수레의 행차에 절주를 맞추는 것이다. 난은 멍에에 달려 있고 화는 가로대나무에 달려 있어서 말이 움직이면 난이 울리고 화가 호응하여 자연히 절주가 생긴다. 수레가 빨라 서로 호응하지 않는 경우와 느려서 소리가 울리지 않는 경우와 또 뒤섞여 울리는 경우까지 모두 절주에 맞지 않는 것이다.- 둘째는 축수곡(逐水曲)이고,-물이 흘러가는 형세의 굴곡을 따라 수레를 몰아도 떨어지지 않는 것을 이른다. 화와 난을 울리는 것은 수레 몰기의 일상이고, 물굽이를 따라 달리면서 떨어지지 않는 것은 수레 몰기의 변형이다.- 셋째는 과군표(過君表)이고,-군표는 군문(軍門)의 일종이다. 급히 수레를 몰아 달리면서 문으로 들어오는 것을 말한다. 만약 조금이라도 한쪽으로 치우치면 수레의 굴대가 문 중앙에 세운 말뚝을 들이받아서 들어 올 수 없다.- 넷째는 무교구(舞交衢)이고,-구(衢)는 도로이다. 교차로에서 수레를 몰 때 수레의 회전이 춤추는 가락에 맞게 함을 이른다.- 다섯째는 축금좌(逐禽左)이다.-금수를 반대 방향으로 몰아 왼쪽으로 군주와 맞닥뜨리게 하여 쏘아 맞추게 하는 것을 이른다.-

문자에는 모두 여섯 가지가 있다. 첫째는 상형(象形)이다.-그 형태를 본뜸을 이른다. 주에, "[36] 자 같은 것이 여기에 해당한다." 하였다. 일(日) 자는 본래 [37]로 둥글게 감싼 것이다. 둥글게 감싼 것은 혼연한 한 덩어리로 하나〔奇〕이고 그 중간의 한 점은 가운데가 채워진 형상으로 이 또한 홀수〔奇〕이니, 홀로 높아서 상대가 없는 의미가 있다. 늘 둥글고 이지러지지 않는 도는 모두 양이 1이면서 가득 찬 뜻이다. 월(月) 자는 본래 [38]로 기울어지고 이지러진 것이다. 해와 같이 높지 못하기 때문에 기울어지고 해처럼 늘 둥글 수 없기 때문에 이지러졌으니, 바로 음이 양의 절반인 의미로 짝의 형상〔偶象〕이다. 그 가운데에 짧은 획 두 개를 사용한 것도[39] 짝수〔偶數〕이다. 또 산(山), 천(川), 초(草), 죽(竹), 중(中), 정(正), 철(凸), 요(凹), 일(一), 이(二), 삼(三), 사(四)의 종류도 모두 완연한 그대로의 형상이다. 나머지도 유추할 수 있다.- **둘째는 회의(會意)이다.**-주에 "사람의 말〔人言〕이 '믿음〔信〕'이 되고, 창을 그침〔止戈〕이 '무공〔武〕'이 되고 마음의 가운데〔中心〕가 '충심〔忠〕'이 되고 마음과 같음〔如心〕이 '너그러움〔恕〕'이 되는 것과 같다." 하였다. 이제 그 유사한 종류를 미루어 보면, 해와 달〔日月〕이 '밝음〔明〕'이 되고 언덕과 산〔丘山〕이 '큰 산〔岳〕'이 되고 해가 평지 위로 솟아오르는 것이 '아침〔朝〕'이 되고 해〔日〕가 아직 밝지 않음〔未明〕이 '어두움〔昧〕'가 되고, 산(山)이 높음〔宗〕이 '높음〔崇〕'이 되고 산(山)의 머리와 목〔首領〕에 해당되는 곳이 '재〔嶺〕'가 되는 것과 같은 것들이 모두 뜻이 모여〔會意〕 이루어진 글자이다. 정씨(程氏)가 말하기를, "힘써 밭을 가는 것〔力田〕이 '남자〔男〕'가 되니 한 사내가 토지 100무(畝)를 받음을 이른다.

36  : 원본은 "○勿"인데, 《사서몽인》 권1에 근거하여 ""로 바로잡아 번역하였다.

37 : 원본은 "○"인데, 《사서몽인》 권1에 근거하여 ""로 바로잡아 번역하였다.

38  : 원본에는 "勿"인데, 《사서몽인》 권1에 근거하여 ""로 바로잡아 번역하였다.

39 짧은……사용한 것도 : 원본은 "有短畫"인데, 《사서몽인》 권1에 근거하여 "用二短畫"으로 바로잡아 번역하였다.

여자가 비질을 하는 것〔女帚〕이 '아내〔婦〕'가 되니, 여공(呂公)이 유계(劉季)에게 '신에게 여식이 있으니, 청소하는 첩으로 삼아주시기 바랍니다.〔臣有女息願爲箕帚妾〕'[40]라고 말한 것과 같은 것이 여기에 해당된다. 이 또한 회의의 종류이다." 하였다.- 셋째는 전주(轉注)이다.-옛 주석에 "글의 뜻이 서로 가까운 것으로 주변부의 글자를 고치고 바꾸는 것이니, '아버지〔考〕'와 '노인〔老〕' 같은 종류이다." 하였다. 그러나 '아버지〔考〕'와 '노인〔老〕'는 전문(轉文)이지 전주(轉注)는 아니다. 어떤 글자를 '전주'라고 하면, 이 한 글자를 이미 이러한 뜻으로 썼다가 다시 전환하여 다른 뜻으로 사용하는 것이다. 한번 전환한 경우가 있다. 예를 들어 '맞고 바름〔中正〕'의 중(中) 자가 전환하여 '과녁을 맞춤〔中的〕'의 중(中)이 되는[41] 것으로 그 가운데를 얻을 수 있음을 이르니, 뜻도 바뀌고 소리도 따라서 바뀐 것이다. 예를 들어 '지휘(指揮)'의 지(指) 자가 전환하여 '지취(指趣)'의 지(指)가 되는 것으로 그 가리키는 바의 뜻을 이르니, 뜻은 바뀌나 음은 바뀌지 않은 경우이다. 또 두 번 전환한 경우가 있다. 예를 들어 '정도로 되돌림〔反正〕'의 반(反) 자는 앞과 반응(反應)한다는 뜻에서 전환하여 '보답하다〔反報〕'의 반(反) 자가 되니, 이때에는 역시 거성(去聲)이다. 또 앞의 것과 다르다는 뜻이 전환하여 '판결을 정정함〔平反〕'의 반(反) 자가 되니 이 경우에는 평성(平聲)이다. 또 세 번 전환한 경우가 있다. 예를 들어 '가고 멈춤〔行止〕'의 행(行) 자는 그 나아감이 실질적인 자취가 된다는 의미에서 전환하여 '행실(行實)'의 행(行)이 되고, 또 그 행실에 마땅히 순서가 있다는 의미에서 전환하여 순서〔行次〕의 행(行)이 되고,[42] 또 곧장 떠나고 돌아보지 않는다는 의미를 전환하여

40 신에게……바랍니다 : 대본에는 '臣女息願爲箕帚妾'으로 되어 있는데, 《사기》 〈고조본기〉에 의거하여 '臣有女息願爲箕帚妾'으로 바로잡아 번역하였다.

41 전환하여……되는 : 대본에는 '轉以爲中的之用'으로 되어 있는데, 《사서몽인》에 의거하여 '轉以爲中的之中'으로 바로잡아 번역하였다.

42 전환하여……되고 : 대본에는 '爲行次之行'으로 되어 있는데, 《사서몽인》 권1에

'굳셈〔行行〕'의 행(行)이 된다. 음이 바뀌는 경우도 있고 음이 그대로인 경우도 있으며 또 특별히 그 음을 바꾸는 경우도 있지만, 의미에 있어서는 모두 '전주'가 된다.- 넷째는 처사(處事)이다.-옛 주석에 "사람 인(人) 자가 一 위에 있으면 상(上) 자가 되고, 인자가 一 아래에 있으면 하(下) 자가 된다." 하였으니, 있는 곳이 그 마땅함을 얻음을 이른다. 동씨(董氏)가 말하였다. "사람의 눈〔人目〕이 볼 견(見) 자가 되고, 두 개의 외짝 문〔戶〕이 서로 마주 향한 것이 문 문(門) 자가 되고, 두 손〔手〕을 합하여 내린 것이 절할 배(拜) 자가 되고, 보이지 않음〔不見〕이 찾을 멱(覔) 자가 되고, 점을 쳐서 봄이 엿볼 첨(覘) 자가 되고, 문에 가로 놓은 나무가 있는 것이 막을 한(閑) 자가 되고, 항상 닫혀〔合〕 있는 문이 규방 합(閤) 자가 되고, 손이 싸고〔包〕 있는 바가 안을 포(抱) 자가 되고, 손을 함께 두는 바가 받들 공(拱) 자가 되니, 이 모든 것은 그 일을 곧장 가리켜서 글자가 된 것들이다.- 다섯째는 가차(假借)이다.-옛 주석에 "영(令) 자나 장(長) 자의 종류로, 한 글자가 두 가지로 쓰이는 것이다." 하였다. 영(令)은 본래 명령(命令)인데, 능히 명령을 내릴 수 있다는 의미를 빌려와 영윤(令尹)이 되었다. 장(長)은 본래 장유(長幼)인데 실제로 윗사람 노릇을 한다는 의미를 빌려와 장관(長官)이 되었다. 그러나 이러한 뜻이 가차와 비슷한지[43] 확실한 점을 보지 못하겠다. 동씨(董氏)가 바꾸어서 다음과 같이 말하였다. "능(能)은 본래 짐승이다. 그것이 최고의 재주와 힘을 가지고 있기 때문에 그 뜻을 빌려와 재능(才能)의 능(能) 자가 된 것이다. 호(豪)는 본래 산 속의 멧돼지 종류인데, 짐승 중에 가장 용감하고 걸출한 것이다. 이로 인해 빌려와 호걸(豪傑)의 호(豪) 자가 된 것이다." 채청이 말하였다. "예를 들면, 유(流)는 물인데 그것이

근거하여 '轉而爲行次之行'으로 바로잡아 번역하였다.

43 그러나……비슷한지 : 대본에는 '此義於假借'으로 되어 있는데, 《사서몽인》 권1에 의거하여 '此義類於假借'로 바로잡아 번역하였다.

되돌아오지 않기 때문에 그 의미를 빌려와 사람이 방탕한 뜻이 되었다. 목(木)은 식물이다. 그것이 투박하고 둔하기 때문에 그러한 의미를 빌려와 사람이 어눌하고 둔한 뜻이 되었다. 이(理)는 본래 옥의 무늬인데 그 의미를 빌려와 도리의 이가 되었다. 묘(妙)는 본래 어리고 예쁜 여자인데 그 의미를 빌려와 정묘(精妙)의 묘(妙) 자가 되었다. 모든 이러한 종류는 모두 가차해서 사용하는 것이다."- 여섯째는 해성(諧聲)이다.-한 글자를 근본해서 그 형태를 정하고 다른 글자를 붙여서 그 소리를 조화시키는 것이다. 옛 주석에 "강(江)과 하(河)와 같은 종류이니 수(水)를 형태로 삼고 공(工)과 가(可)를 소리로 삼는다." 하였다. 또 말하기를, "강(江)과 하(河)와 같은 종류는 위가 형태이고 아래가 소리이다. (위와 아래는 앞과 뒤라는 말과 같다.) 파(婆)와 사(娑)와 같은 종류는 위는 소리이고 아래는 형태이다. 상(霜), 임(霖), 환(闤), 궤(闠), 형(衡), 어(御)와 같은 종류는 밖은 형태이고 안은 소리이다. 예를 들어, 목(木)이라는 한 글자에 오른쪽 위로 점 하나를 더하면 조출(術) 자가 되고, 왼쪽 위에 점 하나를 더하면 쌀 미(米) 자가 된다. 아래로 획 하나를 더하면 끝 말(末) 자가 되고 위로 약간 짧은 획을 그으면 아닐 미(未) 자가 된다. 수(水)라는 글자에 위로 한 점을 더하면 얼음 빙(氷) 자가 되고 청(淸)에서 한 점을 빼면 청(凊) 자가 된다. 황(肓)은 본래 불치병〔膏肓〕이다. 눈 목(目) 자가 그 아래에 있으면 소경 맹(盲) 자가 된다. 변(辨)은 본래 '명확하게 분변함〔明辨〕'이다. 역(力)자가 그 사이에 있으면 힘쓸 판(辦) 자가 된다.-

산술에는 모두 아홉 가지가 있다.[44] 첫째는 방전(方田)이니, 전주

44 산술에는……있다 : 여기에 거론된 구장(九章)에 대한 설명과 주석은 모두 《사서몽인》 권1 〈대학〉에 수록된 내용이다. 구장의 설명은 위(魏) 나라 유휘(柳徽)의 《구장산술주(九章算術注)》의 내용과 일치한다. 나머지 여덟 조목도 마찬가지이다. 구장에 대한 번역과 주석은 《구장술해(九章術解)의 연구와 역주》, 강민정, 성균관대학교 박사학위논문(2015)의 번역과 주석을 참고하였다. 아래도 동일하다.

(田疇)의 경역(境域)을 다루는 계산법이다.[45]-지금 토지의 면적을 측량하는 법이다.- 둘째는 속포(粟布)이니[46], 물자의 수량과 가치를 헤아려 변형하거나〔交質〕[47] 변역(變易)하는 방법을 다루는 계산법이다.-속(粟)은 쌀이고 포(布)는 돈이니, 얼마의 돈으로 얼마의 곡식을 사들일 수 있는가와 같은 종류를 말한다. 교(交)는 사고파는 것이고 질(質)은[48] 전약(典約)이고[49] 변역은 교환함이다.- 셋째는 최분(衰分)이니,[50] 신분의 귀천에 따른 녹봉과 부세〔廩稅〕의 배분을 다루는 계산법이다.-이것은 관원의 봉록의 정도를 이해하는 방법이다. '상사(上士)는 중사(中士)의 갑절이고, 중사는 하사(下士)의 갑절이다.'와 같은 종류이다. 늠(廩)은 봉록이고, 세(稅)는 봉지(封地)에서

45 첫째는……계산법이다 : 방전(方田)은 본래 정사각형의 밭과 직사각형의 밭을 아울러 칭하는 말인데, 이적(李籍)의 《구장산술음의(九章算術音義)》에 "여러 전지가 균등하지 않기 때문에 정사각형〔方〕을 기준으로 했기 때문에 '방전'이라 한 것이다.〔諸田不等, 以方爲正, 故曰方田.〕" 원문의 "어(御)"는 이적(李籍)에 따르면 "이(理)" 즉 '다스리다', '계산하다'의 의미이고, "전주(田疇)"는 농경지를 뜻하며 "계역(界域)"은 경역(境域)의 뜻이다.

46 속포(粟布)이니 : 《주례》〈지관(地官) 보씨(保氏)〉에 구장(九章)의 두 번째를 '속미(粟米)'라고 하였고, 《구장산술주》에도 '속미'로 명칭하고 있는데, 여기서만 '속포'라고 칭하고 있다.

47 물자의……변형하거나 : "질(質)"에 대해 이적(李籍)은 '지'로 읽어도 되고 '질'로 읽어도 된다고 하여 의미를 분명히 하지 않았다. 여기서는 '변형하거나 교역하는 물자의 가치와 수량을 헤아린다.'는 뜻이다.

48 질(質)은 : 대본에는 '무(貿)'로 되어 있는데, 《구장산술주(九章算術注)》에 의거하여 '질(質)'로 바로잡아 번역하였다.

49 질(質)은 전약(典約)이고 : 전약(典約)은 무슨 의미인지 자세하지 않다. 다만 글자에 뜻을 바탕으로 추측하면, 저당을 잡히거나 어음을 쓰는 종류인 듯하다.

50 최분(衰分)이니 : 이적은 "최분(衰分)"의 말뜻을 "차등을 두어 고르게 나누는 것〔以差而平分〕"으로 풀이하였다.

걷어 들이는 세금을 이른다.- 넷째는 소광(少廣)이니, 면적〔積羃〕을-멱(羃)은 멱(冪)이다.- 가지고 사각형 또는 원의 크기를〔方圓〕 구하는 계산법이다.-적멱(積羃)은 지금 창고 안에 쌀을 쌓아 놓고 겉면을 가려 놓은 것과 같다. 방원(方圓)은 그 기물의 형체로 그 크기나 양을 아는 것이다.[51] 지금 징세 업무 중에 이 계산법을 사용한다. 예를 들어 배 안에 화물을 꾸려서 실었을 때 송곳을 사용해 그 깊이를 재면 양을 아는 것과 같다. 원형의 기물일 때는 어떻게 계산하고 사각형의 기물일 때 어떻게 계산하는지, 각각 정해진 계산법이 있다.- 다섯째는 상공(商功)이니, 토목 공사에 필요한 작업량〔功程〕과 흙의 부피〔積實〕를 구하는 계산법이다.[52]-그 공정을 헤아리는 것이다. 예를 들어 땅을 다질 때 방자(方子 제곱식)[53]를 논하여 한 사각형의 땅을 계산하면, 총 몇 명의 인력이 필요한지를 합산할 수 있다. 집을 지을 때에도 몇 칸 몇 층에 모두 몇 사람의 일꾼이 필요한지를 합산 할 수 있는 것과 같은 종류이다.- 여섯째는 균수(均輸)이니, 원근에 따라 소요되는 노동력과 비용〔勞費〕을 구하는 계산법이다.-거리의 원근에 따른 수고와 비용을 고르게 하는 것이다. "노(勞)"는 드는 힘이고, "비(費)"는 여행 경비이다. 예를 들어 어느 곳에서 어느 곳을 갈 때 노동력은 얼마만큼 들고 여행 경비는 얼마만큼 필요한지 등의 종류이다.- 일곱째

51 방원(方圓)은……아는 것이다 : 정육면체, 직육면체, 원기둥, 정사각뿔, 직사각뿔, 원뿔 등의 부피를 구하는 것이다.

52 토목 공사에……계산법이다 : 원문의 "공정(功程)"은 토목 공사의 작업량으로, 국가에서 정한 1명당 1일 규정 작업량이기 때문에 "정(程)" 자가 붙은 것이고, 원문의 "적실(積實)"은 토목 공정에서 다루는 흙의 부피인데, 계산 과정에서 나뉨수〔實〕로 사용하기 때문에 "실(實)" 자가 붙은 것이다.

53 방자(方子) : 대본에는 '자(子)'가 빠져있으나 《사서몽인》 권1에 의거하여 '자(子)'를 보충하여 번역하였다.

는 영뉵(盈朒)이니[54], 두 값이 숨겨진 가운데〔隱雜〕 많고 적음이 교차로 드러난〔互見〕 경우의[55] 값을 구하는 계산법이다.-영(盈)은 많음이고, 육(朒)은 적음이다. 드러난 숫자는 볼 수 있지만 숨은 것은 볼 수 없고, 여러 개가 되면 더욱 알 수가 없다. 그 드러난 수를 말미암아 그 숨겨진 값을 추산하는 것이다. 예를 들어 어떤 사람에게 재물이 있는데 절반을 잃거나 반 이상을 잃거나 반 이하를 잃은 경우, 재물을 잃은 자가 많이 잃었다고만 말하면 그것을 자세히 알아낼 수 없다. '은잡호현(隱雜互見)'은 그 남아있는 것을 인해서 그 잃은 것이 어느 정도인지를 증명하는 것이다.- 여덟째는 방정(方程)이니, 여러 가지 물건을 함께 다루고 양수〔正〕와 음수〔負〕[56]를 포괄하여 구하는 계산법이다.[57]-지금 달력을 만드는 자가 이 계산법을 사용한다. 다음과 같은 것을 이른다. 예를 들어 돈을 계산할 때 건마다 우수리를 제하고서, 남고 모자란 것을 절충해 한번에 모아 정리하면 계산하기 좋다거나, 1년 12개월에는 큰 달도 있고

54 영뉵(盈朒)이니 : 《구장산술》 각 본에는 "영불족(盈不足)"으로 되어 있는데, 여기서 명칭한 "영뉵"은 《수리정온(數理精蘊)》 하편 8권의 제목 표현을 사용한 것이다.

55 두 값이……경우의 : 은잡(隱雜)은 숨겨진 것이 한 가지가 아님을, 호현(互見)은 교차하여 드러남을 뜻한다. 곧 두 가지 값이 모두 숨겨진 가운데 그 값이 실제보다 넘치거나 부족한 상황이 교차로 드러나는 것이다.

56 부(負) : 대본에는 '員'으로 되어 있는데, 《주관집주(周官集注)》와 《구장산술(九章算術)》에 의거하여 '負'로 바로잡아 번역하였다.

57 방정(方程)이니……계산법이다 : 즉 일차행렬을 이용하여 여러 가지 물건의 수량을 한꺼번에 다루는 계산법인데, 계산 과정에서 양수와 음수가 사용된다. 《구장술해》에서 남병길은 "물건 개수와 행수를 정사각형으로 배열하여 상호비율을 비교하는 것〔以物數與行數, 方列而課程之〕"이라고 정리하였다. 방(方)은 배열된 행렬의 모양을, 정(程)은 일정한 비율을 의미한다고 이해할 수 있다. 그러나 세주에서 든 예시를 보면 이러한 이해와 일치하는 지 확신하기 어렵다. 그보다는 평균값을 구하는 계산법에 가까워보인다.

작은 달도 있어서 날짜가 일정하지 않은데 윤달을 보충해 넣어서 매월 30일이 되게 하는 것과 같은 것이다. 또 달과 별의 운행이 같지 않은 경우에, 개개의 운행이 모이는 때를 모두 합하여 계산해야 하는 것과 같은 것이다.- 아홉째 구고(句股)이니, 높이와 깊이와 너비와 거리를 구하는 계산법이다.-가로 변이 구(句)가 되고 세로 변이 고(股)가 되고 빗변이 현(弦)이 된다.[58] 세 가지는 서로 참고하여 값을 구할 수 있다.[59] 구(句) 안에 포용되는[60] 사각형의 면적을 구하면 산의 높이와 우물의 깊이와 성읍의 넓이와 도로의 거리를 측정해 알 수 있다. 이것은 산술의 극치이다. 구고의 계산법은, 지금으로 치면 목수의 곱자에서 자의 머리 부분이 가로 변〔句〕이 되고 자의 끝부분은 세로 변〔股〕이 되며 자의 머리 부분과 자의 꼬리 부분이 끝나는 지점에서 서로 간의 거리가 빗변〔弦〕이 되는 것과 같다.-

문자와 산술의 문〔書數之文〕

사계 선생이 말하였다. "소주에서 '문(文)은 명물을 이른다.'고 하였다." 하였는데, 그렇지 않은 듯하다. 여기서 '문'은 문장(文章)과 문질(文質)의 '문'인 듯하다.

○장 계곡(張谿谷 장유(張維))가 말하였다. "소주의 설이 옳은 듯하다."

천자의 원자와 중자……일반 백성 중 준수한 자〔天子之元子衆子……

58 가로가……현(弦)이 된다 : 대본에는 '絃'으로 되어 있는데, 《사서몽인》과 《구장산술주》에 근거하여 '弦'으로 바로잡아 번역하였다.

59 구할 수 있다 : 대본에는 '救'로 되어 있는데, 《사서몽인》에 의거하여 '求'로 바로잡아 번역하였다.

60 포용되는 : 대본에는 '用'으로 되어 있는데, 《사서몽인》에 의거하여 '容'으로 바로잡아 번역하였다.

凡民之俊秀.〕

《예기》〈왕제(王制)〉에 "각지의 향(鄕)에 명하여 수사(秀士)를 평가해서 사도(司徒)에게 올리게 하니, 이를 '선사(選士)'라고 한다. 사도가 선사 중에서 뛰어난 자를 평가해서 국학(國學)에 올리니,[61] 이를 '준사(俊士)'라고 한다." 하였다.

어떤 이가 다음과 같이 물었다. "일반 백성 중 준수한 자가 이미 태학에 들어갈 수 있었다면, 공과 경과 대부와 원사의 중자(衆子) 중에 준수한 자도 태학에 들어갈 수 있었습니까?"

채청이 말하였다. "공과 경의 중자는 더 이상 공과 경이 될 수 없고, 대부와 원자의 중자는 더 이상 대부와 원사가 될 수 없으니, 이들이 곧 일반 백성이다. 그 중 준수한 자가 바로 일반 백성 중의 준수한 자이다."

궁리, 정심, 수기, 치인의 도로써 가르쳤다.〔教之以窮理正心修己治人之道〕

살펴보건대, '궁리', '정심', '수기'는 바로 자기에게서 밝은 덕을 밝히는 일이고, '치인'은 바로 백성의 덕을 새롭게 하는 일이다.

학교의 설치가 그 광대함이 이와 같고 가르치는 방법이 그 차례와 절목의 상세함이 [illegible] 學校[illegible]其廣如此……次第節目之詳又如此.〕

채청이 말하였다. "왕궁과 국도로부터 여항에 이르기까지 학교를

61 국학에 올리니 : 〈왕제〉 원문에는 '국학'이 '학(學)'으로 되어 있다.

두지 않음이 없다는 것이 '학교의 설치가 그 광대함이 이와 같다.'는 것이고, 여덟 살에 소학에 들어가고 열다섯 살에 태학에 들어간다는 것이 '가르침의 차례'이고, 소학에서는 물 뿌리고 쓸고 응대하는 등의 일을 가리키고 태학에서는 궁리와 정심 등의 일을 가르친다는 것이 '가르치는 바의 절목'이다. 이것이 이른바 '가르치는 방법의 그 차례와 절목의 상세함이 또 이와 같다.'는 것이다.

모두 군주가 몸소 행하고 마음에서 터득한 나머지에 근본하고〔皆本之人君躬行心得之餘〕

채청이 말하였다. "'모두 ……에 근본하고〔皆本〕'의 '개(皆)' 자는[62] 소학과 대학을 겸하여 말한 것이다."

당세 사람들이 배우지 않은 이가 없고〔當世之人無不學〕

살펴보건대, 이 말은 바로 윗문장의 이른바 '다스리고 가르친〔治而教之〕' 공효이다.

○'당세 사람들〔當世之人〕' 네 글자가 포함하는 부분이 넓다. 윗문장의 이른바 '천자의 원자와 중자'도 '당세 사람들' 속에 있다.

각기 힘써 그 힘을 다하였다.〔各俛焉以盡其力〕

《예기》〈표기(表記)〉 주에 "면(俛)은 다른 것은 돌아봄이 없다는 뜻이다." 하였다.

62 모두……자는 : 사고전서본《사서몽인》에는 이 말이 없다. '소학과 대학을 겸하여 말한 것이다.'는 '궁행심득(躬行心得)'에 대한 풀이로 나온다.

○주자가 말하였다. "'힘쓰다〔俛焉〕'는 것은 바로 머리를 박고 몰두하여 단지 거기에만 집중한다는 의미이다."[63]

공자와 같은 성인이 계셔도 군주와 스승의 지위를 얻지 못하였다.〔有若孔子之聖, 不得君師之位〕

살펴보건대, '공자와 같은 성인'은 윗문장의 '총명하고 지혜로운'과 호응하고, '군주와 스승의 지위를 얻지 못하였다.'는 윗문장의 '억조창생의 군주와 스승으로 삼는다.'와 상반된다.

선왕의 법을 취하여〔獨取先王之法〕

살펴보건대, '선왕의 법'은 바로 소학과 대학의 법이다.

소학의 지류와 옷자락이다.〔小學之支流餘裔〕

살펴보건대, 삼대 시대에는 소학의 법이 완전하게 구비되어 있었으니 공자께서 외워 전하여 후세를 가르치신 것이 바로 이것이다. 후세에 이르러 다시 볼 수 없었고 다만 〈곡례(曲禮)〉와 〈소의(少儀)〉와 〈내칙(內則)〉과 〈제자직(弟子職)〉등의 몇 편에 산재해 약간만 남아 있었다. 그러므로 '지류와 옷자락'이라고 하였으니, 물의 지류와 옷의 옷자락과 같은 것으로 삼대에 완전히 구비된 법이 아니라는 말이다.

이 편은〔而此篇者〕

살펴보건대, '이 편'은 경 1장을 가리켜 말한 듯하다. 경 1장은 바로

63 힘쓰다는……의미이다 : 《주자어류》 권14에 보인다.

공자께서 외워 전하여 후세를 가르치신 것이다.

밖으로 그 규모의 광대함을 다하고 안으로 그 절목의 상세함을 다하였다.〔外有以極其規模之大, 內有以盡其節目之詳.〕

살펴보건대, '광대함'은 포함하지 않은 바가 없고, '상세함'은 갖추지 않은 바가 없다. 규모는 대체(大體)를 말한 것이기에 '밖으로', '광대함'이라고 하였다. 절목은 대체 중에서 많은 조목을 가리켜 말한 것이기에 '안으로', '상세함'이라고 하였다.

전의를 지어 그 뜻을 발명하였다〔作爲傳義, 以發其趣.〕

채청이 말하였다. "경 1장의 주에서 '전 10장은 증자의 뜻을 문인이 기록한 것이다.'라는 설과 같지 않은 듯하지만 사실은 같다. 만약 전 10장이 정말 증자 자신의 저작에서 나온 것이라면 '성의(誠意)' 장에서 유독 '증자왈'이 있어서는 안 된다. 전의(傳義)를 지은 것은 증씨(曾氏)이지 증자가 아니다. 이른바 '증씨'라는 것은 증자에게서 전을 얻은 증자의 문인을 가리킨다. '전의를 지어'는 바로 이른바 '증자의 뜻을 문인이 기록한' 것이다."[64]

기송과 사장……대학보다 더 하였으나 실제가 없었다.〔記誦詞章……過於大學而無實.〕

살펴보건대, '속유의 기송과 사장'과 소학의 '예과 악과 활쏘기와 수레 몰기와 문자와 산술' 및 '물뿌리고 쓸고 응대하고 나아가고 물러나

64 채청이……하였다 : 사고전서본 《사서몽인》에는 이 내용이 보이지 않는다.

는' 일과는 차이가 있다. 그러므로 공부가 소학보다 배가 되어도 결국에는 쓸모가 없었던 것이다. 노자와 부처의 허무(虛無)와 적멸(寂滅)은 대학의 '격물, 치지, 성의, 정심, 수신, 제가, 치국, 평천하'의 도와 차이가 있다. 그러므로 그 고상함이 대학보다 더 심하였지만 결국에는 실제가 없었던 것이다.

중지의 부류〔衆技之流〕

《운회(韻會)》에서 "'유(流)'는 무리〔輩〕이다." 하였다.

○어떤 이가 말하였다. "구류(九流)는 육경(六經)에 있어서 마치 물의 하류와 같다. 구류는 다음과 같다. 첫째 '도가(道家)'이니 노자의 부류이고, 둘째는 '음양가'이니 날짜와 시간을 잘 선택하는 학문이고, 셋째는 '법가'이니 신불해와 한비자가 여기에 해당하고, 넷째는 '명가(名家)'이니 관직과 품위에 따른 등급과 예의 등의 제도를 전담하는 것으로 또한 한쪽으로 치우친 학문이다. 다섯째는 '묵가'로 차등 없이 사랑하는 자들이고, 여섯째는 '잡가(雜家)'로 공인과 장인의 부류이고, 일곱째는 '종횡가'로 장의(張儀)와 소진(蘇秦)의 학문이고, 여덟째는 '농가(農家)'로 허행(許行) 무리 같은 이들이 여기에 해당하고, 아홉째는 '소설가'로 길거리의 이야기나 시속의 말들처럼 자질구레한 것을 주워 모으는 자들이다."

군자로 하여금 불행히……지치의 혜택을 입지 못하게 하여〔君子不幸……不得蒙至治之澤〕

살펴보건대, '군자'는 지위에 있는 자를 말하고 '소인'은 아래에 있는 자를 이른다. '대도의 요체'는 격물과 치지와 성의와 정심과 수신을 가리켜 말한 것이니, 바로 '밝은 덕을 밝히는' 일이다. '지치의 혜택'은 제가와 치국과 평천하를 가리켜 말한 것이니, 바로 '백성의 덕을 새롭게 하는' 일이다.

○채청이 말하였다. "'그 군자로 하여금〔使其君子〕'에서 '하여금〔使〕'은 누가 그렇게 하게 하는 것인가? 윗문장의 속유와 이단의 무리를 가리킨다."

이 편을 높이고 믿어〔尊信此篇〕

살펴보건대, '이 편'은 바로 경과 전을 통틀어 가리켜 말한 것이다.

귀취를 밝히니〔發其歸趣〕

오정(吳程)이 말하였다. "취(趣)는 취지〔指趣〕이고 귀(歸)는 요점〔要歸〕이다."

성인의 경과 현인의 전〔聖經賢傳〕

살펴보건대, 성인의 경(經)은 바로 경 1장이고 현인의 전(傳)은 바로 전 10장이다.

국가의 백성을 교화하고……자신을 수양하고 남을 다스리는〔國家化民……修己治人.〕

살펴보건대 '백성을 교화하고 풍속을 이룬다.'는 국가를 위주로 말한 것이기에 '백성을 새롭게 하는〔新民〕' 일을 전적으로 말하였고, '자신을 수양하고 남을 다스린다.'는 학자를 위주로 말한 것이기에 '밝은 덕을 밝히는〔明明德〕' 뜻과 '백성을 새롭게 하는〔新民〕' 뜻을 겸하여 말한 것이다.

순희 기유년〔淳熙己酉〕

살펴보건대, '순희'는 송나라 효종의 연호이다. 효종 16년 기유년(1189)은 선생의 나이 60세 때이다.

○〈중용서문〉도 이 해 3월 무신일이다. 《연보》 주에 "두 책이 완성된 지 오래였지만, 수정하기를 그치지 못하다가 이때에 이르러 마음에 흡족해 비로소 서문을 쓴 것이다." 하였다.

신안 진씨(新安陳氏 진력(陳櫟))가 말하였다. "이 서문은 여섯 절로 나뉜다."〔新安陳氏曰, 此序分六節.〕-소주-

어떤 이가 말하였다. "'《대학》이라는 책은……사람을 가르친 방법이다.' 이것은 가르침을 세운 근본으로 1절이다. '하늘이 백성을 내리신 때부터……설치된 이유이다.' 이것은 가르침이 처음 세상에 밝혀짐을 말한 것으로 2절이다. '삼대의 융성한 때……미칠 수 있는 바가 아니다.' 이것은 가르침이 세상에 크게 밝혀짐을 말한 것으로 3절이다. '주나라가 쇠퇴한 때에 미쳐……아는 자가 드물었다.' 이것은 가르침이 세상에 밝혀지지 않음을 말한 것으로 4절이다. '이때 이후로 ……무너지고 어지러워짐이 극에 달했다.' 이것은 가르침이 세상에 크게 밝혀지지 못함을 말한 것으로 5절이다. '천운이 순환하여……작은 도움이 반드시 없지는 않을 것이다.' 이것은 사람을 가르치는 법이 세상에 다시 밝혀짐을 말한 것으로 6절이다."

○살펴보건대, 어떤 이의 이 말이 정말 진씨가 나눈 여섯 절인지 잘 모르겠다.

○동양 허씨는 세 개의 절로 나누었다. 이 편의 제일 처음부터 '후세가 미칠 수 있는 바가 아니다.'까지가 제1절이고, '주나라가 쇠퇴한 때에 미쳐'부터 '무너지고 어지러워짐이 극에 달하였다'가 제2절이 되고 '천운이 순환하여'부터 이 편의 마지막까지가 제3절이다.

○채청이 말하였다. "이 서문은 네 개의 큰 절로 구성되어 있다. '《대학》이라는 책은'부터 '사람을 가르치는 법이다.'까지가 제1절이다. 이 한 구는 바로 이 한 서문의 대의이다. '하늘이 생민을 내실 때부터'부터 '후세가 미칠 수 있는 바가 아니다.'까지가 제2절이니, 바로 옛날에 사람을 가르친 방법의 처음과 끝을 자세히 말하면서 그 안에 소학을 겸하였다. '주나라가 쇠퇴한 때에 이르러'부터 '전의(傳義)를 지어 그 의미를 밝히고'까지가 제3절이니, 바로 대학이라는 책이 지어진 이유를 말한 것이다. '맹자께서 돌아가시자'부터 이 편의 마지막까지가 제4절이니, 《대학장구》가 저술된 이유를 말한 것이다. 각 절마다 모두 개별적인 시작과 끝이 있다. 나의 이 설은 동양 허씨와 신안 진씨의 설과 같지 않다. 우선 사사로이 기록해 두니, 보는 이들이 선택하기 바란다."

대학장구

大學章句

대학은 공씨가 남긴 글이다.〔大學, 孔氏之遺書.〕

채청(蔡淸)이 말하였다. "공씨(孔氏)는 당연히 공자와 증자를 겸해서 말한 것으로, 노씨(老氏)와 석씨(釋氏)가 오로지 노담(老聃)과 석가만을 가리킨 것이 아닌 것과 같다. 그 학문을 하는 모든 사람이 여기에 해당한다."

처음 배우는 자가 덕에 들어가는 문이다.〔初學入德之門〕

살펴보건대, 덕은 바로 밝은 덕〔明德〕이니, 이 편이 바로 처음 배우는 자가 덕에 들어가는 문호임을 말한 것이다.

배우는 자가 반드시 이것을 말미암아 배운다면 거의 잘못되지 않을 것이다.〔學者必由是而學焉, 則庶乎其不差矣.〕

채청이 말하기를, "'이것〔是〕'은 《대학》을 가리킨다." 하였다. 어떤 이가 "'이것'은 《대학》을 먼저 하고 《논어》와 《맹자》를 다음에 하는 순서를 말한 것이다.'고 하였는데, 이 주장대로라면 '반드시 이것을 말미암아 읽어나가야 한다.'고 말했을 것이다. 《이정전서(二程全書)》 제2권에 '《대학》은 공씨가 남긴 글이니, 반드시 여기에서부터 공부하면 잘못되지 않는다.'고 하였으니, 확실한 말이라고 하겠다.

진씨(陳氏)가 말하였다. "규모가 광대해서 본말이 빠지지 않았고, 절

목이 상세하고 분명하여 처음과 끝이 어지럽지 않다.〔規模廣大而本末不遺, 節目詳明而始終不紊.〕"-소주-

살펴보건대, 규모는 바로 밝은 덕을 밝힘〔明明德〕과 백성을 새롭게 함〔新民〕이다. 본말(本末)은, 밝은 덕〔明德〕이 본(本)이고 백성을 새롭게 함〔新民〕이 말(末)이다. 절목은, 사물의 이치를 궁구함〔格物〕, 지식을 지극히 함〔致知〕, 뜻을 성실히 함〔誠意〕, 마음을 바룸〔正心〕, 자신을 닦음〔修己〕, 집을 바로 다스림〔齊家〕, 국가를 통치함〔治國〕, 천하를 고르게 다스림〔平天下〕이다. 시(始)와 종(終)은 격물과 치지가 처음이 되고 치국과 평천하가 마지막이 된다.

밝은 덕을 밝힘에 있으며……지극한 선에 멈춤에 있다.〔在明明德……止於至善.〕

살펴보건대, 밝은 덕을 밝힘은 백성을 새롭게 함의 본체이고, 백성을 새롭게 함은 밝은 덕을 밝힘의 작용이다. 지극한 선에 멈춤은 밝은 덕을 밝히고 백성을 새롭게 하는 목적이다.

밝은 덕은……모든 일에 응하는 것이다.〔明德者……應萬事者也.〕-집주(集註)-

살펴보건대, '허령하고 어둡지 않다〔虛靈不昧〕'라고만 말하면 '명(明)'자의 뜻을 중요하게 해석한 것이고, '뭇 이치를 갖추고 모든 일에 응한다.〔具衆理應萬事〕'라고만 말하면 '덕(德)'자의 뜻을 중요하게 해석한 것이다. 반드시 허령하고 어둡지 않아 뭇 이치를 갖추고 모든 일에 응한다고 겸하여 설명해야만 그 의미가 모두 갖추어진다. 그러므로 '밝은 덕은 허령하고 어둡지 않아 뭇 이치를 갖추고 모든 일에 응하는 것이다.'라고 말하였다.

○'마음〔心〕' 한 글자만을 들어 밝은 덕〔明德〕을 해석하는 자가 있었다. 내가 말하기를, "정말 그대의 설과 같다면 《대학장구》에 주자가 어찌하여 '밝은 덕은 마음의 허령하고 어둡지 않음〔虛靈不昧〕이다.'라고 하지 않고 '사람이 하늘에게 얻은 것으로 허령하고 어둡지 않아 뭇 이치를 갖추고 모든 일에 응하는 것이다.'라고 하였겠는가?" 하였다.

어떤 이가 말하기를, "이른바 허령하고 어둡지 않아 뭇 이치를 갖추고 모든 일에 응한다는 것은 밝은 덕이 아니다. 다만 허령하고 어둡지 않음만이 밝은 덕이고, 뭇 이치를 갖추고 모든 일에 응함은 밝은 덕의 본체와 작용이다." 하였다.

내가 다음과 같이 말하였다. "이것은 더욱 그렇지 않다. 하늘이 사람에게 부여한 것을 '명(命)'이라고 하고 사람이 하늘에게서 받은 것을 '성(性)'이라고 하고 사물에 감응하여 움직이면 감응한 바를 따라서 발현하는 것을 '정(情)'이라고 한다. 이 성(性)을 간직하고 이 정(情)을 운용하면서 한 몸의 주재(主宰)가 되는 것을 '마음'이라고 한다. 마음은 기운〔氣〕의 최고로 순정하고 맑은 곳이기 때문에 본체가 자연히 허령하고 어둡지 않아 환하고 투명한 것을 '밝음〔明〕'이라고 한다. 마음이 움직임과 고요함〔動靜〕을 포괄하고 있고 성(性)과 정(情)을 통솔하기 때문에 아직 발현하지 않았을 때 성(性)의 순수한 선함과 이미 발현했을 때 정(情)이 법도에 맞음을 '덕(德)'이라고 하니, 허령하고 어둡지 않음과 순수하게 선함과 절도에 맞음을 합하여 '밝은 덕〔明德〕'이라고 하는 것이다.

지금 '밝은 덕'을 풀이하는 자가 단지 허령하고 어둡지 않음만을 말하고 뭇 이치를 갖추고 모든 일에 응함을 말하지 않는다면 완비되지 못한 것이고, 단지 뭇 이치를 갖추고 모든 일에 응함만을 말하고 허령하고 어둡지 않음을 말하지 않는다면 옳지 않은 것이다. 반드시 두 설을 겸비하여 양쪽을 다 말한 다음에야 비로소 맞게 된다. 그러므로 '밝은 덕은 허령하고 어둡지 않아 뭇 이치를 갖추고 모든 일에 응하는 것이다.'라고 말한 것이다. 그 말이 통쾌하고 완전하여 깨뜨리려고 해도 깨뜨릴 수 없다. 지금 허령하고 어둡지 않음만을 가지고 '밝은 덕'이라고 하고 뭇 이치를 갖추고 모든 일에 응함을 말하지 않는다면 한 쪽에 치우친 결과를 면치 못한다.

게다가 《대학장구》의 문세와 맥락으로 보면 '밝은 덕이란〔明德者〕'이라고 세 글자를 먼저 말한 것은 아래 문장의 말을 시작하려는 것이다. 다음으로 '허령하고 어둡지 않아 뭇 이치를 갖추고 모든 일에 응하는 것이다.'라고 말한 것은 위의 '밝은 덕이란〔明德者〕' 세 글자를 이어 받으면서 특별히 밝은 덕의 본체와 작용을 거론한 것이다. 마지막에 '것이다〔者也〕' 두 글자로 맺은 것은 이와 같은 것이 밝은 덕이라고 말한 것이다. 이 '것이다〔者也〕' 두 글자는 위의 '밝은 덕이란〔明德者〕' 세 글자를 관통해 말하여 힘이 있다. 그 의미는 '허령하고 어둡지 않아 뭇 이치를 갖추고 모든 일에 응하는 것이 바로 밝은 덕이다.' 이다. 만약 어떤 이의 설과 같다면 풀이하는 자가 어찌하여 굳이 이렇게 긴요하지 않은 말을 끌어들여 그 아래에 덧붙였겠는가. 지금 선유의 설을 가지고 증명하겠다. 밝은 덕이 마음인지 성(性)인지 묻는 자가 있었는데, 주자가 장자(張子 장재(張載))의 '마음이 성과 정을 통솔한다.〔心統性情〕'는 설로 답하고서 '이것이 가장 정묘하다.'

하였다. 또 말하기를 '허령하고 어둡지 않음이 바로 마음이며, 이 이치가 마음에 충분히 갖추어 있어 조금의 흠결도 없는 것이 바로 성(性)이고 감응하는 대로 따라서 움직이는 것이 곧 정(情)이다.' 하였다.[65]

황씨(黃氏 황간(黃榦))가 말하기를 '허령하고 어둡지 않은 것이 밝음〔明〕이고, 뭇 이치를 갖추어 모든 일에 응하는 것이 덕(德)이다. 뭇 이치를 갖추고 있음은 덕의 전체로 아직 발현하지 않은 것이고, 모든 일에 응함은 덕의 대용(大用)으로 이미 발현한 것이다. 아직 발현되지 않았을 때는 밝고 어둡지 않으며 이미 발현되었을 때는 품절(品節)이 어긋나지 않으니 이른바 밝은 덕이다.' 하였다.[66] 전(傳) 1장에서 밝은 덕을 풀이하면서 《서경》 〈태갑〉의 '이 하늘의 밝은 명을 돌아보니〔顧諟天之明命〕'라는 말을 인용하였는데, 주자가 '하늘의 밝은 명은 바로 하늘이 나에게 부여한 것으로 내가 덕으로 삼는 것이다.' 하였고, 또 말하기를 '하늘이 나에게 부여한 것은 바로 밝은 명이고 내가 성(性)으로 삼은 것은 바로 밝은 덕이다. 명과 덕을 모두 밝다고 말하였으니 이 물(物)이 본래 밝고 환한 것이다.' 하였다.[67] 이 몇 개의 설을 보더라도 이른바 밝은 덕이라는 것이 단지 마음만을 가리켜 한 말이겠는가? 《대학장구》의 설을 살

65 주자가……하였다 : 주자의 이 말들은 모두 《대학장구대전》 〈경1장〉 소주(小註)에 보인다.

66 황씨가……하였다 : 《대학장구대전》 〈경1장〉 소주(小註)에 보인다.

67 주자가……하였다 : 주자의 두 말은 모두 《대학장구대전》 〈경1장〉 소주(小註)에 보인다.

펴보아도 이미 이와 같고 여러 유자들의 말에서 증명해보아도 이와 같으니, 저 어떤 이의 견해는 도대체 어디에서 얻은 것인지 나는 알지 못하겠다.

삼가 살펴보건대 주자(周子 주돈이(周敦頤))의 《통서(通書)》에 말하기를, '덕(德)은, 사랑함〔愛〕을 인(仁)이라고 하고 마땅함〔宜〕을 의(義)라고 하고 다스림〔理〕을 예(禮)라고 하고 꿰뚫음〔通〕을 지(智)라고 하고 지킴〔守〕을 신(信)이라고 한다.' 하였다. 이른바 인(仁)、의(義)、예(禮)、지(智)、신(信)은 아직 발현하지 않은 성(性)이고, 애(愛)、의(宜)、이(理)、통(通)、수(守)는 이미 발현한 정(情)이다. 이미 성과 정의 본체와 작용을 말하고서 덕(德) 한 글자를 그 위에 올려 통합하여 말하였다. 덕이란 이 다섯 가지의 본체와 작용을 겸하지만, 이 선의 다섯 가지의 본체와 작용 외에 덕을 논할 만한 곳이 따로 없다. 그러므로 주자가 말하기를, '덕은 성과 정을 겸하여 말한 것이다.' 하였다.

또 살펴보건대 《중용》에 '희로애락(喜怒哀樂)이 아직 발현하지 않은 것을 「중(中)」이라고 하고 발현하여 모두 절도에 맞는 것을 「화(和)」라고 한다.' 하였는데, 주자가 말하기를, '희로애락은 정(情)이고 아직 발현하지 않은 것은 성(性)이니, 편중된 바가 없기 때문에 「중」이라고 한다. 발현하여 모두 절도에 맞는 것은 정(情)의 바름이니, 어그러지는 바가 없기 때문에 「화」라고 한다. 이는 성과 정의 덕을 말한 것이다.' 하였고, 그 아래 소주에 '중은 성의 덕이고 화는 정의 덕이다.' 하였다. 이제 만약 성과 정 두 개를 버리고 단지 마음〔心〕이라는 한쪽 부분만을 밝은 덕이라고 말한다면 이것은 이른바 밝은 덕 이외에 다시 성과 정의 본체와 작용의 덕이 별도로 있는 것이니 어찌 매우 잘못된 것이 아니겠는가.

밝은 덕이란 마음과 성과 정의 총칭이다. 이 마음이 아직 발현하기 전에는 고요히 움직이지 않아 맑고 밝으며 이 마음이 발현한 후에는 감응하여 마침내 통달해 조금의 잘못됨이 없는 것, 그 이름이 '밝은 덕'이 된다. 만약 단지 마음이라는 한쪽 면만을 들어 말한다면 그 이름을 '마음'이라고 해야지 '밝은 덕'이라고 명칭해서는 안 된다. 우재(尤齋 송시열(宋時烈)) 선생이 다음과 같이 답을 주었다. '보내온 설은 매우 옳다. 마음은 그릇과 같고 성은 그릇 안의 물과 같으며 정은 물이 그릇 안에서 쏟아져 나온 것과 같다. 허령함만을 말하고 성과 정을 말하지 않으면 이것은 물이 없는 빈 그릇이다. 성과 정을 말하고 허령함을 말하지 않으면 이것은 물을 담을 곳이 없는 것이다. 이 세 가지 중에 하나라도 부족하면 끝내 의리를 이룰 수 없으니, 어떻게 밝은 덕이라고 이를 수 있겠는가? 어떤 이의 의도는 이른바 허령하고 어둡지 않다는 것을 「명(明)」을 풀이한 의미로 보았기에 이러한 설을 편 것이지만 이른바 밝은 덕이라는 것이 마음과 성과 정의 총칭이라는 것을 알지 못한 것이다.'"

○주자가 말하였다. "밝은 덕은 내가 하늘에서 얻은 것으로 마음속의 밝은 사물이다. 그것을 통합하여 말하면 인의예지이고, 그것이 발현된 것으로 말하면 측은지심이나 수오지심 등이며 실용에서 드러나는 것으로 말하면 어버이를 섬기고 형을 따르는 등의 일이 여기에 해당한다. 이와 같은 덕은 본래 스스로 그것을 밝힐 필요가 없지만 부여받은 기질에 구애받고 물욕에 가리어져 어두워지기만 하고 다시 환하게 밝히지 못한 것이다. 그런데 이제 오점을 도려내고 더러움을 닦아내서 지난날 하늘에게서 얻은 상태를 회복하는 것, 이것이

바로 밝은 덕을 밝히는 것이다."[68]

○어떤 이가 묻기를, "백성을 새롭게 함을 어떻게 하면 지극한 선에 그치게 할 수 있습니까?" 하니, 주자가 말하기를, "만일 백성을 새롭게 하는데 지극한 선에 그치지 못했다면 또한 자기도 아직 도달하지 못한 바가 있는 것이다. 성인이 윗자리에 있다면 저절로 처치함이 있을 것이다." 하였다. 또 묻기를, "공부자께서 덕을 밝히지 않은 것은 아니나, 여러 나라를 돌아다니신 것이 어찌 춘추시대의 백성이 모두 지극한 선에 그치기를 바라서가 아니겠습니까. 그들이 따르지 않게 되자 성인도 어찌할 수 없었던 것입니다." 하니, 주자가 말하기를, "성인이 지위를 얻었다면 반드시 그 덕으로 백성을 따르게 하고 감화시켰을 것이다." 하였다.[69]

○또 말하기를, "덕을 밝힘〔明德〕과 백성을 새롭게 함〔新民〕은 모두 마땅히 지극한 선에 그쳐야 한다. 그침에 미치지 못하면 이것은 그쳐서는 안 되는데 그친 것이고, 그쳐야 하는데 그치지 않으면 이는 그 그칠 곳을 지나친 것이고, 그칠 수는 있지만 오래하지 못하면 이는 그칠 곳을 잃은 것이다."[70] 하였다.

북계 진씨(北溪陳氏)가 말하였다. "사람이 나면서 천지의 이치를 얻고, 또 천지의 기운을 얻는다. 이치와 기운이 합하였기 때문에 허령한 것이다.〔人生得天地之理, 又得天地之氣. 理與氣合, 所以虛靈.〕"-소주-

68 밝은……밝히는 것이다 : 《주자어류》 권14에 보인다.

69 어떤 이가……감화시켰을 것이다 하였다 : 《주자어류》 권14에 보인다.

70 덕을……잃은 것이다 : 《주자어류》 권14에 보인다.

살펴보건대, 여기에서 말한 "이치와 기운이 합하였기 때문에 허령한 것이다.〔理與氣合所以虛靈〕"라는 여덟 글자도 문제가 있는 듯하다. 마음은 기운의 순정하고 맑은 곳이기 때문에 그 속성이 자연히 허령하고 지각이 있어 마음속에 갖추어진 이치에 가리어지거나 가로막힌 바가 없는 것이지 이치와 기운이 합하여진 이후에야 허령해지는 것은 아니다. 이치는 기운의 밑바탕이고 기운은 이치의 도구이다. 그러므로 기운이 있기만 하면 이치가 곧 그 기운 안에 깃들게 되니, 두 가지는 본래 서로 떨어질 수가 없다. 지금 이러한 점에 나아가서 다만 "이치와 기운이 합해진 것이 바로 마음이다."라고 말하는 것은 괜찮지만, "이치와 기운이 합하였기 때문에 허령한 것이다."라고 말하는 것은 안 된다. 어째서인가?

천지 사이에 사람과 생물이 태어날 때에 천지의 기운을 받아 형체를 이루고 천지의 이치를 품부 받아 본성을 이루지 않는 경우가 없으니, 이것은 사람과 생물이 똑같다. 다만 사람은 맑은 기운을 받았기 때문에 그 마음이 허령하여 이 이치가 가리어지고 가로막힌 바가 없고, 생물은 탁한 기운을 받았기 때문에 이 이치가 통하는 바가 없는 것이다.-이것은 단지 사람과 생물의 큰 차이를 가지고 말한 것이다.- 그렇다면 사람 마음이 허령한 까닭은 다른 것이 아니라 그 받은 기운이 맑고 밝기 때문이다.

만일 진씨의 설과 전적으로 같다면 초목과 금수가 태어날 때에도 모두 이치와 기운이 합해지니 그 마음의 허령함이 마땅히 사람과 차이가 없어야 할 듯한데 어찌하여 금수는 일부분 막혀있고 초목은 전체가 막혀있는 것인가?-금수는 탁한 기를 받았고, 초목은 또 탁한 중에 탁한 기를 받은 것이다.- 이로 말미암아 보면 마음은 기운이고, 마음의 허령함은 기운의 맑음이다. 기운이 맑기 때문에 능히 허령하고 허령하기 때문에 능히 이치를 밝힐 수 있는 것이지, 이치와 합해진 뒤에야 이 마음이 허령해지는 것은 아니다.

게다가 《대학혹문(大學或問)》에 "마음이 허령하고 통철하여 모든 이치가 다 갖추어져 있다. …….." 하였는데, 이른바 허령하고 통철하다는 것은 바로 마음의 본체이고 모든 이치가 다 갖추어져 있다는 것은 바로 마음속에 갖추어진 이치이다. 그리고 진씨가 또 말하기를, "허령하고 통철함은 이치와 기운이 합해져서 이러한 오묘한 작용이 있는 것일 뿐이니, 전적으로 기운을 가리킬 수 있는 것은 아니다. 예를 들어 마음이 병든 사람도 기를 가지고 있는데 어찌하여 혼미하고 전도되어 이러한 허령함과 통철함이 없는 것인가?" 하였다.-《대학혹문》 제8판의 주에 보인다.[71]- 이것과 위의 설은 똑같이 문제가 있다. 이치는 작용이 없고 기운은 작용이 있기 때문에 기운이 이와 같으면 이치도 이와 같이 된다. 그러므로 기운은 맑고 밝고 순수한데 본성은 혼란하고 흐릿한 경우는 있지 않으며, 기운은 탁하고 부족한데 본성

71 《대학혹문》 제8판의 주에 보인다 : 《대학혹문(大學或問)》의 판본에 대한 연구가 아직 미비 되어 여기서 말하는 《대학혹문》이 어떤 판본의 책을 가리키는지 정확하지 않다. 제8판의 언급도 대략 권에 따른 판 번호를 가리키는 것으로 보인다. 다만 전제동의 〈조선시대 간행 《중용혹문》 및 《주용장구대전》 주요 판본분석〉 (퇴계학논집 No22, 2018)에서 "주희가 애초에 편찬한 《중용혹문》을 대자로 쓰고 그 아래에 예사의(倪士毅)의 《사서집석(四書輯釋)》 중 중용에 해당하는 내용을 소주 형식으로 쌍행으로 부기하였다.(p201)"라는 연구 내용을 바탕으로 추정하면 여기서 말하는 주석은 예사의의 《사서집석》 중 대학에 해당하는 부분을 그대로 수록한 것으로 보인다. 지금 예사의의 주석이 포함된 사고전서 《사서대전(四書大全)》 본 《대학혹문》에 진씨의 설이 소자 쌍행 주석에 보인다.

은 환하게 밝은 경우도 있지 않다. 그렇다면 저 마음이 병든 사람이 혼미하여 전도되어 이러한 허령함과 통철함이 없는 이유는 바로 기운이 혼미하고 전도됨을 말미암아 이 허령하고 통철한 본체를 잃었기 때문이다. 이는 모두 기운의 작용이지 이치의 작용이 아니다. 기운이 어둡기 때문에 본성도 어두운 것이니, 어찌 마음이 병든 사람만 유독 기운은 있고 이치는 없어서 이러한 혼미함과 전도됨이 있겠는가.

지금 만약 굳이 "이치와 기운이 합해진 뒤에야 허령하고 통철해져서 이러한 오묘한 작용이 있다."고 말한다면, 주자가 여기에 대해 다만 '마음이 허령하고 통철하다.'고만 말해도 충분할 텐데 어찌하여 '허령하고 통철하다.'고 말하고 다시 '모든 이치가 다 구비되어 있다.'고 말해서 뒤섞이고 중복되는 이런 말을 하였겠는가? 예를 들어 지금 나 자신을 가지고 나 자신의 마음을 직접 살펴보면, 한 때 몸의 기운이 맑고 상쾌하면 마음도 깨어있고, 한 때 게을러지면 마음은 어두워진다. 여기에서 또한 마음의 허령하고 통철함이 바로 기운이며 저 혼미하고 전도된 것도 바로 기운이라는 것을 알 수 있다. 주자가 허령한 것은 마음이지 본성이 아니라고 말하기도 하였고[72], 또 "깨닫는 것은 마음의 이치이고, 깨달을 수 있는 것은 기운의 영묘함〔靈〕이다."[73] 하였다. 이로써 보면 진씨의 설은 더욱 합당하지 않다. 어떠한가?

72 주자가……하였고 : 허령한 것이 본성이 아니라는 언급은 보이지 않는다. 다만 《주자어류》 권5 〈성정심의등명의(性情心意等名義)〉에 "허령함은 본래 마음의 본체이다.〔虛靈自是心之本體〕"라는 언급이 보인다.

73 깨닫는……영묘함이다 : 《주자어류》 권5에 보인다.

○최여윤(崔汝允)-명룡(命龍)-이 북계의 설에 대해 묻기를, "율곡 선생이 논박하기를, '이치와 기운은 원래 서로 분리되지 않으니, 합해질 수 있는 것이 아니다.' 하였다. 이치와 기운이 비록 서로 떨어져 있는 것은 아니지만 결코 하나의 물(物)은 아니니 '합하다〔合〕'라고 말한 것에 문제점을 발견할 수 없는데, 율곡 선생의 말씀이 이와 같았다 ……." 하였다.

사계 선생이 말하기를, "이치와 기운은 원래 서로 분리되지 않아 본디 완전히 융합하여 간격이 없다. 만약 진씨의 설과 같다면 사람과 생물이 태어나기 전에는 이치와 기운이 서로 떨어져서 각각 다른 곳에 있다가 사람과 생물이 태어날 때에 이르러서야 비로소 함께 합하여 마치 음양과 남녀가 합하는 것처럼 한다는 것이 옳겠는가. 율곡 선생이 비판한 뜻은 반드시 이 때문일 것이다.

〈태극도설〉의 '오묘하게 합하고 엉기다.〔妙合而凝〕'에 대해 주자가 '본래 완전히 융합하여 간격이 없다.〔本渾融無間〕'고 해석하였는데, 율곡 선생이 매우 찬미하였다. 진씨의 말은 〈태극도설〉에 근본하고 있지만 오해한 것이다. 이와 같다면 먼저 이치를 얻고 다음에 또 기운을 얻게 되니, 조화(造化)를 이루지 못하고 말이 되지 않는다. 게다가 사람이 허령한 이유는 바로 바르고〔正〕 통한〔通〕 기운을 얻었기 때문이다. 만일 진씨의 설과 같다면 동물과 식물이 가리어지고 막힌 것이 이치와 기운을 얻지 못해서 그렇게 된 것인가.[74] 여러 가지

74 만일 진씨의……된 것인가 : 《사계전서》 제11권 〈경서변의(經書辨疑) 대학〉에 이 부분이 실려 있는데, 동물과 식물이 가리어지고 막힌 것에 대해 논변하기를, "또 사람과 만물이 태어날 때에 함께 천지의 이치와 기운을 얻는 것인데, 지금 사람만을 들어서

로 말한 내용이 모두 문제가 있으니 율곡 선생이 비판하신 것이 또한 옳지 않은가.

주자가 말한 '반드시 이 이치를 얻은 뒤에 건순(健順)과 인의예지(仁義禮智)의 성(性)이 될 수 있고, 반드시 이 기운을 얻은 뒤에 혼백(魂魄)과 오장(五臟)과 백체(百體)의 몸이 될 수 있다.'[75]는 것은, 단지 사람과 생물이 태어날 때 반드시 이치와 기운을 갖춘다는 뜻일 뿐이다. 그대가 그것을 나란히 놓고 똑같이 보는 것은 불가하지 않겠는가. 《근사록(近思錄)》 섭채(葉采)의 주석에 '이치와 기운을 합하여 기질(氣質)을 이루면 어둡고 밝으며 강하고 약한 차이가 있다.'는 말도 진씨의 설과 같다. 그러므로 율곡 선생이 또한 일찍이 비판하였던 것이다.[76]"

○정경임(鄭景任 경세(經世))이 말하기를, "기운과 이치가 합하여 본성을 이룬다는 것은 주자의 설이다. 북계의 설이 바로 주자의 설이니, 갑자기 공격하여 깨뜨려서는 안 된다. 북계는 '허(虛)' 자를 이치에 속하게 하고 '영(靈)' 자를 기운에 속하게 하고자 했기 때문에

'이치와 기운을 얻어 허령하다.'고 한다면, 금수와 초목이 가리어지고 막힌 것이 유독 이치와 기운을 얻지 못해서 그런 것이겠는가? 똑같이 이치와 기운을 얻었지만 이치가 기운에 덮인 까닭에 가리어지고 막힌 것이다. 〔且人物之生, 同得天地之理氣, 而今單擧人曰, 得理氣而虛靈云, 則禽獸草木之弊塞, 獨不得理氣而然乎? 同得理氣而理爲氣掩, 故弊且塞矣.〕" 하였는데, 저자가 정리하는 과정에 '허령'에 대한 언급을 생략한 것으로 보인다.

75 반드시……될 수 있다 : 주자의 이 말은 《대학혹문》에 보인다.

76 율곡 선생도……것이다 : 섭채의 말에 대한 율곡의 비판은 《율곡전서(栗谷全書)》 권32 〈어록(語錄) 하〉에 보이는데, "이치와 기운을 합한다는 이 말은 온당하지 않다. 기운을 말하면 이치는 그 안에 있는 것이다." 하였다.

중간에 ‘우(又)’ 자 하나를 붙여서 그것을 밝힌 것일 뿐이다. 고명께서 의심하는 것처럼 먼저 이치를 얻고 다음에 기운을 얻었다고 생각한 것은 아니다.”[77] 하였다.

옥계 노씨(玉溪盧氏 노효손(盧孝孫))가 말하였다. “허(虛)는 마음의 고요함이고, 영(靈)은 마음의 감응이다.〔虛者心之寂, 靈者心之感.〕”-소주-

살펴보건대, 허령(虛靈)은 마음의 본체이고, 지각(知覺)은 마음의 작용이다. 고요하여 발현하지 않았을 때에 허령한 본체가 있기 때문에 감응하여 이미 발현했을 때에 지각의 작용이 있다. 그렇다면 여기에서 마땅히 허령함과 지각함을 아울러 거론하여 마음의 고요함과 감응을 말하는 것이 옳다. 지금 노씨가 단지 ‘허령’ 두 글자를 ‘고요함’과 ‘감응’에 나누어 속하게 한 것은 너무 자잘하게 나눈 듯하다. 게다가 ‘영(靈)’이 마음의 감응이 된다면 ‘지각’은 일단의 불필요한 것이 되어 더 이상 소속시킬 곳이 없게 될 테니, 어찌 온당치 못한 것이 아니겠는가?

○율곡 선생이 말하기를, “‘영(靈)’은 마음이 지각하는 곳이니, 비록 아직 외물에 감응하지 않았더라도 ‘영’은 본래의 상태로 있으니 ‘마음의 감응’이라고 말할 수 없다.” 하였다.

그 처음을 회복하다.〔以復其初〕-집주-

살펴보건대, ‘처음〔初〕’은 당초에 품부 받은 밝은 덕을 말한다. 기운

77 기운과……아니다 : 이 논의는 《우복선생문집(愚伏先生文集)》 권14 〈김사계경서의문변론(金沙溪經書疑問辨論)〉에 실려 있다.

에 구애되고 인욕에 가려지기 전의 본래 환하고 밝았던 것을 가리켜 말했기 때문에 '처음'이라고 말한 것이다.

'그치다'는 반드시 여기에 이르러 옮겨가지 않는다는 뜻이다.〔止者, 必至於是而不遷之意〕-집주-

사계 선생이 말하기를, "여기서는 단지 '지(止)' 자의 뜻을 해석한 것이다. 이른바 '여기〔是〕'는 포괄적으로 말한 것이니, 간혹 '지극한 선〔至善〕'으로 보는 것은 옳지 않다. 밝은 덕을 밝히는 것과 백성을 새롭게 하는 것을 모두 마땅히 지극한 선에 그친다고 말해야 비로소 '지극한 선에 그침〔止至善〕'을 통괄해 말하게 된다.

사리의 당연한 극치이다.〔事理當然之極也〕-집주-

살펴보건대, 사리(事理)는 바로 사물에 흩어져 있는 이치이다. 극치〔極〕는 태극(太極)이다. 모든 사물마다 각각 당연한 하나의 극치를 가지고 있음을 말한 것이다.

천리의 극치를 다한다.〔盡夫天理之極〕-집주-

살펴보건대, 천리(天理)는 바로 하늘이 부여한 법칙이다. 사리(事理)와 천리는 비록 두 개의 이름이지만 그 실상은 하나의 이치이다.

주자가 말하였다. "임금이 되어서는 인(仁)에 그친다는 것은 참으로 하나의 인이다. 그러나 인은 또한 여러 가지가 있다.……만일 하나만을 고집한다면 곧 한 쪽으로만 향해 갈 것이니 어찌 지극한 선이라고 이를 수 있겠는가.〔爲人君止於仁, 固是一箇仁, 然亦多般……只管執

一, 便成一邊去, 安得謂之至善.〕"-소주-

살펴보건대, 임금이 자애로운 것은 바로 '인'이다. 그러나 만약 지극히 악한 사람이 있어서 그 해악이 백성에게 미친다면 혹 그를 내쫓기도 하고 혹 죽이기도 할 것이다. 자애로움은 참으로 인이지만 내쫓고 죽여서 그 해악을 제거하는 것도 역시 인이다. 만일 한갓 자애로움이 인이 되는 것만 알고 내쫓고 죽이는 것도 인이 된다는 것을 모르면 이것은 단지 하나만을 고집하는 것으로 '지극한 선에 그친다.〔止於至善〕'고 이를 수 없다. 예를 들어 순임금이 사흉(四凶)을 내쫓은 것도[78] 역시 인이다.

쌍봉 요씨(雙峯饒氏 요로(饒魯))가 말하였다. "지극한 선은 사물에 드러나는 이치를 가지고 말한 것이다.〔至善, 以理之見於事者言.〕"-소주-

살펴보건대, 주자가 말하기를, "덕을 밝힘은 자신이라는 하나의 사물을 이해하는 것이고, 백성을 새롭게 함은 천하의 만 가지 사물을 이해하는 것이다.……"[79] 하였다. 그렇다면 덕을 밝힘은 하나의 물사(物事)가 되고 백성을 새롭게 함도 하나의 물사가 된다. 덕을 밝히는 물사 중에도 지극한 선〔至善〕이 있고, 백성을 새롭게 하는 물사 중에도 지극한 선이 있다. 그러므로 지극한 선은 사물에 드러나는 이치를

78 순임금이 사흉(四凶)을 내쫓은 것도 : 사흉(四凶)은 순임금 당시 네 명의 악인인 공공(共工), 환도(驩兜), 삼묘(三苗), 곤(鯀)을 가리킨다. 순 임금은 공공은 유주(幽州)로 귀양 보내고, 환도는 숭산(崇山)으로 내쫓고, 삼묘는 삼위(三危)로 몰아내고, 곤은 우산(羽山)에 가두었다고 한다.《書經 舜典》

79 덕을……것이다 :《대학장구》"덕을 밝힘이 근본이 되고…이것은 윗글의 두 절의 뜻을 맺은 것이다.〔明德謂本……此結上文兩節之意〕" 집주 아래 소주에 보인다.

가지고 말한 것이다." 하였다.

요씨가 말하였다. "밝은 덕을 밝힘과 백성을 새롭게 함을 지극한 선에 그침에 대비하면, 지극한 선에 그침이 중요하다.〔以明明德新民對止至善, 則止至善爲重.〕"-소주-

덕을 밝힘과 백성을 새롭게 함은 모두 마땅히 그쳐야 하는 바의 지극한 선이 있다. 만일 지나치거나 미치지 못함의 차질이 있으면 지극한 선에 그쳤다고 이를 수 없다. 지금 충효(忠孝)라는 한 가지 일을 가지고 말해보면, 충효는 본래 선한 물사(物事)이지만 사람이 혹 충효에 지나치거나 혹 충효에 미치지 못함이 있다면 그 지나침과 미치지 못함은 모두 지극한 선이 아니다. 그러므로 덕을 밝힘과 백성을 새롭게 함에 지극한 선에 그침이 중요한 것이다.

신안 오씨(新安吳氏 오역(吳棫))가 말하였다. "사물에 흩어져 있는 것으로 말하면 '사리(事理)'이니,……하나의 이치일 뿐이다.〔自散在事物者而言則曰事理……一理而已.〕"-소주-

율곡 선생이 말하기를, "《대학장구》의 지극한 선〔至善〕을 풀이한 곳은 '사리(事理)'로 말한 것이니, 이것은 사물에 있는 천리(天理)이다. 인욕과 상대해서 거론하면 '천리'라고 말하니, 문자는 비록 다르지만 뜻은 한 가지이다. 오씨의 설은 바로 '하나의 근본〔一本〕'과 '만 가지의 다름〔萬殊〕'으로 나누었으니,[80] 그 설이 천착되었다." 하

80 오씨의 설은……나누었으니 : 이 부분의 논변을 이해하기 위해 생략된 오씨의 설을 소개하면, "이것은 이치가 '만 가지로 달라진〔萬殊〕' 부분으로 한 사물이 각기 하나의

였다.

그칠 데를 안 뒤에 정함이 있으니……생각한 뒤에 능히 얻는다.〔知止而后有定……慮而后能得.〕

살펴보건대, 이 구절은 앞 구절의 '지(止)' 자를 이어받아 말한 것이다. 밝은 덕을 밝힘과 백성을 새롭게 함에는 각각 마땅히 그쳐야 할 곳인 지극한 선이 있다. 그러나 먼저 알지 못하면 그칠 수 없다. 그러므로 '그칠 데를 안 뒤에 정함이 있다.'라는 한 구절로 지극한 선에 그치는 이유를 말한 것이다. 다만 '안다〔知〕'는 것은 그 선이 있음을 알 뿐이니, 반드시 '얻음〔得〕'에 이르러야 그 선한 곳에 그침이 된다. 그 사이 정하고〔定〕 고요하고〔靜〕 편안하고〔安〕 생각하는〔慮〕 것은 또 공효의 순서와 정도로 말한 것이다.

○사물에는 모두 당연한 이치가 있으니, 예를 들어 아들이 효도하고 신하가 충성하는 따위이다. 저 효도와 충성은 바로 아들과 신하가 마땅히 그쳐야 할 선한 곳이다. 만일 선이 이곳에 있음을 안다면 곧 내가 마땅히 그쳐야 할 곳을 이미 아는 것이다.

이미 그쳐야 할 데를 알았다면 뜻이 정해진 지향(指向)이 있어 다시 다른 것을 구하지 않기 때문에 능히 정하고〔能定〕, 이미 정해진 지향이 있다면 이 마음이 다른 사물에 동요되지 않기 때문에 능히 고요하

태극을 갖추게 된다. 하늘에게서 얻은 사람의 마음으로 말하면 '천리'이니, 이것은 이치의 '하나의 근본인〔一本〕' 부분으로 만물이 하나의 태극으로 체계화된다.〔是理之萬殊處, 一物各具一太極也. 自人心得於天者而言, 則曰天理, 是理之一本處, 萬物體統一太極也.〕"라고 하여, '만수(萬殊)'와 '일본(一本)'으로 나누어 논의를 전개하였는데, 율곡이 이 점을 비판한 것이다.

고〔能靜〕, 마음이 이미 능히 고요하다면 이 몸이 처한 상황에 따라 안정되기 때문에 능히 편안하고〔能安〕, 몸이 이미 능히 편안하다면 사물이 나에게 올 때에 자세히 살펴서 잘못되지 않을 수 있기 때문에 능히 생각하고〔能慮〕, 이미 생각이 정밀하다면 사물에 응함에 어긋남이 없어 결국 반드시 지극히 선한 곳에 그치기 때문에 능히 얻는다〔能得〕.

그칠 데를 먼저 알지 못하면 갈팡질팡 갈 길을 더듬으며 정한 바가 없게 될 것이고, 정하지 못하면 요동치고 흔들려서 고요할 수 없고, 고요하지 못하면 성급하게 함부로 움직여서 편안할 수 없고, 편안하지 못하면 일에 임하여 어지러이 뒤섞이게 되어 생각할 수 없고, 생각하지 못하면 정밀하게 생각하고 상세하게 살펴서 얻는 바가 있을 수 없다. 《서경》에 "생각하지 않으면 어떻게 얻을 것인가."[81]라고 한 것이 이것이다.

○삼강령(三綱領)과 팔조목(八條目)은 모두 '앎〔知〕'이 아니면 할 수 없다. 그러므로 삼강령은 '그칠 데를 앎〔知止〕'으로 시작하고, 팔조목은 '앎을 지극히 함〔致知〕'으로 시작한다.

○정함〔定〕, 고요함〔靜〕, 편안함〔安〕 세 가지는 그 의미가 서로 그렇게 멀지는 않다. 다만 '그칠 데를 앎'에서 '정함', '고요함', '편안함'까지와 '정함', '고요함', '편안함'에서 '생각함〔慮〕'과 '얻음〔得〕'까지는 그 의미에 현격한 정도의 차이가 있다.

81 서경에……것인가 : 《서경》 〈태갑(太甲) 하〉에 보인다. 대본에는 '不慮何獲'으로 되어 있는데, 서경의 원 문장은 '弗慮胡獲'으로 글자의 차이는 있지만 의미에는 큰 차이가 없다.

○이 구절 역시 순차적으로 미루어 나아가는 공효와 역순으로 미루어 나아가는 공부가 있는 것이 8조목과 동일하니,[82] 자세히 음미해 보면 알 수 있다.

○'그칠 데를 안다.〔知止〕'의 '지(止)' 자는 바로 앞 문장의 '지극한 선에 그친다.〔止於至善〕'의 '지' 자이다. 다만 앞에서 '지극한 선에 그친다.'라고 말할 때는 공부가 '지(止)' 자에 있지만, 여기서 '그칠 데를 안다.'라고 말할 때는 공부가 '지(知)' 자에 있다. '……에 그친다.〔止於〕'의 지(止) 자는 살아있고, '그칠 데를 안다.〔知止〕'의 지(止) 자는 죽어 있다.[83]

○주자가 말하였다. "정함〔定〕과 고요함〔靜〕과 편안함〔安〕은 서로 꽤 비슷하다. '정함'은 그치는 바에 각각 정해진 이치가 있음을 이르고, '고요함'은 나에게 오는 외물을 만나도 능히 동요하지 않음을 이르고, '편안함'은 만나는 상황에 따라 편안함을 이른다. 편안함이 고요함보다 의미가 깊다."[84]

82 순차적으로……동일하니 : '옛날에 천하에 밝은 명을 밝히고자 하는 자는〔古之欲明明德於天下者〕' 이하를 '8조목을 역으로 미루어 가는 공부'로 보고, '사물의 이치가 이른 뒤에〔物格而后〕' 이하를 '8조목을 순차적으로 미루어 나아가는 공효'로 보는 것은, 쌍봉 요씨의 설로 소주에 보인다.

83 지(止) 자는……죽어 있다 : 글자에 대해 '살았다〔活〕', '죽었다〔死〕'라고 표현하는 것은 문장 안에서 글자가 동작이나 작용의 의미를 가지느냐 그렇지 않느냐를 말하는 것으로 보인다. 이 문장을 가지고 유추해보면, '지극한 선에 그친다.'에서 '그치다'의 지(止) 자는 동사의 기능을 하고 '그칠 데를 안다.'에서 '그칠 데', 혹은 '그침'의 지(止) 자는 동사적인 기능보다 지(知) 자의 목적어 기능을 한다. 따라서 앞의 지(止) 자는 살아있고, 뒤의 지(止) 자는 죽었다고 표현한 듯하다.

84 정함과……의미가 깊다 : 《주자어류》 권14에 보인다.

○이덕지(李德之)가 묻기를, "맨 앞에서 이미 '그칠 데를 안다.'고 말해 놓고 어째서 여기에서 다시 '능히 생각한다.'고 말했습니까?" 하니, 주자가 말하기를, "이미 이 이치를 알았다면 다시 깊이 생각해서 행동해야 한다." 하였다.[85]

○또 말하기를, "'생각함〔慮〕'은 생각이 주밀한 것이다." 하였다.[86]

○또 말하였다. "'그칠 데를 안다.'에서 '능히 얻는다.'까지는 '앎이 지극해짐〔知至〕'과 '뜻이 성실해짐〔意誠〕' 중간의 일을 말한 것이다."[87]

○채청이 말하였다. "'……에 그친다.〔止於〕'의 지(止)는 공부로 말한 것이고, '그칠 데를 안다.〔知止〕'의 지(止)는 실리(實理)로 말한 것이다."

○권 양촌(權陽村 권근(權近))의 《예기천견록(禮記淺見錄)》에[88] "선현 동공(董公 동괴(董槐))이 일찍이 《대학》의 경문 중, '그칠 데를 안 뒤에 정함이 있다.〔知止而后有定〕'에서 '도에 가까울 것이다.〔則近道矣〕'까지의 두 구절을 '격물치지(格物致知)'의 전(傳)이라고 하였는데, 황씨(黃氏 황진(黃震))도 이 설을 취하였다. 그러나 지금 살펴보니 온당하지 못함이 있다.

이른바 '그칠 데를 안다.〔知止〕'는 것은 사물의 이치가 이르고〔物格〕 앎이 지극해 진〔知至〕 이후의 공효이고, '격물치지(格物致知)'는 《대학》에서 가장 처음 힘을 쏟는 부분이다. 여러 전(傳)은 성의장(誠

85 이덕지가……하였다 : 《주자어류》 권14에 보인다.

86 생각함은……것이다 : 《주자어류》 권14에 보인다.

87 그칠……것이다 : 《주자어류》 권14에 보인다.

88 《예기천견록》에 : 이 설은 권근의 《입학도설(入學圖說)》에 보인다.

意) 장부터 이후는 모두 공부로 말한 것이니, 여기에서 갑자기 공효를 먼저 말해서는 안 된다. 이른바 '능히 얻는다.〔能得〕'는 것은 밝은 덕을 밝힘과 백성을 새롭게 함이 모두 그칠 데를 얻는 일이니, 갑자기 치지(致知) 장의 전(傳)에 이르러서는 안 된다. 게다가 이 구절을 치지장의 전으로 여기면 청송(聽訟) 장은 또 안배할 곳이 없게 된다. 주자가 이 부분을 어찌 신중하게 처리하지 않았겠는가." 하였다.
○살펴보건대, '그칠 데를 앎'이 정함과 고요함과 편안함과 생각함과 얻음 전에 있으니, 이것은 단지 처음에 지극한 선이 마땅히 그쳐야 할 바임을 아는 것을 말한 것이다. 아직 공효를 언급하지 않았음을 알 수 있다. 지금 양촌이 한 말이 어떠한지 잘 모르겠다.
율곡 선생이 말하기를, "이른바 '뜻이 정한 방향이 있다.〔志有定向〕'는 것은 옳고 그름이 명백하여 선을 향하고 악을 등지는 것이다. '고요함은 마음이 함부로 움직이지 않음을 이른다.〔靜謂心不妄動〕'라는 것은 옳고 그름이 이미 정해져서 다른 기로에 동요되지 않고 마음이 항상 편안하고 고요한 것이다. '편안함은 처한 바에 편안함을 이른다.〔安謂所處而安〕'는 것은 나의 잣대를 바로 하여 일에 응하면 언제 어디서나 안정되지 않음이 없는 것이다. '생각함은 일처리가 정밀하고 자세함을 이른다.〔慮謂處事精詳〕'는 것은 사물이 이르러 오면 다시금 기미를 깊이 연구하고 신중하게 처리하는 것이다. '얻음은 그 그쳐야 할 데를 얻음을 이른다.〔得謂得其所止〕'는 것은 행하여서 지극한 선에 그침을 얻는 것이다." 하였다.
○사계 선생이 말하기를, "'처한 바에 편안함〔所處而安〕'의 처(處) 자는 《운회(韻會)》에서 '머묾〔留〕이고, 정함〔定〕이다.' 하였고, '일을 처리하는 것이 정밀하고 자세함〔處事精詳〕'의 처(處) 자는 《운

회》에서 '제재함〔制〕이다.' 하였으니, 또한 분별해 두어야 한다.

주자가 말하였다. "정함은 이치로 말한 것이기 때문에 '있다'라고 하였고, 고요함은 마음으로 말한 것이기 때문에 '할 수 있다'라고 하였다.〔定以理言, 故曰有, 靜以心言, 故曰能.〕"-소주-

살펴보건대, 이치로 말하면 왜 '있다.〔有〕'라고 말하고 마음으로 말하면 왜 '할 수 있다.〔能〕'라고 하는가? 지금 그 의미를 자세히 탐구하면 이치에서는 마땅히 '있다.'라고 말해야지 '할 수 있다.'고 말해서는 안 된다. 모든 일과 사물이 모두 정해진 이치가 있지 않은 경우가 없음을 말한 것이다. 마음에 있어서는 '할 수 있다.'고 말하는 것은 되지만 '있다.'고 말하는 것은 안 된다. 마땅히 고요해야 하는 곳에서 고요할 수 있는 것은 마음이기 때문에 '할 수 있다.'고 말한 것이다. 아래 세 개의 '능(能)' 자도 그 의미가 같다.

○주자가 말하였다. "'그칠 데를 안 뒤에 정함이 있다.'고 할 때 반드시 '정함이 있다.〔有定〕'고 하고 '정할 수 있다.〔能定〕'고 하지 않았으니, 그러므로 이 사물에 정해진 이치가 있음을 안다."

주자가 말하였다. "어느 곳에 있든지…….〔看處在那裏〕"[89]-소주-

살펴보건대, 간처(看處)는 '가는 곳에 따라서〔隨處〕'라는 뜻인 듯하다.

89 어디에 있느냐를 보고 : 이해를 돕기 위해 소주의 앞 뒤 문장을 더 번역하면 다음과 같다. "이미 사물에 정해진 이치가 있다는 것을 알고 나면 이 마음이 이처럼 편안하고 고요해진다. 어디에 있든지, 여기에 있는 것도 편안하고 저기에 있는 것도 편안하면 편안해진 뒤에 능히 생각할 수 있게 된다.〔既見得事物有定理, 而此心恁地寧靜了. 看處在那裏, 在這裏也安, 在那裏也安, 安而後能慮.〕"

주자가 말하였다. "득(得) 자의 지위는 매우 가까우나 다만 나아가기 어렵다.〔得字地位甚近, 然只是難進.〕"-소주-

살펴보건대, 득(得) 자의 지위에 도달하는 것은 바로 성인이다. 그러나 얻음〔得〕에는 얕음과 깊음, 높음과 낮음이 있다. 주자의 이 말은 다만 모든 일과 사물마다 모두 그칠 바를 얻은 성인의 지위로 말한 것이다. 비록 성인 이하의 사람도 얻은 바가 있겠지만, 다만 하나의 일에서는 얻고 하나의 일에서는 잃는 경우가 있기도 하고 여기에서는 얻고 저기에서는 잃는 경우가 있기도 하다. 여기에서는 '득' 자의 지위를 일반적인 의미로 동등하게 논할 수 없다.

사물에는 근본과 말단이 있고……먼저 하고 뒤에 할 것을 알면 도에 가까울 것이다.〔物有本末……知所先後則近道矣.〕

살펴보건대, 이 한 절은 바로 앞의 강령을 총결한 것이다.

○ 이 단락의 '후(後)' 한 글자는 앞 절의 다섯 개의 '후' 자를 이을 뿐만 아니라, 아래 절의 일곱 개의 '후(后)' 자를 일으키는 것이기도 하다.

○ 채청이 말하기를, "'먼저 하고 뒤에 할 것을 알면 도에 가까울 것이다.'에서 삼강령에 순서가 있다는 것을 알 수 있으며, '옛날에 밝은 덕을 천하에 밝히고자 하는 자는 …….'에서 또 8조목에 순서가 있음을 알 수 있다." 하였다.

후재집

제22권

차기 箚記 대학 大學

차기 대학 箚記 大學

경 1장

經一章

옛날에 천하에 밝은 덕을 밝히고자 하는 자는……앎을 지극히 하는 것은 사물의 이치를 궁구함에 있다.〔古之欲明明德於天下……致知在格物.〕

살펴보건대, 여기의 '고(古)' 한 글자를 보면 옛날 대학의 도가 이와 같았음을 알 수 있다. 서문에서 말한 '옛날 대학에서 사람을 가르치던 법이다.'라는 말은 바로 이것을 가리켜 말한 것이다.

○천하에 밝은 덕을 밝히고자 하는 자는 마땅히 먼저 나라에 밝은 덕을 밝혀야 하고 나라에 밝은 덕을 밝히고자 하는 자는 마땅히 먼저 집안에 밝은 덕을 밝혀야 함을 말한 것이다. 몸을 닦음〔修身〕과 마음을 바룸〔正心〕 이하의 조목은 바로 밝은 덕을 밝히는 일이다.

○이 다락의 여섯 개의 '선(先)'자는 바로 윗글에서 말한 '먼저 할 바를 안다.〔知所先〕'는 것이고, 다음 단락의 일곱 개의 '후(后)' 자는 윗글에서 말한 '나중에 할 바를 안다.〔知所后〕'는 것이다.

○마음은 한 몸의 주재이다. 마음이 진실로 바르면 마음을 잡아 지킴이 정밀하고 전일하여 한 몸에 주재가 있게 되기 때문에 몸을 닦을

수 있다. 마음이 진실로 바르지 못하면 불안정하고 어지러워 한 몸에 주재가 없게 되기 때문에 몸을 닦을 수 없다. 이것이 몸을 닦음〔修身〕에 반드시 마음을 바루는 것〔正心〕을 먼저 하는 이유이다.

뜻은 마음이 발현한 것이다. 마음이 이미 발현하여 뜻이 되면 선과 악의 나뉨이 없을 수 없다. 마음은 전체로 말한 것이고, 뜻은 한 생각이 막 싹튼 것으로 말한 것이다. 싹튼 한 생각이 성실하지 못하면 악인 줄 알면서도 뜻을 결단해 악을 제거할 수 없고, 선인 줄 알면서도 뜻을 결단해 선을 행할 수 없으니, 마음의 바름과 바르지 못함이 이곳에서 결정되기 때문에 마음을 바루는 데〔正心〕에 반드시 뜻을 성실하게 하는 것〔誠意〕을 먼저 하는 것이다.

그러나 나의 앎이 지극하지 못한 바가 있으면 비록 뜻을 성실히 하고자 해도 뜻을 성실히 함이 어떤 일인지 전혀 알지 못한다. 비유하자면, 사람이 밤에 길을 가는데 눈앞이 어두워 갈 길을 구별하지 못해 전후좌우 어디로 가야할지 모르면 아무리 길을 가고 싶어도 끝내 갈 수 없는 것과 같다. 게다가 혹 아는 바가 있더라도 그 앎이 지극하지 못한 바가 있다면 그 지극하지 못한 곳에 악이 반드시 숨어 있어서 발현하는 곳이 저절로 성실하지 못하고 반드시 구차한 점이 있게 되기 때문에 뜻을 성실히 하는 데〔誠意〕에 반드시 앎을 지극히 하는 것〔致知〕을 먼저 하는 것이다.

앎을 지극히 하는 방법은 또 사물에 나아가 이치를 궁구함에 있다. 일마다 사물마다 각각 당연한 이치가 있지 않은 경우는 없다. 한 가지 일을 만나면 한 가지 일의 이치를 궁구하고 한 가지 사물을 만나면 한 가지 사물의 이치를 궁구하며, 오늘 한 이치를 궁구하고 내일 다시 한 이치를 궁구하여 천하 만물의 이치에 궁구하지 않은 바가 없게 되면 나의 앎이 지극하지 않은 바가 없다. 그러므로 앎을 지극히 함〔致知〕은 사물의 이치를 궁구하는 것〔格物〕에 있는 것이다.

○사물의 이치를 궁구함과 앎을 지극히 함은 밝은 덕을 밝히는 공부로 '지(知)'의 측면에서 말한 것이고, 뜻을 성실히 함과 마음을 바룸과 몸을 닦음은 밝은 덕을 밝히는 일로 '행(行)'의 측면에서 말한 것이며, 집을 가지런히 하고 나라를 다스리고 천하를 고르게 함은 밝은 덕을 밝힘을 확대한 것으로 '공효(功效)'의 측면에서 말한 것이다.

천하에 밝은 덕을 밝힌다는 것은……모두 그 밝은 덕을 밝힐 수 있게 하는 것이다.〔明明德於天下……皆有以明其明德也.〕-집주(集註)-

살펴보건대, 이 단락은 바로 본체〔體〕와 작용〔用〕을 겸하여 말한 것이다. 자신에게서 밝은 덕을 밝히는 것이 본체이고, 천하에 밝은 덕을 밝히는 것이 작용이다.

○앞 문장에서는 밝은 덕을 밝힘만을 말하였으니, 자신의 밝은 덕을 밝히는 것이다. 여기에서는 천하에 밝은 덕을 밝힘을 말하였으니, 자신의 밝은 덕을 능히 밝힌 뒤에 다시 이를 미루어 천하 사람들도 모두 그들의 밝은 덕을 밝히게 하는 것이다.

운봉 호씨(雲峯胡氏 호병문(胡炳文))가 말하였다. "'발현하는 바를 인하여 마침내 밝힌다.'는 것은 성(性)이 발하여 정(情)이 되는 것이다. '그 마음의 발현하는 바를 성실히 한다.'는 것은 마음이 발하여 뜻이 되는 것이다.……생각의 측면에서 말한 것이다.[1]〔因其所發而遂明之

1 발현하는……것이다 : 아래 논의를 이해하기 위해 중간에 생략된 부분을 소개하면

者, 性發而爲情也. 實其心之所發者, 心發而爲意也……從念頭說.〕"-소주(小註)-

살펴보건대, 어떤 이가 호씨의 설이 그르다고 하면서 '정이 있은 다음에 뜻이 있다.'라는 말을 하였다. 내가 보건대 호씨의 설이 참으로 옳지 않지만 어떤 이의 설은 더욱 옳지 않다. 성(性)은 마음의 이치이고 정(情)은 마음의 움직임이며-마음의 한 생각이 막 움직인 것이다.- 뜻은 마음의 계교(計較)이고-한 생각이 막 움직인 곳에 곧 계교하는 것이 있다.- 마음은 성과 정과 뜻의 주재이다. 이 네 가지는 비록 성과 정과 마음과 뜻으로 나누어 말한 것이지만, 이것은 단지 혼연한 전체에서 그 주된 바를 가리켜 말한 것이기 때문에 그 붙인 이름이 다르고 의미가 구별되는 것일 뿐이다. 확연하게 분리되어 성이 하나의 영역이고 마음이 하나의 영역이고 정이 하나의 영역이고 뜻이 하나의 영역인 것은 아니다. 그러므로 '마음이 발현한다.'라고 하고 '성이 발현한다.'라고 하는 것이 비록 두 가지 명칭이지만, 마음의 본체를 성이라고 하고 마음의 작용을 정이라고 한다면 마음과 성의 발현이 과연 두 가지인가. '정'이라고 하고 '뜻'이라고 해서 비록 나누어 말하

다음과 같다. "주자가 일찍이 말하기를, '정(情)은 이와 같이 발현하는 것이고, 뜻은 이와 같이 주장하는 것이다. 정이 배나 수레 같다면 뜻은 사람이 그 배나 수레를 부리는 것과 같다.' 하였다. 그렇다면 성(性)이 발현하여 정(情)이 되면 그 처음에는 불선함이 없으니 마땅히 밝히는 공부를 가해야 한다. 이것은 본체의 계통에서 말한 것이다. 마음이 발현하여 뜻이 되면 곧 선과 불선함이 있으니 성실하게 하는 공부를 가하지 않아서는 안 된다.〔朱子嘗曰, 情是發出恁地, 意是主張要恁地. 情如舟車, 意如人使那舟車一般. 然則性發爲情, 其初無有不善, 卽當加夫明之之功, 是體統說. 心發而爲意, 便有善有不善, 不可不加夫誠之之功.〕"

고 있지만 마음이 막 움직인 것을 정이라고 하고 막 움직여서 계교함이 있는 것을 뜻이라고 한다면 정과 뜻의 작용이 과연 구별이 있는가.

성이 발현한 것을 정이라고 할 때 비록 성이 발현한다고 말하지만 마음이 없는 것이 아니며, 마음이 발현한 것을 뜻이라고 할 때 비록 마음이 발현한다고 말하지만 성이 없는 것이 아니다. 마음과 성은 발현하면 함께 발현하고 정과 뜻은 있으면 함께 있으니, 이것을 어찌 이것과 저것, 앞과 뒤로 나누어 말할 수 있겠는가.

지금 만약 그 발현하는 바를 인하여 마침내 밝히는 것을 성이 발현하는 것이라고 하여 마음을 말하지 않고, 그 마음이 발현하는 바를 성실히 하는 것을 마음이 발현하는 것이라고 하여 성을 말하지 않는다면 이것은 마음과 성을 갈라서 두 가지로 만들고 정과 뜻을 나누어 두 갈래로 만드는 것이다. 이것이 호씨의 설이 문제가 있음을 면치 못하는 이유이다.

지금 만일 정을 뜻에 앞서 존재한다고 하여 뜻에서 분리하여 독립시키고, 뜻을 정 다음에 생기는 것이라고 하여 정과 상관없게 한다면 이것은 정은 정대로 별개의 정이 되어 먼저 이쪽에 있고, 뜻은 뜻대로 별개의 뜻이 되어 나중에 저쪽에 있게 되는 것이다. 이것이 어떤 이의 설이 잘못인 이유이다.

맹자(孟子)가 말하기를, "측은히 여기는 마음은 인의 단서이고 사양하는 마음은 예의 단서이다." 하였으니, 이른 바 측은히 여기는 것과 사양하는 것은 정(情)이고 인과 예는 성(性)이며 중간에 '심(心)' 하나를 놓아 성과 정을 총괄하였다. 정자(程子)가 고요하여 움직이지 않는 것을 성이라고 하고 감응하여 마침내 통하는 것을 정이라고 하였다. 선유(先儒)는 고요하여 움직이지 않는 것을 마음의 본체라고 하고 감응하여 마침내 통하는 것을 마음의 작용이라고 하였다. 소자(昭子 소옹(邵雍))의 《심역도(心易圖)》에는 '심(心)'과 '성(性)' 두 글자를 합하여 '⿱性心' 자로 만들었다. 그렇다면 마음과 성과 정이 다른 것이 아니어서 분리할 수 없음이 분명하다. 일찍이 살펴보건대, 주자는 기쁨과 노여움과 슬픔과 즐거움이 이미 발현한 것을 마음의 작용이라고 하였고 또 뜻을 마음이 발현한 것이라고 하였으며, 퇴계는 《천명도(天命圖)》에서 마음이 움직이는 곳에 '정(情)'과 '의(意)' 두 글자를 합하여 '⿰情意' 자를 만들었다. 그렇다면 마음과 정과 뜻이 다른 갈래가 아니어서 선후가 없음이 분명하다.

만일 호씨의 설과 같다면 마음과 성이 두 본체가 있어 각기 다르게 발현하고, 만일 혹자의 설과 같다면 정과 뜻이 선후가 있어 각기 다르게 작용할 것이다. 두 본체가 있어서 다르게 발현하면 이것은 마음은 여기에 있어 발현하여 뜻이 되고, 성은 저기에 있어 발현하여 정이 되는 것이니 이러한 이치는 결코 없다. 선후가 있어서 다르게 작용한다면 이것은 뜻의 앞에 이미 먼저 정이 있고 정이 있은 다음에야 막 뜻이 있게 되는 것이니 이러한 이치는 더욱 더 없다.

어떤 이가 또 말하기를, "정은 먼저 있어서 불선함이 없고, 뜻은 뒤에 있어서 선함과 불선함이 있다. 그러므로 옛사람이 '정을 성실히 한다.'고 하지 않고 '뜻을 성실히 한다.'고 한 것이다." 하였다. 내가 생각하기에 이것도 그렇지 않은 점이 있다. 삼가 생각해 보건대, 마음은 성을 통합할 수 있지만 성은 마음을 통합하지 못하고 뜻은 정을 운용할 수 있지만 정은 뜻을 운용할 수 없기 때문에 성은 의식적으로 하는 바가 없지만 마음은 의식적으로 하는 바가 있으며 뜻은 거짓으로 할 수 있지만 정은 거짓으로 할 수 없다. 이것이 '성을 바루다.〔正性〕'고 하지 않고 '마음을 바루다.〔正心〕'고 한 이유이며 '정을 성실히 한다.〔誠情〕'고 하지 않고 '뜻을 성실히 한다.〔誠意〕'고 한 이유이다.

게다가 정은 바로 이치가 기를 타고서 이와 같이 표출하는 것이고, 뜻은 바로 이 정에 연유하여 이와 같기를 주장하는 것이다. 기를 타고 이와 같이 표출하였기 때문에 정에는 기에 가려지지 않고 곧게 나온 것이 있고 기에 가려져 옆으로 나온 것이 있으며, 정에 연유하여 이와 같이 주장하기 때문에 뜻이 선을 주장하면 선하고 악을 주장하면 악한 것이다.

지금 이와 같이 표출한 곳에서 그 기미를 잘 살펴 옆으로 나오는 데에 이르지 않게 하고자 한다면 이것은 반드시 이와 같이 주장하는 데에서부터 노력하여 그 성실하고 거짓이 없는 공부를 다해야 비로소 터득함이 있어 악에 빠지지 않는다. 그러므로 '뜻을 성실히 한다.〔誠意〕'고 하고 '정을 성실히 한다.〔誠情〕'고 하지 않은 것이다. 어찌 정은 먼저 있어서 불선함이 없고 뜻은 뒤에 있어 선악이 있기 때문에 그렇게 말하였겠는가.

어떤 이가 말하기를, "그렇다면 맹자는 어찌하여 '그 정으로 말하면 선하다고 할 수 있다.〔乃若其情則可以爲善〕'고 하였는가?" 하였다. 이것은 또 그렇지 않다. 맹자는 단지 칠정(七情)에 나아가 그 선한 한 면만을 도려내 단적으로 들어 말하여 당시 배우는 자에게 보인 것이기 때문에 이러한 설이 있었던 것일 뿐, 그 뜻이 이곳과 자연히 같지 않은 점이 있다. 대체로 성과 정과 마음과 뜻은 각기 위주로 하는 바가 있는 것으로 말한 경우가 있고, 혼연히 합하여 간격이 없는 것으로 말한 경우가 있다.

각기 위주로 하는 바가 있는 것으로 말하면 다음과 같다. 성은 혼연히 안에 있는 이치이고 정은 감응에 따라서 밖으로 드러나는 것이므로 정을 위주로 말하면 성에 속하게 되고, 마음은 능히 지각하고 운용하며 뜻은 경영하고 계교하는 것이므로 뜻을 위주로 말하면 마음에 속하게 된다.

혼연하게 합하여 간격이 없는 것으로 말하면 다음과 같다. 성은 바로 마음의 본체이고 정과 뜻은 모두 마음의 작용이다. 비록 성이 발현하는 것을 위주로 말하더라도 마음은 그 안에 있지 않은 적이 없고, 비록 마음이 발현하는 것을 위조로 말하더라도 성이 그 안에 있지 않은 적이 없다. 이것이 하나이면서 둘이고 둘이면서 하나인 것이다. (마음과 성이) 각기 다르게 발현한다고 한 호씨의 의론이 참으로 이미 옳지 않은데, 더군다나 혹자의 설처럼 (정과 뜻을) 선후로 나누어 말해서야 되겠는가.-뒤에 호씨의 설이 크게 문제가 있지는 않음을 깨달았다.-

○성은 의식적으로 하는 바가 없기 때문에 갑자기 표출한 정도 의식적으로 하는 바가 없다. 지금 정이 의식적으로 하는 바가 없다는 점에 나아가서 보면 정은 성이 발현했음을 알 수 있다. 마음은 경영함이 있기 때문에 정에 연유하여 운용하는 뜻도 경영하는 바가 있다. 지금 뜻이 경영한다는 점에 나아가서 보면 뜻이 마음 때문에 발현한다는 것을 알 수 있다. 이것은 이른바 위주로 하는 바로 말하는 것과는 같지 않다.

○성이 발현하여 정이 되니 정은 바로 갑자기 표출되는 것이니 거짓으로 할 수는 없다. 그러므로 여기에는 단지 밝히는 공부를 가해야

한다. 즉 장구에서 말한 '그 발현하는 바를 인하여 마침내 밝힌다.'는 것이다. 마음이 발현하여 뜻이 되니 뜻은 바로 경영하고 계교해서 거짓으로 할 수가 있다. 그러므로 여기에는 성실히 하는 공부를 베풀지 않을 수 없다. 즉 장구에서 말한 '그 마음에 발현하는 바를 성실히 한다.'는 것이다.

○율곡 선생이 말하였다. "운봉의 설은 분명하지 않다. 성이 발현하여 정이 되니 반드시 모두 선하지는 않다. 정 중에는 법도에 맞지 않는 것도 많다. 의는 바로 정에 연유하여 계교하는 것으로 단지 사유하는 것만은 아니다. 운봉의 설은 단순히 사단(四端)의 정을 가리킨 것이지 선악의 정을 함께 논한 것은 아니다. 배우는 자들이 대부분 이 논의를 잘못 보고서 정이 불선이 없다고 여긴다. 만일 이와 같다면 그 정이 승하도록 내버려두고서 정을 단속하고 성을 기르는 공부가 없을 것이니, 해가 됨이 작지 않다."

또 다음과 같이 말하였다.[2] "성이 발현하여 정이 되고 마음이 발현하여 뜻이 된다는 말은, 각기 뜻이 따로 있어서 마음과 정을 두 가지 작용으로 나눈 것이 아닌데 후세 사람들이 마침내 정과 뜻을 두 갈래로 여겼다. 성이 발현하여 정이 된다는 것이 마음이 없다는 것이 아니고, 마음이 발현하여 뜻이 된다는 것이 성이 없다는 것이 아니다. 다만 마음은 성을 다할 수 있지만 성은 마음을 검속할 수 없으며 뜻은 정을 운용할 수 있지만 정은 뜻을 운용할 수 없다. 그러므로 정을 위주로 말하면 성에 속하고, 뜻을 위주로 말하면 마음에 속한

2 또 다음과 같이 말하였다 : 다음에 이어지는 인용은 이이의 《성학집요(聖學輯要)》 〈수기 제이 상(修己第二上)〉의 내용을 발췌한 것이다.

다. 그 실상은 성은 마음이 아직 발현하지 않은 것이고 정은 마음이 이미 발현한 것이다. 정과 뜻이 두 갈래라는 설은 분변하지 않아서는 안 된다.

마음의 본체가 성이고 마음의 작용이 정이다. 성과 정 이외에 다시 다른 마음이 없다. 그러므로 주자가 '마음의 움직임이 정이 된다.'고 한 것이다. 정은 사물에 감응하여 처음 발현하는 것이고 뜻은 정에 연유하여 계교하는 것이니, 정이 아니면 뜻은 연유할 바가 없다. 그러므로 주자가 말하기를 '뜻은 정이 있음을 연유하여 작용하기 때문에 마음이 고요하여 움직이지 않는 것을 성이라고 하고 마음이 감응하여 마침내 통하는 것을 정이라고 하고 마음이 감응하는 바에 따라 실마리를 찾아내고 헤아려 생각하는 것을 뜻이라고 한다.' 하였다. 마음과 성이 과연 두 가지 작용이 있겠으며, 정과 뜻이 과연 두 가지 갈래가 있겠는가.

어떤 이가 묻기를 '뜻은 참으로 정을 연유하여 계교하는 것이지만, 사람이 아직 사물과 접하지 않아 감응하는 바가 없을 때에도 생각이 나오는 경우가 있으니, 어찌 꼭 정을 연유하겠는가?' 하기에 '이것도 옛날에 발현한 정의 실마리를 찾은 것이다.' 하였다. 그때에 비록 아직 물과 접하지 않았다지만 실상은 옛날에 감응한 사물을 생각한 것이니, 그렇다면 어찌 이른바 정에 연유한다는 것이 아니겠는가.

마음과 성을 두 가지 작용으로 보고 사단과 칠정을 두 가지 정으로 보는 것은 모두 이치와 기운에 대해 아직 투철하지 못한 점이 있기 때문이다. 발현하는 것은 기운이고, 발현하게 하는 것은 이치이다. 기운이 아니면 발현할 수 없고 이치가 아니면 발현하는 원리가 없다. 이치와 기운이 혼연히 융합하여 원래 서로 떨어져 있지 않다. 만일 떨어지고 합함이 있다면 동정(動靜)에 단초가 있고 음양(陰陽)에 시작이 있게 된다. 이치는 태극이고 기운은 음양인데, 지금 태극과 음양이 서로 동한다고 하면 말이 되지 않을 것이다. 태극과 음양이 서로 동할 수 없다면 이치와 기운이 서로 발현한다고 말하는 것이 어찌 잘못되지 않았겠는가.

옛날에 미발(未發) 전의 마음과 성의 구별에 대한 질문이 있었는데, 주자가 말하기를 '마음에는 본체와 작용이 있다. 아직 발하지 않은 것이 마음의 본체이고 이미 발현한 것이 마음의 작용인데, 어떻게 꼭 집어서 말할 수 있겠는가?' 하였다. 이로써 보면 마음과 성이 두 가지 작용이 없음을 알 수 있으니, 마음과 성이 두 가지 작용이 없다면 사단과 칠정이 어찌 두 가지 정이겠는가."

신안 진씨(新安陳氏 진력(陳櫟))가 말하였다. "경원 경신년이다.〔慶元庚申〕"-소주-

살펴보건대, 경원(慶元)은 송나라 영종(寧宗)의 연호이다. 6년인 경신년은 선생의 나이 일흔 한 살 때이다.

신안 진씨가 말하였다. "스스로 만족하면 하나이고, 스스로 속이면 둘이다.〔自慊則一, 自欺則二.〕"-소주-

살펴보건대, 스스로 만족함은 나에게 있는 것이 성실하여 둘이 아니어서 자연히 자기에게 만족하기 때문에 하나라고 말한 것이고, 스스로 속임은 바로 나에게 있는 것을 한결같이 성실하게 할 수 없어서 속이는 마음이 섞이기 때문에 둘이라고 말한 것이다.

주자가 말하였다. "사물의 이치를 궁구함은 세부적으로 말한 것이고 앎을 지극히 함은 전체적으로 말한 것이다.〔格物是零細說, 致知是全體說.〕"-소주-

살펴보건대, 사물의 이치를 궁구함〔格物〕은 모든 사물에 나아가서 말한 것으로 한 가지 일이 있으면 한 가지 일의 이치를 궁구하고 한 가지 사물이 있으면 한 가지 사물의 이치를 궁구하기 때문에 '세부적'이라고 말한 것이고, 앎을 지극히 함〔致知〕은 내 마음의 지식에 나아가 말한 것으로 나의 지식을 끝까지 미루어 정밀함과 소략함, 시작과 끝이 확연하지 않음이 없기 때문에 '전체적'이라고 말한 것이다.

운봉 호씨가 말하였다. "'마음은 사람의 신명이니 모든 이치를 갖추고 만사에 응하는 것이다.〔心者人之神明, 具衆理而應萬事〕'[3]라고 하였다. '앎이란 마음의 신명이니 모든 이치를 묘하게 운용하여 만물을 주재하는 것이다.〔知者心之神明, 所以妙衆理而宰萬物〕'[4] 하였다." 또 말하였다. "갖춤은 본체의 확립이니 묘하게 운용할 수 있으면 그 작용이 행해지고, 응함은 작용의 행해짐이니 주재할 수 있으면 그 본체가 확립된다.〔具者體之立, 有以妙之則其用行, 應者用之行, 有以宰之則其體立〕"-소주-

살펴보건대, 묘함〔妙〕은 신묘하여 예측할 수 없는 뜻이다. 마음이 뭇 이치를 갖추고-곧 본체의 확립이다.- 능히 갖춘 바의 이치를 묘하게

3 마음은……응하는 것이다 : 《맹자》 〈진심 상〉의 구절이다.

4 앎이란……주재하는 것이다 : 《대학혹문(大學或問)》의 구절이다.

운용하는 것이-곧 작용이 행해짐이다.- 바로 앎이다. 그러므로 '갖춤〔具〕은 본체의 확립이니 묘하게 운용할 수 있으면 그 작용이 행해진다.'고 말한 것이다. 주재함〔宰〕은 주재하여 재단한다는 뜻이다. 마음이 만사에 응하여-곧 작용이 행해짐이다.- 능히 그 응하는 바의 일을 주재하는 것이-곧 본체의 확립이다.- 바로 앎이다. 그러므로 '응함〔應〕은 작용이 행해짐이니 주재할 수 있으면 그 본체가 확립된다.'고 말한 것이다.

만일 마음이 뭇 이치를 갖고 있으면서 전혀 아는 바가 없다면 어떻게 뭇 이치를 묘하게 운용하겠는가? 마음이 만사에 응하면서 전혀 재단하는 바가 없다면 어떻게 만물을 주재하겠는가? 마음에는 '구(具)' 자와 '응(應)' 자를 말하고, 앎에는 '묘(妙)' 자와 '재(宰)' 자를 말하였으니, 각각 위주로 한 말이 따로 있다는 것을 알 수 있다.

○채청(蔡淸)이 말하였다. "마음은 앎이 있는 것이고, 앎은 곧 마음의 영묘함이다. 그러므로 풀이하는 글이 대동소이한 것이다."

사물의 이치가 이른 뒤에 앎이 지극해지고〔物格而后知至〕

살펴보건대, '격물(格物)'이라는 것은 사물이 모두 하나의 이치를 가지고 있으니 내가 마땅히 이 사물에 나아가 반복하여 찾아서 그 이치를 궁구하여 지극한 곳에 이르러서 하나의 사물도 도달하지 못함이 없게 되는 것을 말한다. '물격(物格)'이라는 것은 내가 이미 그 이치를 궁구해서 지극한 곳에 이르면 사물에 있는 이치 또한 모두 각각 그 지극함에 나아가서 하나의 이치도 다하지 않음이 없게 되는 것을 말한다.

그러므로 정자가 '격물(格物)' 두 글자에 대해, "격(格)은 '이르다

〔至〕'이다. 하나의 사물이 있으면 반드시 하나의 이치가 있으니, 궁구하여 이치에 이르는 것〔窮而至之〕이 이른바 '격물'이다."라고 말하였고, 주자가 '물격(物格)' 두 글자를 논하기를, "물격은 사물의 이치가 각각 그 지극한 곳에 이를 수 있어서〔各有以詣其極〕 남김이 없게 됨을 이른다. 사물에 있는 이치가 이미 그 지극한 곳에 이르러……." 하였으니[5], 이제 더 논변할 필요가 없다.

다만 정자가 말한 '궁구하여 이른다.〔窮而至之〕'와 주자가 말한 '각각 그 지극한 곳에 이른다.〔各詣其極〕' 여덟 글자를 자세히 음미해 보면 '격물'은 내가 사물의 이치를 궁구하여 이치의 지극한 곳에 이르는 것이고, '물격'은 사물이 모두 하나의 지극함을 갖추고 있는데 궁구하여 이르게 되면 그 본래 갖추고 있던 지극함이 곧 각각 저절로 그 지극한 곳에 이르게 되는 것임을 알 수 있다. 이것은 치지(致知)와 지지(知至), 정심(正心)과 심정(心正), 수신(修身)과 신수(身修) 따위와 더불어 그 글의 뜻이 또한 모두 같은 예이다.

율곡 선생이 일찍이 "격(格) 자에는 '궁구하다〔窮〕'와 '이르다〔至〕' 두 가지 의미가 있다. '격물'의 격은 궁(窮) 자의 뜻이 많고 '물격'의 격은 단지 지(至) 자의 뜻이다."라고 말한 적이 있고, 또 말하기를, "'물격'과 '지지(知至)'는 다만 하나의 일이다. 사물의 이치로 말하면 '물격'이라고 하니, 사물의 이치가 각각 그 지극함에 이르는 것을 이른다. 나의 마음으로 말하면 '지지'라고 하니, 나의 마음이 이르는 바에 따라서 다하지 않음이 없는 것을 이른다." 하였는데[6], 이 설이

5 정자가……하였으니 : 여기 소개된 정자와 주자의 설은 《회암집(晦菴集)》 권15 〈경연강의(經筵講義)〉에 보인다.

더욱 분명하다.

○사계 선생이 율곡 선생에게 다음과 같이 물은 적이 있다. "'물격(物格)'이라고 하는 것은 사물의 이치가 지극한 곳에 도달한 것입니까? 나의 앎이 지극한 곳에 도달한 것입니까?" 답하기를, "사물의 이치가 지극한 곳에 도달한 것이다. 나의 앎이 지극한 곳에 도달한 것은 '지지(知至)'이지 '물격'이 아니다. '물격'과 '지지'는 단지 하나의 일인데, 사물의 이치로 말하면 '물격'이라 하고 나의 마음으로 말하면 '지지'라고 하는 것이니, 두 가지 일이 아니다." 하였다.

또 묻기를, "사물의 이치는 원래 지극한 곳에 있으니, 어찌 굳이 사람이 사물의 이치를 궁구〔格物〕한 뒤에야 지극한 곳에 도달하겠습니까?" 하니, 답하기를, "참으로 맞는 물음이다. 그러나 비유하면 어두운 방안에 책은 시렁 위에 있고 옷은 옷걸이 위에 있고 상자는 벽 아래에 있지만 깜깜하여 사물을 볼 수 없기 때문에 책과 옷과 상자가 어디에 있다고 말하지 못하다가 사람이 등불을 가지고 비춰 보면 그제야 책과 옷과 상자가 각각 그 장소에 있음을 분명히 보게 되고 그런 뒤에야 비로소 책은 시렁에 있고 옷은 옷걸이에 있고 상자는 벽 아래에 있다고 말할 수 있는 것과 같다. 이치는 본디 지극한 곳에 있으니, 사물의 이치를 궁구하기를 기다린 뒤에야 비로소 지극한 곳에 이르는 것은 아니다. 이치가 스스로 지극한 곳에 도달할 줄 아는 것이 아니라, 나의 앎에 밝음과 어둠이 있기 때문에 이치가 이르고 이르지 못함이 있는 것이다." 하였다.

6 율곡 선생이……하였는데 : 율곡의 이 설은 《율곡전서(栗谷全書)》 권19 〈성학집요(聖學輯要) 통설(統說 제1〉에 보인다.

○사계 선생이 정경임(鄭景任 정경세(鄭經世))에게 다음과 같이 답하였다.[7] "율곡의 말씀은[8] 정자와 주자의 말에서 나온 것이다. 의리를 따져보면 그저 명백한 정도가 아니다. 주자의 말씀은 '물격이란 사물의 이치가 각각 그 지극함에 나아가 남음이 없게 됨을 이른다. 사물에 있는 이치가 이미 그 지극함에 나아갔다면 나에게 있는 앎 또한 나아간 바에 따라 다하지 않음이 없을 것이다.'라는 것이다. 경임은 '주자가 각각 지극함에 나아간다고 한 말은 사물의 이치가 각각 그 지극한 곳에 나아간다는 것이 아닌가? 아니면 이치의 지극한 곳이 나의 마음에 도달한다는 것인가?'라고 생각하였다.

대개 사물의 이치는 본래 나의 마음에 갖춰져 있지만 사람이 궁구하지 않기 때문에 밝지 못한 것일 뿐이다. 지금 이미 사물의 이치를

7 사계 선생이……답하였다 : 아래의 사계의 논의를 이해하기 위해서 정경세의 논변을 소개하면 다음과 같다. "주자가 말한 '사물의 이치가 지극한 곳에 이르지 않음이 없다.'는 한 구절은 자세히 보아야 한다. '이른다'는 것은 어느 곳에 이른다는 것인가? 나의 마음에 이른다는 것이다. 사물의 이치를 궁구하여 사물의 이치가 이르는 것은, 비유하자면 손님을 초청하여 손님이 찾아오는 것과 같다. 지금 '사물의 이치가 지극한 곳에 이른다.'고 말하는 것은 전혀 말도 되지 않고 또 의리도 성립하지 않는다. 저절로 나의 마음과 아무런 상관이 없게 되는데 '안과 밖을 합하는 도'가 됨이 어디에 있단 말인가. 내 생각에 율곡 선생의 답은 반드시 이와 같지는 않았을 것이다. 기록이 혹 잘못된 것은 아닌가? '사물의 이치는 원래 지극한 곳에 있다.'라고 말한 것도 말에 문제가 있다. 사물의 이치는 정밀하거나 거칠거나 낮거나 깊거나 있지 않은 데가 없다.〔朱子所謂物理之極處無不到此一句, 須細看. 到者到何處耶? 謂來到吾心也. 蓋格物而物格, 譬如請客而客來云耳. 今曰物理到極處則全不成說話, 亦不成義理. 自與吾心不相干涉, 烏在其爲合內外之道耶? 竊恐栗谷之答, 必不如此. 無乃記錄或誤耶? 其曰物理元在極處云者, 語亦有病. 精粗淺深, 無所不在.〕"《沙溪全書 卷11 經書辨疑》

8 율곡의 말씀은 : '사물의 이치는 원래 지극한 곳에 있다.'는 앞의 말을 가리킨다.

궁구하여 환하게 관통하였다면 사물에 있는 이치가 각각 그 지극함에 이르고 내 마음의 앎 또한 나아간 바에 따라서 다하지 않음이 없는 것이다. 이것이 정자가 말한 '사물과 나는 하나의 이치이니, 저것을 밝히면 곧 이것을 깨닫게 된다.'는 것이다.[9] 사물의 이치는 본래 나의 마음에 갖춰져 있으니, 어찌 다시 내 마음에 이르러 올 리가 있겠는가.

경임이 지금 말하기를 '격물(格物)은 손님을 초청하는 것과 같고, 물격(物格)은 손님이 찾아온 것과 같으니 그렇다면 이것은 사물의 이치가 손님이 되어 마음에 왕래하는 것이니 또 「지지(知至)」 한 단락이 부족하게 되어 저절로 나의 마음과 아무런 상관이 없게 되니 「안과 밖을 합하는 도〔合內外之道〕」라는 것이 어디에 있는가.' 하였는데, 만일 이 설과 같다면 왜 굳이 다시 「지지」를 말하였겠는가. 경임이 또 말하기를 '사물의 이치가 지극한 곳에 도달한다는 말은 나의 마음과 관계가 없다.' 하였는데, 만일 '물격' 한 단락만 있다면 혹 이 설과 같을 수도 있겠지만 '물격' 다음에 또 '지지' 한 단락이 있으니, 「안과 밖을 합하는 도」라는 것에 무슨 문제가 되겠는가."

앎이 지극해 지고〔知至〕

살펴보건대, 여기의 '지(至)' 자를 '자(到)' 자의 뜻으로 보기도 하고 '진(盡)' 자의 뜻으로 보기도 한다. 장구에서 "지지(知至)는 내 마음

9 정자가……것이다 : 이 말은 《근사록(近思錄)》 권3 〈치지(致知)〉에 보인다. 뒤에 "이것이 안과 밖을 합하는 도이다.〔此合內外之道〕"라는 말이 이어지는데, 이 말은 정경세의 비판의 전제가 된다.

의 아는 바가 다하지 않음이 없는 것이다." 하였다. 그렇다면 '진' 자의 뜻으로 보는 것이 옳다.

앎이 이미 지극해지면 뜻이 성실해질 수 있고 뜻이 이미 성실해지면 마음이 바루어질 수 있다.〔知旣盡則意可得而實矣, 意旣實則心可得以正矣.〕-집주-

살펴보건대, 이 말은 단지 공부하는 순서의 선후를 대략 나눈 것으로 '앎을 지극히 하면 뜻을 성실히 할 수 있고, 뜻을 성실히 하면 마음을 바룰 수 있다.'고 말한 것과 같다. 앎이 이미 지극해지면 뜻을 성실히 하는 공부를 다시 더하지 않고 뜻이 이미 성실해지면 마음을 바루는 공부를 다시 더하지 않는다고 말한 것이 아니며, 앎을 지극히 하는 한 절을 남김없이 깨끗이 다 한 뒤에야 뜻을 성실히 하는 공부를 하고 뜻을 성실히 하는 한 절을 남김없이 깨끗이 다한 뒤에야 마음을 바루는 공부를 한다는 것도 아니다.

앎을 지극히 함〔致知〕은 '지(知)'이고 뜻을 성실히 함〔誠意〕과 마음을 바룸〔正心〕은 '행(行)'이다. '지'와 '행' 두 가지는 나란히 나아가는 것이 중요하다. 예를 들어 한 가지 일을 알면 한 가지 일을 행하고 두 가지 일을 알면 두 가지 일을 행하여 일마다 모두 그렇게 하는 데에 이르러 결국에는 천하 만물이 모두 그렇지 않음이 없는 경지에 이르게 되면 '지'가 이미 지극해지고 '행' 또한 지극해 질 것이다. 이것이 '지'와 '행'이 동시에 나란히 나아가는 방법이다. 장구에서 "앎이 이미 지극해졌다면 뜻을 성실하게 할 수 있고, 뜻이 이미 성실해졌다면 마음을 바룰 수 있다."고 하였는데, 이것은 단지 공부하는 순서에 선후가 있음을 말한 것인 듯하다. 그러나 '지'와 '행'이 동시에 나란히 나아가는 뜻이 이미 그 안에 포함 되어 있기 때문에 그 아래 소주에서 호씨가 "이것은 마땅히 말뜻 밖에서 이해해야 한다."고 한 것이다.

'몸을 닦음' 이전은 밝은 덕을 밝히는 일이고, '집안을 가지런히 함' 이후는 백성을 새롭게 하는 일이다.〔修身以上，明明德之事也；齊家以下，新民之事也.〕-집주-

사계 선생이 말하였다. "이 말은 '옛날에 밝은 덕을 밝히려는 자는……' 한 구절을 풀이한 것이기 때문에 본래 구절 중의 글자를 사용하여 '몸을 닦음'이라고 하고 '집안을 가지런히 함'이라고 한 것이다.

'사물의 이치가 이름'과 '앎이 지극함'은 그칠 바를 아는 것이고, '뜻이 성실해짐' 이후는 모두 그칠 바를 얻는 순서이다.〔物格知至則知所止矣，意誠以下則皆得所止之序也.〕-집주-

살펴보건대, '사물의 이치가 이름〔物格〕'과 '앎이 지극함〔知至〕'은 마땅히 그쳐야 할 바를 알아서 다함에 이름을 이른다. 뜻과 마음과 몸과 집과 나라와 천하는 바로 이른바 '물(物)'이고, 성실해 짐과 바루어짐과 닦여짐과 가지런해짐과 다스려짐과 고르게 됨은 바로 물이 마땅히 그쳐야 할 곳이다. 그 뜻을 성실히 해야 함과 마음을 바루어야 함과 몸을 닦아야 함과 집을 가지런히 해야 함과 나라를 다스려야 함과 천하를 고르게 해야 함을 알아서 미루어 그 이치를 궁구하여 각각 그 지극함에 나아가면 이것이 바로 그칠 데를 알아 다함에 이르는 것이다. 이것은 앞 문장의 '그칠 바를 안다.〔知止〕'라는 두 글자와 호응한다.

먼저 뜻을 성실히 한 뒤에 마음을 바루고, 먼저 마음을 바룬 뒤에 몸을 닦고, 먼저 몸을 닦은 뒤에 나라를 다스리고, 먼저 나라를 다스린 뒤에 천하를 고르게 하니, 이것이 바로 그 그칠 바의 순서이다. 뜻이 성실해지고 나면 마음이 또 바루어지고, 마음이 바루어지고 나면 몸이 또 닦여지고, 몸이 닦여지고 나면 집안이 또 가지런해지고, 집안이 가지런해지고 나면 나라가 또 다스려지고, 나라가 다스려지고 나면 천하가 또 고르게 되니, 이것이 바로 모두 그 그칠 바를 얻게 되는 순서이다. 이것은 앞 문장의 '능히 얻는다.〔能得〕'라는 두 글자와 호응한다.

○이제 8조목과 맞추어 보면, 뜻을 성실히 함과 마음을 바룸으로부터 나라를 다스림과 천하를 고르게 함까지 모두 '그칠 바를 알고 정함이 있고 고요하고 편안하고 생각하고 얻는' 공부가 있다. '뜻이 성실하다.'는 것은 뜻이 그칠 바를 얻은 것이다. 그러나 반드시 먼저 뜻이 마땅히 성실함에 그쳐야 한다는 것을 알아야 하니 그러한 뒤에야 정해진 방향이 있어서 능히 고요하고 고요한 뒤에 능히 편안하고 편안한 뒤에 능히 생각하고 생각한 뒤에 능히 얻게 되어 그 뜻이 성실함에 그치게 된다. '마음이 바루어진다.'는 것은 마음이 그칠 바를 얻은 것이다. 그러나 반드시 먼저 마음이 마땅히 바루어짐에 그쳐야 함을 알아야 하니 그러한 뒤에야 정해진 방향이 있어서 능히 고요하고 고요한 뒤에 능히 편안하고 편안한 뒤에 능히 생각하고 생각한 뒤에 능히 얻게 되어 그 마음이 바루어짐에 그치게 된다. 몸을 닦고 집안을 가지런히 하고 나라를 다스리고 천하를 고르게 하는 것에 이르러서도 또한 그러하다.

○사계 선생이 말하였다. "이것은 사물의 이치가 이른 뒤에 앎이 지극해 진다는 한 구절을 풀이한 것이기 때문에 본 구절 중의 글자를 사용하여 '사물의 이치가 이름과 앎이 지극함'이라고 하고 '뜻이 성실해짐'이라고 한 것이다."

○율곡 선생이 말하였다. "이것은 앞뒤의 두 구절을 함께 맺은 것이니 갈래를 나누어 해석할 필요가 없다."

○정우복(鄭愚伏 정경세(鄭經世))이 말하였다. "위로 8조목을 역으로 미루는 것을 분리하여 경문의 제 1절에 속하게 하고, 아래로 8조목을 순차적으로 미룬 공효를 분리하여 경문의 제 2절에 속하게 한 것이니,[10] 이처럼 보아야 분명할 듯하다."

○장계곡(張谿谷 장유(張維))이 말하기를, "여기 아래의 네 구절의 말은 모두 순차적으로 미룬 공효를 말한 장에 나아가 해설한 것이다. '이상'과 '이하'라는 말을 가지고 추론하면 알 수 있다.

10 위로……한 것이니 : 이 말은 주자의 "수신(修身) 이상은 명명덕(明明德)의 일이고 제가(齊家) 이하는 신민(新民)의 일이다. 격물(格物)과 지지(知止)는 그칠 바를 아는 것이고, 의성(意誠) 이하는 모두 그칠 바를 얻는 차례이다."라는 집주에 대한 해석으로, 경문의 '옛날에 밝은 덕을 천하에 밝히고자 하는 자는〔古之欲明明德於天下者〕' 이하의 구절을 경문의 제1절인 '대학의 도는 밝은 덕을 밝힘에 있으며 백성을 새롭게 함에 있으며 지극한 선에 그침에 있다.'에 소속시키고, '사물의 이치가 이른 뒤에〔物格而后〕' 이하의 구절을 경문의 제2절인 '그칠 데를 안 뒤에……생각한 뒤에 능히 얻는다.'에 소속시켰다는 말이다. 8조목을 역으로 미루어 나가는 공부와 순차적으로 미룬 공효는, 소주(小註)에 쌍봉 요씨가 "앞의 한 구절은 8조목에 나아가 역으로 미루어 나가는 공부이고, 뒤의 한 구절은 8조목에 나아가 순차적으로 미루어 나가는 공효이다.〔上一節就八目逆推工夫, 後一節就八目順推功效.〕'라고 한 말을 근거로 하고 있다.

주자가 말하였다. "사물의 이치를 궁구할 때에는 일정한 한 부분을 이해하는 것이지만, 앎이 지극해진 때에는 이미 스스로 하나의 주재를 가지게 되어 분별해서 취하고 버릴 줄 알게 된다.……천하가 고르게 될 수 있다.〔格物時, 方是區處理會到得. 知至時, 却已自有箇主宰, 會去分別取舍……天下可平.〕"-소주-

살펴보건대, '사물의 이치를 궁구한다.'는 것은 단지 저 한 가지 일의 이치가 이와 같고 이 한 가지 일의 이치가 또 이와 같음을 궁구하는 것일 뿐이다. '앎이 지극해진다.'는 것은 이미 그 이치를 궁구하게 되면 나의 마음의 아는 바가 지극하지 않음이 없어 선을 봄이 반드시 분명하고 악을 봄이 반드시 극진하여 능히 선과 악을 분별할 수 있어 취하고 버리는 바가 있게 됨을 말한다. '뜻이 성실해진다.'는 것은 앎이 이미 지극하지 않음이 없게 되어 능히 그 선과 악을 분별하게 되면 선한 것은 반드시 행하고 악한 것은 반드시 하지 않아 생각의 은미한 사이에서 능히 흐뭇하고 흡족하여 한 터럭만큼의 '스스로를 속인다.'고 말할 수 있는 것이 조금도 없음을 말한다. '마음이 바루어진다.'는 것은 이미 능히 흐뭇하고 흡족하여 조금도 스스로를 속임이 없으면 가슴 속에 조금의 사사로운 가림이 없어 환하게 빛나고 밝으며 환하게 바르고 크다는 말이다. '몸이 닦여진다.'는 것은 이미 능히 마음에 사사로운 가림이 없어 빛나고 밝으며 바르고 크다면 일신에 주재가 있어 수렴하고 통섭하여 몸가짐과 행동이 법규에 맞지 않음이 없다는 말이다. 집안을 가지런히 하고 나라를 다스리고 천하를 고르게 하는 데에 이르러서도 또 여기에서부터 미루어 시행할 뿐이다.

주자가 말하였다. "뜻이 성실해지지 않았을 때는 사람이 사익을 위해 죄를 범하는 것과 같고, 뜻이 이미 성실해졌는데도 마음이 오히려 동요함은 사람이 공익을 위해 죄를 범하는 것과 같으니, 또한 차이가 있다.〔意未誠時, 如人犯私罪. 意旣誠而心猶動, 如人犯公罪, 亦有間矣.〕"-소주-

살펴보건대, 사적인 죄를 범하는 것은 사람이 전적으로 자기 개인을 위해서 스스로 중요한 법을 범하는 것과 같으니 그 죄가 무겁고, 공적인 죄를 범하는 것은 사람이 애당초 자신을 위하지는 않았지만 자잘한 잘못이 있음을 면하지 못한 것과 같으니 그 죄가 가볍다. 이것이 사익을 위한 죄와 공익을 위한 죄가 저절로 차이가 있는 것이다. 그러므로 주자가 또 말하기를, "뜻이 진실하지 못한 것은 사사로운 잘못이고, 마음이 바르지 않은 것은 공적인 잘못이다."[11] 하였다.

이치가……이것은 밝은 덕을 밝히는 단서이다.〔物格則理之散在萬物……此明明德之端也.〕"-소주-

살펴보건대, 앎은 바로 밝은 덕을 밝히는 것에서 가장 처음에 힘쓰는 곳이기 때문에 '이것은 밝은 덕을 밝히는 단서이다.'라고 한 것이다.

천자로부터 서인에 이르기까지 일체 모두 몸을 닦음을 근본으로 삼는다.〔自天子以至庶人, 壹是皆以修身爲本.〕

살펴보건대, 앎을 지극히 함에서부터 몸을 닦음까지는 모두 밝은 덕을 밝히는 일이니, 스스로 밝히는 공부가 몸을 닦음에 이르러 극에

11 뜻이……잘못이다 : 《주자어류(朱子語類)》 권15에 보인다.

달한다. 집안을 가지런히 함에서부터 천하를 고르게 함까지는 모두 사람의 밝은 덕을 미루어 밝히는 일이니, 밝힘을 미루는 공효가 몸을 닦음에서 출발한다. 그렇다면 몸을 닦음은 바로 덕을 밝히고 백성을 새롭게 함의 총체적 요점이다. 그러므로 여기에서 '천자로부터 서인에 이르기까지 일체 모두 몸을 닦음을 근본으로 삼는다.'라고 말한 것이다.

이것을 들어 거기에 둘 뿐이다.〔擧此而措之耳〕-집주-

사계 선생이 말하였다. "조(措)는 시행함이다."

면재 황씨(勉齋黃氏 황간(黃榦))가 말하였다. "나라를 다스리고 천하를 고르게 하는 것도 집안을 가지런히 하는 것에서부터 미루어 나간다.〔治國平天下, 亦自齊家而推之.〕"-소주-

살펴보건대, 장구에서 "'집안을 가지런히 함' 이하는 이것을 들어서 둘 뿐이다.〔齊家以下, 擧此而措之耳.〕"라고 하였는데, 이른바 '거차(擧此)'라고 할 때 '차(此)' 자는 바로 몸을 닦음을 가리켜 말한 것이다. 지금 면재가 집안을 가지런히 하는 것에서부터 미루어 나간다고 한 것은 장구의 본뜻을 잃은 듯하다.

운봉 호씨가 말하였다. "정결이고……반결이다.〔正結……反結.〕"-소주-

정우복이 말하였다. "곧바로 '몸을 닦음이 근본이 된다.'고 말하는 것은 정결(正結)이고, '없다'라거나 '있지 않다'고 말한 것은 반결(反結)이니, 바로 문세를 가리켜 말한 것이다. 전문(傳文)의 '이것을 일러 몸을 닦음이 그 마음을 바룸에 있다고 하는 것이다.'나 '이것을 일러 나라를 다스림이 그 집을 가지런히 함에 있다는 것이다.'라는 말이 바로 정결이고, '이것을 일러 몸이 닦이지 않으면 그 집안을 가지런히 하지 못한다는 것이다.'라는 말이 바로 반결이다.

이상은 경 1장이다. 공자께서 하신 말씀을……증자의 뜻을 문인이 기록한 것이다.〔右經一章. 蓋孔子之言……曾子之意, 而門人記之.〕-집주[12]-

권 양촌(權陽村 권근(權近))이 《예기천견록(禮記淺見錄)》에 다음과 같이 말하였다. "주자가 서문에서는 공자께서 외워 전하였고 증자께서 전의(傳義)를 지으셨다고 하고, 경문 뒤에 주석한 말에서는 공부자의 말씀이라고 감히 확실하게 말하지 않고[13] 그 전(傳)은 증자의 뜻을 문인이 기록한 것이라고 하였는데, 그 말의 앞뒤가 같지 않은 것은 어째서인가?

주자는 경문의 말이 성인이 아니면 언급할 수 없다고 여겼기 때문에 공부자의 말씀이라고 생각했고, 또 증거가 없기에 혹 옛날 선현의 말이 아닌가 싶었기 때문에 의심하여 감히 확실하게 말하지 못한 것이다.

나는 다음과 같이 생각한다. 공부자는 시대를 아파한 탄식에 자주 '옛날'을 일컬어 말씀하였다. 예를 들면 '옛날의 배우는 학자는 자신을 위한 학문을 하였다.'[14]라든지 '옛날의 어리석은 자는 정직했다.'[15]

12 집주 : 대본에는 빠져 있으나 이 책의 차기 형식에 맞추어 '집주'를 보충하여 번역하였다.

13 경(經)의……말하지 않고 : 《대학장구》의 경 1장 아래에 "대개 공자의 말씀을 증자가 기술한 것이다.〔蓋孔子之言而曾子述之〕"하고 한 주석을 말한다.

14 옛날의……하였다 : 《논어》 〈헌문〉에 보인다. 뒤에 이어 "지금의 배우는 자는 남

라든지 '옛날에 말을 함부로 내지 않은 것은'[16] 등의 말이 이 경우이다. 이 경문에서도 '옛날에 천하에 밝은 덕을 밝히려는 자는……'라고 말한 것은 옛날을 말하여 지금 그렇지 않음을 탄식한 것이다. 공부자 이전에는 성인이 지위를 얻지 못한 경우가 없었다. 그렇다면 옛날을 말해 지금을 탄식한 것은 바로 우리 공부자의 일이니, 이것이 공자의 말씀인 증거가 되기에 충분하다.

전(傳) 10장에 인용한 시와 서의 문장 및 전을 쓰고 경을 해석한 뜻은 모두 증자가 평일에 문인에게 했던 말이다. 다만 그 전문에 '증자왈(曾子曰)'이라고 일컬은 경우가 있으니 증자가 손수 쓴 것은 아니다. 그러므로 문인이 기록한 것이라고 한 것이다. 문인이 직접 한 말이 아니라면 이것은 증자가 지은 것과 같다.

○살펴보건대, 양촌이 《논어》에서 말한 세 '고(古)' 자를 인용한 것은 이 대학 경문의 '고지(古之)'의 '고(古)' 자가 옛날을 말해 지금을 탄식한 증거가 됨을 증명하고자 한 것이다. 그러나 《논어》에는 '옛날'을 말한 다음에 모두 지금을 탄식한 뜻을 말하였지만, 여기는 단지 옛날에 밝은 덕을 밝히고자 한 자는 이와 같이 하였다고 말한 것일 뿐으로 지금을 탄식하는 말이 없다. 양촌이 위와 같이 말한 것은 본뜻을 잃은 듯하다.

을 위한 학문을 한다.〔今之學者, 爲人.〕" 하였다.

15 옛날의……정직했다 : 《논어》 〈양화〉에 보인다. 뒤에 이어 "지금의 어리석은 자는 속이기만 할 뿐이다.〔今之愚也, 詐而已矣.〕" 하였다.

16 옛날에……것은 : 《논어》 〈이인〉에 보인다. 뒤에 이어 "실천이 미치지 못함을 부끄러워하였다.〔恥躬之不逮也.〕" 하였다.

이제 정자가 정한 것을 따르고〔今仍程子所定〕-집주-

살펴보건대, 정자가 정한 것은 《이정전서(二程全書)》에 보인다.

《그림》

<table>
<tr><td colspan="4">그칠 바를 앎[知止]</td><td colspan="3">밝은 덕을 밝힘[明明德]</td></tr>
<tr><td colspan="4">격물, 치지, 성의, 정심, 수신</td><td colspan="3">격물, 치지, 성의, 정심, 수신</td></tr>
<tr><td>그칠 바를 알면 (격물, 치지, 성의, 정심, 수신이) 있지 않음이 없다.</td><td>유정(有定), 능정(能靜), 능안(能安), 능려(能慮) 네 가지는 모두 지지(知止)와 능득(能得) 사이에 관통해 있다.</td><td></td><td></td><td></td><td>모두 밝은 덕을 밝히는 일이다.</td><td></td></tr>
<tr><td colspan="2"></td><td>'그칠 바는 안다.'는 것은 지극한 선이 있는 곳을 알아서 구하여 그치는 것이다.</td><td colspan="2">지극한 선에 그침에 있다. [在止於至善]</td><td>명덕과 신민 모두 마땅히 여기에 그쳐야 한다.</td><td></td></tr>
<tr><td colspan="3">제가, 치국, 평천하</td><td></td><td></td><td colspan="2">제가, 치국, 평천하</td></tr>
<tr><td colspan="2" rowspan="2">능히 얻으면 (제가, 치국, 평천하를) 얻지 못함이 없다.</td><td>능히 얻음〔能得〕</td><td rowspan="2">임금은 인자하고 신하는 공경하고 아비는 자애롭고 자식은 효도하도 붕우는 신의가 있는 것 모두 그 조목이다.</td><td rowspan="2">백성을 새롭게 함[新民]</td><td rowspan="2"></td><td rowspan="2">모두 신민(新民)의 일이다.</td></tr>
<tr><td>능히 얻음은 그 그칠 바를 얻는 것이다.</td></tr>
</table>

살펴보건대, 이 그림은 《주자어류》 제15권 제31판에 보인다.

문리가 이어지고 혈맥이 관통하여〔文理接續, 血脈貫通.〕-집주[17]-

채청이 말하였다. "문리가 이어진다는 것은 문장이 진행되는 지점에서 말한 것이고, 혈맥이 관통한다는 것은 그 안의 주지(主旨)의 측면에서 말한 것이다."

위는 경 1장이다.

17 집주 : 대본에는 빠져 있으나 이 책의 차기 형식에 맞추어 '집주'를 보충하여 번역하였다.

전 1장

傳首章

〈강고(康誥)〉에 이르기를, "능히 덕을 밝힌다.〔克明德〕" 하였다.

살펴보건대, 이 한 구절은 밝은 덕을 밝힘을 서술한 것이다.

○주자가 말하였다. "덕이 밝혀짐과 밝혀지지 않음은 단지 사람이 '능히 함'과 '능히 하지 못함'일 뿐이다. 능히 함은 단지 참으로 그 밝은 덕을 밝힐 수 있는 것이다."

〈태갑〉에 이르기를, "이 하늘의 밝은 명을 돌아본다.〔顧諟天之明命〕" 하였다.

살펴보건대, 이 한 구절은 밝은 덕을 밝히는 공부를 말한 것이니, 바로 밝은 덕을 밝히는 일에 지극한 선에 그침을 구하는 것이다.

○'이것을 돌아본다.〔顧諟〕'는 바로 항상 마음을 일깨우고 성찰하여 생각마다 잊지 않아 이 도리가 항상 눈앞에 있게 하여, 저 도리로 하여금 빛나고 밝아 어둡지 않게 하되 참전의형(參前倚衡)[18]과 같이 하여 조금의 중단함도 없는 뜻이다. 다음 장의 '진실로 어느 날 새로워졌다면 나날이 새롭게 하고 또 날로 새롭게 한다.'는 뜻과 서로

18 참전의형(參前倚衡) : 언제 어디서나 항상 잊지 않고 눈에 보이는 듯이 행동하는 것을 말한다. 《논어》〈위령공(衛靈公)〉에 "서 있을 때에는 그것이 앞에 나란히 있음을 보고, 수레에 탔을 때에는 가로대에 붙어 있는 것을 보아야 한다.〔立則見其參於前, 在輿則見其倚於衡.〕"라고 하였다.

조명해보아야 한다.

항상 눈이 여기에 있다.〔常目在之〕-집주-

채청이 말하였다. "여기의 '목(目)' 자는 마땅히 '재(在)' 자와 긴밀하게 연결하여 읽어야지 '상(常)' 자와 연결해서 읽으면 안 되니, 바로 살아있는 글자이다.[19] 그렇지 않다면 마땅히 '눈이 항상 여기에 있다.〔目常在之〕'고 해야 한다."

하늘의 밝은 덕은 바로 하늘이 나에게 주어서……덕으로 삼는 것이다.〔天之明命, 卽天之所以與我……爲德者也.〕-집주-

살펴보건대, 하늘이 나에게 준 것으로 말하면 '밝은 명〔明命〕'이라고 하고, 내가 하늘에게 얻은 것으로 말하면 '밝은 덕〔明德〕'이라고 한다. 하늘이 명한 바이고 내가 얻은 바가 바로 '인의예지(仁義禮智)'의 본성으로 본래 밝은 물사(物事)이기 때문에 '밝은 명', '밝은 덕'이라고 한다.

쌍봉 요씨(雙峯饒氏 요로(饒魯))가 말하였다. "소리가 없는 데서 듣고, 형체가 없는 데서 본다.〔聽於無聲, 視於無形.〕"-소주-

율곡 선생이 말하였다. "소리가 없는 데서 듣고 형체가 없는 데서 보는 것은 고요함 속의 기상이 아니다."

19 여기의……글자이다 : 채청의 설에 따르면 《집주》의 이 말을 "항상 눈으로 관찰함이 여기에 있다."라고 하여 '목(目)' 자를 동사적인 의미로 풀이해야 한다.

〈제전(帝典)〉에 이르기를, "능히 큰 덕을 밝힌다.〔克明峻德〕" 하였다.

살펴보건대, 이 한 구절은 밝은 덕을 밝히는 최대의 공부를 말한 것이니 바로 덕을 밝힘이 지극한 선에 그친 것이다.

○본체가 환하게 밝아 조금의 찌꺼기도 없는 것으로 말하면 '밝은 덕〔明德〕'이라 이르고, 전체가 완전하게 완비되어 조금의 흠결도 없는 것으로 말하면 '큰 덕〔峻德〕'이라고 이른다. '밝은 덕을 밝힌다.'는 것은 밝은 본체가 밝혀지지 않음이 없는 것이고, '큰 덕을 밝힌다.'는 것은 큰 전체가 밝혀지지 않음이 없는 것이다.

모두 스스로 밝히는 것이다.〔皆自明也〕

살펴보건대, 인용한 세 책의 내용은 모두 스스로 자신의 덕을 밝히는 일인데 백성의 덕을 새롭게 하는 일을 다시 미루어 말하지 않았기 때문에 '모두 스스로 밝히는 것이다.'라고 말한 것이다.

임천 오씨(臨川吳氏 오징(吳澄))가 말하였다. "이 장의 〈강고〉는 문왕이 홀로 능히 그 밝은 덕을 밝혔음을 말하여……밝은 덕을 밝히는 단서를 드러낸 것이다.〔此章康誥言文王獨能明其明德……發明明德之端也.〕"-소주-

살펴보건대, 여기에서 밝은 덕을 밝히는 단서라고 말한 것은 밝은 덕을 밝히는 처음의 일이라고 말하는 것과 같다. 그러나 지(知)와 행(行)을 겸하여 말하였으니, 앞 문장에서 노씨(盧氏)의 설이 지(知)를 밝은 덕을 밝히는 단서라고 한 것과는[20] 같지 않다.

20 앞 문장에서……한 것과는 : 경문의 '사물의 이치가 이른 뒤에……나라가 다스려

위는 전의 첫 장이니, '밝은 덕을 밝힘〔明明德〕'을 풀이하였다.

진 뒤에 천하가 고르게 된다.〔物格而后……國治而后天下平〕' 부분의 세주에서 옥계 노씨가 논한 "사물의 이치가 이르면 만물에 흩어져 있지만 하나의 근원에서 함께 나온 이치가 밝혀지지 않음이 없을 것이다. 앎이 지극해지면 내 마음에 모여 있지만 만물을 주관하는 이치가 밝아지지 않음이 없을 것이다. 이것이 밝은 덕을 밝히는 단서이다.〔物格, 則理之散在萬物而同出於一原者無不明矣. 知至, 則理之會在吾心而管乎萬物者無不明矣. 此明明德之端也.〕"를 가리킨다.

전 2장

傳二章

탕왕(湯王)의 반명(盤銘)에 이르기를, "진실로 어느 날에 새로워졌다면 나날이 새롭게 하고 또 날로 새롭게 하라.〔苟日新, 日日新, 又日新.〕" 하였다.

살펴보건대, 이 한 구절은 앞 장의 '스스로 밝힌다.〔自明〕'라는 두 글자의 의미를 이어 받은 것으로 자신의 덕을 새롭게 하는 공부를 먼저 말하여 다음 문장 〈강고(康誥)〉의 '새로워지는 백성을 진작하라.〔作新民〕'는 말의 장본으로 삼았다. '진실로 어느 날에 새로워졌다〔苟日新〕'는 처음 공부를 시작한 것이고, '나날이 새롭게 하고 또 날로 새롭게 하라.〔日日新又日新〕'는 공부가 지속되어 가는 것이다. ○정현(鄭玄)의 옛 주석에 "반명(盤銘)은 대야에 새겨서 경계한 것이다." 하였다.

명은 그 기물에 글을 새겨 스스로 경계하는 말이다.〔銘, 名其器以自警之辭也.〕-집주-

살펴보건대 이른바 '명기기(名其器)'를 단지 '명반(名盤)'의 뜻으로만 보면[21] 스스로를 경계하는 뜻이 부족한 듯하다. 내 생각에 옛날에

21 명반(名盤)의 뜻으로만 보면 : 저자가 스승 박세채에게 보낸 편지에 이곳의 논의와 같은 것이 기록되어 있는데 '명기기(名其器)'에 관해 "이른바 '그 기물에 명(名)을 한다.'는 것은 그 기물을 가리켜 명칭하는 것입니다. 예를 들어 그 대야를 이름하여

는 한 글자에 두 가지 뜻을 통용해 썼으니, 여기의 '명(名)'자를 '글을 새기다〔銘〕'의 뜻으로 보는 것이 어떠하겠는가?

〈강고(康誥)〉에 이르기를, "새로워진 백성을 진작하라.〔作新民〕" 하였다.

○'작신민(作新民)' 세 글자는 마땅히 '그 백성을 진작시켜 새롭게 하라.'라고 통합하여 말한 것인 듯한데, 지금 주자는 스스로 새로워진 백성을 진작한다고 말하니, '작(作)' 자가 강령의 '백성을 새롭게 한다.〔新民〕'의 '신(新)' 자와 호응하면 '신'자는 바로 그 백성이 스스로 새로워짐을 말하는 것이 된다. 이것은 곧 강령의 '신민' 두 글자 중에는 없는 뜻이다.

그러나 이 장의 의미를 자세히 보면, 상중하 세 구절은 단지 스스로 새로워짐과 백성을 새롭게 함과 천명 또한 새로움의 뜻을 말했을 뿐으로, 백성이 그 덕을 스스로 새롭게 한다는 뜻은 빠져있다. 그러므로 주자가 여기에서 '신민(新民)'을 '스스로 새로워진 백성'이라고 본 것이다.

윗자리의 사람이 자기의 덕을 능히 새롭게 한다면 백성은 반드시 그것을 보고 감동하여 흥기해서 선을 향하고 스스로를 새롭게 하지 않음이 없을 것이다. 보고 감동하여 선을 향하는 이 기회를 타고서 고무시키고 진작시키는 방법을 시행하다면 나의 교화가 쉽게 받아들여지고 백성도 쉽게 선을 행할 수 있게 될 것이다. 만약 아래에서

'목욕하는 대야이다.'라고 하는 것이 이 경우입니다."라고 한 것을 참고하여 이해할 수 있다.《南溪集 卷43 答金直卿問》

보고 감동하여 선을 향하는 기회가 없는데 곧장 진작시키는 방법을 시행한다면 백성은 반드시 무관심하게 호응하지 않을 것이다. 이것이 주자가 굳이 '작신(作新)'의 '신' 자를 '스스로 새로워진다.'는 의미로 여긴 이유이다.

○채청이 말하였다. "《대학혹문》과 《서전(書傳)》에서는 모두 '백성을 진작시켜 새롭게 한다.'고 보았고,[22] 오직 《대학장구》에서 '그 스스로 새로워진 백성을 진작시킨다.'고 보았으니, 또한 만년에 개정(改定)한 설이다."

《시경》에 이르기를, "주나라가 비록 오랜 나라이지만 그 명이 새롭다.〔周雖舊邦, 其命維新.〕" 하였다.

살펴보건대, 이 한 구절은 밝은 덕을 밝혀서 백성을 새롭게 함의 지극한 지점을 말한 것이니 바로 백성을 새롭게 함이 지극한 선에 그친 것이다.

○앞 장 〈강고〉의 '능히 덕을 밝힌다.〔克明德〕'는 문왕이 능히 그 덕을 밝힘을 말한 것이고, 이 장의 '주나라가 비록 오랜 나라이지만

22 《대학혹문》과……보았고 : 《대학혹문》에서는 "그러므로 〈강고〉를 지어 이렇게 알려서, 백성을 고무시키고 흥기시켜서 그들이 진작되어 그 악을 제거하고 선으로 옮겨가고 그 옛날을 버리고 새로움으로 나아가게 하고자 한 것이다.〔故作康誥之書而告之以此, 欲其有以鼓舞而作興之, 使之振奮踴躍, 以去其惡而遷於善, 舍其舊而進乎新也.〕"라고 하였고, 《서전》 〈주서(周書) 강고〉의 주석에서는 "네가 해야 할 일은……또한 왕을 도와서 천명을 안정시키고 백성들을 진작하여 새롭게 하는 것이다.〔汝之事……以助王, 安定天命而作新斯民也.〕"라고 하여, 모두 백성을 진작시켜 새롭게 한다는 의미로 풀이하였다.

그 명이 새롭다.'는 문왕이 능히 그 덕을 새롭게 하여 백성에게 미쳐 비로소 천명을 받았음을 말한 것이다. 백성을 새롭게 함의 지극한 지점에서 천명 또한 새로운 것이다. 이 장의 '그 명이 새롭다.'는 사실 앞 장의 '능히 덕을 밝힌다.'에 근원하고 있다.

○앞 장의 '밝은 명〔明命〕'은 하늘이 나에게 이치로써 명한 것이고, 여기서 '명이 새롭다.〔命新〕'고 말한 것은 하늘이 나에게 지위로써 명한 것이다. 그렇지만 밝은 명이 밝아진 뒤에 천명이 비로소 새로워지니, 이른바 '총명하고 지혜로워 능히 자신의 본성을 다하는 -그 밝은 명을 밝힌- 자가 그 사이에서 나오면 하늘이 반드시 명하여 억조창생의 임금과 스승으로 삼는다.'는 것이 이것이다. 자신의 덕이 이미 새로워졌다면 그것을 미루어 백성의 덕을 새롭게 할 것이다. 백성의 덕이 이미 새로워졌다면 그 공효의 극점에서 반드시 천명 또한 새로워지는 경지에 도달하게 되어 억조창생의 임금과 스승이 될 것이다.

문왕에 이르러 능히 그 덕을 새롭게 하여 백성에게까지 미쳐서 비로소 천명을 받았다.〔至於文王能新其德以及於民, 而始受天命也.〕-집주-

살펴보건대, 문왕이 이미 자신의 덕을 밝히고 또 그것을 미루어 백성의 덕을 새롭게 하였으니 그렇다면 백성도 문왕의 교화를 입어 모두 스스로 그 덕을 밝힐 수 있어 천하의 백성이 문왕을 사랑하고 떠받들어 그의 백성이 되기를 원치 않은 이가 없었을 것이다. 사람의 마음이 향하는 곳이 바로 천명이 있는 곳이다. 그러므로 문왕에 이르러 '비로소 천명을 받았다.〔始受天命〕'고 한 것이다. '시수천명(始受天命)'이라고 할 때의 '시(始)' 자는 바로 '새롭다〔維新〕'의 '신(新)' 자의 뜻이다. 주나라가 비록 후직 때부터 나라를 소유하고 있었지만 천자의 기업은 사실 문왕 때부터 시작되었음을 말한 것이다.

그러므로 군자는 그 지극함을 쓰지 않는 바가 없는 것이다.〔是故君子, 無所不用其極.〕

살펴보건대, '극(極)'은 바로 '지극한 선〔至善〕'을 말한다. 덕을 밝히고 백성을 새롭게 하기를 모두 마땅히 지극한 선에 그쳐야 한다. 그러므로 '군자가 지극함을 쓰지 않는 바가 없다.'고 말한 것이다. 장구(章句)의 '사리의 당연한 극〔事理當然之極〕', '천리의 극〔天理之極〕', '그 극처에 이르지 않음이 없고자 한다.〔欲其極處無不到〕'와 보망장(補亡章)의 '그 극처에 도달함을 구한다.〔以求至乎其極〕' 등 허다한 '극(極)' 자가 모두 이 '극' 자이다.

위는 전 2장이니, '백성을 새롭게 함〔新民〕'을 풀이하였다.

전 3장

傳三章

《시경》에 이르기를, 민면히 우는 황조여, 구우에 멈춰 있다.……새만 못해서야 되겠는가.〔詩云緡蠻黃鳥, 止于丘隅……不如鳥乎.〕

살펴보건대, 이것은 그칠 데를 아는〔知止〕 일이다. 먼저 그쳐야 할 곳을 알고 그러한 뒤에야 비로소 마땅히 그쳐야 할 곳에 이를 수 있기 때문에 여기에서 먼저 그칠 데를 앎을 말하였으니, 그 무게가 '앎〔知〕'에 있다.

《시경》에 이르기를, 거룩하신 문왕이여.……신에 그치셨다.〔詩云穆穆文王……止於信.〕

살펴보건대, '계속하여 밝히다.〔緝熙〕'는 그칠 데를 안 뒤 지극한 선에 그치는 공부이다. '공경하여 그쳤다.〔敬止〕'는 지극히 선함에 그친 효험이 수렴된 부분이다. '임금이 되어서는 인에 그치고〔爲人君止於仁〕' 등 다섯 가지는 바로 지극한 선에 그치는 조목이다. 이것은 성인이 마땅히 그쳐야 할 곳을 얻은 일을 말한 것이니, 그 무게가 '지(止)' 자에 있다.

〈상송(商頌)〉부터 여기까지 세 구절은 지극한 선에 그치는 일을 일반적으로 말하고 '명덕(明德)'과 '신민(新民)'이란 글자는 말하지 않았다. 다음 두 구절에 이르러서야 그 일을 들어 말하였다. 그러나 이 한 구절의 다섯 조목에 이미 '명덕'과 '신민'의 뜻이 아울러 포함되어 있다.

○채청이 말하였다. "문왕이 백성을 다친 사람 보듯 하고[23] 벼슬하는 자에게 봉록이 대대로 이어지게 했던[24] 따위에서 임금이 되어서는 인에 그쳤음을 볼 수 있다. 천하의 3분의 2를 소유하고도 신하로서 은나라에 복종해 섬긴 것에서[25] 신하가 되어서는 공경에 그쳤음을 볼 수 있다. 하루에 세 번 문안하여 닭이 울면 침문(寢門)에서 문안을 한 것에서[26] 자식이 되어서는 효에 그쳤음을 알 수 있다. 예를 들어 무왕과 주공을 교육하여 모두 덕이 성인이 되는데 이르도록 한 데서 아비가 되어서는 자애로움에 그쳤음을 알 수 있다. 예를 들어 농사짓는 이에게는 9분의 1의 조세를 받고 관문과 시장에 세금을 걷지 않는 따위는[27] 믿음으로 지켜 처음부터 끝까지 바꾸지 않았으니, 여기에서 또 나라 사람과 더불어 사귐에 믿음에서 그쳤음을 볼 수 있다.

또 말하였다. "이 한 절은 모름지기 문왕의 일로 말한 것이니, '공경하여 그침〔敬止〕'의 뜻을 실증한 것이다. 그러므로 벗과 사귄다고 말하지 않고 나라 사람과 사귄다고 말한 것이다.

또 유추하여 그 나머지를 다한다면 천하의 일에 대하여 모두 그 그칠 데를 알아 의심함이 없을 것이다.〔又推類以盡其餘, 則於天下之事, 皆

23 문왕이……하고 : 《맹자》 〈이루 하〉에 보인다.

24 벼슬하는……했던 : 《맹자》 〈양혜왕 하〉에 보인다.

25 천하의……것에서 : 《논어》 〈태백〉에 보인다.

26 하루에……것에서 : 《예기》 〈문왕세자(文王世子)〉에 보인다.

27 농사짓는……따위는 : 《맹자》 〈양혜왕 하〉에 보인다.

有以知其所止而無疑矣.〕-집주-

효도와 자애와 인과 공경과 믿음 다섯 가지는 바로 마땅히 그쳐야 할 바의 큰 조목이다. 그러나 이 밖에도 천하의 모든 일과 사물이 각각 하나의 마땅히 그쳐야 할 곳인 지극한 선이 있지 않은 경우가 없다. 예를 들어 부부는 마땅히 유별함에 그쳐야 하고 어른과 젊은이는 마땅히 차례가 있음에 그쳐야 하며 거처할 때에는 마땅히 공손함에 그쳐야 하고 일을 맡아서는 마땅히 공경함에 그쳐야 하고 거상(居喪)에는 마땅히 슬퍼함에 그쳐야 하고 제사에는 마땅히 엄숙함에 그쳐야 하며 마음은 마땅히 바름에 그쳐야 하고 몸은 마땅히 수양함에 그쳐야 하는 따위는 모두 마땅히 그쳐야 할 곳을 마땅히 알아야 한다. 그러므로 '유추하여 그 나머지를 다한다.'고 말한 것이다. 이미 능히 마땅히 그쳐야 할 곳을 분명하게 알았다면 뜻이 정해진 지향이 있어서 의혹되고 변하는 걱정이 없을 것이다. 그러므로 '그 그칠 데를 알아 의심함이 없다.'고 말한 것이다. 이른바 '의심함이 없다.'는 것은 충분히 명백하게 지극한 선이 있는 곳을 알아서 의심하고 막히는 바가 없는 것이다.

《시경》에 이르기를, "저 기수 모퉁이를 보니"……성덕과 지선을 백성이 능히 잊지 못함을 말한 것이다.〔瞻彼淇澳……盛德至善, 民之不能忘也.〕"

살펴보건대, 잘라 놓은 듯하고 간 듯함은 바로 지(知)의 일이고 쪼아 놓은 듯하고 간 듯함은 행(行)의 일이며 엄밀하고 굳셈은 마음을 바루는〔正心〕 일이고 빛나고 점잖음은 몸을 닦는〔修身〕 일이다. 지와 행과 바룸과 닦음이 밝은 덕을 밝히는 것이 지극한 선에 그친 바의 일이 아님이 없다. 자신의 밝은 덕이 이미 밝아져서 지극한 선에 그치면 광휘가 드러나고 아름답게 문채가 있는 것이 마치 옥석에 자르고 쪼고 가는 공정을 시행하면 저절로 문채가 밖으로 드러나는 것과 같다. 그러므로 백성들이 모두 우러러 바라보고 감화되어 공경하고 사모하며 높이고 믿어서 끝내 잊을 수 없는 것이다. 이는 명명덕(明明德)과 지어지선(止於至善)의 효과이다.

시의 육의〔詩之六義〕-소주-

《시전(詩傳)》〈육의도(詩六義圖)〉에 풍(風)·아(雅)·송(頌)은 삼경(三經)이고 부(賦)·비(比)·흥(興)은 삼위(三衛)라고 하였다. '풍'은 -열다섯 나라의 국풍(國風)- 마치 사물이 바람의 움직임으로 인하여 소리가 있고 그 소리가 또 충분히 사물을 감동시키는 것과 같다. '아'는 -대아(大雅), 소아(小雅)- 바름이니, 바른 음악의 노래이다. '송'은 -주송(周頌), 상송(商頌), 노송(魯頌)- 위대한 덕의 모습을 찬미하여 그 성공을 신명에게 아뢰는 것이다. '부'는 그 일을 직접적으로 진술하는 것이니 〈갈담(葛覃)〉과 〈권이(卷耳)〉 따위이다. '비'는 저것으로 이것을 형상하는 것이니 〈종사(螽斯)〉와 〈녹의(綠衣)〉 따위이다. '흥'은 사물에 의탁해 말을 일으키는 것이니 〈관저(關雎)〉와 〈토저(兎罝)〉 따위이다.

'슬'은 엄밀한 모양이고, '간'은 굳센 모양이다.〔瑟, 嚴密之貌, 僩, 武毅之貌.〕-집주-

묻기를, "'슬(瑟)'을 엄밀함으로 풀이한 것은 마음에 나아가 말한 것입니까? 아니면 행(行)에 나아가 말한 것입니까?" 하니, 주자가 "마음에 나아가 말한 것이다." 하였다. 묻기를, "마음이 어때야 엄밀한 것입니까?" 하니, 주자가 "다만 엉성하지 않아 이처럼 치밀한 것이다."[28] 하였다.

'순률'은 두려워함이다.〔恂慄, 戰懼也.〕-집주-

묻기를, "'슬(瑟)'은 굳센 모양이고 '순률(恂慄)'은 두려워하는 모양인데, 사람이 두려워할 때에 정말로 굳센 뜻이 있습니까?" 하니, 주자가 말하기를, "사람이 두려워하는 마음을 품고 있으면 반드시 장중하고 엄숙할 것이니 어찌 범접할 수 있겠는가."[29] 하였다.

'배움을 말함'과 '스스로 행실을 닦음'은 얻게 된 이유를 말한 것이다.〔道學自修, 言其所以得之之由.〕-집주-

살펴보건대, 배움은 지(知)이고 스스로 닦음은 행(行)이니 이것은 지와 행을 나란히 진전시켜 지극한 선에 그칠 수 있기를 구하는 공부를 말한 것이다. 그러므로 '얻게 된 이유'라고 말한 것이다. 이른바 '이유'라는 것은 지극한 선에 그칠 수 있는 방법이 배움과 스스로 닦음에 말미암을 말한 것이다. 여기서 '득(得)' 자는 바로 경문의 '능히 얻는다〔能得〕'의 '득' 자이다.

《시경》에 이르기를, "아, 전왕을 잊지 못한다."……세상에 없는데도 잊지 못하는 것이다.〔於戲, 前王不忘……沒世不忘也.〕

28 묻기를 슬(瑟)을……치밀한 것이다 : 《주자어류》 권16에 보인다.

29 묻기를 슬(瑟)은……있겠는가 : 《주자어류》 권16에 보인다.

살펴보건대 '군자가 그 어짊을 어질게 여기고 그 친함을 친하게 여긴다.'는 것은 후대의 어진이가 선왕의 어짊을 어질게 여기고 후대의 왕이 선왕의 친함을 친하게 여기기 때문에 비록 오래되어도 잊지 못함을 말한 것이다. '소인이 그 즐겁게 해줌을 즐겁게 여기고 그 이롭게 해줌을 이롭게 여긴다.'는 것은 소인이 선왕이 나를 즐겁게 해줌을 즐겁게 여기고 선왕이 나를 이롭게 해줌을 이롭게 여기기 때문에 비록 오래되어도 잊지 못한다는 말이다. 이것은 전왕을 잊지 못한다는 뜻을 아울러 거듭 말한 것이다. '이 때문에 세상에 없는데도 잊지 못한다.'는 것은 이와 같기 때문에 사모하는 마음이 오래될수록 잊지 못하는 것이라고 말하는 것과 같다. 이것은 바로 《시경》〈열문(烈文)〉 편의 뜻을 맺은 것이다. 여기의 '불망(不忘)' 자는 앞 절의 '문채가 있는 군자여 끝내 잊을 수 없다.'와 '그의 성대한 덕과 지극한 선을 백성이 잊지 못한다.'로부터 맞대어 이어서 말한 것이다.

그러나 이 한 절은 단지 백성을 새롭게 한 공효의 극치를 말하였을 뿐 백성을 새롭게 하는 공부의 실제가 무엇인지는 말한 적이 없다. 앞의 한 절은 밝은 덕을 밝힘이 지극한 선에 그친 것을 말하였고, 여기 한 절은 백성을 새롭게 함이 지극한 선에 그친 것을 말하였다. 밝은 덕을 밝힘이 지극한 선에 멈추는 것은 곧 백성을 새롭게 함이 지극한 선에 멈추는 공부의 실제이다. 더군다나 후대 사람이 오래되었는데도 사모하고 세상을 떠났는데도 잊지 못한다면 백성을 새롭게 함이 지극한 선에 그쳤음을 알 수 있으니, 어찌 백성을 새롭게 하는 공부의 실제가 없으면서 과연 이러한 경지에 이를 수 있는가. 여기에서 덕을 밝히는 것이 백성을 새롭게 하는 것의 본체가 되고 백성을 새롭게 하는 것이 덕을 밝히는 것의 작용이 됨을 알 수 있다. 그러므로 덕을 밝힘이 지극한 선에 그쳤다고 말하면 백성을 새롭게 함의 본체가 선 것이고, 백성을 새롭게 함이 지극한 선에 그쳤다고 말하면 덕을 밝힘의 작용이 행해진 것이다. 백성을 새롭게 함이 지극한 선에 그치는 것이 어찌 덕을 밝힘이 지극한 선에 그치는 것의 밖에 있겠는가.

○앞 절의 '잘라 놓은 듯하고 쪼아 놓은 듯하고 간 듯하다.'와 '엄밀하고 굳세며 빛나고 점잖다.'는 바로 밝은 덕을 밝힘이 지극한 선에 그치는 바의 일이니, 격물치지(格物致知)와 성의(誠意)와 정심(正心)과 수기(修己)의 뜻이 그 안에 포함되어 있다. 이 절의 '그 어짊을 어질게 여기고 그 친함을 친하게 여기다.'와 '그 즐겁게 해줌을 즐겁게 여기고 그 이롭게 해줌을 이롭게 여긴다.'는 바로 백성을 새롭게 함이 지극한 선에 그치는 바의 일이니, 제가(齊家)와 치국(治國)과 평천하(平天下)의 뜻이 그 안에 포함되어 있다.

○채청이 말하였다. "그 어짊과 그 친함과 그 즐겁게 함과 그 이롭게 함은 선왕의 성대한 덕과 지극한 선의 남은 은택이고, 그 어짊을 어질게 여기고 그 친함을 친하게 여기고 그 즐겁게 해줌을 즐겁게 여기고 그 이롭게 해줌을 이롭게 여기는 것은 후세 사람이 선왕의 남은 은택을 누리는 것이다. 만약 선왕이 당시에 백성을 새롭게 한 것이 지극한 선에 그치지 못했다면 어떻게 후세 사람들로 하여금 각각 계승하고 의탁하는 바가 이와 같게 할 수 있겠는가.

위는 전 3장이니, '지극한 선에 그침〔止於至善〕'을 풀이하였다.

전 4장

傳四章

공자께서 말씀하시기를, "송사를 다스림은 내가 남과 같다."……이것을 일러 근본을 안다고 하는 것이다.〔子曰聽訟吾猶人也……此謂知本.〕

살펴보건대, 성인이 송사를 잘 다스리는 것을 귀하게 여기지 않고 송사가 없게 하는 것을 귀하게 여겼다. 송사가 없게 하는 방법은 나의 밝은 덕을 먼저 밝혀서 저절로 다른 사람이 은혜에 감동하고 위엄에 두려워하게 하여 감히 허탄한 말을 다하지 못하게 하는 것에 불과할 뿐이다. 그런대도 송사를 다스리는 일이 있다면 이것은 백성을 새롭게 하되 아직 지극한 선에 그치지 못한 것이다. 반드시 송사가 없는 경지에 이른 뒤에야 비로소 지극한 선에 그침이 된다. 그러나 백성을 새롭게 함에 송사가 없는 경지에 이르러 지극한 선에 그치는 까닭은 나의 밝은 덕을 밝히는 것을 근본으로 하여 백성이 송사가 없게 했기 때문이다. 그러므로 '이것을 일러 근본을 안다고 한다.' 하였으니, 근본은 바로 덕을 밝히는 것이다.

○송사가 없게 하는 것은 나의 밝은 덕을 밝히는 것이고, 송사가 없는 것은 백성의 덕이 새로워진 것이다. 나의 밝은 덕이 밝기 때문에 백성의 마음과 뜻을 두렵게 하여 복종시킬 수 있는 것이다. 백성의 마음과 뜻이 두려워하여 복종하기 때문에 저절로 그 실상이 없는 말을 감히 다할 수 없어 저절로 송사가 없게 되는 것이다. 여기에서 덕을 밝힘이 근본이 되고 백성을 새롭게 함이 말단이 됨을 알 수 있다. 이 장은 윗글의 〈기욱(淇奧)〉 시의 덕을 밝히는 의미와 〈열문

(烈文)〉 시의 백성을 새롭게 하는 의미를 이어서 말한 것이니, 문리가 이어지고 맥락이 관통함을 또한 볼 수 있다.

○송사가 없게 함은 송사를 다스리는 근본이고, 백성의 뜻을 두렵게 함은 또 송사가 없게 하는 근본이고, 밝은 덕을 밝힘은 또 백성의 뜻을 두렵게 하는 근본이다.

위는 전 4장이니, '근본과 말단〔本末〕'을 풀이하였다.

보망 5장

補亡五章

이것을 일러 근본을 안다고 하는 것이다.〔此謂知本〕《집주》에, 정자(程子)가 말하기를, "연문이다.〔衍文也〕" 하였다.

살펴보건대, 정자가 《대학》의 순서를 정하면서 본말 장(本末章)의 '이것을 일러 근본을 안다고 하는 것이다.〔此爲知本〕'[30] 네 글자를 연문이라고 하였는데, 지금 주자는 격물치지 장(格物致知章)의 '차위지본(此謂知本)' 네 글자 다음에서 '정자가 연문이라고 말하였다.'고 말하였다. 정자의 말을 인용했지만 정자가 가리켜 말한 곳과는 같지 않다.

○선사(先師) 문순공(文純公 박세채(朴世采))께서 말씀하기를, "두 개의 '근본을 안다.〔知本〕' 중에서 위구는 비록 이천(伊川 정이(程頤))이 산삭하였지만 그 의미가 자연히 '백성의 뜻을 크게 두렵게 한다.〔大畏民志〕'와 서로 이어지기 때문에 그대로 두었으니, 명도(明道 정호(程顥))가 고쳐 바로잡은 뜻이다. 아래 구는 비록 이천이 그대로 두었지만 이미 청송(聽訟)을 다시 맺는 글도 아니고 또 격물(物格)을 아울러 맺는 의미도 없으니, 그렇다면 산삭한 위구의 말을 아래 구의 자리로 옮기지 않을 수 없다. 이천의 의도는 단지 말이 중복되는 것을 피하려는 데에 있었으니, 앞에 두든 뒤에 두든 크게 다를 것이

30 이것을……것이다 : 대본에는 '此爲知本'로 되어 있는데, 《대학》에 의거하여 '此謂知本'으로 바로잡아 번역하였다.

없는 듯하였기 때문에 이와 같이 처리한 것이다. 이것은 주자의 응용법이다." 하였다.

근간에 일찍이〔間嘗〕

사계 선생이 말하였다. "간(間)은 《운회(韻會)》에 '때와 날이다.〔時日〕' 하였고, 《통고(通考)》에 '보망장(補亡章)의 「간상(間嘗)」과 《대학혹문》의 「간독(間獨)」은[31] 「중간(中間)」의 간(間)과 같은 종류가 아니다.' 하였다."

사람 마음의 영특함은 앎이 있지 않음이 없고……이미 알고 있는 이치를 인하여 더욱 궁구해서 그 극에 이름을 구하지 않음이 없게 하는 것이다.〔人心之靈, 莫不有知……莫不因其已知之理.〕

살펴보건대, '사람 마음의 영특함은 앎이 있지 않음이 없다.〔人心之靈, 莫不有知〕'에서 여기의 '지(知)' 자는 사람 마음의 영특함이 본래 지각이 있음을 포괄적으로 말한 것이다. '이미 알고 있는 이치를 인하다.〔因其已知之理〕'에서 여기의 '지' 자는 마음의 고유한 지각이 하나의 일, 하나의 사물의 이치를 알 수 있게 되면 곧 이미 알게 된 이것을 인하여 더욱 궁구하여 궁구하지 않음이 없고 알지 않음이 없는 경지에 이르는 것을 말한다. 만약 본래의 지각이 없다면 어떻게 만나는 일마다 사물마다 그 이치를 궁구해서 알 수 있겠는가.

천하의 사물이 이치를 가지지 않은 것이 없고 내 마음 안에는 온갖

31 《대학혹문》의 간독(間獨)은 : 《대학혹문》 5장의 "근간에 홀로 옛날 연평 선생에게 들은 가르침을 생각하였는데〔間獨惟念昔聞延平先生之教〕……."라는 말을 가리킨다.

이치가 구비되어 있다. 구비된 것을 궁구함이 미진한 경우가 있으면 그 궁구함이 미진한 곳이 바로 앎이 지극하지 않은 것이다. 그러므로 배우는 자가 반드시 일과 사물에 나아가 그 이치에 끝까지 이르러, 한 가지 일의 이치를 궁구하면 나의 앎이 이 한 가지 일을 알고 한 사물의 이치를 궁구하면 나의 앎이 이 한 사물의 이치를 알아서 천하 사물의 이치를 모두 궁구하는 데에 이르게 되면 나의 앎이 천하 사물의 이치를 모두 알게 되는 것이다. 이와 같이 되는 까닭은 사물의 이치가 본래 나의 마음 안에 갖추어져 있기 때문에 궁구하면 곧 알게 되는 것이다.

○묻기를, "이미 알고 있는 이치를 인하여 그것을 미루어 지극히 하여 그 극점에 이르기를 구하는 것은, 부모의 안부를 살피는 효성을 인하여 낯빛을 좋게 하고 어버이의 뜻을 잘 받드는 데에 이르며 임금을 섬기는 충성을 인하여 선도(善道)를 개진하고 사심(邪心)을 막는 데에 이르는 따위입니까?" 하니, 주자가 말하기를, "이것은 단지 외면적인 것을 말한 것이니, 반드시 외면과 내면이 모두 이와 같아야 한다. 만약 큰 것을 하면서 작은 것이 미진한 것도 불가하니, 반드시 조금의 흠결도 없어야 옳다." 하였다.[32]

채청이 말하였다. "사람 마음의 영특함은 앎이 있지 않음이 없다. 예를 들어 어린 아이가 그 어버이를 사랑할 줄 모름이 없고, 장성하여서는 그 형을 공경할 줄 모름이 없다. 목마르면 마실 줄 알고 배고프면 먹을 줄 알며, 물과 불은 모두 밟아서는 안 된다는 것을 알고 부자(附子)는 모두 먹어서는 안 된다는 것을 알며, 선은 모두 아름다

32 묻기를 이미……옳다 하였다 : 《주자어류》 권16에 보인다.

움이 됨을 알고 불선은 모두 악이 됨을 아니, 이것은 사람 마음이 원래 앎이 있는 것이다.

○또 말하기를, "하늘은 반드시 영특함이 있다. 하늘이 만약 영특함이 없다면 사람 마음의 영특함을 어디로부터 얻었겠는가. 그러므로 군자는 하늘을 두려워하여 홀로를 삼가는 것이다." 하였다.

이미 아는 것은 바로 앞 문장의 '사람 마음의 영특함은 앎이 있지 않음이 없다.'의 '앎'이다.〔已知，卽上文人心之靈莫不有知之知.〕-소주-

살펴보건대, 앞뒤의 '지(知)' 자는 그 의미가 다르다. 여기서 말한 '이미 아는 것을 인한다.〔因其已知〕'는 것은 사람 마음에 본래 가지고 있는 지각을 가리킨 것이 아니다. 바로 한 가지 일, 한 가지 사물에서 이미 알게 된 이 이치를 인하여 그것을 미루어 더욱 궁구하는 것이다. 이 소주의 설은 주자의 본뜻을 잃은 듯하다.

모든 사물의 표리와 정추가 이르지 않음이 없을 것이고, 내 마음의 전체와 대용이 밝지 않음이 없을 것이다.〔衆物之表裡精粗無不到，吾心之全體大用無不明.〕

살펴보건대, '모든 사물의 표리와 정추가 이르지 않음이 없다.'는 것은 사물의 이치를 궁구하여 사물의 이치가 이르는 것이다. '내 마음의 전체와 대용이 밝지 않음이 없다.'는 것은 앎을 지극히 하여 앎이 지극해 지는 것이다. 내 마음의 전체는 바로 밝은 덕의 전체이니 이른바 모든 이치를 갖추었다는 것이 이것이고, 내 마음의 대용은 바로 밝은 덕의 대용이니 이른바 만사에 응한다는 것이 이것이다. 이르지 않음이 없고 밝지 않음이 없으면 지극한 선에 그칠 수 있다.

그러나 이것은 단지 지(知)에 나아가 말한 것이고 행(行)에는 아직 말이 미치지 않았다.

○주자가 말하였다. "겉〔表〕은 바로 외면에서 이해하는 것이고, 속〔裡〕은 바로 자기 몸에 나아가 지극히 가깝고 지극히 절실하고 지극히 은미하고 지극히 밀접하여 뼈에 붙고 살에 붙은 곳이다."[33]

○묻기를, "정해진 이치가 이미 있다면 어찌하여 또 정추와 표리가 있습니까?" 하니, 주자가 말하기를, "이치는 본래 표리와 정추가 있어서 사람이 보는 것에도 고저와 천심이 절로 있다. 어떤 사람이 단지 아래 면만 대부분 이해하고 위의 면은 일체 보지 못한다면 그를 겉을 알고 거친 것을 안다고 부를 것이다. 또 어떤 사람이 대체(大體)를 볼 줄 알아서 중간의 세밀한 공부를 전혀 하지 않는다면 그를 안을 알고 정밀함을 안다고 부를 것이다. 두 가지 경우는 모두 치우쳤다.[34]

○또 말하였다. "예를 들어 관중(管仲)의 인(仁)도 인이라고 하지만 이것은 거친〔粗〕 것이다. 정밀한〔精〕 것에 이르면 안자(顏子)가 3개월 후에 혹 떠나기도 한다." 하였다.[35]

옥계 노씨가 말하였다. "겉과 거침은 이치의 작용이고, 안과 정밀함은

33 주자가……곳이다 : 《주자어류》 권16에 보인다.

34 묻기를 정해진……치우쳤다 : 《주자어류》 권16에 보인다.

35 또 말하였다……한다 하였다 : 《주자어류》 권16에 보인다. 관중의 인에 대해서는 《논어》 〈위령공〉에 보인다. 안자의 일은 《논어》 〈옹야〉에 "안회는 그 마음이 3개월 동안 인을 떠나지 않는다.〔回也, 其心三月不違仁.〕"라는 말을 인용한 것이다.

이치의 본체이다.〔表也粗也, 理之用也, 裡也精也, 理之體也.〕"-소주-

율곡 선생이 말하였다. "금수나 퇴비에 있는 이치는 겉도 거칠고 안도 거칠다. 모든 사물은 표리와 정추를 본체와 작용으로 나누어 구분해서는 안 된다."

○어떤 이가 묻기를, "율곡의 말이 옳으나, 이치에 정추가 없다는 선현의 설과는 같지 않은 듯한데 어떠한가?" 하니, 사계 선생이 말하기를, "'이치에 정추가 없다.'는 것은 본래 정밀한 것이나 거친 것 할 것 없이 모두 이치가 있음을 말한 것이다. 율곡의 뜻은 이치가 이미 정밀함에 있으면 표리가 모두 정밀하고 거침에 있으면 표리가 모두 거칠다고 한 것이니, 각각 마땅한 바가 있음을 말한 것이다." 하였다.

위는 보망(補亡) 5장이다.

전 6장
傳六章

이른바 '그 뜻을 성실히 한다.'는 것은 스스로 속이지 마는 것이니……군자는 반드시 그 홀로를 삼가는 것이다.〔所謂誠其意者, 毋自欺也……君子必愼其獨.〕

살펴보건대, 스스로 속임〔自欺〕과 스스로 만족함〔自慊〕은 모두 자기 마음속의 일이기 때문에 '속이다', '만족하다' 위에 '자(自)' 자를 붙인 것이다. 이 장의 공부는 단지 두 개의 '자(自)' 자 위에 있다. ○스스로 속이지 말라는 것은 그 홀로를 삼가는 것이니 바로 성찰(省察)의 공부이다.

○나쁜 냄새를 싫어하고 아름다운 용모를 좋아함은 모두 진실한 마음에서 나와 저절로 한 터럭만큼의 거짓되고 구차한 생각이 없다. 악을 미워하고 선을 좋아함도 마땅히 나쁜 냄새를 싫어하는 것과 같이 해서 반드시 결단하여 없애려고 하고, 아름다운 용모를 좋아하는 것과 같이 해서 반드시 구하여 얻으려 해야 한다. 억지로 하려는 뜻이 없고 만족해하는 마음이 있다면 그 뜻이 진실하고 속임이 없어 외물을 따르지 않음을 알 수 있으니, 이것을 일러 스스로 만족한다는 것이다. 악을 미워하되 나쁜 냄새를 싫어하는 것과 같이 하지 않으며 선을 좋아하되 아름다운 용모를 좋아하는 것과 같이 하지 않으면 그 뜻이 진실할 수 없다는 것을 알 수 있으니, 이것을 일러 스스로 속인다는 것이다. 스스로 만족함과 스스로 속임은 정반대이다.

○'자(自)' 자와 '독(獨)' 자는 '의(意)' 자와 서로 호응하고, '무(毋)'

자와 '신(愼)' 자는 '성(誠)' 자와 서로 호응한다. 그 홀로를 삼감은 곧 스스로 속이지 않는 것이니, 바로 성의(誠意)의 공부이다. 나쁜 냄새를 싫어하는 것과 같이 하고 아름다운 용모를 좋아하는 것과 같이 하여 스스로 만족함은 성의(誠意)의 실제이다.

○여기서 '독(獨)' 자는 '홀로 거처한다〔獨處〕'의 '독(獨)'이 아니다. 바로 한 생각이 처음 싹틀 때이니 바로 선과 악의 기미가 나뉘는 때이다. 한 생각이 처음 싹틀 때 그 기미는 매우 은미하다. 이때에 혹 구차하게 진실하지 못함이 있으면 이것이 곧 스스로 속이는 것이다. 스스로 속임은 바로 외면은 이와 같으면서 속은 사실 그렇지 않아서 결국 자기에게 해가 되는 것이다. 그러므로 군자가 반드시 그 홀로를 삼가는 것이다.

○스스로 만족함과 스스로 속임의 분변을 묻자, 주자가 말하기를, "비유하자면 다음과 같다. 증편을 만드는 데, 하나는 매우 희고 좋은 밀가루로 안에서부터 싸 나가서 안과 밖이 조금의 다름도 없으니, 이른바 스스로 만족하는 것이다. 또 하나는 좋지 않은 밀가루로 속을 만들고 흰 밀가루로 피를 만들어서 사람을 속이는데 힘쓰지만 겉의 흰 밀가루가 아무리 좋아도 쉽게 없어져 좋지 않은 속을 끝내 가릴 수 없으니, 바로 이른바 스스로 속이는 것이다." 하였다.

○채청이 말하였다. "스스로 속임은 거짓됨이고, 스스로 만족함은 성실함이다. 홀로를 삼가면 저절로 성실함에 귀결되고 거짓됨으로 흐르지 않을 것이다.

○또 말하였다. "그 홀로를 삼가는 것이 바로 스스로 속이지 마는 것이고, 스스로 속이지 마는 것이 바로 반드시 스스로 만족하는 것이고, 스스로 만족하는 것이 바로 그 뜻을 성실히 하는 것이다.

'스스로 속임'은 선을 하고 악을 제거해야 함을 알지만 마음의 발하는 바가 성실하지 못함이 있는 것이다.〔自欺云者, 知爲善以去惡, 而心之所發有未實也.〕-집주-

살펴보건대, 경문에 '앎이 지극해진 뒤에 뜻이 성실해진다.'라고 하였는데 전문(傳文)에는 이 뜻이 없다. 그러므로 주자가 장구에서 '선을 하고……안다.〔知爲善〕'의 지(知) 자를 먼저 말해서 앎을 지극히 하는 것이 뜻을 성실히 하는 것보다 먼저임을 밝힌 것이다.

○선을 하고 악을 제거해야 함만을 알기만 하고 진실로 선을 하고 악을 제거하지 못하는 것이 바로 스스로 속임이다.

모두 힘써 결단하여 버리고 구함에 반드시 얻는다.〔皆務決去而求必得之〕-집주-

퇴계계 선생이 "악은 모두 힘써 제거라고 선은 구하여 반드시 얻는다." 하였는데, 어떤 이가 말하기를, "'개(皆)' 자는 마땅히 두 구를 통합해 보아야 한다." 하였다.

○채청이 말하였다. "주자가 '개(皆)' 자를 놓은 이유는, 배우는 자가 이미 선을 하고 악을 제거해야 함을 안 뒤에도 악에 혹 아직 결단해 제거하지 못한 것이 있을 수 있고 선에 혹 반드시 얻지 못한 것이 있을 수 있기 때문에 장구에서 단지 결단하여 제거하는데 힘쓰고 반드시 얻어야 한다고만 말하지 않고 또 굳이 다시 '개' 자를 붙인 것이다."

여기에 삼가서 그 기미를 살펴야 한다.〔謹之於此, 以審其幾.〕-집주-

살펴보건대, 기미는 은미한 움직임으로 바로 한 생각이 처음 싹터 움직이는 것이다. 선과 악이 모두 여기에서 나뉘어 결정되기 때문에 이것을 잘 살펴서 성실하게 하면 곧 선이고, 이것을 잘 살펴 성실하게 하지 못하면 곧 악이다. 주자(周子)가 말한 '기미에 선악이 있다.'[36]라는 것이 이것이다. 그러므로 군자는 반드시 그 홀로를 삼가서 그 기미를 살펴야 한다.

묻기를, "앎이 지극해졌는데[37] 어찌하여 성의(誠意)에 이르러 다시 '스스로 속이지 말라.'고 말합니까?" 하니, 주자가 말하기를, "여기에 이르러야 바로 공부를 시작할 수 있다." 하였다.〔問知至了, 如何到誠意, 又說毋自欺? 朱子曰, 到這裡, 方可着手下工夫〕-소주-

살펴보건대, 알고 난 뒤에야 공부를 시작할 수 있으니 만약 알지 못한다면 애초에 공부를 할 곳이 없다.

관청의 회자(會子)를 가짜로 만드는 것이다.〔假官會〕[38]-가(假)는 주(做)

36 기미에 선악이 있다 : 주돈이(周敦頤)의 《통서(通書)》〈성기덕(誠幾德)〉 편에, "성은 함이 없으나 기미는 선악이 있다.〔誠無爲, 幾善惡.〕"라고 하였는데, 기미는 아주 은미한 움직임이지만 선과 악이 여기에서 나뉜다는 말이다.

37 앎이 지극해졌는데 : 대본에는 '知了'로 되어 있는데, 《대학장구대전》에 의거하여 '知至了'로 바로잡아 번역하였다.

38 관청의……것이다 : 이 부분에 대한 저자의 논의를 이해하기 위해 소주의 내용을 일부 소개하면 다음과 같다. "사전을 주조하거나 관청의 회자(會子)를 만드는 것 같은 것은 대단히 형편없는 소인이니 어찌 '스스로 속임'을 이르는 경우이겠는가. 이곳의 공부는 매우 세밀하여 곧장 거친 곳을 말할 수는 없다. 전후의 학자들의 설은 잘못되었다.〔如鑄私錢做官會, 此是大故無狀小人, 豈自欺之謂耶. 此處工夫極細, 未便說到粗處, 前後學者說差了.〕"

로 된 본도 있다. 소주─

송나라 때 화폐 중에 '회자(會子)'라는 것이 있는데 지금의 지폐와 같은 종류이다. 이것도 관청에서 만들고 백성이 사사로이 만드는 것을 금지하였다. 사사로이 만드는 자는 사전(私錢)을 주조하는 것과 같은 죄로 다스렸다. 그러므로 '대단히 형편없는 소인〔大故無狀小人〕'이라고 말한 것이다. '대고(大故)'는 '대단히〔大段〕'와 같다.

아래 문장 '소인이 한가로이 거처할 때에…………' 한 구절과 잘못 이어서 보았다.〔賺連下文小人閒居一節看了〕-소주─

'잠련(賺連)'은 어록체로 잘못 이어서 본다는 것이다.

○퇴계 선생이 말하였다. "잠(賺)은 물건을 사는데 실상에 맞지 않는 것이다. 또 물건을 비싸게 사는 것으로, 물건의 본래 값은 싼데 잘못해서 비싼 값으로 사는 것을 이른다. 스스로 속이는 악은 마음의 정밀하고 미미한 곳에 있으니 비유하면 싼 값의 물건이고, 한가로이 거처할 때 저지르는 악은 바로 형편없는 소인이니 비유하면 비싼 값이다. 요즘 사람이 잘못해서 '스스로 속임'을 아래 문장의 '형편없는 소인'에 연결해서 같은 경우로 보았기 때문에 스스로 속이는 것 또한 대단히 형편없는 악으로 보았으니, 마치 사람이 잘못해서 값이 싼 물건을 잡고서 그것이 비싼 물건이라고 여기고 사는 것과 같다는 말이다."

혹 이유가 있어서 한다.〔或有爲而爲之〕-소주─

살펴보건대, 이유가 있다면 이것은 남을 위하여 하는 것이지 자신을 위한 것은 아니다. 만일 이유가 있어서 한다면 그 이유가 있는 곳이 곧 성실하게 되고 본래의 선한 의도는 도리어 성실하지 않게 된다.

잠실 진씨(潛室陳氏 진식(陳埴)가 말하였다. "'경계하고 두려워함'과 '홀로를 삼감'은 두 가지의 다른 측면이다.……뭇 사람들이 듣지 못하고 보지 못하는 즈음이니, 성실함을 보존하는 공부가 이와 같은 것이다."〔戒謹恐懼與謹獨, 是兩項地頭……衆人不聞不覩之際, 存誠工夫如此.〕-소주-

살펴보건대, '경계하고 두려워함'은 바로 이 마음이 아직 발현하지 않았을 때 공경하여 마음을 보존하고 성(性)을 기르는 것이니 곧 고요할 때의 공부이고, '홀로를 삼감'은 바로 이 마음이 발현한 초기에 기미를 살피고 성찰해서 한 터럭만큼의 거짓됨도 없는 것이니 바로 움직일 때의 공부이다. 삼가고 두려워하는 것은 '천리를 보존함〔存天理〕'에 속하고 홀로를 삼가는 것은 '인욕을 막음〔遏人欲〕'에 속하니 그 의미가 저절로 같지 않다.

소인이 한가로이 거처할 때에 불선한 짓을 하되……군자는 반드시 그 홀로를 삼가는 것이다.〔小人閒居爲不善……君子必愼其獨也.〕

살펴보건대, 이것은 바로 악을 함이 중심에 성실한 경우이니 앞 문장에서 한 생각이 처음 움직이는 곳에 성실하지 못한 것이 있는 것에 비할 바가 아니다. 비록 군자를 보았을 때 그 불선함을 가리고자 하여 선을 가장해 드러내 보이더라도 전날에 악을 행한 것은 그 뜻이 이미 성실해졌고 잠시 동안 선을 가장하는 것은 그 뜻이 성실하지 않기 때문에 잠시 동안의 가장된 선이 전날의 실질적인 악을 가릴 수 없는 것이다. 남들이 자기를 볼 때에 환하여 마치 그 폐부를 보듯이 할 것이니, 비록 선을 가장하고자 하더라도 무슨 보탬이 있겠는가. 이것이 이른바 '중심에 성실하면 외면에 나타난다.〔誠於中形於外〕'는 것이다.

그러나 그 한가로이 거처할 때에 악을 함이 이르지 않는 곳이 없는 것은 반드시 한 생각이 처음 싹틀 때 성실하지 못한 데서 초래된 것이다. 그러므로 군자는 반드시 한 생각이 처음 싹트는 곳에서부터 삼가야 한다. 여기에서 말한 '홀로를 삼가는 것이다'의 '독(獨)'은 앞 문장의 '신독'과 같은 것이니, '한거(閑居)' 즉 '홀로 거처한다〔獨處〕'의 '독'은 아니다. 여기에서 거듭 말하여 앞 절의 뜻을 맺었다.

○앞에서는 뜻을 성실히 함의 공효를 말하면서 마지막에 '군자는 반드시 그 홀로를 삼가는 것이다.'라고 말하였으니, 이것은 정결(正結)이다. 여기에서는 뜻을 성실히 함의 반대를 말하면서 마지막에 '군자는 반드시 그 홀로를 삼가는 것이다.'라고 말하였으니, 이것은 반결(反結)이다.

○'중심에 성실하면 외면에 나타난다.'는 옛말인 듯하니 '이것을 일러〔此謂〕' 두 글자를 보면 알 수 있다.

○한가로이 거처할 때 불선을 함은 위의 스스로 속이지 말라는 것과 상반되고, 겸연쩍음은 위의 스스로 만족하는 것과 상반되고, 그 불선함을 가리고 그 선함을 드러냄은 위의 나쁜 냄새를 싫어하고 아름다운 용모를 좋아하는 것과 상반된다. 남이 자기를 보기를 마치 폐부를 보듯이 함은 아래의 열 손이 가리키는 바이고 열 눈이 보는 것과 호응하고, 중심에 성실하면 외면에 나타남은 아래의 부유함은 집을 윤택하게 하고 덕은 몸을 윤택하게 한다는 것과 호응한다.

○묻기를, "스스로 속이는 것과 겸연쩍게 그 불선함을 가리고 그

선함을 드러내는 따위와 분별이 있습니까?" 하자, 주자가 말하기를, "스스로 속이는 것은 단지 이치상 흠결이 있어 부족한 것이다. 9분의 의리를 얻고 1분의 사심이 섞이거나 9분이 선을 좋아하고 악을 미워하며 1분이 선을 좋아하지 않고 악을 미워하지 않음이 있으면 이것은 스스로 속이는 것이다. 겸연쩍게 불선함을 숨기고 선함을 드러내는 때에 이르러서는 더 심한 경우이니, 스스로 속이는 것에 근원하지만 또 앎이 지극하지 않은 것이다.

○주자가 말하였다. "'중심에 성실하면 외면에 나타난다.'는 《대학》에서 '악(惡)' 자와 함께 말하는 경우, 이 '성(誠)' 자는 단지 '실(實)' 자의 뜻이다. 악은 곧 천리의 본연함이 없는 것이니, 다만 실제로 그 악만 있을 뿐이다."[39]

○또 말하기를, "중심에 움직임이 있으면 이미 먼저 스스로 아니, 또한 남이 아는 것을 가릴 수 없다. 이른바 성실함은 가릴 수 없다는 것이다." 하였다.

○채청이 말하였다. "중심에 성실하면 외면에 나타나는 이치는 본래 선과 악을 겸하였다. 다만 여기서 인용한 뜻은 악을 위주로 말한 것이다. 아래 조의 장구에서도 비록 선과 악을 가릴 수 없음을 겸하여 말했지만 그 의미 역시 악을 위주로 말한 것이다."

거듭 경계하다.〔重以爲戒〕-집주-

사계가 말하였다. "《운회》에서 거성(去聲)의 중(重)이니 '두텁다〔厚〕', '거듭하다〔再〕'라고 하였다. 여기에서는 마땅히 '두텁다'의 뜻

39 주자가……뿐이다 : 《주자어류》 권16에 보인다.

으로 보아야 할 듯하다."

증자께서 말씀하셨다. "열 눈이 보는 바이며 열 손가락이 가리키는 바이니, 그 무섭구나.〔十目所視, 十手所指, 其嚴乎.〕"

주자가 말하였다. "전문(傳文)에서 간혹 증자의 말을 인용하기도 하고 또 《중용》과 《맹자》와 대부분 합치하니, 그렇다면 증씨 문인의 손에서 완성되어 자사가 맹자에게 전한 것임은 의심할 것이 없다.

○권 양촌(權陽村 권근(權近))의 《예기천견록(禮記淺見錄)》에 "여러 전문이 이미 모두 증자의 말씀인데 '열 눈이 보는 바이다.' 한 구절만 특별히 '증자왈'을 더한 것은, 여러 전문은 모두 경문을 곧바로 해석한 것일 뿐이고 오직 이 한 구절은 증자가 '홀로를 삼간다.'는 말을 인하여 특별히 본 장의 언외의 의미를 드러내어 문인을 경계시킨 것이기 때문에 문인도 특별히 '증자왈'이라고 칭하여 이를 표시해서 천만세 학자의 경책(警策)으로 삼은 것이다. 그리고 《중용》의 '숨겨진 것보다 잘 드러나는 것이 없고, 작은 일보다 잘 나타나는 것이 없다.〔莫見乎隱, 莫顯乎微.〕'의 의미와 서로 관련지어 뜻을 밝혀야 하니, 이것이 바로 자사가 증자에게서 얻음이 있는 것이다. 배우는 자는 마땅히 체념(體念)하고 깊이 성찰해야 한다." 하였다.

○살펴보건대, 혼자 있는 중에 악을 하다가 그것이 드러났을 때에 미쳐서는 남이 반드시 알며 은미한 사이에 선을 하다가 그것이 드러났을 때에 미쳐서는 남이 반드시 본다. 안에 쌓이면 반드시 밖으로 드러나니 아무리 숨기고 가리고자 하여도 열 눈이 보는 바이고 열 손이 가리키는 바여서 끝내 그 정상(情狀)에서 도망갈 수 없다. 《중용》에서 말한 '숨겨진 것보다 잘 드러나는 것이 없고 작은 일보다

잘 나타나는 것이 없다.'와 '성실함을 가릴 수 없는 것이 이와 같다.〔誠之不可掩, 如此.〕'는 것이 이것이다.

옥계 노씨(玉溪盧氏)가 말하였다. "진실한 이치는 숨고 드러남의 차이가 없다.〔實理無隱顯之間〕"-소주-

살펴보건대, 진실한 이치는 본래 숨고 드러남의 차이가 없다. 그러므로 은미한 곳에서 악을 저지르는 자가 스스로 생각하기에 사람들이 알지 못할 것이라고 여기지만 마음에 성실한 것은 자연히 밖으로 드러난다. 모든 말과 동작과 몸가짐의 사이에서 처하는 곳에 따라 드러나니, 그 환하여 가릴 수 없음이 이와 같다.

부유함은 집을 윤택하게 하고……군자는 반드시 그 뜻을 성실히 하는 것이다.〔富潤屋……故君子必誠其意.〕

살펴보건대, 윗단락의 '중심에 성실하면 외면에 나타난다.'는 것은 바로 실제로 악을 행한 공효이고, 이 단락의 '마음이 넓어지고 몸이 펴진다.'는 것은 바로 실제로 선을 행한 공효이다. 덕이 중심에 쌓이면 밖으로 몸이 윤택한 것이 마치 집안에 재물이 쌓이면 집이 밖으로 윤택한 것과 같다. 비유하자면 진주가 감춰져있으면 하천이 아름답고 옥이 묻혀있으면 산이 빛나는 것과 같다. 이미 능히 뜻을 성실히 했다면 반드시 사욕의 가림이 없어서 부끄러운 바가 없기 때문에 마음이 항상 넓고 평탄하며 몸이 항상 펴지고 편안할 것이다. 그렇다면 '마음이 넓어지고 몸이 펴짐'은 바로 뜻을 성실히 한 증거이다. 그러므로 그 아래에서 '군자는 반드시 그 뜻을 성실히 하는 것이다.'라고 맺은 것이다.

○사계 선생이 율곡 선생에게 묻기를, “뜻을 성실히 하는 것〔誠意〕과 마음을 바루는 것〔正心〕이 어떻게 다릅니까?” 하자, 다음과 같이 답하였다. “뜻을 성실히 하는 것은 진실로 선을 행하고 실제로 악을 제거함을 이른다. 마음을 바루는 것은 마음에 치우치거나 기대하거나 고집함이 없고 또 뜬생각이 일어나지 않는 것을 이른다. 마음을 바루는 것이 가장 어렵다. 예를 들어 사마온공(司馬溫公 사마광(司馬光))은 뜻을 성실히 하였지만 매양 염려로 흔들렸으니 이것은 마음을 바루지 못한 것이다. 비록 그렇지만 만약 진실로 뜻을 성실히 한다면 마음을 바루는 것과 거리가 멀지 않다. 이른바 ‘진실로 뜻을 성실히 한다.’는 것은 사물의 이치를 궁구하고 앎을 지극히 하여 이치가 밝아지고 마음이 열려 그 뜻을 성실히 하는 것을 이른다. 이것으로 말해보면 사마온공은 앎을 지극히 하는 데 정밀하지 못해 진실로 뜻을 성실히 하는 경계에 도달하지 못한 것이다.”

쌍봉 요씨가 말하였다. “앎을 지극히 하는 것은 ‘지(知)’에 속하고 뜻을 성실히 하는 것은 ‘행(行)’에 속한다.……뜻을 성실히 하는 것은 단지 마음을 바루는 요점이 될 뿐만이 아니라 몸을 닦는 것에서부터 천하를 고르게 하는 것에 이르기까지 모두 이것을 요점으로 한다.〔致知屬知, 誠意屬行……誠意不特爲正心之要, 自修身至平天下, 皆以此爲要.〕”-소주-

살펴보건대, 《대학》의 조목에 여덟 개가 있는데 여섯 개의 전으로 나누고 매 전마다 모두 두 가지 일을 이어서 말했는데 유독 성의(誠意) 장만 한 가지 일을 들어서 말해 ‘앎이 지극해진 뒤에 뜻이 성실해진다.〔知至而后意誠〕’[40]는 뜻이 없다. 그러므로 주자가 여기에서 특별히 경문의 '그 뜻을 성실히 하고자 하는 자는 먼저 그 앎을 지극히 한다.〔欲誠其意先致其知〕'와 '앎이 지극해진 뒤에 뜻이 성실해 진다.' 는 뜻을 추론하고 연역해서 별도로 하나의 주(註)를 만들어 장(章) 뒤에 붙이면서 '이 장은 앞 장을 이어 통합해 고찰해야 한다.'고 말하였다. 정심(正心) 장에 이르러서는 비록 마음을 바루는 것과 몸을 닦는 것, 두 가지 일을 말했지만 역시 '뜻을 성실히 한 뒤에 마음을 바룬다.〔意誠而后心正〕'는 뜻이 없기 때문에 주자가 다시 장 뒤에 '이것 또한 앞 장을 이은 것이다.'라고 말하였다.

'뜻이 성실해지면 참으로 악이 없고 진실로 선이 있을 것이니, 이 때문에 능히 이 마음을 보존하여 …….'라고 한 것은, 8조목 공부가 모두 순서가 있어서 서로 연결되어 끊이지 않고 서로 의존해 모순되지 않는다는 뜻을 보여 전문에서 밝히지 못한 뜻을 보충한 것이니, 바로 이른바 '순서를 어지럽혀서도 안 되고 공부를 빠뜨려서도 안 된다.'는 것이다.

그렇다면 이 두 장이 비록 '사물의 이치를 궁구하고 앎을 지극히 한 후에 뜻이 성실해진다.〔格致而后意誠〕'는 것과 '뜻이 성실해진 뒤에 마음이 바루어진다.〔意誠而后心正〕'는 일을 이어서 말하지는 않았지만 주자의 집주의 설이 충분히 경문의 말을 근거해서 전문의 뜻을 밝혔는데, 요씨는 이것이 지와 행, 두 가지 일로 이어지지 않는다는 설과[41] 뜻을 성실히 하는 것이 단지 마음을 바루는 요점이 될

40 앎이……성실해 진다 : 대본에는 '知至而后誠意'로 되어 있는데, 《대학장구》에 의거하여 '誠意'을 '意誠'으로 바로잡아 번역하였다.

41 지와……설과 : 이 부분을 이해하기 위해 생략된 요씨의 말을 소개하면 다음과

뿐만이 아니라는 설을 만들었으니, 이것은 그 본의를 잃음을 면치 못할 듯하다.

만일 정말로 요씨의 설과 같다면 경문에서 어찌하여 '그 뜻을 성실히 하고자 하는 자는 먼저 그 앎을 지극히 한다.'라고 하고 '앎이 지극한 뒤에 뜻이 성실해진다.'라고 하며, '그 마음을 바루고자 하는 자는 먼저 그 뜻을 성실히 한다.'라고 하고 '뜻이 성실해진 뒤에 마음이 바루어진다.'라고 하는 등 단락마다 이어서 말하였겠는가. 이로써 보면 요씨의 설은 경문 및 주자의 설과는 서로 어긋나서 결국 병통이 있게 되고 말았다. 어떠한지 모르겠다.

몸과 마음의 밝음에 미진한 바가 있으면 그 발현하는 바에 반드시 실제로 그 힘을 쓰지 못함이 있다.〔心體之明, 有所未盡, 則其所發, 必有不能實用其力.〕-집주-

살펴보건대, 몸과 마음의 밝음에 미진한 바가 있다는 것은 바로 앎이 지극하지 못한 것이고, 발현하는 바에 반드시 실제로 그 힘을 쓰지 못함이 있다는 것은 바로 뜻이 성실하지 못한 것이다.

그러나 혹 이미 밝게 알았다 하더라도 이것을 삼가지 않으면〔然或已明而不謹乎此〕-집주-

같다. "지와 행은 결국 두 가지 일로 마땅히 각각 따로 힘을 써야 하니, 알게 되면 곧 자연히 행할 수 있다고 말할 수 없다. 그러므로 '성의' 장은 '치지' 장과 이어지지 않는다.〔知行畢竟是二事, 當各自用力, 不可謂知了, 便自然能行. 所以誠意章, 不連致知.〕"

살펴보건대, 이것은 앎이 비록 이미 지극해졌더라도 만약 뜻을 성실히 하는 데에 삼감을 다하지 않는다면 마음이 발현하는 바에 반드시 성실하지 못함이 있음을 말한 것이다. 여기의 '근(謹)' 자는 위의 '근독(謹獨)'에서 온 것이다.

덕에 나아가는 기초로 삼을 수가 없다.〔無以爲進德之基〕-집주-

살펴보건대, 이른바 '진덕지기(進德之基)'는 혹자는 '덕에 나아가는 기초이다.'라고 말하기도 하고 혹자는 '그 덕을 진전하는 기초이다.'라고 말하기도 한다. '덕에 나아간다.'고 할 때 나아감은 바로 내가 스스로 덕에 나아가는 것이니, 그 나아감이 나에게 있다. 이 경우 여기에서부터 저기까지라는 뜻이 있다. '그 덕을 진전시킨다.'고 할 때 이것은 내가 능히 그 덕을 진전시킴이니 그 나아감이 덕에 있다. 이 경우 넓혀서 확대한다는 뜻이 있다. 두 설 중에 어느 것이 옳은지 모르겠다. 다만 여기에서 말하는 '덕'은 곧 위의 '밝은 덕'이니, '덕을 진전시킨다.'는 것이 위의 '밝은 덕을 밝힌다.'는 것과 말의 의미가 서로 비슷하다. 뒤의 설이 나은 듯하다.

위는 전 6장이니, '뜻을 성실히 함〔誠意〕'을 풀이하였다.

후재집

제23권

차기 대학
箚記 大學

차기 대학 箚記 大學

전 7장
傳七章

이른바 몸을 닦음이 그 마음을 바룸에 있다는 것은……그 바름을 얻지 못한다.〔所謂脩身在正其心……不得其正.〕

살펴보건대, 노여움과 두려움과 좋아함과 근심함은 바로 칠정(七情)이니 모두 마음의 작용이다. 사람에게 없을 수 없는 것일 뿐 아니라 또한 없어서도 안 되는 것이다. 다만 그것이 병통이 되는 것은 모두 '유소(有所)' 두 글자 위에 있다. '유소'는 바로 사물에 매여 있다는 뜻이다. 예를 들어 이 마음이 노여움에 매여 있으면 마음이 곧 노여움에 의해 동요해서 이에 마음이 그 바름을 잃게 되고, 두려움에 매여 있으면 마음이 곧 두려움에 의해 동요해서 이에 마음이 그 바름을 잃게 된다. 좋아함과 근심함도 마찬가지이다. 여기에서 단지 마음이 바름을 얻지 못하는 병통만 말하고 그 마음을 바루는 일을 말하지 않은 것은 어째서인가? 아마 마음이 바르지 못한 병통을 말해서 마음을 바루지 않아서는 안 된다는 뜻을 보인 것인 듯하다.

○네 가지가 비록 사람에게 없을 수 없는 것이지만 '유소(有所)'한 경우에는 모두 발현하여 절도에 맞지 않는 것이기 때문에 네 번의

'유소' 다음에 매번 '그 바름을 얻지 못한다.〔不得其正〕'라는 네 글자를 말하였다. 마음이 이미 바르지 못하면 그 몸을 검속할 수 없기 때문에 아랫단락에 '보아도 보이지 않으며 들어도 들리지 않으며 먹어도 그 맛을 알지 못한다.'고 말한 것이다. 보고 듣고 말하고 움직이고 먹고 맛보는 것은 모두 몸을 닦는 일이다. 만약 보아도 보이지 않고 들어도 들리지 않고 먹어도 맛을 알지 못한다면 어떻게 그 몸을 검속하겠는가.

○뜻이 성실하지 못하면 악을 하기에 쉬우니, 이것이 마음을 바루는 자가 반드시 뜻을 성실히 하는 것을 먼저 하는 이유이다. 마음이 바르지 못하면 약간의 치우친 곳이 있음을 면치 못하니, 이것이 뜻을 성실히 하는 자가 또 반드시 마음을 바루어야 하는 이유이다. 약간의 치우친 곳이 있으면 비록 반드시 악을 하지는 않지만 이 또한 바르지 못함이 됨을 면치 못한다. 그러므로 반드시 꼭 뜻이 성실해지면 마음이 바르게 된다는 것은 대강령의 말이고, 뜻이 이미 성실해졌는데 다시 마음을 바룸을 하는 것은 그 사이에 세밀한 절목이 있는 것이다.

○뜻이 이미 성실해졌다면 진실로 이미 성실한 경지에 도달한 것이지만, 마음에 혹 치우치는 병통이 있기 때문에 이 네 가지 병통이 있음을 면하지 못한 것이다. 예를 들어 사람이 막 화가 나면 비록 기뻐할 만한 일이 눈앞에 도래하여도 알지 못하고, 막 기쁘면 비록 근심할 만한 일이 눈앞에 도래하여도 알지 못하니, 이 때문에 응하면 곧 잘못되는 것이다. 이것은 모두 치우치는 병통으로 '유소(有所)'의 문제이다. 마음이 어떻게 그 바름을 얻을 수 있는가? 기뻐해야 할 때 기뻐하고 다 기뻐하고 나면 그 마음이 곧 평안해져야 하며, 마땅

히 노여워해야 할 때 노여워하고 다 노여워하고 나면 그 마음이 곧 평안해져야 한다. 기쁨과 노여움과 근심과 두려움이 각각 그칠 바를 얻어서 내가 관여하는 바가 없어야 비로소 그 바름을 얻음이 되니, 이른바 '거울이 사물을 비춤에 고움과 추함이 저 사물에 있으니 자신은 무슨 상관이 있겠는가.'[1]라는 것이다.

하나라도 가지고 있으면서 살피지 못하면〔一有之而不能察〕-집주-

퇴계 선생이 말하였다. "'일유지이불능찰(一有之而不能察)'의 '일(一)'은 곧 네 가지 중의 하나이고, '유(有)'는 곧 사물이 왔을 때 기뻐할 만하거나 노여워할 만함이 있는 것이다. 기뻐할 만하거나 노여워할 만한 사물 하나가 있는데도 살피지 않아서 욕심이 동하고 정(情)이 승하게 되면 이 마음의 작용이 비로소 얽매이는 바가 있어 그 바름을 얻을 수 없게 된다. '유지(有之)' 두 글자는 '……하는 바가 있으면〔有所〕'의 뜻을 훈석한 것이 아니다."

○사계 선생이 말하였다. "'일유지(一有之)'란 '조금이라도 가지고 있으면'이라는 말이다. 마음의 본체는 허명(虛明)하여 깨끗한 거울이나 고요한 물과 같고, 기쁨과 노여움과 근심과 두려움이 이르러 오는 것은 마치 뜬구름이 허공을 지나는 것과 같으니 조금이라도 가지고 있게 해서는 안 되는 것이다. '유지(有之)'는 곧 '유소(有所)'의 뜻을 훈석한 것이다. 이 네 가지는 사람에게 있어서 모두 없을 수 없는 것이지만 조금이라도 가지고 있으면서 그 사이에서 자세히 살피지 못하면 욕심이 동하고 정이 승해서 그 바름을 얻지 못하게

1 거울이……있겠는가 : 《논어집주》 〈옹야(雍也)〉 2장의 집주 내용이다.

된다는 말이다.

'일유지(一有之)'라는 표현은 다른 책에 보이는 것이 한둘이 아니다. 《중용》 20장의 집주에 '조금이라도 성실하지 못함이 있으면 인욕이 끼어든다.〔一有不誠, 則人欲間之.〕' 하였고, 또 '조금이라도 성실하지 못함이 있으면 이 구경(九經)이 모두 공허한 글이 된다.〔一有不誠, 則是九者皆爲虛文.〕' 하였고, 25장의 집주에 '사람의 마음이 조금이라도 성실하지 못함이 있으면 비록 행하는 바가 있을지라도 없는 것과 같다.〔人之心一有不實, 則雖有所爲, 亦如無有.〕' 하였고, 《중용혹문(中庸或問)》에 또 '조금이라도 지극하지 못함이 있으면 이른바 떠날 수 없는 것이……〔一有不至, 則所謂不可離者.〕'라고 하였으니, 이 네 가지는 모두 '조금이라도 있으면'이라는 뜻이다. 오직 《대학집주》 〈서문〉의 '한 사람이라도 총명하고 지혜로워 그 본성을 다한 자가 있으면〔一有聰明睿智能盡其性〕'이라는 말이 퇴계의 설에 가깝다. 그러나 위 네 곳에서 말한 뜻으로 미루어 보면 '행여〔幸〕'의 뜻으로 보는 것이 옳을 것 같다. 《중용》과 《대학》에 보이는 몇 곳의 말로 살펴보면, 마땅히 '조금이라도 있으면〔少有〕', '행여 있으면〔幸有〕', '혹시라도 있으면〔或有〕'이라는 뜻으로 보는 것이 의심이 없을 것 같다. 노선생(老先生)께 나아가 바로잡지 못한 것이 한스럽다."[2]

2 일유지(一有之)란……한스럽다 : 《대학장구집주》에서 주자가 말한 '일유지(一有之)'에 대해 퇴계는 경문에서 말한 분치(忿懥), 공구(恐懼), 호요(好樂), 우환(憂患) 등 네 가지 갈래의 감정 중 하나가 있다는 뜻으로 보아, 경문의 '유소(有所)'에 해당하는 훈석이 아니라고 보았다. 이에 반해 사계는 경문의 '유소분치(有所忿懥)', '유소공구(有所恐懼)', '유소호요(有所好樂)', '유소우환(有所憂患)'의 '유소(有所)'를 훈석한 것으로 보아 네 가지 감정 중 어느 것이든 그것이 '조금이라도 있으면'으로 이해해 퇴계의 설에

욕심이 동하고 정이 승해서……혹 그 바름을 잃지 않을 수 없을 것이다.〔欲動情勝……或不能不失其正矣.〕-집주(集註)-

살펴보건대, 네 가지는 마음이 발현하여 사물에 따르고 반응하는 것이니 발현하여 절도에 맞으면 곧 그 바름을 얻게 된다. 다만 마음은 동하기 쉽고 제어하기 어려우며 정은 성하기 쉽고 막기 어려우니, 만일 혹 그러한 바가 있으면서도 성찰의 공부를 하지 못함이 있으면 욕심이 동하고 정이 승해서 마음이 그것에 이끌려가게 될 것이다. 그렇게 되면 곧 그 바름을 잃게 된다.

○'혹'이라는 말은 모두 의심해서 확정하지 않는 말이니 반드시 그렇지는 않다는 뜻이다. 지금 네 가지에 대해서 하나라도 성찰하지 못함이 있어서 욕심이 동하고 정이 승한 상태에 이르게 되면 그 바름을 잃는 것은 필연적이다. 그런데 장구에서 '혹 그 바름을 잃지 않을 수 없을 것이다.'라고 말한 것은 어째서인가?

내 생각에 여기서 '혹(或)' 자는 윗글의 '하나라고 있으면〔一有〕'의 일(一) 자와 호응하고 있는 듯하다. '하나라도 있으면'이라는 것은 분노와 두려움과 좋아함과 근심함 네 가지 중에 하나가 있다는 것이다.-바로 퇴계의 뜻이다.- 그렇다면 여기서 말하는 '혹'은 네 가지가 혹 바르거나 혹 바름을 잃음을 말하는 것이 아니다. 네 가지 중에 하나가 있는데도 성찰하지 않으면 혹 분노하고 혹 두려워하고 혹 좋아하고 혹 근심해서 그 바름을 잃지 않을 수 없음을 말하는 것이다. 지난번에 들으니 우암(尤庵)께서 여기의 '혹' 자의 뜻을 끌어다 '욕동정승

의문을 제기한 것이다. 네 가지 감정 구분의 대략을 언급한 퇴계의 설에 비해 사계의 설은 네 가지 감정의 정도를 문제 삼고 있다.

(欲動情勝)' 위에다 두고 싶어 했다고 한다. 이것은 《대학혹문》에서 말한 '응함에 혹 잃음이 없을 수 없다.〔應之或不能無失〕'의 '혹' 자에 근원한 듯하다.[3] 그러나 어떤지 잘 모르겠다.

○노여워함과 두려워함과 좋아함과 근심함은 모두 마음의 작용이니 발현하여 절도에 맞으면 네 가지가 반드시 그 바름을 얻을 것이다. 만일 혹 성찰하지 않아서 욕심이 동하고 정이 승한 데에 이르게 되면 네 가지가 혹 그 바름을 잃지 않을 수 없다. 지금 '혹 그 바름을 잃는다.'는 것을 '반드시 그 바름을 얻을 것이다.'의 상대로 보면 '혹' 자의 의미를 밝힐 수 있다. 그러나 이것도 어떤지 잘 모르겠다.

○주자의 《우계현학기(尤溪縣學記)》에 "하늘이 이 사람을 내실 적에 인의예지의 본성을 주셔서 군신과 부자와 형제와 붕우의 인륜이 있게 하셨으니, 이른바 '백성이 지닌 떳떳함〔民彝〕'이다. 그러나 품부 받은 기질이 순수한 때와 한결같을 수 없다. 때문에 욕심이 동하고 정이 승하면 혹 빠지고서도 스스로 알지 못한다." 하였다.

3 이것은……듯하다 : 이 부분의 《대학혹문》의 내용은 다음과 같다. "사물이 이르렀을 때 성찰하지 못함이 있어서 응함에 이미 혹 잃음이 없을 수 없고 또 함께 가지 않을 수 없다면, 기쁨과 노여움과 근심과 두려움이 반드시 중심에서 움직여서 이 마음의 작용이 비로소 그 바름을 얻지 못함이 있는 것이다. 전문의 뜻은, 마음이 사물에 응하면 곧장 그 바름을 잃게 되어 반드시 고목이나 식은 재처럼 된 뒤에야 그 바름을 얻는다는 뜻이 절대로 아니다.〔唯其事物之來, 有所不察, 應之旣或不能無失, 且又不能不與俱往, 則其喜怒憂懼, 必有動乎中者, 而此心之用, 始有不得其正者耳. 傳者之意, 固非以心之應物, 便爲不得其正, 而必如槁木死灰, 然後乃爲得其正也.〕" 이를 통해 보면, 저자는 집주의 '혹불능불실기정(或不能不失其正)'을 외물과의 접촉에서 성찰이 부족하면 네 가지 감정에 의해 혹 마음이 바름을 잃는 경우가 있다는 혹문의 내용을 근거하여 이해하고 있다.

○살펴보건대, '혹 빠지다'와 '혹 그 바름을 잃지 않을 수 없다'는 그 의미가 같다.

○사계 선생이 말하였다. "사람이 욕심이 동하고 정이 승하면 행하는 바가 그 바름을 잃는 것은 필연적이다. 집주의 '혹'자는 자세히 알지 못하겠다. 율곡 선생께서 '혹자는 정말로 의심스럽다.'라고 하였다."

○정 우복(鄭愚伏 정경세(鄭經世))이 말하였다. "여기서의 '욕(欲)'자는 사욕의 욕이 아니라 단지 지향하는 뜻이 있다는 것이니, 《맹자》의 이른바 '마음을 기르는 것은 욕심을 적게 하는 것보다 좋은 것이 없다.〔養心莫善於寡欲〕'[4]의 '욕'과 같다. 이미 진실과 거짓의 관문을 통과해서 이러한 경지에 도달했다면 어찌 사욕과 악념이 마음을 해칠 걱정이 있겠는가. 이장의 뜻은 다만 느끼고 응하는 것에 따라 함께 가지 않고 항상 마음에 하나의 사물도 없게 하고자 하는 것이다. 병통은 비교적 가볍고 공부는 비교적 정미해서 쉽게 말할 수 없다. 노선생이 혹 자를 놓은 것은 매우 온당하니 의심해서는 안 될 듯하다."[5]

○사계 선생이 말하였다. "정경임(鄭景任)의 설은 옳지 않다. '욕심이 적다.〔寡欲〕'의 '욕'은 없어서는 안 되고 '욕심이 동하고 정이 승하다.〔欲動情勝〕'의 '욕은' 있어서는 안 되니, 두 가지를 나란히 놓고

4 마음을……없다 : 대본에는 '莫先於寡欲'으로 되어 있는데, 《맹자》 〈진심 하(盡心下)〉에 의거하여 "莫善於寡欲"으로 바로잡아 번역하였다.

5 여기서의……듯하다 : 이 논의는 위의 사계의 질문에 대한 답으로, 《우복선생문집(愚伏先生文集)》 권14 〈김사계경서의문변론(金沙溪經書疑問辨論)〉에 실려 있다.

같이 보아서는 안 된다. 조금이라도 있어서 이미 병통이 생기는 근원이 된 때부터 욕심이 동하고 정이 승하게 된 뒤에 이르면 마음의 병이 깊은 것이다. 어찌 그 작용이 행하 는 바가 그 바름을 잃지 않음이 있겠는가."

운봉 호씨(雲峯 胡氏)가 말하였다. "마음의 본체는 바르지 않음이 없으니, 이른바 '마음을 바룬다.'는 것은 그 마음의 작용을 바루는 것일 뿐이다.……'그 마음을 바룸에 있다.'와 '그 바름을 얻지 못한다.'는 본체와 작용으로 구분된다.〔心之體無不正, 所謂正心者, 正其心之用爾……曰正其曰其正, 自分體用.〕"[6] -소주(小註)-

살펴보건대, 호씨의 이 설은 문제점이 있는 듯하다. 이 마음이 고요히 움직이지 않을 때에 그 본체는 원래 허령하고 환하여 마치 거울이 비어 있고 저울이 수평을 유지하고 있는 것과 같으니 이때에는 단지 조존(操存)과 함양(涵養)을 할 뿐이지 애초에 바룰 일이 없다. 감응하여 마침내 통하는 때에 미쳐서는 그 작용이 또 모두 절도에 맞아 어긋나지 않으면 또한 어찌 그 바름을 얻지 못할 것이 있겠는가. 다만 사물이 와서 감응하는 때에 그 기미를 성찰하지 못해 도리어 그것에 동요되어 마침내 함께 휩쓸려가기 때문에 기쁘고 노여운 바

6 마음의……구분된다 : 아래 논의를 이해하기 위해 중간에 생략된 부분을 소개하면 다음과 같다. "'그 마음을 바룸에 있다.'에서 '정(正)' 자는 바루는 공부를 말하니, 마음의 작용이 혹 바르지 않음이 있으면 바루지 않아서는 안 됨을 이른 것이다. '그 바름을 얻지 못한다.'에서 '정' 자는 마음의 본체를 말하니, 본체는 바르지 않음이 없으되 사람이 스스로 그것을 잃는 것이다.〔在正其心, 此正字, 是說正之之工夫. 蓋謂心之用或有不正, 不可不正之也. 不得其正, 此正字, 是說心之體. 本無不正, 而人自失之者也.〕"

가 있거나 근심하고 두려워하는 바가 있는 경우가 생겨서 마음의 작용이 비로소 그 바름을 얻지 못하는 것이다. 이미 그러한 바가 있어서 마음이 그 바름을 얻지 못함이 있기 때문에 그 마음을 바루는 공부가 있지 않아서는 안 된다. 그렇다면 이른바 '그 마음을 바룸에 있다.'는 것은 그 마음의 본체를 바룸을 이르는 것이 아니라 바로 그 마음의 작용을 바루는 것이고, 이른바 '그 바름을 얻지 못한다.'는 것은 마음의 본체가 그 바름을 얻지 못하는 것이 아니라 바로 마음의 작용이 그 바름을 얻지 못하는 것이다.

마음의 작용이 그 바름을 얻지 못함과 마음의 작용을 바룸이 그 바름을 얻지 못함은 비록 같지 않음이 있지만 마음의 작용이 된다는 점에서는 다름이 없다. 지금 호씨가 '그 마음을 바룸에 있다.〔在正其心〕'의 '정기(正其)'와 '그 바름을 얻지 못한다.〔不得其正〕'의 '기정(其正)'을 마음의 본체와 작용으로 나누어 소속시켰으니, 전문(傳文)의 본의와 서로 어긋나는 것은 아닌가.

더구나 전문에서 '기쁨과 노여움과 근심과 두려움'을 말했으니, 기쁨과 노여움과 근심과 두려움은 마음의 작용이 아닌가. 다만 그 작용에 그러한 바가 있는 병통이 있음을 연유하여 이에 마음이 그 바름을 얻지 못한 것이다. 그렇다면 '기정(其正)' 두 글자는 작용을 가리켜 말한 것이 아니겠는가. 그 바름을 얻지 못한 곳에 나아가 곧 바루는 공부를 착수해서 바르게 한다면 이른바 '바룬다'는 것은 그 작용이 그 바름을 잃을 것을 바루는 것이다. 그렇다면 '정기(正其)' 두 글자 역시 그 작용을 가리켜 말한 것이 아니겠는가. 그러므로 장구에서 '그 작용이 행하는 바가 혹 바름을 잃지 않을 수 없다.'고 한 것이다. 호씨가 말한 '마음의 본체는 본래 바르지 않음이 없는데 사람이 스스로 그것을 잃는 것이다.'라는 것은 그 말이 또한 좋다. 그 뜻은 마음의 본체는 본래 바르지 않음이 없는데 그것이 발현하여 작용함에 이르러서 사람이 스스로 본체의 바름을 잃는다는 말이니, 여기에 불가한 점은 없다. 다만 '기정(其正)'과 '정기(正其)'를 본체와 작용으로 나누어 소속시킨 것은 본문의 뜻을 잃은 듯하다.

마음이 있지 않으면……먹어도 그 맛을 알지 못한다.〔心不在焉……食而不知其味.〕

살펴보건대, 이것은 기쁘고 노여운 바가 있고 두려워하는 바가 있다는 윗단락을 이어 말한 것이다. 사람 마음이 이미 하는 바가 있어서 사물에 얽매이면〔係着〕 이 마음이 곧 저쪽에 있고 여기에 있지 않게 된다. 그러므로 보아도 마음이 보는 데에 있지 않기 때문에 보지 않고, 들어도 마음에 듣는 데에 있지 않기 때문에 듣지 않고, 먹어도 마음이 먹는 데에 있지 않기 때문에 맛을 알지 못하는 것이다. 윗단락의 '하는 바가 있다.〔有所〕'는 마음을 두는 병통이고, 이 단락의 '있지 않다.〔不在〕'는 마음이 없는 병통이다. 그러나 그 실상은 마음을 두는 이 병통이 있기 때문에 마음이 없는 이 병통이 있는 것일 뿐이다.

사람의 마음은 한 터럭만큼도 얽매임이 있어서는 안 된다. 한 터럭만큼의 얽매임이라도 있으면 마음은 곧 저 사물에 있게 되니 비록 다른 일이 면전에 다가와도 알지 못한다. 이와 같으면 이 몸에 주인이 없어서 단지 한 덩이의 피와 살로, 앎도 느낌도 없는 빈껍데기일 뿐이다. 비록 태산이 앞에 있더라도 눈을 부릅떠도 볼 수 없고, 우레와 벼락이 앞을 지나가더라도 귀를 잡아끌어도 듣지 못하고, 팔진미가 앞에 나열해있더라도 입에 넣어도 그 맛을 알지 못한다. 이것은 윗단락의 마음을 둔 병통이 전환하여 아랫단락의 마음이 없는 병통이 된 것이다.

두보의 〈만성(漫成)〉 시에 "얼굴 들어 새를 보기 탐하느라, 머리 돌려 사람 응대 잘못하였네.〔仰面貪看鳥, 回頭錯應人.〕"라고 하였는데, 이것은 마음이 새에 있고 사람에게 있지 않음을 말한 것이다. 이 마음이 새에 있으면 '그러한 바가 있음〔有所〕'이 되어 사람에게는 '있지 않음〔不在〕'이 된다. 마음이 이미 이와 같다면 어떻게 수렴하고 신칙해서 그 몸을 닦겠는가. 그러므로 군자는 반드시 이것을 살펴서 뜻을 성실히 하고 난 후 다시 마음을 바루고 마음을 바루고 난 후 다시 몸을 닦아 안과 밖이 번갈아가며 닦여지게 해서 몸과 마음이 모두 바르게 해야 한다.

○벗 김숙함(金叔涵 김재해(金載海))은 '그러한 바가 있음〔有所〕'을 기발(旣發) 후의 병통으로 보았고 '있지 않음〔不在〕'을 미발(未發) 전의 병통으로 여겼다. 그러나 미발 전에 어찌 병통이 있겠는가. 그의 말이 크게 문제가 있으니 전문(傳文)의 본의를 완전히 잃었다.

마음이 보존되지 못함이 있으면 그 몸을 검속할 수 없다.〔心有不存則無以檢其身〕-집주-

살펴보건대, 마음은 한 몸의 주재(主宰)이다. 마음이 만일 보존되지 못하면 혹 응대하는 즈음에 어둡거나 잘못되기도 하고 혹 신체 바깥으로 날아가거나 달아나기도 한다. 이 몸에 주인이 없기 때문에 그 몸을 검속할 수 없는 것이다. 마음을 보존하는 요점은 단지 '경(敬)' 한 글자에 달려있으니, 만약 경을 하여 마음을 보존할 수 있으면 몸은 곧 주인이 있게 되어 닦여지지 않음이 없을 것이다.

반드시 이를 살펴서 경을 하여 마음을 곧게 한다.〔必察乎此而敬以直之〕-집주-

퇴계 선생은 "'차(此)' 자는 있지 않음〔不在〕의 병통을 가리킨 것이다." 하였다.

○율곡 선생은 "'차' 자는 마음을 가리켜 말한 것이다." 하였다.

○우복(愚伏 정경세(鄭經世))은 "'차' 자는 바로 윗문장을 가리킨 것이다. 만일 마음을 가리켜 말한 것이라고 한다면 너무 군색할 듯하다." 하였다.

이것을 일러 몸을 닦음이 그 마음을 바룸에 있다고 하는 것이다.〔此謂脩身在正其心〕

살펴보건대, 정심수신(正心修身) 장 이하의 전문(傳文)은 모두 두 가지 일을 겸하여 말하였다. 그러나 반드시 그 근본과 처음은 무겁게 말하고 말단과 끝은 가볍게 말했기 때문에 '정심수신' 장에서는 마음이 바루어진 뒤에 몸이 닦여짐을 말하면서 마음을 바루는 것을 말한 것이 대부분을 차지하고, 수신제가(修身齊家) 장에서는 몸이 닦여진 뒤에 집이 가지런해짐을 말하면서 몸을 닦음을 말한 것이 대부분을 차지한다. 아래도 모두 이와 같다.

○명명덕(明明德) 장부터 치국평천하(治國平天下) 장까지 전문은 대체로 모두 그 일의 공부와 공효를 말하였는데, 정심수신(正心修身) 장과 수신제가(修身齊家) 장 두 장에서는 도리어 마음이 바르지 않음〔心不正〕과 몸이 닦여지지 않음〔身不脩〕과 집이 가지런하지 않

음〔家不齊〕의 뜻만 말했을 뿐 공부와 공효에 대해서 한마디도 말하지 않은 것은 어째서인가?

혹 공부는 이미 그 전 '성의(誠意)' 장에서 보이고 공효는 또 아래 '치국평천하(治國平天下)' 장에서 보이기 때문에 말하지 않은 것은 아닌가? 아니면 단지 마음을 바루고 몸을 닦고 집을 가지런히 하는 일만 말해서 마음을 바루고 몸을 닦고 집을 가지런히 하지 않아서는 안 되는 뜻을 보인 것인가? 어떤 이가 말하기를, "바루고 닦고 가지런히 하지 못한 공효가 비록 능히 바루고 닦고 가지런히 한 공효와 서로 반대가 되지만 그것이 공효가 됨은 한가지이니, 이 두 장도 공효를 말하지 않은 것은 아니다." 하였다.

○이미 마음을 바루고 나서 다시 몸을 닦지 않아서는 안 된다. 마음이 비록 광명정대하여도 만약 몸이 닦여지지 않아서 게으르고 방임하면 안과 밖이 확연하게 둘로 나뉘어 몸과 마음이 서로 관섭하지 않아 끝내는 불가의 미치광이에 제멋대로인 것과 다름이 없게 된다. 불가는 단지 마음공부에만 힘쓰고 몸은 썩은 집이나 빈껍데기로 여겨 두엄과 같이 본다. 불가서에 '몸은 똥통이다.'라는 것이 이것이다. 그러므로 결국에는 미치광이에 제멋대로인 지경에 이르고 말 것이다. 이것이 군자가 마음을 바루고 나서 다시 몸을 닦지 않아서는 안 되는 이유이다.

위는 전 7장이니, '마음을 바룸〔正心〕'과 '몸을 닦음〔修身〕'을 해석하였다.

전 8장
傳八章

이른바 그 집안을 가지런히 함이 몸을 닦음에 있다는 것은……그의 아름다움을 아는 자가 천하에 적은 것이다.〔所謂齊其家在脩其身者……知其美者天下鮮矣.〕

살펴보건대, 이장에서 문장을 만든 주지(主旨)는 윗장과 대체로 비슷하다. 친애하고 경멸하고 존경하고 불쌍히 여기고 오만하게 구는 다섯 가지는 본래 당연한 법칙이 있다. 그러나 사람의 상정이 이 다섯 가지에 대해 하나라도 향하는 바가 있는데 살피지 않으면 사람을 대하고 사물을 접하는 즈음에 이미 좋아하고 싫어함의 바름을 잃게 되어 곧 한쪽으로 떨어져버린다. 그것이 병통이 되는 까닭은 단지 다섯 개의 '벽(辟)' 자에 있으니, 편벽되면 몸이 닦이지 않을 것이다. 몸이 닦이지 않으면 집안이 가지런해 질 수 없다. 내 몸이 이미 닦여져 한 터럭만큼의 편파적인 사(私)가 없는 뒤에야 비로소 한 집안의 표준이 될 수 있어서 능히 그 밝은 덕을 한 집안에 밝힐 수 있다. 지금 만약 다섯 가지의 치우침에 가리어서 이 몸이 한 편에 빠진다면 어찌 다른 사람의 모범이 되어 능히 그 밝은 덕을 한 집안에 밝힐 수 있겠는가.

○'지기소(之其所)' 세 글자에서 몸이 사물과 접촉하는 뜻을 볼 수 있다. '편벽함'에 이르면 그 병통은 또 마음에 있는 것이다.

○친애하고 존경하고 불쌍히 여기는 세 가지는 좋아하는 사람을 가리켜 말한 것이고, 경멸하고 오만하게 구는 두 가지는 싫어하는 사람

을 가리켜 말한 것이다. 그렇다면 친해하는 등의 다섯 가지는 '호오(好惡)' 두 글자를 벗어나지 않는다. 그러므로 아래 문장에서 좋아하면서 그의 나쁨을 알며 싫어하면서도 그의 아름다움을 안다는 두 구로 맺은 것이다. 좋아하면서 그의 나쁨을 아는 것은 친애하여 편벽되는 것과 서로 반대가 되고, 싫어하면서 그의 아름다움을 아는 것은 경멸하여 편벽되는 것과 서로 반대가 된다.

○'그 친애하는 바에 편벽됨' 이하 다섯 가지는 몸을 닦음에 얽매인 병통을 말하면서 전적으로 남을 상대하는 것에 나아가 말한 것이니, 몸에서부터 미루어 집안에 미치는 것으로 말했기 때문이다.

○주자가 말하였다. "분려(忿懥) 등은 마음의 측면에서 이해하고, 친애(親愛) 등은 일의 측면에서 이해해야한다. 마음의 측면에서 이해해야 하는 것들은 치우친 생각에서 보이고, 사물의 측면에서 이해해야 하는 것들은 잘못된 일에서 보인다."[7]

○'수신제가(修身齊家)' 장에서 수신을 말하지 않은 것은 어째서인가? 주자가 말하였다. "좋아해서 그의 나쁨을 알지 못하고 싫어해서 그의 아름다움을 알지 못하는 것은 좋아함을 싫어함으로 여기고 굽음을 곧음이라 하니 몸을 닦는다고 이를 수 있는가."

○채청(蔡淸)이 말하였다. "이 단락은 집안에 나아가 말한 것이 아니다. 오씨(吳氏)는 친애 등의 다섯 가지는 모두 집안에서 시행하는 것이라고 하였는데, 그르다. 단지 몸이 사물과 접촉할 때를 일반적

7 분려(忿懥)……보인다 : 《주자어류(朱子語類)》 16권에 보인다. '분려(忿懥) 등'은 전 7장에서 언급한 네 가지 '유소(有所)'를 가리키고 '친애(親愛) 등'은 이곳의 다섯 가지 '벽(辟)'을 말한다.

으로 말한 것이니, 집안사람은 저절로 그 안에 있다."

주자가 말하였다. "마음을 바루고 몸을 닦는 두 가지 일에 대체로 잘못되는 것은 모두 인욕에 있지 않다.〔正心脩身兩段大槩差錯處, 皆非在人欲上.〕"-소주-

살펴보건대, 마음을 바루고 몸을 닦는 것은 뜻을 성실히 하는 것 뒤의 일이다. 뜻이 이미 성실해졌다면 마음과 몸에 비록 작은 잘못이 있더라도 또한 대단한 병통에 이르지 않는다. 그러므로 윗장의 네 개의 '그러한 바가 있음〔有所〕'과 이 장의 다섯 개의 '편벽됨〔辟〕'이 비록 치우친 잘못은 있더라도 또한 전적으로 인욕에 있는 것이 아니니 악(惡)이라고 이를 수 없다.

운봉 호씨가 말하였다. "어떤 이가 '오만하게 구는 것'은 여기 있어서는 안 된다고 하였는데, 본문의 '인(人)' 자가 군자를 두고 한 말이 아니고 바로 보통 사람을 두고 한 말임을 전혀 모르는 것이다. 장구에서 '중인'이라고 한 것과 '상인'이라고 한 것이 이것이다.〔或謂敖惰不當有殊, 不知本文人字非爲君子言, 乃爲衆人言. 章句曰衆人曰常人, 是也.〕"-소주-

살펴보건대, 이 설이 온당하지 않음을 깨달았다. 오만하게 구는 것은 사람에게 없을 수 없는 것이기 때문에 비록 군자라 하더라도 역시 가지고 있는데 편벽됨에 이른 뒤에야 보통사람이 해당된다. 전(傳)에서 '사람이 오만하게 구는 바에 편벽된다.〔人之其所敖惰而辟焉〕'라고 하여 이미 하나의 '벽(辟)' 자가 있기 때문에 장구에서 "사람은 보통사람이다.〔人, 衆人也.〕" 한 것이다. 만일 '벽(辟)' 한 글자가 없었다면 장구에서 굳이 사람을 보통사람이라고 하지 않았을 것이다. 그러므로 《대학혹문》에서 공자가 비파를 가져다 타면서 노래를 부른 일과 맹자가 안석에 기대어 누운 일을[8] 가지고 말한 것이다. 지금 만약 호씨의 말처럼 보면 군자는 원래 오만하게 구는 것이 없고 보통사람들만 오만하게 구는 것이 있는 것이다. 이것은 주자의 말과 같지 않다. 이렇게 보는 것이 어떤지 모르겠다.

○지금 경멸할 수 있는 어떤 사람이 있다면 사람들이 그를 경멸하지 않는 이가 없을 것이니, 이미 경멸한다면 오만하게 구는 뜻은 이미 그 안에 포함되어 있을 것이다.

○퇴계 선생이 율곡 선생에게 다음과 같이 답하였다. "오만하게 구는 것에 대한 설은 호씨가 보통사람을 위하여 말한 것이라고 한 것이 옳다. 그러나 보통사람의 병통을 말한 것은 바로 군자를 깨우쳐 그로 하여금 병통을 알고 편벽함을 바로잡아 몸을 닦는 도를 다하도록 하기 위한 것이다. 그러므로 '오만하게 군다〔敖惰〕'는 두 글자도 군자의 입장에 나아가 그 처신하는 바가 어떠한지를 논하지 않아서는 안 된다.

보통사람의 입장에서 말하면 비록 오만하게 대할 만한 사람이라고 하거나 또한 인정에 마땅히 있는 것이라고 하더라도 흉덕에 연루됨을 면하지 못하는 것은 어느 한편에 치우쳤기 때문이다. 군자가 처신

8 공자께서……일을 : 공자가 병을 이유로 유비(孺悲)의 방문을 사절한 후 비파를 타면서 노래를 불러 유비가 듣고 잘못을 깨닫게 한 일과 제나라를 떠나려는 맹자를 말리려는 자를 맹자가 응대하지 않고 안석에 기대어 누운 두 가지 일은 각각 《논어》 〈양화〉와 《맹자》 〈공손추 하〉에 보인다.

하는 바의 측면에서 말하면, 그 사람의 평범함으로 인해 내가 예를 행하는 것에 소략한 것이니 바로 사리의 당연한 법칙이고, 또한 어느 한편을 향해 연루된 한 점의 생각도 아예 없어서 혼후하고 정성스러우며 치우치지 않고 화평한 기상이 전처럼 그대로이다. 비파를 가져다 노래하고 안석에 기대어 누웠던 고사를 주자가 인용하여 증거로 삼은 것은 실제로 공자와 맹자가 오만하게 굴었음을 말한 것이 아니라, 오만하게 구는 것이 성현의 처신의 입장에서는 이와 같을 뿐임을 말한 것이다. 그렇다면 오만하게 군다는 결론에 똑같이 이르는 것에 무슨 혐의가 있겠으며, 또한 배우는 자가 남에게 오만하게 굴고 세상을 가벼이 보는 것을 어찌 염려 하겠는가."

○사계 선생이 말하였다. "호씨의 말은 전문의 본의에 전혀 부합하지 않는다. 오만하게 구는 것은 사람의 상정(常情)에 있는 것이다. 군자는 있지만 치우치지 않으니, 치우치는 것이 바로 보통사람이다. 호씨는 반대로 오만하게 구는 것이 보통 사람들이 하는 바이지 군자에게 있는 것이 아니라고 여겼으니, 전문의 뜻과 차이가 있다. 퇴계의 설도 타당하지 않다. 오만하게 구는 것은 다섯 가지 중의 하나이니 상정에 있는 것이다. 비록 군자라도 없을 수 없기 때문에 주자가 비파를 가져다 연주하고 안석에 기대었던 고사를 《대학혹문》에 쓴 것이니, 바로 마음의 작용으로 본래 당연한 법칙이 있는 것이다. 아래 문장에서 사랑에 빠지고 얻음을 탐하는 사람과는 전혀 같지 않다.

그러므로 속담에 이런 말이 있으니……자기 모가 큰 줄을 알지 못한다.〔故諺有之……莫知其苗之碩.〕

살펴보건대, 윗단락의 '그 친애하는 바에 편벽된다.'는 것은 사람이 친애함에 편벽됨을 일반적으로 말한 것이다. 이 단락에 이르러서야 친애함의 편벽된 곳을 가리켜 말하였다. 자식이 나쁜 줄 알지 못하고 자기 모가 큰 줄을 알지 못하는 것은 한 집안의 일로 친애함이 편벽된 지점이다. 다섯 가지 편벽됨 중에 친애함이 가장 편벽되기 쉬우면서도 극복하기 어렵기 때문에 윗단락에서 제일 먼저 언급하였고 여기에서 다시 특별히 친애함 한 가지 일만을 거론하여 그 편벽된 곳을 전적으로 말한 것이다.

○'그러므로 속담에 이런 말이 있다.〔故諺有之〕' 에서 '고(故)' 자는 윗단락을 이어서 말한 것이다. 좋아하면서 그 나쁨을 알며 싫어하면서 그 아름다움을 아는 자는 천하에 드물다. 그러므로 치우치는 병통이 반드시 자기 자식이 나쁜 줄 알지 못하며 자기 모가 큰 줄을 알지 못하는 데에 이르게 되는 것이다.

○가까이 함의 치우침은 반드시 사랑에 빠지는 데에 이르기 때문에 자식이 비록 나쁘더라도 그 나쁜 줄 알지 못하고, 사랑함의 치우침은 반드시 얻음을 탐하는 데에 이르기 때문에 모가 비록 크더라도 그 큰 줄을 알지 못한다. 여기에서 한 집안에서 인정이 쉽게 치우치는 것이 친애함보다 심한 것이 없으며 집안이 가지런하게 되지 못하는 이유도 친애함의 편벽됨에 말마암지 않은 적이 없다는 것을 알 수 있다.

치우침이 해가 되어 집안이 가지런해지지 못하는 것이다.〔偏之爲害……而家之所以不齊也.〕-집주-

살펴보건대, 자식에게 악함이 있는데 그것을 알지 못한다면 집안을 과연 가지런히 할 수 있겠는가.

이것을 일러 몸이 닦이지 않으면 그 집안을 가지런히 하지 못한다는 것이다.〔此謂身不脩, 不可以齊其家.〕

살펴보건대, 몸을 닦은 뒤에야 집안을 가지런히 할 수 있으니 그 공부의 순서가 이와 같기 때문에 전문의 수신(修身) 장에서 남을 대하고 사물을 접하는 일을 거론한 것이다. 남을 대하고 사물을 접함에 집안을 가지런히 하는 뜻이 그 안에 포함되어 있어서 이로써 아랫장의 집안을 가지런히 하는 뜻을 일으켰으니, 혈맥이 관통함을 여기에서도 볼 수 있다.

○권 양촌(權陽村 권근(權近))의 《예기천견록(禮記淺見錄)》에 다음과 같이 말하였다. "이것은 경문의 맺음말을 이어받아 근본과 말단으로 나눈 것이다. 경문에서 '천자에서부터 서인에 이르기까지 일체 모두 몸을 닦음을 근본으로 하니, 그 근본이 어지럽고 말단이 다스려지는 자는 없다.' 하였는데, 전문에서 이것을 이어받아 '이것을 일러 몸이 닦이지 않으면 그 집안을 가지런히 하지 못한다는 것이다.' 하였다."

전씨(錢氏 전시(錢時))가 말하였다. "이장의 여섯 개의 '벽' 자는〔此章六箇辟字〕"-소주-

살펴보건대, '육(六)' 자는 '오(五)'의 잘못 같다.

위는 전 8장이니, '몸을 닦음〔修身〕'과 '집안을 가지런히 함〔齊家〕'을 풀이하였다.

전 9장

傳九章

이른바 '나라를 다스림이 반드시 먼저 그 집안을 가지런히 함에 있다.'는 것은……'자(慈)'는 여러 백성들을 부리는 것이다.〔所謂治國必先齊其家者……慈者所以使衆也.〕

살펴보건대, '집을 나가지 않고 나라에 교화를 이룬다.'는 것은 집에서 나가지 않고 이미 나라에 교화를 이루는 도리가 있다는 말이다. 그 도리란 바로 효도〔孝〕, 공경〔悌〕, 자애로움〔慈〕 세 가지가 이것이다. 집에서 어버이를 섬기는 효도를 나라에서는 이를 미루어 군주를 섬길 수 있고, 집에서 형을 섬기는 공경을 나라에서는 그것을 미루어 윗사람을 섬길 수 있고, 집에서 어린 사람을 부리는 자애로움을 나라에서는 이것을 미루어 백성들을 부릴 수 있다.

이 세 가지는 몸에서 체행하면 몸을 닦는 것이 되고, 집에서 행하면 집안을 가지런히 하는 것이 되고, 나라에 미루면 나라를 다스리는 것이 된다. 집과 나라가 그 크기가 비록 다르지만 가지런히 하고 다스리는 도리가 되는 것에는 곧 한가지이다. 그러므로 집안을 가지런히 한 뒤에 이를 미루어 나라를 다스릴 수 있으니, 집안이 가지런하지 못하고 능히 그 나라를 다스리는 자는 있지 않다.

○몸이 이 세 가지에 능하면 몸이 이미 닦여졌다고 이를 수 있다. 몸이 이미 이 세 가지에 능하면 이를 미루어 한 집안의 사람들이 모두 효도하고 공경하고 자애롭게 할 수 있다. 한 집안의 사람들이 이미 이 세 가지에 능하다면 이를 미루어 한 나라의 사람들이 모두

효도하고 공경하고 자애롭게 할 수 있다. 이것이 이른바 '집을 나가지 않고서 나라에 교화를 이룬다.'는 것이다.

○이 장은 집안이 고르게 된 뒤에 나라가 다스려짐을 풀이한 부분인데, 지금 단지 효도와 공경과 자애로움만을 들어 말하는 것은 어째서인가? 집안을 가지런히 하는 도가 이 세 가지보다 큰 것이 없고, 이를 미루어 나라를 다스리는 도 또한 이 세 가지를 벗어나지 않기 때문이다.

○효도, 공경, 자애로움 세 가지는 바로 몸을 닦는 일이니, 아래 문장의 '몸에 간직하고 있는 것〔所藏乎身〕' 세 글자와 호응한다. 효도는 임금을 섬기는 원리이도 공경은 윗사람을 섬기는 원리이고 자애로움은 여러 백성을 부리는 원리로 곧 집에서부터 나라에 미루어가는 뜻이니, 아래 문장의 '자신을 미룸〔恕〕' 한 글자와 호응한다. 그러므로 아래 평천하(平天下) 장에서 혈구(絜矩)의 일을 말하는데 이에 앞서 효도와 공경과 자애로움 세 가지를 미루는 일을 말한 것이다.

○권 양촌의 《예기천견록》에 말하기를, "이 역시 경문의 맺음말을 받아 후함과 박함으로 나눈 것이다. 경문에서 '후하게 할 것에 박하게 하고서 박하게 할 것에 후하게 하는 자는 있지 않다.'라고 하였기 때문에 전문에서 이를 이어받아 '이른바 나라를 다스림이 반드시 먼저 그 집안을 가지런히 함에 있다는 것은 그 집안을 가르치지 못하고 능히 남을 가르치는 자는 없다.'라고 한 것이다. 이 두 구절은 반드시 경문의 맺음말을 이어 받은 것으로 보아야 하니, 그렇게 하면 전문이 쓰여 진 의도를 알 수 있을 것이다." 하였다.

○사계 선생이 말씀하셨다. "박형지(朴泂之 박주(朴洲)) 어른이 말씀하시길, '나라를 다스리는 도는 집안을 가지런히 하는 도를 벗어나지

않는다.' 하였는데, 나의 생각은 그렇지 않다. 군자가 남의 윗자리에 있으면서 만일 능히 스스로 자신의 몸을 닦아서 한 집안의 사람들을 가르친다면 자신의 몸은 비록 가정을 나가지 않더라도 표준이 확립되고 풍성(風聲)이 전파되어 자연히 온 나라를 감화시킬 수 있다는 말이다."

○채청이 말하였다. "그 집안을 가르칠 수 없는 것은 몸이 닦여지지 않았기 때문이고, 집을 나가지 않고서 나라에 교화를 이루는 것은 몸이 닦여졌기 때문이다."

〈강고〉에 이르기를, "어린아이를 보호하듯이 한다." 하였으니……자식 기르기를 배운 뒤에 시집가는 자는 있지 않다.〔康誥曰, 如保赤子……未有學養子而后嫁者也.〕

살펴보건대, '젖먹이를 보호한다.'는 위의 '자애로움〔慈〕' 한 글자와 호응하고 '젖먹이를 보호하듯이 한다.'는 위의 '자애로움은 여러 백성을 부리는 것'이라는 한 단락과 호응한다.

○자애로운 어미가 젖먹이를 보호하는 것은 그 마음이 그 지극함을 쓰지 않는 바가 없으니, 임금이 백성을 보호하는 것도 자애로운 어미가 젖먹이를 보호하듯이 한다면 그 마음 또한 그 지극함을 쓰지 않는 바가 없을 것이다. 효도와 공경과 자애로움 세 가지는 사람의 큰 윤리가 아닌 것이 없으니 사람이 누군들 그것을 모르겠는가마는 자애로운 어미가 자식을 사랑하는 자애로움이 그 중 더욱 절실하고 가장 쉽게 이해할 수 있는 것이기 때문에 여기에서 특별이 들어 말한 것이다.

또 가르침을 세우는 근본은 억지로 함을 빌리지 않고[9] 그 단서를 알아서 미루어 넓힘에 있을 뿐임을 밝힌 것이다.〔又明立教之本, 不假强爲, 在識其端而推廣之耳.〕-집주-

살펴보건대, 가르침을 세우는 근본은 바로 효도와 공경과 자애로움이다. 억지로 함을 빌리지 않는다는 것은 효도와 공경과 자애로움 세 가지는 본래 양지(良知)이고 양능(良能)으로 애당초 힘써 억지로 하는 것이 아님을 이른다. 그 단서를 알아서 미루어 넓힌다는 것은 이 세 가지에서 그 발현하는 단서를 관찰해 알아서 확충함을 이른다. ○임은(林隱) 정복심(程復心)의 《사서장도총요(四書章圖總要)》에 "이 절의 《대학집주》 내용은 주자가 뒤에 고쳐 썼는데, 《대학혹문》은 미처 고치지 못했다. 《대학집주》는 효도와 공경과 자애로움의 단서를 아울러 말했는데, 《대학혹문》에서는 자애로움의 단서만을 말하고 효도와 공경은 이를 전재로 추론하여 말하였다. 《대학집주》와 《대학혹문》은 다른 점이 있다.[10] " 하였다.

9 억지로 함을 빌리지 않고 : 대본에는 '不可强爲'로 되어 있는데, 《대학집주》에 의거하여 '不假强爲'로 바로잡아 번역하였다. 아래 차기의 인용도 마찬가지이다.

10 대학집주는……있다 : 《대학혹문》에서는 〈강고〉의 인용 문구에 대해 "이것을 말한 것은 여러 백성을 부리는 도는 어린아이를 사랑하는 것에서부터 출발해 이것을 미루는 것에 불과하고, 또 어린이를 사랑하는 마음은 밖에서부터 침투되어 억지로 하기를 기다리는 것이 아니다. 임금을 섬기는 효성, 윗사람을 섬기는 공경도 이것이 어찌 다르겠는가. 작은 것을 들어 말했으니 큰 것은 알 수 있다.〔蓋以明夫使衆之道, 不過自其慈幼者而推之, 而慈幼之心, 又非外鑠而有待於强爲也. 事君之孝, 事長之弟, 亦何以異於此哉! 旣擧其細, 則大者可知矣.〕"라고 하여 자애로움의 단서를 중점적으로 설명하는데 반해 《대학집주》에서는 세 가지를 총괄하여 주석한 점을 지적하여 그 차이를 밝히고 있다.

○살펴보건대, 이 단락의 소주(小註)의 여러 설 중에서 율곡 선생은 진씨의 설[11]이 옳다고 여겼다.

○채청이 말하였다. "'미루어 넓힌다.'는 말은 어린아이를 사랑하는 마음을 미루어 여러 백성을 부리는 것이 아니라, 선한 단서가 발현된 하나의 일에서부터 나머지를 다 미루어 아는 것을 말한다."[12]

주자가 말하였다. "여기에서는 우선 감화시키는 것이 근본이 된다는 것만을 말하였고 앞으로 미루어 나가는 것까지는 아직 말하지 않았다. 다음 장에서야 미루어 나가는 것을 온전하게 말하였다.[13]〔此且只說動化爲本, 未說到推上, 後章方全是說推.〕"-소주-

살펴보건대, 전문(傳文)의 두 구절은 자신이 몸소 가르쳐서 감화시

11 진씨의 설 : 《대학집주》의 이 단락에 대한 안설(按說)과 정복심의 설에서 다음의 채청의 설로 이어지는 논의의 전개에 신안 진씨의 설이 중요한 지점이기 때문에 소개하면 다음과 같다. "가르침을 세우는 근본은 효도와 공경과 자애로움을 총괄하여 말한 것이다. 전(傳)에서는 《서경》을 인용하여 어린아이를 자애하는 것만을 말하였는데, 장구에서는 세 가지를 총괄해 말하였다. 자애로움이 양지(良知)와 양능(良能)임을 인하여 효도와 공경도 양지와 양능임을 알아 모두 억지로 함을 빌리지 않고 단지 그 단서가 발현된 곳을 식별해서 여기에서부터 미루어 넓혀가는 데에 달려있을 뿐이다.〔立敎之本, 總言孝弟慈. 傳引書只言慈幼, 章句乃總三者言之. 蓋因慈之良知良能, 而知孝弟之良知良能, 皆不假於强爲, 只在識其端倪之發見處, 而從此推廣去耳.〕"

12 미루어……것을 말한다 : 채청의 이 말은 《사고전서》 본 《사서몽인》에는 보이지 않는다.

13 다음 장에서야……말하였다 : 본문에는 '後章方全是說推'라고 인용하여 《대학장구대전》의 '後方全是說推'와는 다르다. 다만 《주자어류》 16권에 같은 문장이 보이는데 '後章方全是說推'라고 하여 '章' 자가 추가되어 있다. 본문은 《주자어류》 의 문장을 따른 것으로 보인다.

키는 설을 일반적으로 말한 것이니, 바로 장구에서 말한 '가르침을 세우는 근본'이 이것이다. 우선 미루는 것까지는 말하지 않았다. '미룬다'는 것은 미루어 확충한다는 뜻이다. 다음 장에서부터 비로소 미루는 것을 말하였으니, 혈구(絜矩) 이하 따위와 같은 것이 이것이다.

○사계 선생이 말하였다. "주자의 이 설은 마땅히 '일가인(一家仁)' 아래에 있어야 할 듯하다."

○율곡 선생이 말하였다. "이것은 한 장을 통틀어 논한 것이지 이 한 단락만을 논한 것은 아니다."

옥계 노씨가 말하였다 "《서경》을 인용하여 자애로움의 도에 나아가 효도와 공경의 도를 밝혔다. '가르침을 세우는 근본'의 '근본'은 밝은 덕이고, '그 단서를 알아……데에 있다.'의 '단서'는 밝은 덕이 발현하여 효도와 공경과 자애로움이 된 것이다.〔引書卽慈之道, 以明孝悌之道也. 立教之本, 本者, 明德是已; 在識其端, 端者, 明德之發見, 爲孝悌慈是已.〕"-소주-

사계 선생이 말하였다. "노씨의 말은 바로 《대학혹문》의 뜻이다. 《대학장구》의 뜻은, '가르침을 세우는 근본'의 '근본'은 효도와 공경과 자애로움을 가리키는 것이고, '그 단서를 알아……데에 있다.'의 '단서'는 효도와 공경과 자애로움의 단서를 가리킨 것이다."

한 집안이 인하면 한 나라가 인을 흥기하고……한 사람이 나라를 안정시킨다.〔一家仁一國興仁……一人定國.〕

살펴보건대, '한 집안이 인하면 한 나라가 인을 흥기하고, 한 집안이 사양하면 한 나라가 사양함을 흥기한다.'는 것은 윗문장 '집안을 나가지 않고 나라에 교화를 이룬다.'에 호응하고, '한 사람이 탐하고 어그러지면 한 나라가 난을 일으킨다.'는 윗문장 '그 집안을 가르치지 못하고 능히 남을 가르치는 자는 없다.'에 호응하니, 집안이 가지런해진 뒤에 나라를 다스릴 수 있음을 밝힌 것이다.

○'한 마디 말이 일을 그르치고 한 사람이 나라를 안정시킨다.'는 《국어(國語)》에서 나온 말로 여기에서 인용하여 증명하였기 때문에 '한 마디 말〔一言〕' 앞에 '이를 일러〔此謂〕' 두 글자가 있는 것이다.

○채청이 말하였다. "한 마디 말이 일을 그르친다는 것은 '한 마디 말로 나라를 잃는다.〔一言而喪邦〕'[14]는 것과 같다."

○또 말하였다. "위에서 인함과 사양함과 탐하고 어그러짐을 말한 것은 한 사람은 선하고 한 사람은 악하며, 아래에서 일을 그르침과 나라를 안정시킴을 인용한 것도 한 사람은 선하고 한 사람은 악하다.

쌍봉 요씨가 말하였다. "인은 효도에 속하고 사양함은 공경에 속하며 탐욕스러움은 자애로움의 반대이다.〔仁屬孝, 讓屬悌, 貪戾, 慈之反也.〕"-소주-

채청이 말하였다. "요씨의 설은 옳지 않다. 인과 사양함은 집을 말하고 탐하고 어그러짐은 사람을 말한다는 《대학혹문》의 말을 음미하면 탐하고 어그러짐은 인과 사양함의 반대이고 인이 효도와 자애로움을 겸하니 사양함은 전적으로 공손함에 속한다고 해야 한다. 더구나 탐(貪) 자는 어린아이를 사랑하지 못한다는 의미에 또한 그렇게

14 한 마디……잃는다 : 《논어》 〈자로〉 편에 보인다.

가깝지는 않다."[15]

○또 말하였다. "선유가 '탐하면 사양하지 않고, 어그러지면 인하지 않다.'[16]고 하였는데 이 또한 그렇지 않다. 탐하면 반드시 어그러진다. 인한 자는 반드시 탐하고 어그러지지 않으며 사양하는 자도 반드시 탐하고 어그러지지 않는다. 탐하면 참으로 사양하지 않으니 어찌 인할 수 있겠는가. 이른바 '부유한 자는 인하지 못하다.〔爲富不仁〕'[17]는 것이다. 어그러지면 참으로 인하지 못하니 어찌 사양할 수 있겠는가. 이른바 '반역하고 다툰다.〔悖逆爭鬪〕'[18]는 것이다."[19]

요 임금과 순 임금이 천하를 인으로 거느리자 백성이 따랐고……능히 남을 깨우치는 자는 있지 않다.〔堯舜率天下以仁而民從之……而能喩諸人者未之有也.〕

살펴보건대, 위 구절에서 말한 '한 사람이 나라를 안정시킨다.'는 것은 바로 몸이 닦여진 뒤에 나라가 다스려진다는 뜻이다. 이 구절은 위 구절을 이어받아 말하였기 때문에 또한 몸을 닦은 뒤에 나라가 다스려진다는 의미가 많다. '요순(堯舜)'이나 '걸주(桀紂)'라든지, '나에게 있다'나 '나에게 없다.'라든지, '몸에 간직하고 있는 것〔所藏

15 요씨의……가깝지는 않다 : 채청의 이 말은 《사고전서》 본 《사서몽인》에는 보이지 않는다.

16 선유가……않다 : 이 설은 《대학장구대전》에 소개된 옥계 노씨의 말이다.

17 부유한 자는 인하지 못하다 : 《맹자》 〈등문공 상〉에 보인다.

18 반역하고 다툼 : 《논어집주》 〈학이〉 2장의 집주에 보인다.

19 선유가……다툰다는 것이다 : 채청의 이 말은 《사고전서》 본 《사서몽인》에는 보이지 않는다.

乎身〕' 등의 말들은 모두 몸을 닦음을 가리켜 말한 것이다.

○'요 임금과 순 임금이 천하를 인으로써 거느린다.'는 위의 '집을 나가지 않고 나라에 교화를 이룬다.'와 호응하고, '걸과 주가 천하를 포악함으로써 거느린다.'는 위의 '집안을 가르치지 못하고 능히 남을 가르치는 자는 없다.'와 호응한다. '천하를 인으로써 거느리자 백성이 그를 따랐다.'는 바로 위의 '한 집안이 인하면 한 나라가 인을 흥기한다.'는 일이고, '천하를 포악함으로 거느리자 백성이 그를 따랐다.'는 바로 위의 '한 사람이 탐하고 어그러지면 한 나라가 난을 일으킨다.'는 일이다. '명령하는 바가 그들이 좋아하는 바와 반대가 된다.'는 아래의 '불서(不恕)' 자와 호응하고, '백성이 따르지 않는다.'는 아래의 '능히 남을 깨우치는 자는 있지 않다.'와 호응한다. '나에게 있다'와 '나에게 없다'는 아래의 '몸에 간직하고 있는 것'과 호응하며 '남에게 선을 요구한다.'와 '남의 악을 비난한다.'는 아래의 '서(恕)' 자와 호응한다. 위아래 몇 단락이 구절마다 서로 호응하니 읽는 자는 상세하게 살펴야 할 것이다.

○집안을 가지런히 한 뒤에 나라를 다스리는 도는 천자와 제후로부터 공과 경과 대부 및 일반 백성 중에 준수한 이에 이르기까지 모두 가지고 있으니, 이 뜻은 이미 위의 서문 중에 갖추어져 있다. 이제 이 전문을 가지고 자세히 보면 첫 절부터 〈강고〉까지는 위아래를 겸하여 말하였고, '한 집안이 인하면'부터 아래의 '요임금과 순임금이 천하를 거느림' 한 절까지는 특별히 천자와 제후를 가리켜 말하였다. 〈도요(桃夭)〉 시부터 〈시구(鳲鳩)〉 시까지는 다시 위아래를 겸하여 말하였다. 그러나 이 장은 집안을 가지런히 한 뒤에 나라를 다스림을 풀이하면서 그 안에 자신의 몸을 닦는 한 가지 일을 말한

것이 대부분을 차지이다. 예를 들면 '효도와 공경과 자애로움', '한 사람이 나라를 안정시킴', '자기 몸에 있음'과 '자기 몸에 없음', '몸에 간직하고 있는 것', '그 위의가 어그러지지 않음' 같은 것이 이것이다. 경문에 '천자로부터 서인에 이르기까지 일체 모두 몸을 닦는 것을 근본으로 한다.'라고 하였는데, 그 뜻을 볼 수 있다.

○채청이 말하였다."효도와 공경과 자애로움 세 가지가 자기 몸에 있은 뒤에 다른 사람의 효도와 공경과 자애로움을 요구할 수 있고, 효도하지 않음과 공경하지 않음과 자애롭지 않음 세 가지가 모두 자기 몸에 없는 뒤에 다른 사람의 효도하지 않음과 공경하지 않음과 자애롭지 못함을 바로잡을 수 있다. 이와 같다면 이는 그 명령한 바가 좋아하는 바와 같은 것으로 이른바 '서(恕)'이니, 거의 다른 이를 깨우칠 수 있을 것이다."

○율곡 선생이 말하였다. "'서(恕)' 자는 실제로 '충(忠)' 자를 가리킨 것이다. '충'은 '서'가 몸에 간직된 것이니, '서' 자를 빌려서 '충'을 말한 것이다."

○살펴보건대, 운봉 호씨는 "'자기 몸에 간직한다.〔藏乎身〕' 세 글자는 이미 자신을 다하는 충(忠)을 띠고 있다."고 하였고, 신안 진씨는 "충은 곧 서가 안에 간직된 것이니, '자기 몸에 간직하고 있는 것이 서(恕)하지 못하다.'는 것은 안에 간직된 충이 없으면서 서를 하고자 하는 것이다." 하였으니, 호씨와 진씨 두 설이 매우 분명하다. 서를 빌려 충을 말했다는 율곡의 말은 문제점이 있는 듯하다. 어떤지 모르겠다.

○정현(鄭玄)의 주석에, "'자신에게 있는 것'은 인과 사양함이 있음을 이르고, '자신에게 없는 것'은 탐하고 어그러짐이 없음을 말한다."

하였다.[20]

쌍봉 요씨가 말하였다. "서에는 머리가 있고 꼬리가 있으니, 자신의 몸에 간직하고 있는 것이 머리이고 남에게 미치는 것이 꼬리이다. ……그 무게가 꼬리에 있으니, 두 장은 서로 연관하여 뜻을 밝혀야 한다.〔恕有首有尾, 藏乎身者其首, 及人者其尾也……其重在尾, 兩章互相發明.〕"[21]-소주-

살펴보건대, 이 장에서 '자신에게 선이 있음'과 '자신에게 악이 없음'을 말한 것이 비록 수신(修身)에 무게를 두고 말한 것 같지만 다시 '남에게 선을 요구함'과 '남의 악을 비난함'을 말한 것은 바로 아랫장의 혈구(絜矩)의 도이니 단지 수신만을 말한 것은 아니다. 아랫장에서 '윗사람에게서 싫었던 것'과 '아랫사람에게서 싫었던 것'을 말한 것이 비록 혈구에 무게를 두고 말한 것 같지만 이것은 사실 효도와 공경과 자애로움 세 가지에 근본하여 말한 것이니 바로 윗장의 수기(修己)의 도로 단지 혈구만을 말한 것은 아니다. 혈구는 수기의 작용

20 정현의……하였다 : 《예기의소(禮記義疏)》 권73 〈대학〉에 보인다.

21 서에는……밝혀야 한다 : 쌍봉 요씨의 이 말은, 서는 나를 미루어 남에게 미치는 것인데 '몸에 간직한 바〔所藏乎身〕'를 말한 것을 질문한 것에 대한 답이다. 아래 안설(按設)의 이해를 위해 중간에 생략된 말을 보충하면 다음과 같다. "충이 바로 서의 머리이다. 치국평천하 장에서도 모두 서를 말하였다. 이 장에서 '자기에게 (선이) 있음' '자기에게 (악이) 없음'을 말한 것은 바로 사람들에게 자신의 몸을 닦는 공부를 할 것을 요구한 것으로 그 무게가 서의 머리에 있고, 아랫장에서 말한 '위에게서 싫었던 것으로 아랫사람을 부리지 말라' 등은 바로 사람들에게 남에게 미치는 것에서 공부할 것을 요구한 것으로…….〔忠是恕之首, 治國平天下章皆說恕. 此章言有諸己無諸人, 是要人於脩己上下工夫, 其重在首. 下章言所惡於上無以使下等, 是要人於及人上下工夫…….〕"

이고 수기는 혈구의 본체이다. 이것은 마땅히 본체를 무겁게 여기고 작용을 가볍게 여긴 것이다. 그렇다면 여기에서 말한 '무게가 꼬리에 있다.'는 것은 본체를 가볍게 여기고 작용을 무겁게 여긴 것이 아니다. 다만 작용하는 곳에서는 그 무게가 작용에 있다고 말한 것일 뿐이다.

《시경》에 이르기를, "복숭아꽃의 곱디고움이여.……그 집안사람에게 마땅하다.〔桃之夭夭……宜其家人.〕" 하였다.

살펴보건대, 한 집안에서 교화하기 어려운 사람이 부인인데 지금 시집간 딸이 그 집안사람에게 마땅하게 한다면 이것은 교화가 이미 규방에서 행해진 것이니 집안이 가지런해지지 않아 나라가 다스려지지 않을 것을 근심하지 않는다. 그러므로 세 개의 인용 시 중에 가장 먼저 이 시를 말한 것이다.

《시경》에 이르기를, 그 위의가 어그러지지 않으니……백성들이 본받는 것이다.〔詩云其儀不忒……民法之也.〕

살펴보건대, 여기에서 자신 및 부자와 형제를 말한 것은 한 집안을 통틀어 말한 것이다.

○〈도요(桃夭)〉 시는 그 집안사람에게 마땅함을 말하였으니 위의 '자(慈)' 자의 뜻에 호응하고, 〈육소(蓼蕭)〉 시는 형에게 마땅하고 동생에게 마땅함을 말하였으니 위의 '제(悌)' 자의 뜻에 호응하고, 〈치효(鴟鴞)〉 시는 부자와 형제를 말하였으니 효(孝), 제(悌), 자(慈) 세 글자의 뜻을 겸하여 호응하였다. 인용한 세 편의 시는 위의 효, 제, 자 세 글자와 조응하여 말한 것인 듯하다.

○사계 선생이 말하였다. "의(儀)는 《시경집전》 주석에서는 위의(威儀)라고 하였다. 《직해》에서는 예의(禮儀)라고 하였는데, 그 해석은 옳지 않다.-《직해》는 명나라 한림원에서 진강할 때 지은 것이다.[22]-

인산 김씨(仁山金氏 김이상(金履祥))가 말하였다. "수신에서 제가하는 것과 제가에서 치국하고 평천하 하는 것에는 두 가지 도가 있다.…… '자신에게 있다.'는 한 구절은 '명령하는 바가 자신이 좋아한 바와 반대가 되면'을 이어서 말한 것이니 '미룸'이고, 인용한 세 편의 시는 '교화'이다.〔自脩身而齊家, 自齊家而治國而平天下, 有二道焉……有諸己一節, 繼所令反其所好而言是推. 三引詩是化.〕"[23]-소주-

율곡 선생이 말하였다. "인산의 미룸〔推〕과 교화〔化〕의 설이 또한 그럴 듯하다. 다만 주자께서 이 장을 논하면서 '감화시키는 것이 근

22 직해는……지은 것이다 : 여기서 언급한 《직해》는 《대학중용직해(大學中庸直解)》로, 명나라 사신 진호(陳浩)가 보던 것을 노공필(盧公弼)이 중종에게 아뢰어 베낀 후 간행한 것으로 보인다. 이 책에 관한 것은 《중중실록》 6권 중종 3년 6월 11일 기사에 보인다.

23 수신에서……교화이다 : 아래 논의의 이해를 돕기 위해 생략된 부분을 소개하면 다음과 같다. "하나는 교화〔化〕이고 하나는 미룸〔推〕이다. 교화는 자신이 몸소 가르쳐 감화시키는 것이고, 미룸은 이 도를 미루어 확충하는 것이다. 그러므로 이 장은 두 가지 뜻을 아울러 포함하고 있다. 장의 첫머리에서부터 '나라에 교화를 이룬다.'는 구절까지는 '교화'이고, 세 개의 '소이(所以)'는 '미룸'이다. '젖먹이를 보호하듯이 한다.'는 '자애로움은 백성을 부리는 것이다.'를 이어서 말한 것이니 바로 '미룸'이다. '한 집안이 인하면' 이하 한 구절은 '교화'이고, '(요순이 인으로써) 천하를 거느렸다.'는 한 구절은 '교화'이다.〔一是化, 一是推。化者, 自身教而動化也; 推者, 推此道而擴充之也. 故此一章並含兩意. 自章首至成教於國一節是化, 三所以是推, 如保赤子繼慈者使衆而言是推, 一家仁以下一節是化, 帥天下一節是化.〕"

본이 된다는 것만을 말하였고, 미루는 것은 아직 말하지 않았다.' 하였으니, 이와 같다면 전 10장이 바로 '미룸'을 말한 것이다. 전 9장은 단지 몸소 행하여 아래를 감화시키는 것을 말한 것일 뿐이다."

○사계 선생이 말하였다. "율곡은 주자의 이 설을 한 장의 통론으로 보았다. 이것을 근거해 보면, 첫 절은 전적으로 '교화'이고 '한 집안이 인하면'과 '천하를 거느렸다.' 이하는 모두 '교화'이다. '자기 몸에 있다.'와 '자기 몸에 없다.'와 '자기 몸에 간직하고 있는 것'은 모두 수기(修己)를 말한 것으로 어세 상 무게가 여기에 있고, '남에게 요구하다.'와 '남을 비난하다.'와 '남을 깨우친다.' 등의 말은 비록 '미룸'이지만 힘들여 볼 필요는 없을 듯하다. 다만 '젖먹이를 보호하듯 한다.' 한 절은 주자도 '교화'로 보았는지는 알 수 없다. 《대학장구집주》에서 '그 단서를 알아서 미루어 넓힘에 있다.'고 하였으니, 다시 자세히 살펴보아야 한다."

위는 전 9장이니, '집안을 가지런히 함〔齊家〕'과 '나라를 다스림〔治國〕'을 풀이하였다.

전 10장
傳十章

이른바 '천하를 고르게 함이 그 나라를 다스림에 있다.'는 것은……그러므로 군자는 혈구의 도가 있는 것이다. 〔所謂平天下在治其國者……是以君子有絜矩之道.〕

곱자〔矩〕는 물건을 헤아려 그 네모를 마름하는 것이다. 지금 마음은 비유하면 곱자이고, 미루어 다른 이의 마음을 헤아리는 것은 비유하면 헤아림〔絜〕이다. 그러므로 군자는 나의 마음으로 다른 이의 마음을 헤아려 그것을 균등하고 공평하게 한다. 이것을 하는 방도는 나의 효심으로 다른 이의 효심을 헤아려 그들도 효도하게 만들고 나의 공경의 마음으로 다른 이의 공경의 마음을 헤아려 그들도 공경하게 만들며 나의 자애로운 마음으로 다른 이의 자애로운 마음을 헤아려 그들도 자애롭게 만드는 것에 불과하다. 이와 같이 하면 사람마다 각각 본심을 얻게 되어 천하가 저절로 고르게 됨에 이르게 될 것이다. 윗장에서 효도가 임금을 섬기는 원리가 되고 공경이 윗사람을 섬기는 원리가 되고 자애로움이 여러 백성을 부리는 원리가 됨을 말하였는데, 이것은 집에서 나라에 이르는 뜻이 있다. 이 장에서 윗사람이 노인을 노인으로 대접하면 백성이 효를 흥기하고 윗사람이 어른을 어른으로 대우하면 백성이 공경을 흥기하고 윗사람이 고아를 긍휼히 여기면 백성이 저버리지 않는다고 말하였는데, 이것은 나라에서 천하에 이르는 뜻이 있다. 위아래 두 장이 효도와 공경과 자애로움을 나란히 말하고 있지만 아랫장의 세 구는 윗장의 세 구보다 그 뜻이 넓다.

또한 사람의 마음이 똑같은 바여서 한 지아비라도 얻지 못함이 있게 해서는 안 됨을 볼 수 있다.〔亦可以見人心之所同, 而不可使有一夫之不獲.〕-집주-

살펴보건대, '똑같은 바'라는 것은 효도와 공경과 자애로움의 마음을 똑같이 가지고 있음을 이른다. 똑같이 이 마음을 가지고 있기 때문에 윗사람이 이를 행하면 아래에서 반드시 본받는 것이다. 사람 마음이 이미 똑같아서 모두 효도와 공경과 자애로움의 바람을 이루고자 하기 때문에 한 지아비라도 얻지 못함이 있게 해서는 안 된다.

주자가 말하였다. "혈구는 바깥에 별도의 도리가 있는 것이 아니다. 단지 앞에 있는 마음을 바루고 몸을 닦는 것을 미루어 시행하는 것일 뿐이다.〔絜矩不是外面別有道理, 只便是前面正心脩身底推而措之〕" -소주-

살펴보건대, 마음을 바루고 몸을 닦는 것이 구(矩)이고, 집안을 가지런히 하는 것 이후가 혈구(絜矩)이다.

운봉 호씨가 말하였다. "규(規)와 구(矩)는 모두 도량형의 기구인데, 여기서 구(矩)만 말한 것은……혈구는 바로 백성을 새롭게 함이 지극한 선에 그치는 것이다.〔規矩皆法度之器, 此獨曰矩者……絜矩卽是新民之止至善.〕"[24] -소주-

24 규(規)와……것이다 : 아래의 논의를 이해하기 위해서 생략된 부분을 소개하면

살펴보건대, 구(矩)는 네모를 마름하는 기구이다. '혈구'는 네모를 마름하는 이 기구를 도량해서 미루어 헤아려 상하와 사방을 균등하고 방정하게 하는 뜻일 뿐임을 말한 것이다. 지금 '구는 네모이고 네모는 그침이다.'라고 해서 마침내 미루어 지극한 선에 그친다고 할 때의 지(止) 자로 보는 것은 너무 자잘한 해석인 듯하다.

윗사람에게서 싫었던 것으로써 아랫사람을 부리지 말며……이것을 일러 혈구의 도라고 하는 것이다.[25]〔所惡於上, 毋以使下……此之謂絜矩.〕

살펴보건대, 윗단락에서 문장을 맺기를 '그러므로 군자는 혈구의 도가 있는 것이다.' 하였는데, 윗사람이 행하면 아래에서 본받는 일을 들어 단지 이와 같기 때문에 군자가 혈구의 도가 있는 것이라고 말한 것이다. 이 단락에서 문장을 맺기를, "이것을 일러 혈구의 도라고 하는 것이다." 하였는데, 자기를 미루어 남을 헤아리는 실질적인 일에 나아가 이제 이와 같은 것이 바로 혈구의 도라고 말한 것이다. '그러므로〔是以〕 두 글자와 '이것을 일러〔此之謂〕' 세 글자를 보면 그 뜻을 알 수 있다.

상하와 사방에 길고 짧음과 넓고 좁음이 피차가 똑같아서 방정하지 않음이 없다.〔上下四旁長短廣狹, 彼此如一, 而無不方矣.〕-집주-

다음과 같다. "규(規)는 둥글고 구(矩)는 네모지니 둥근 것은 움직이고 네모진 것은 그친다. 구를 넘지 않는다는 것은 바로 덕을 밝힘이 지극한 선에 그치는 것이다.〔規圓矩方, 圓者動而方者止, 不踰矩, 卽是明德之止至善.〕"

25 혈구의……것이다 : 대본에는 '絜矩'로 되어 있는데, 《대학》에 의거하여 '之道'를 보충하여 번역하였다.

살펴보건대, 길고 짧음은 '상하' 자를 맺은 것이고 넓고 좁음은 '사방' 자를 맺은 것이다. 윗사람이 나에게 무례했던 것을 싫어하면서 내가 다시 무례함으로 아랫사람을 부리면 이것은 내가 윗사람에게 바라는 것은 길고 아랫사람에게 미룬 것은 짧은 것이고, 아랫사람이 나에게 불충한 것을 싫어하면서 내가 다시 불충함으로 윗사람을 섬긴다면 이것은 내가 아랫사람에게 바라는 것은 길고 윗사람에게 미룬 것은 짧은 것이니 혈구라고 이를 수 없다. 사방과 넓고 좁음도 마찬가지이다.

○상하와 사방이라고 말하였으니 나는 마땅히 그 중앙에 있는 것이다. 그러므로 길고 짧음과 넓고 좁음이 피차가 똑같다고 한 것이다. 피차가 똑같다면 균등하고 공평하기 때문에 방정하지 않음이 없는 것이다.

○구(矩)는 본래 네모지기 때문에 능히 혈구를 하면 반듯해진다.

저 똑같이 이 마음을 가지고 있어서 흥기하는 자가 또 어찌 한 지아비라도 얻지 못함이 있겠는가.〔彼同有是心而興起焉者, 又豈有一夫之不獲哉.〕-집주-

살펴보건대, 윗단락의 장구에서는 '한 지아비라도 얻지 못함이 있게 해서는 안 된다.'고 하였고 이 단락의 장구에서는 '또 어찌 한 지아비라도 얻지 못함이 있겠는가.' 하였다. 윗단락의 뜻은 군자가 마땅히 혈구의 도를 두어서 백성 중에 한 지아비라도 얻지 못함이 있게 해서는 안 된다는 말이고, 이 단락의 뜻은 군자가 이미 그 혈구의 도를 다할 수 있다면 백성이 또 어찌 한 지아비라도 얻지 못함이 있을 수 있겠느냐는 말이다. 위아래의 단락은 서로 연관하여 뜻을 밝혀야 한다.

주자가 말하였다. "상하와 전후와 좌우를 아홉 명의 사람으로 만들어 보면 알게 된다.〔上下前後左右, 做九箇人來看便見.〕"-소주-

살펴보건대, 아홉 명의 사람은 윗사람, 아랫사람, 나, 앞사람, 뒷사람, 나, 왼쪽 사람, 오른쪽 사람, 나이다. 나를 윗사람과 아랫사람 사이, 앞사람과 뒷사람 사이, 왼쪽 사람과 오른쪽 사람 사이에 두고서 보면 아홉 명의 사람과 흡사하다.

묻기를, "길고 짧음과 넓고 좁음이 똑같아서 방정하지 않음이 없다고 하였는데, 사람에게는 천자와 제후와 대부와 사서인의 분수가 있는데 어떻게 균등하고 공평하게 만듭니까?〔長短廣狹如一而無不方, 在人有天子諸侯大夫士庶人之分, 何以使之均平?〕" 하니, 주자가 말하기를, "위아래의 분수를 균등하고 공평하게 하고자함을 말한 것이 아니다. 어버이를 섬기고 어른을 섬김에 마땅히 균등하고 공평하게 하는 것이다.〔非言上下之分, 欲使之均平. 蓋事親事長, 當使之均平.〕" 하였다.-소주-

살펴보건대, 이른바 균등하고 공평하다는 것은 위아래의 분수가 혼란하여 차등이 없는 것을 말하는 것이 아니다. 다만 내가 어버이를 섬기는 것이 효성스러우면 이로써 다른 이의 마음도 어버이께 효도하고 싶어 함을 헤아려 마침내 그들이 그 어버이께 효도하게 만듦을 말한 것이다.-공경과 자애로움도 마찬가지이다.- 윗사람이 이미 효도해서 아랫사람도 효도하면 이것은 어버이께 효도하는 한 가지 일이 위아래로 각각 균등하고 공평한 것이다. 윗사람이 나를 무례함으로 부리는 경우에 내가 진실로 그것을 싫어하면 내가 이로써 아랫사람의 마음이 반드시 그 무례함을 싫어함을 헤아려 마침내 무례로써 그들을 부리지 않는다. 아랫사람이 불충으로 나를 섬기는 경우 내가 진실로 그것을 싫어하면 내가 이로써 윗사람의 마음이 반드시 그 불충을 싫어함을 헤아려 마침내 감히 불충으로 섬기지 않는다.-전후와 좌우도 마찬가지이다.- 나로써 저들을 헤아려 모두 그 마땅함을 얻으면 이는 위아래 사이가 각각 균등하고 공평한 것이다.

《시경》에 이르기를, "즐거운 군자여, 백성의 부모이다."……이것을 일러 백성의 부모라 하는 것이다.〔詩云樂只君子, 民之父母……此之謂民之父母.〕

살펴보건대, 이 단락은 능히 혈구를 하면 천하가 고르게 됨을 말한 것이다.

○평천하(平天下) 장은 치국(治國) 장에 비해 절목(節目)이 더 넓다. 중간에 두서가 없는 것 같기도 하지만 '혈구' 두 글자와 '평(平)' 한 글자를 잡고서 자세히 음미해보면 절마다 조응하여 의미가 매우 분명하다. 읽는 자가 알지 않아서는 안 된다.

○백성이 좋아하는 바를 좋아하고 백성이 싫어하는 바를 싫어하는 것, 이것이 바로 혈구이다.

○이 단락의 '소오(所惡)' 자는 윗단락의 여섯 개의 '소오' 자를 따라 말한 것이다.

○이 장의 대지는 '혈구' 두 글자를 벗어나지 않으며 '혈구'의 큰 것은 또 '좋아함과 싫어함〔好惡〕', '재물의 쓰임〔財用〕', '인재를 등용함〔用人〕' 세 가지를 벗어나지 않는다. 그러나 이 세 가지에 나아가서 말하

면 재용(財用)과 용인(用人) 두 구절의 큰 요점은 또 호오(好惡) 밖을 벗어나지 않는다. 그러므로 이 장 안에 재용과 용인의 일을 말한 것이 많지만 '호오' 두 글자의 뜻이 그 안에 아울러 포함되어 있다. 게다가 이 장에서 앞부분은 재물을 다스리는 것과 용인을 나누어 두 구절로 만들었고, 뒷부분은 재물을 다스리는 것과 용인을 합하여 한 구절로 만들었는데, 마지막에 다시 끝맺기를, "이(利)를 이익으로 여기지 않고 의(義)를 이익으로 여긴다."고 하여 '이'와 '의' 두 글자를 집어내어 거듭 말하여 밝혔으니, 실로 천리(天理)의 존망이 이로 말미암아 판가름 나는 계기이다.

○'백성의 부모이다.'라는 한 구는 위의 '젖먹이를 보호하듯이 한다.'는 한 구와 호응한다.

《시경》에 이르기를, 깎아지른 저 남산이여, 바위가 높고 높구나. ……편벽되면 천하에게 죽임을 당하는 것이다.[26]〔詩云節彼南山, 維石巖巖……辟則爲天下僇矣.〕

살펴보건대 이 단락은 혈구를 하지 못하면 천하가 고르게 되지 못함을 말한 것이다.

○편벽되면 혈구가 아니다.

○《장자(莊子)》에 "세상에서 가장 치욕스러운 사람이 되다.〔爲世僇〕" 하였고, 《사기》 〈전단열전(田單列傳)〉에 "치욕이 선인에게 미

26 편벽되면……것이다 : 아래 차기의 내용을 참고하면 '륙(僇)'을 '욕(辱)'으로 풀이하였으니 '천하에 모욕을 당한다.'로 번역할 수 있으나, 우선 차기의 주장을 반영하지 않고 보편적인 해석을 따라 번역해 둔다. 아래도 마찬가지이다.

쳤다.〔僇及先人〕" 하였다.[27] 여기서의 '육(僇)'자는 마땅히 '욕(辱)' 자로 보아야 한다.

《시경》에 이르기를, 은나라가 여러 백성을 잃지 않았을 때에는 능히 상제를 짝했었다.……여러 백성을 얻으면 나라를 얻고 여러 백성을 잃으면 나라를 잃음을 말한 것이다.〔詩云殷之未喪師, 克配上帝……得衆則得國, 失衆則失國.〕

살펴보건대, 이 단락은 능히 혈구를 해서 천하가 고르게 되고 혈구를 하지 못해서 천하가 고르게 되지 못함을 아울러 말한 것이다.

○첫 단락에서부터 이 단락에 이르기까지 다섯 단락은 '좋아함과 싫어함〔好惡〕' 두 글자로 관통하여 논하였다. 첫 단락은 효도와 공경과 자애로움은 내가 좋아하는 것이고 또한 다른 이가 좋아하는 것임을 말하였다. 내가 좋아하는 바로써 다른 이가 좋아하는 바를 헤아리는 것은 좋아하는 바가 바름을 얻은 것임을 말한 것이다. 다음 단락은 상하와 전후와 좌우의 싫어하는 바가 내가 싫어하는 바이고 또한 다른 이가 싫어하는 바임을 말하였다. 내가 싫어하는 바로써 다른 이가 싫어하는 바를 헤아리는 것은 싫어하는 바가 바름을 얻은 것임을 말한 것이다. 셋째 단락은 백성이 좋아하고 싫어하는 것을 나 또한 좋아하고 싫어함을 말하였으니, 이는 좋아함과 싫어함이 바름

27 장자에……하였다 : 《장자》 인용부분의 출전은 정확하지 않다. 그리고 《사기》 〈전단열전〉에는 '僇先人'으로 '及'자가 없다. 다만 이 부분의 인용은 채청의 《사서몽인》에 그대로 보이며, 《강희자전》 '육(戮)' 자 부분에서 《사기》 〈전단전〉이라는 출전과 함께 '僇及先人'으로 인용되어 있다.

을 얻어서 능히 혈구를 함을 아울러 말한 것이다. 넷째 단락은 편벽되면 천하에 죽임을 당함을 말하였으니, 이는 좋아함과 싫어함이 바름을 잃어서 혈구를 하지 못함을 아울러 말한 것이다. 여기 다섯째 단락에 이르러 여러 백성을 얻으면 나라를 얻고 여러 백성을 잃으면 나라를 잃음을 말하였으니, 위의 〈남산유대(南山有臺)〉 시와 〈절남산(節南山) 시 두 구절의 뜻을 통틀어 맺은 것이다.

운봉 호씨가 말하였다. "혈구는 의로써 밖을 방정하게 하는 것이다. 〔絜矩是義以方外〕"-소주-

살펴보건대, 구(矩)는 본래 방정하기 때문에 '의로써 밖을 방정하게 한다.'고 한 것이다. 그러나 너무 천착한 듯하다.

그러므로 군자는 먼저 덕을 삼가는 것이니……재물이 있으면 이에 쓰임이 있는 것이다.〔是故君子先愼乎德……有財, 此有用.〕

살펴보건대, 이 단락은 혈구의 본체 및 혈구의 효과를 말한 것이다. ○이 단락은 윗문장을 받아 말하되 재용(財用)으로 끝맺어 아래 문장의 재용에 혈구를 하는 것과 혈구를 하지 못하는 뜻을 일으켰으니, 또한 혈맥이 관통함을 볼 수 있다. 그러나 혈구의 도를 말하면서 재용을 먼저 말한 것은 어째서인가. 재용은 사람마다 똑같이 원하는 것이다. 내가 만약 그 이익을 독점하고서 다른 사람과 함께하지 않는다면 바로 균등하고 공평하지 않은 것이니 이는 혈구의 도가 아니다. 반드시 '백성을 다투게 하여 빼앗는 가르침을 베풀게 되는〔爭民施奪〕' 근심과 '재물이 모이면 백성이 흩어지는〔財聚民散〕' 근심이 있게 된다. 그러므로 혈구의 도는 재용이 중요하다.

○'먼저 덕을 삼간다.'의 덕은 밝은 덕을 이르니, 혈구의 근본이다. 먼저 나에게 있는 밝은 덕을 삼가고 이를 미루어 백성의 덕을 새롭게 하면 백성이 그 덕을 변화시켜 귀의하여, 마치 순 임금이 성도에 계실 때나 태왕의 백성이 시장에 가는 것처럼 따랐던 것과 같을 것이니, 바로 이른바 '백성이 있다.'는 것이다. 이미 그 백성이 있다면 반드시 토지가 있어서, 마치 무왕과 탕 임금이 천하를 얻었던 것과 같을 것이다.

덕은 근본이고 재물은 말단이다.〔德者本也, 財者末也.〕

살펴보건대, 윗단락에서 덕이 있음과 백성이 있음과 토지가 있음과 재물이 있음과 쓰임이 있음을 말했으면서 지금 유독 덕과 재물만을 말한 것은 어째서인가? 토지가 있고 백성이 있음은 덕이 있음 다음에서 재용이 있음까지의 중간의 맥락이다. 그러므로 여기에서 특별히 덕과 재물을 말해서 덕이 근본이 되고 재물이 말단이 되는 뜻을 밝힌 것이다. 이렇게 해서 아래 문장의 '근본을 밖으로 하고 말단으로 안으로 한다.'의 '본말(本末)' 두 글자를 일으키려 한 것이다.

근본을 밖으로 하고 말단을 안으로 하면 백성을 다투게 하여 빼앗는 가르침을 베푸는 것이다.〔外本內末, 爭民施奪.〕

살펴보건대, 이 단락은 재물의 쓰임에 혈구하지 못한 것을 말하였으니 이는 고르게 되지 못한〔不平〕 것이다.

○윗사람이 덕을 좋아하지 않고 재물의 이로움을 좋아하면 아랫사람도 그것을 본받으니, 맹자(孟子)가 말한 '왕께서 어떻게 하면 우리 나라를 이롭게 할까 하면 대부들이 어떻게 하면 우리 집안을 이롭게

할까 하며 사서인이 어떻게 하면 나의 몸을 이롭게 할까 하여 위아래가 서로 이로움을 다툴 것이다.'[28]는 것이 바로 이 경우이다.

그러므로 재물이 모이면 백성이 흩어지고 재물이 흩어지면 백성이 모이는 것이다.〔是故財聚則民散, 財散則民聚.〕

살펴보건대, 이 단락은 재물에 능히 혈구하면 백성이 있게 됨을 말하였으니 이는 고르게 된〔平〕 것이고, 재물에 혈구를 하지 못하면 백성이 있게 되지 못함을 말하였으니 이는 고르게 되지 못한 것이다. ○위에 있는 자가 재물을 많이 모으면 아래에 있는 자의 재물이 저절로 적어지지 않을 수 없다. 이것이 바로 균등하고 공평하지 못한 것이니, 곧 혈구하지 못한 것이다.

동양 허씨(東陽許氏 허겸(許謙))가 말하였다. "재물이 흩어지면 백성이 모인다는 것은 능히 혈구를 하여 백성에게 취함에 절제가 있음을 말한 것이다.〔財散民聚, 言能絜矩, 取於民有制.〕"-소주-

재물이 모이면 백성이 흩어짐은 주왕(紂王)이 녹대(鹿臺)에 재물을 모으자 백성이 배반한 것[29]과 같은 것과 또 맹자가 말한 '왕의 창고와 재물창고가 가득 찼는데 노약자들은 죽어서 시신이 골짜기를 메운다.'[30]는 것과 같은 것이 이것이다. 재물을 흩으면 백성이 모임은

28 왕께서……다툴 것이다 : 《맹자》 〈양혜왕 상〉에 보인다.

29 주왕이……배반한 것 : 이 내용은 《서경》 〈무성(武成)〉 편 등에 보인다. 아래의 무왕이 녹대의 재물을 흩은 내용도 이 편에 함께 보인다.

30 왕의……메운다 : 《맹자》 〈양혜왕 하〉에 보인다. 글자의 출입이 약간 있지만 의미

무왕이 녹대의 재물을 꺼내어 나눠주자 백성들이 귀의한 것과 같은 것과 또 맹자가 말한 '창고와 재물창고의 곡식을 꺼내어 나누어 준다.'는 것과 같은 것이 이것이다. 지금 허씨는 단지 백성에게 취함에 절제가 있음으로 재물을 흩으면 백성이 모인다는 말을 풀이했는데, 어떤지 모르겠다.

그러므로 말이 도리에 어긋나게 나온 것은……재물이 도리에 어긋나게 들어온 것은 또한 도리에 어긋나게 나가는 것이다.〔是故言悖而出者……貨悖而入者, 亦悖而出.〕

살펴보건대, 이 단락은 재물에 혈구하지 못하는 것으로 맺었으니 이는 고르게 되지 못한 것이다.

〈강고〉에 이르기를 천명은 일정한 곳에 있지 않다고 하였으니……선하지 않으면 잃음을 말한 것이다.〔康誥曰, 惟命不于常……不善則失之.〕

살펴보건대, 이 단락은 능히 혈구하면 선하고 선하면 얻음을 말하였으니 이는 고르게 된 것이고, 혈구하지 못하면 선하지 않으니 선하지 않으면 잃음을 말하였으니 이는 고르게 되지 못한 것이다.

○'먼저 덕을 삼가는 것이다.〔先愼乎德〕' 단락에서 《강고》 단락까지 모두 여섯 단락이니 재물의 쓰임에 능히 혈구 하는 것과 혈구하지 못하는 것을 아울러 논한 것이다. 그러나 이 부분은 윗글을 이어서 말한 것이기 때문에 그 뜻이 윗글의 '좋아하고 싫어함〔好惡〕' 두 글자 밖을 벗어나지 않는다.

는 크게 다르지 않다. 아래의 창고를 개방한 일에 대한 내용도 이편에 함께 보인다.

'덕이 있으면 이에 백성이 있다.'에서 '덕은 근본이고 재물은 말단이다.'까지 두 단락은 덕을 근본으로 해서 능히 재용에 혈구 하는 것이니, 이는 백성과 호오(好惡)를 함께하는 것임을 말한 것이다. 위의 〈남산유대(南山有臺)〉 편의 '백성들이 좋아하는 바를 좋아하고 백성들이 싫어하는 바를 싫어한다.'는 뜻과 호응한다. '근본을 밖으로 하고 말단을 안으로 하면 백성을 다투게 하여 빼앗는 가르침을 베푸는 것이다.' 한 단락은 덕을 근본으로 하지 않아서 재용에 혈구 하지 못한 것이니, 이는 백성과 더불어 호오를 함께하지 않는 것임을 말한 것이다. 위의 〈절피남산(節彼南山)〉 편의 '편벽되면 천하에 죽임을 당한다.'라는 뜻과 호응한다. '재물이 모이면 백성이 흩어지고, 재물이 흩어지면 백성이 모이는 것이다.' 한 단락은 백성과 더불어 호오를 함께하는 경우와 백성과 더불어 호오를 함께 하지 않는 경우를 아울러 말한 것이니, 위의 〈남산유대〉 편과 〈절피남산〉 편의 뜻과 아울러 호응한다. '재물이 도리에 어긋나게 들어온 것은 또한 도리에 어긋나게 나가는 것이다.' 한 단락은 또 재물에 혈구하지 못해서 백성과 더불어 호오를 함께 하지 않는 것을 거듭 말한 것이다. 《강고》 단락에 이르러 '먼저 덕을 삼가는 것이다.' 이하의 여섯 단락의 능히 혈구를 하는 것과 혈구를 하지 못하는 득실의 양쪽 의미를 전체적으로 통틀어 맺었다.

《초서(楚書)》에 이르기를, "초나라는 보배로 삼은 것이 없고 오직 선인을 보배로 삼는다.〔楚國無以爲寶, 惟善以爲寶.〕" 하였다.

살펴보건대, 이 단락은 주옥을 보배로 여기지 않고 오직 선인을 보배로 여기면 능히 혈구 할 수 있음을 말하였으니 이는 고르게 된 것이

다.-선인을 보배로 여기면 천하가 고르게 될 수 있다.-

구범(舅犯)이 말하기를, "망명한 사람은 보배로 여기는 것이 따로 없고 어버이를 사랑함을 보배로 여긴다.〔亡人無以爲寶, 仁親以爲寶.〕" 하였다.

살펴보건대, 이 단락은 재물을 보배로 여기지 말고 오직 어버이를 사랑함을 보배로 여기면 능히 혈구 할 수 있음을 말하였으니 이는 고르게 된 것이다.

○《초초서》에서부터 구범의 말까지 두 구절은 또한 윗글을 받고 아래 글을 여는 뜻이다. '초나라는 보배로 삼는 것이 없다.〔楚國無以爲寶〕'의 '보(寶)' 자는 위의 '재용(財用)'에 호응하여 말한 것이고, '오직 선인을 보배로 삼는다.〔惟善以爲寶〕'의 '선(善)' 자는 위의 '선하면 얻고 선하지 않으면 잃는다.'의 '선' 자에 호응하여 말한 것이다. '망명한 사람은 보배로 여기는 것이 없다.'는 바로 '초나라는 보배로 삼는 것이 없다.'는 뜻이고, '어버이를 사랑함을 보배로 여긴다.'는 바로 '오직 선인을 보배로 삼는다.'의 뜻이다.

금과 옥을 보배로 여기지 않고 선인을 보배로 여기며 나라를 얻음을 보배로 여기지 않고 어버이를 사랑함을 보배로 여긴다면 재물을 경시하고 선을 중시하는 뜻이 있는 것이고 재물을 경시하고 선을 중시하면 덕을 근본으로 여기고 재물을 말단으로 여기는 것이니 백성과 더불어 호오(好惡)를 함께 한다는 것을 또한 알 수 있다. 여기 두 구절은 윗문장의 재용(財用)에 나아가 말하고 있지만 도리어 아래 문장의 용인(用人)에 연결해 말하고 있으니 혈맥이 관통하고 있는 것을 또한 볼 수 있다.

○이정(李禎)이 말하였다. "'보배로 여기는 것이 없다.'는 것은 바로 편 마지막의 '이로움을 이익으로 여기지 않는다.'는 뜻이고, '오직 선인을 보배로 삼는다.'와 '어버이를 사랑함을 보배로 여긴다.'는 것은 바로 편 마지막의 '의를 이익으로 여긴다.'는 뜻이다."

운봉 호씨가 말하였다. "이것은 '재용'과 '호오'를 겸하여 말하였다.〔此則兼財用好惡言也〕"-소주-

살펴보건대, 선인을 보배로 여기고 재물을 보배로 여기지 않으며 어버이를 사랑함을 보배로 여기고 나라를 얻음을 보배로 여기지 않음에 바로 좋아하고 싫어하는 뜻이 있는 것이다. 그러므로 '재용과 호오를 겸하여 말하였다.'고 한 것이다.

〈진서(秦書)〉에 이르기를, "만일 어떤 한 신하가 한결같고 다른 기예가 없으나 그 마음이 고와 용납함이 있는 듯하여……또한 위태로울 것이다.〔若有一介臣, 斷斷兮無他技, 其心休休焉, 其如有容焉……不能保我子孫黎民, 亦曰殆哉.〕" 하였다.

살펴보건대, 이 단락은 좋아하고 미워함을 다시 논하였다. '그 마음이 좋아함'은 좋아함이 그 바름을 얻은 것이다. 좋아함이 그 바름을 얻으면 능히 혈구 할 수 있으니, 이는 고르게 된 것이다. '시기하고 미워함'은 미워함이 그 바름을 잃은 것이다. 미워함이 그 바름을 잃으면 혈구를 할 수 없으니, 이는 고르게 되지 못한 것이다.

○〈진서〉 단락에서 '남의 미워하는 바를 좋아하며' 단락까지 모두 네 단락은 윗문장의 뜻을 이은 것이다. 이른바 '남이 가지고 있는 기예를 자신이 소유한 것처럼 여기며 남의 훌륭하고 성스러움을 그

마음에 좋아함'은 윗문장의 선인을 보배로 여기는 뜻이다. 이른바 '남이 가지고 있는 기예를 시기하고 미워하며 남의 훌륭하고 성스러움을 어겨서 통하지 못하게 함'은 윗문장의 선인을 보배로 여기는 뜻에 반하는 것이다. 다음 단락의 이른바 '오직 인인(仁人)이어야 남을 사랑하고 남을 미워한다.'는 것은 선인을 보배로 여기는 뜻이다. 세 번째 단락의 이른바 '들어 쓰되 먼저 하지 못함'과 '물리치되 멀리하지 못함'은 선인을 보배로 여겨야 함을 알면서도 선인을 보배로 여지지 못하는 뜻이다. 네 번째 단락의 이른바 '남의 미워하는 바를 좋아하며 남의 좋아하는 바를 미워함'은 원래 선인을 보배로 여기지 않는 일이다.

○사계 선생이 말하였다. "'단지 자기 입에서 나온 것 같을 뿐만이 아니다.'는 마음에 좋아하는 바가 입으로 말한 것보다 심함을 말한 것이다."

옥계 노씨가 말하였다. "일개라는 것은 우뚝하게 홀로 서서 붕당이 없음을 이른다.……담백하게 욕심이 없다는 뜻이 있고, 또 순수하게 지극히 선하다는 뜻이 있다.〔一介, 挺然獨立而無朋黨之謂……有淡然無欲之意, 又有粹然至善之意.〕"-소주-

사계 선생이 말하였다. "노씨의 말은 모두 본문의 뜻이 아니다."

옥계 노씨가 말하였다. "용납함이 있는 듯하다는 것은 그 도량의 큼을 측량할 수도 없고 또한 무어라 명명할 수도 없다는 것이다.〔如有容, 其量之大, 不可得而測, 亦不可得而名言也.〕"-소주-

사계 선생이 말하였다. "옥계의 말은 옳지 않은 듯하다."

오직 인인이어야 이들을 추방하여 유배하되……능히 사람을 사랑하고 능히 사람을 미워한다는 것이다.〔唯仁人放流之……能愛人能惡人.〕

살펴보건대, 시기하고 미워하는 사람은 사람들이 똑같이 미워하기 때문에 인인(仁人)이 그를 추방하여 유배하면 능히 혈구를 하는 것이니, 이는 고르게 된 것이다.

어진 이를 방해하고 나라를 병들게 한다.〔妨賢而病國〕-집주-

살펴보건대, 어진 이를 방해한다는 것은 위의 '남이 가지고 있는 기예를 시기하여 미워한다.'는 말과 호응하고, 나라를 병들게 한다는 것은 위의 '나의 자손과 백성을 보전하지 못한다.'는 말과 호응한다.

어진 이를 보고도 들어 쓰지 못하며……물리치되 멀리하지 못함이 잘못이다.〔見賢而不能擧……退而不能遠, 過也.〕

살펴보건대, 이 단락은 혈구를 할 줄을 알면서 혈구의 도를 다하지 못한 것을 말하였으니 이 또한 고르게 되지 못한 것이다.

○채청이 말하였다. "여기에서 말한 어진 이는 바로 덕을 삼가고〔愼德〕 용납함이 있는〔有容〕 자이다. 여기에서 말한 불선은 바로 시기하고 미워하는〔媢嫉〕 것이다."[31]

쌍봉 요씨가 말하였다. "한나라 원제가 소망지의 어짊을 알면서도 등용하지 못했고 홍공과 석현의 간사함을 알면서도 제거하지 못한 것과 같은 것이다.〔如漢元帝知蕭望之之賢而不能用, 知弘恭石顯之姦而不

31 여기에서……것이다 : 사고전서본 《사서몽인》에는 이 말이 없다.

能去.〕”-소주-

사계 선생이 말하였다. “원제와 같은 이를 어찌 군자라고 할 수 있겠는가. 자세하지 않다.”

남이 미워하는 바를 좋아하며……재앙이 반드시 그 몸에 미칠 것이다.〔好人之所惡……菑必逮夫身.〕

살펴보건대, 이 단락은 좋아하고 미워함이 사람의 성품을 거스르면 혈구하지 못함이 심한 것임을 말하였으니 이는 고르게 되지 못한 것이다.

○남이 미워하는 바를 좋아하며 남이 좋아하는 바를 미워함은 윗단락의 ‘오직 인인이어야 남을 사랑하고 남을 미워한다.’와 상반되니 군자와 소인의 진퇴가 여기에서 결정된다. 남을 사랑하고 남을 미워할 수 있으면 군자는 나아가고 소인은 물러난다. 남이 미워하는 바를 좋아하고 남이 좋아하는 바를 미워하면 소인이 나아가고 군자가 물러난다. 천하가 고르게 되느냐, 고르게 되지 못하냐가 모두 여기에 달려있다.

〈진서〉에서부터 여기까지는 또 모두 좋아하고 미워하기를 공으로 함과 사로 함의 지극함을 거듭 말하였다.〔自秦誓至此, 又皆以申言好惡公私之極.〕-집주-

살펴보건대, 〈진서〉에서 여기까지는 모두 인재를 등용함에 능히 혈구를 하는 경우와 혈구를 하지 못하는 경우를 말하였는데, 그 대의 또한 ‘좋아하고 싫어함〔好惡〕’ 두 글자를 벗어나지 않는다. 예를 들어 이른바 ‘남의 훌륭하고 성스러움을 그 마음이 좋아한다.’는 것과

'남이 가지고 있는 기예를 시기하고 미워한다.'는 것은, 하나는 좋아함을 공(公)으로 함을 말하고, 하나는 미워함을 사(私)로 함을 말한 것이다. '오직 인인만이 사람을 사랑하고 사람을 미워한다.'는 것은 좋아하고 미워하기를 공(公)으로 함의 지극함을 거듭 말한 것이다. '들어 쓰되 먼저 하지 못한다.'는 것과 '물리치되 멀리하지 못한다.'는 것은 좋아하고 미워할 바를 알되 좋아하고 미워하는 도를 다하지 못함을 말한 것이다. '남이 미워하는 바를 좋아하며 남이 좋아하는 바를 미워한다.'는 것은 좋아하고 미워하기를 사(私)로 함의 지극함을 거듭 말한 것이다. 좋아하고 미워하기를 공으로 함의 지극함은 〈남산유대〉 시의 뜻을 밝힌 것이고, 좋아하고 미워하기를 사로 함의 지극함은 〈절남산〉 시의 뜻을 밝힌 것이다.

그러므로 군자는 큰 도가 있으니……교만함과 방자함으로 잃는다.
〔是故君子有大道……驕泰以失之.〕

살펴보건대, 도는 바로 윗글에서 말한 '혈구의 도'이다. 충(忠)과 신(信)로써 얻음은 능히 혈구를 하는 것이니 이는 고르게 되는 것이고, 교만하고 방자함으로써 잃음은 혈구를 하지 못하는 것이니 이는 고르게 되지 못한 것이다.

○이 단락은 〈진서〉 이하의 내용을 통틀어 끝맺었다. 충과 신으로써 얻음은 '이는 남을 포용하는 것이다.〔寔能有容〕' 및 '능히 사람을 사랑하고 사람을 미워한다.〔能愛人, 能惡人.〕'를 맺은 것이고, 교만함과 방자함으로써 잃음은 '통하지 못하게 한다면 이는 포용하지 못하는 것이다.〔俾不通, 寔不能容.〕' 및 '사람의 성품을 거스른다고 하는 것이니 재앙이 반드시 그 몸에 미칠 것이다.〔拂人之性, 菑必逮夫

身.〕'를 맺은 것이다.

도는 그 지위에 거하여 자신을 닦고 남을 다스리는 방법을 이른다.〔道, 謂居其位而脩己治人之術.〕-집주-

살펴보건대, 자신을 닦는 것은 밝은 덕을 밝히는 일이니 구(矩)이고, 남을 다스리는 것은 백성을 새롭게 하는 일이니 바로 혈구(絜矩)이다.

사물을 따라 어김이 없음을 신이라 이른다.〔循物無違謂信〕-집주-

채청이 말하였다. "노인은 편안하게 하는 이치가 있는데 내가 따라서 편안하게 하고, 붕우는 믿는 이치가 있는데 내가 따라서 믿게 하고, 젊은이는 품어주는 이치가 있는데 내가 따라서 품어준다고 말하는 것과 같은 것이니, 이것이 바로 이른바 사물의 이치를 따라서 어김이 없다는 것이다."

이 장 안에 '득실'을 세 번 말하였는데[32] 말이 갈수록 더욱 간절하니, 여기에 이르러 천리의 존망의 기틀이 판가름 난다.〔章內三言得失, 而語益加切, 蓋至此而天理存亡之幾, 決矣.〕-집주-

살펴보건대, 〈문왕〉 시에서는 범범하게 '득실(得失)' 두 글자를 말하였고, 〈강고〉에서 비로소 선과 불선을 들어서 득실을 말하였고, 여

32 '득실'을 세 번 말하였는데 : 앞의 〈문왕〉 시 인용 다음에 '백성들을 얻으면 나라를 얻고 백성들을 잃으면 나라를 잃음을 말한 것이다.〔道得衆則得國, 失衆則失國〕'와, 〈강고〉 인용 다음에 '선하면 얻고 선하지 않으면 잃음을 말한 것이다.〔道善則得之, 不善則失之矣〕'라고 한 것과, 이 단락의 '반드시 충과 신으로써 얻고 교만함과 방자함으로써 잃는다.〔必忠信以得之, 驕泰以失之〕'라고 한 것을 가리킨다.

기에 이르러 마침내 특별히 충신(忠信)과 교태(驕泰)를 들어서 득실을 말하였으니, 말뜻이 더욱 정확(精確)하다. 대개 앞의 두 절은 민심의 거취에 따른 득실을 논하였고, 여기 한 절은 내 마음의 천리의 존망을 말하였다. 충신은 천리가 보존되는 이유이고, 교태는 천리가 없어지는 이유이다.

재물을 생산함에 큰 도가 있으니……쓰기를 느리게 하면 재물이 항상 풍족할 것이다.〔生財有大道……用之者舒則財恒足矣.〕

살펴보건대, 이 단락은 재물을 생산함에 도가 있으면 백성에게서 거두는 것에 절제가 있어서 그 이익을 독점하지 않아 재용(財用)이 저절로 풍족하게 되어 능히 혈구를 함을 말하였으니 이는 고르게 된 것이다.

○재물을 생산함은 마땅히 '생산하는 자가 많고〔生之者衆〕' 이하의 네 구를 법으로 삼아야 한다. 만약 이러한 방식 외에 재물을 모으고자 한다면 이것은 이익을 독점하여 백성에게서 더 많은 세금을 거두어들이는 것이 되니, 어떻게 능히 혈구를 할 수 있겠는가.

○'재용(財用)'과 '용인(用人)'은 모두 혈구의 중요한 방법이다. 그러므로 '군자는 먼저 덕을 삼가는 것이다.'부터 〈강고〉까지는 '재용'을 말하였고, 〈진서〉부터 '군자는 큰 도가 있다.'까지는 '용인'을 말하였고, '재물을 생산함'에서부터 마지막 단락까지는 '재용'과 '용인'을 겸하여 말하였다.

조정에 요행으로 얻은 자리가 없다.〔朝無幸位〕-집주-

사계 선생이 말하였다. "행(幸)은 얻어서는 안 되는데 얻는 것이다."

인한 자는 재물로써 몸을 일으키고 불인한 자는 몸으로써 재물을 일으킨다.〔仁者以財發身, 不仁者以身發財.〕

살펴보건대, 이 단락은 재물을 흩어서 백성과 더불어 이로움을 함께하면 능히 혈구를 하게 됨을 말하였으니 이는 고르게 되는 것이고, 재물을 증식해서 그 이로움을 독점하면 혈구를 하지 못함을 말하였으니 이는 고르지 되지 못하는 것이다.

○이 한 단락은 충신으로 얻고 교태로 잃는다는 윗문장과 호응한다. 인(仁)은 '충신'이고 '재물로써 몸을 일으킴'은 '얻음'이며, 불인(不仁)은 '교태'이고 '몸으로써 재물을 일으킴'은 '잃음'이다.

○여기의 '인(仁)' 자는 윗문장의 '오직 인인이어야 추방하여 유배한다.〔唯仁人放流〕'의 '인' 자와 호응한다.

○능히 혈구해서 재물을 흩어 백성과 더불어 이로움을 함께하면 민심이 귀의해서 자신이 저절로 존귀하고 영화롭게 되니, 이것이 이른바 '재물로써 몸을 일으킨다.'는 것이다. 혈구를 하지 못해서 재물을 증식해 이익을 독점하면 백성도 다투고 빼앗아 자신도 끝내 위급해지고 멸망하게 되니, 이것이 이른바 '몸으로써 재물을 일으킨다.'는 것이다.

윗사람이 인을 좋아하고서 아랫사람이 의를 좋아하지 않는 자는 있지 않으니……부고의 재물이 그의 재물이 아닌 경우가 없는 것이다.〔未有上好仁而下不好義……未有府庫財非其財者.〕

살펴보건대, 이 단락은 윗사람이 인을 좋아하고 아랫사람이 의를 좋아해서 일에 끝마침이 있고 부고의 재물을 보존하면 능히 혈구를 하는 것임을 말하였으니 이는 고르게 되는 것이다. 끝마침은 바로 시작이 있고 끝마침이 있는 것이다. 아랫사람이 진실로 의를 좋아하면 일이 모두 순리여서 끝마침이 있지 않은 경우가 없을 것이다.

○요임금이 천하를 인으로 이끌어 백성들이 따랐던 일은 이 단락에서 말한 '윗사람이 인을 좋아하여 아랫사람이 의를 좋아한다.'와 그 의미가 같고, 주(紂) 임금이 녹대(鹿臺)에 재물을 모으면서 불의를 많이 저질러 결국 그 재물을 지키지 못했던 일은 이 단락에서 말한 '부고의 재물이 그의 재물이 아닌 경우가 없다.'와 상반된다.

맹헌자가 말하기를, 마승을 기르는 자는……이것을 일러 나라는 이를 이익으로 여기지 않고 의를 이익으로 여긴다는 것이다.〔孟獻子曰, 畜馬乘……此謂國不以利爲利, 以義爲利.〕

살펴보건대, 이 단락은 백성과 더불어 이로움을 함께하고 그 이로움을 독차지하지 않음을 말하고, 아울러 윗문장의 어진 이를 등용함과 어질지 못한 이를 물리치는 뜻은 능히 혈구를 하는 것임을 말하였으니, 이는 고르게 되는 것이다.

○소와 양을 기르지 않는다는 일절은 재용(財用)에 능히 혈구를 함을 말한 것이다. 차라리 도둑질하는 신하를 둔다는 일절은 용인(用人)에 능히 혈구를 함을 말한 것이다.

○'의(義)로써 이(利)를 삼는다.'의 의는 윗글의 '아래에서 의를 좋아한다.'의 '의' 자와 호응한다.

○오 계자(吳季子)가 말하였다. "도둑질하는 신하는 군주의 재산을 훔쳐 자신의 사사로운 재물로 삼는 것이다. 집안을 좀먹지만 집안을 깨뜨리지는 못하고 나라를 좀먹지만 나라를 망하게 하지는 못한다. 그러나 백성에게 가혹하게 거둬들이는 신하는 이(利)를 옆에 끼고

벼슬에 나아가 군주를 위해 원망을 모은다. 그를 등용하면 집안은 반드시 깨지고 나라는 반드시 망한다."

《주례》〈천관〉에 "능인이 얼음을 관장해서, 하력(夏曆) 정월인 12월에 명을 내려 얼음을 자르게 하는데 예상 양의 세 배의 얼음을 저장한다. 봄이 되면 감(鑑)을 만들기 시작해 모든 안팎의 요리된 음식과 반찬을 감에 넣어두며, 주인과 장인의 단술도 똑같이 한다. 제사에는 빙감이 제공된다.〔凌人, 掌氷, 正歲十有二月, 令斬氷, 三其凌. 春始治鑑, 凡外內饔之膳羞鑑焉. 凡酒漿之酒醴亦如之. 祭祀共氷鑑.〕" 하였다.-소주-

살펴보건대, 본주(本註)[33]에 "하력(夏曆) 정월은 늦겨울로 대화심성(大火心星)이 중정(中正)하여 크게 추워 얼음이 한창 성할 때이다. 능(凌)은 빙고이다. 세 배를 하는 것은 얼음이 녹는 정도 때문이다. 두자춘(杜子春)은 '정(正)은 하력의 정월이다. 삼기릉(三其凌)은 그 얼음을 세 배로 하는 것이다.'고 하였다. 감(鑑)은 항아리와 같으니 주둥이가 크다. 얼음을 채워 그 안에 음식을 두어 온기를 막는다. 봄에 만들기 시작한다. 단술도 온기를 만나면 또한 맛을 잃는다. 주장(酒漿)은 주인(酒人)과 장인(漿人)이다." 하였다.

옥계 노씨가 말하였다. "맹헌자가 자사를 스승으로 삼은 적이 있다.〔獻子嘗師子思〕"-소주-

《춘추좌씨전》을 살펴보니 노 양공(魯襄公) 19년 정미년에 중손멸(仲孫蔑)이 졸(卒)하였다고 하였다. 《사기》〈공자세가〉를 살펴보

33 본주(本註) : 여기서 말하는 본주는 《주례주소(周禮注疏)》를 말한다.

니 양공 20년 경술년에 공자가 태어났다고 하였다. 그렇다면 중손멸이 죽은 3년 뒤에 공자가 태어난 것이다. 그리고 자사는 공자의 손자이니, 노씨가 자사를 스승으로 삼았다고 한 말은 의심스럽다.

국가의 어른이 되어 재용에 힘을 쓰는 자는……이를 이익으로 여기지 않고 의를 이익으로 여긴다는 것이다.〔長國家而務財用……不以利爲利, 以義爲利也.〕

살펴보건대, 이 단락은 백성과 더불어 이로움을 함께하지 않음을 말하고 소인을 등용하면 혈구 할 수 없음을 겸하여 말하였으니 이는 고르게 되지 못한 것이다.

○'재용(財用)에 힘을 쓴다.'는 한 구는 재용에 혈구하지 못한 것이다. '소인으로 하여금 국가를 다스리게 하면' 한 구는 용인(用人)에 혈구하지 못한 것이다.

○'선자(善者)'의 '선' 자는 위의 '선하면 얻는다.〔善則得之〕'고 할 때의 '선'과 서로 호응한다.

○윗단락에서 말한 '네 필 말을 기르는 자는 닭과 돼지를 기르는 일을 살피지 않는다.' 이하는 혈구의 일이다. 마지막 단락에서 말한 '이(利)를 이로움으로 여기지 않고 의(義)를 이로움으로 여긴다.'도 혈구의 일이다. 혈구를 말해서 혈구로써 맺는 것은 순한 결론〔順結〕이다.

아랫단락에서 말한 '재물의 쓰임에 힘을 쓰는 자는 반드시 소인으로부터 비롯된다.' 이하는 혈구를 하지 못한 폐해이다. 마지막 단락에서 말한 '이를 이로움으로 여기지 않고 의를 이로움으로 여긴다.'는 혈구의 일이다. 혈구하지 못한 폐해를 말하고 또 혈구로 맺은 것은 반대의 결론〔反結〕이다.

○군자는 의(義)에 밝기 때문에 군자를 등용하면 의를 이로움으로 여기고, 소인은 이(利)에 밝기 때문에 소인을 등용하면 이를 이로움으로 여긴다. 어짊과 사특함, 의로움과 이로움의 사이는 분변하지 않아서는 안 되기 때문에 편말의 두 단락에서 다시 거듭 말한 것이다.

거듭 말하여 맺었다.〔重言以結之〕-집주-

사계 선생이 말하였다. "중(重)은 평성이니, 거듭함〔疊〕이다."

힘씀이 백성들과 너불어 좋아하고 싫어함을 함께하고 그 이익을 독차지하지 않음에 있다.〔務在與民同好惡而不專其利〕-집주-

살펴보건대, 이 장은 좋아하고 싫어함〔好惡〕과 재물을 다스림〔理財〕과 인재를 등용함〔用人〕 세 가지를 아울러 말하고 있는데 여기에서는 호오(好惡)만 말한 것은 어째서인가? 재물을 다스리고 인재를 등용하는 두 가지 일은 요컨대 '호오' 두 글자를 벗어나지 않는다. 재물은 사람이 똑같이 원하는 바이니, 흩으면 백성이 좋아하고 거둬들이면 백성이 싫어한다. 용인(用人)은 인심의 향배에 가장 관계되니, 군자를 등용하면 백성이 좋아하고 소인을 등용하면 백성이 싫어한다. 그러므로 주자가 여기에서 단지 호오만을 들어 말한 것이다.

쌍봉 요씨가 말하였다. "등용한 사람이 군자면 군자의 마음은 공변되니 반드시 그 이로움을 능히 사람들에게 고르게 나누어 줄 것이고, 등용한 사람이 소인이면 소인의 마음은 사사로우니 반드시 그 이로움을 자기 혼자 독차지 할 것이다. 이와 같다면 재물을 다스림과 인재를 등용함은 또 한 가지 일인 것이다.〔所用者君子, 則君子之心公, 必能均其利於人. 所用者小人, 則小人之心私, 必至專其利於己. 如此則理財用人, 又是一事.〕"-소주-

살펴보건대, 군자는 능히 재물을 다스리되 재물을 모으지 않으며, 소인은 능히 재물을 모으되 재물을 다스리지 않는다. 그렇다면 백성과 이로움을 함께하는가의 여부 및 재물을 다스리고 재물을 모의는 것의 이로움과 해로움은 모두 등용한 사람의 어짊과 어질지 못함이 어떠한지에 연유한다. 재물을 다스리고 인재를 등용하는 일은 본래 상관이 있으니 두 가지 일이 아니다.

위는 전 10장이니, '나라를 다스림〔治國〕'과 '천하를 고르게 함〔平天下〕'을 풀이하였다.

후재집

제24권

차기 箚記 논어 論語

차기 논어 箚記 論語

논어(論語)

형병(邢昺)의 《논어정의(論語正義)》에서 다음과 같이 말하였다. "《한서(漢書)》〈예문지(藝文志)〉에 '《논어》는 공자(孔子)께서 제자 및 당시 사람들과 응답하신 말씀이다. 당시에 제자들이 각기 기록해 두었던 것을 부자(夫子)께서 돌아가신 뒤에 문인들이 함께 수집하여 논찬(論纂)하였기 때문에 《논어》라 한 것이다.' 하였다. 정현(鄭玄)은 '중궁(仲弓)·자유(子游)·자하(子夏) 등이 찬정(撰定)한 것이다.' 하였다."

공자의 6세 조부인 공보가(孔父嘉)가 송독(宋督)에게 죽임을 당했으므로[1] 흘(紇)이 마침내 노나라로 옮겨갔다.〔孔子六世祖孔父嘉爲宋督所殺, 紇遂遷于魯.〕-소주(小註)-

살펴보건대, 공자의 세계(世系)에 공보가(孔父嘉)에 이르러 비로소 공(孔)을 씨(氏)로 삼았고, 공보가의 증손인 방숙(防叔)에 이르러 화씨(華氏)의 화를 피해 노나라로 도망하였다고 하니, 지금 '흘이 마침내 노나라로 옮겼다.'고 하는 것은 누가 맞는지 알 수 없다.

노 양공 22년 경술년〔魯襄公二十二年庚戌之歲〕

살펴보건대, 노 양공(魯襄公) 22년 경술년은 곧 주 영왕(周靈王) 21년이다.

공자를 노나라 창평향(昌平鄕) 추읍(郰邑)에서 낳았다.〔生孔子於魯昌平鄕郰邑〕

살펴보건대, 숙량흘(叔梁紇)이 추읍 대부가 되었는데 딸 아홉 명에

1 공자의……당했으므로 : 《춘추좌전(春秋左傳)》 환공(桓公) 2년에 "송(宋)나라의 화보(和父) 독(督)이 공보(孔父)를 죽이고 그 아내를 빼앗았는데, 송 상공(宋殤公)이 노하니 독이 두려워하여 드디어 상공을 시해하였다."라는 내용이 보인다.

아들은 없었으며 단지 첩의 아들 맹피(孟皮)가 있었다. 마침내 안씨(顏氏)의 딸을 아내로 맞이하여 이구산(尼丘山)에서 기도를 드리고 공자를 낳았다.

○추(郰)와 추(鄒)는 음과 뜻이 모두 같다.

좌씨춘추(左氏春秋)-소주-

《공자통기(孔子通紀)》[2]에 "좌씨(左氏)의 이름은 전하지 않는데, 혹 구명(丘明)이라 한다. 중도(中都) 사람이다. 공자가 노나라 역사를 인하여 《춘추)》를 지었고, 좌씨가 본사(本事)를 논하고 수집하여 전(傳)을 지었다. 훗날 중도백(中都伯)에 봉해졌다." 하였다.

○정자(程子)가 말하였다. "《좌전(左傳)》은 좌구명이 지은 책이 아니다. '우(虞)나라는 납제(臘祭)를 지내지 못하게 될 것이다.'[3]와 '서장(庶長)'[4] 등의 말은 진(秦)나라 관직과 진나라 말이다."

○〈공야장(公冶長)〉편 "좌구명이 그것을 부끄러워하였다.〔左丘明恥之〕"의 소주(小註)에, "어떤 이가 좌구명이 《춘추》의 전(傳)을 지은 자가 아닌지 묻자, 주자가 다음과 같이 답하였다. '알 수 없다. 선친의 벗 등저작(鄧著作 등명세(鄧名世))이 성씨를 고증한 책[5]에서, '이 사람은 좌구(左丘)가 성이고 이름이 명(明)인데, 《춘추》에 전을

2 공자통기(孔子通紀) : 명나라 반부(潘府, 1454~1526)가 공자에 관해 서술한 책이다. 반부의 자는 공수(孔修)이다.

3 우(虞)나라는……것이다 : 《춘추좌씨전》 〈희공〉5년 조에 보인다.

4 서장(庶長) : 《춘추좌씨전》 〈양공〉11년, 12년 조에 보인다.

5 성씨를 고증한 책 : 송나라 등명세(鄧名世), 등춘년(鄧椿年) 부자가 지은 《고금성씨서변정(古今姓氏書辯正)》을 말한다.

단 사람은 바로 좌씨이다.'" 하였다.

○또 말하기를, "좌구명이 부끄러워했던 것이 말을 교묘하게 꾸미는 것이었으니, 《춘추좌씨전》은 필시 그가 지은 것이 아닐 것이다." 하였다.

두예(杜預)-소주-

자는 원개(元凱)이고 진(晉)나라 사람이다. 일찍이 《춘추좌씨전》의 주(註)를 지었다.

공양(公羊)-소주-

이름은 고(高)이고 임치(臨淄) 사람으로 자하(子夏)의 문인이다. 《춘추전》을 지었다. 뒤에 임치백(臨淄伯)에 봉해졌다.

곡량(穀梁)-소주-

이름은 적(赤)이고 회양(睢陽) 사람으로 자하(子夏)의 문인이다. 《춘추전》을 지었다. 뒤에 회양백(睢陽伯)에 봉해졌다.

모두 양공(襄公) 양공 21년에 공자의 탄생을 기록했으니, 이때는 기유년이다.〔皆於襄公二十一年書孔子生, 乃己酉歲也.〕-소주-

살펴보건대, 《공양전〉과 《곡량전》의 말이 모두 틀린 듯하다. 인산 김씨(仁山金氏 김이상(金履祥))는 《통감전편(通鑑前編)》에서 "양공 21년에 일식이 두 번 있었으니, 결단코 성인이 태어난 해가 아니다." 라 하였으니, 그 말이 충분히 증거가 된다.

사마정(司馬貞)-소주-

남북조 때 하내(河內) 사람이다. 조산대부(朝散大夫) 홍문관 학사(弘文館學士)를 지냈다. 《사기색은(史記索隱)》 30권이 있다.

맹씨가 성읍(成邑)을 허물려고 하지 않으므로 포위하였으나 이기지 못하였다.〔孟氏不肯墮成, 圍之不克.〕

호씨(胡氏 호안국(胡安國))가 말하였다. "중유(仲由)는 계씨(季氏)의 가신(家臣)이 되었고 공자는 노나라 사구(司寇)가 되었는데, 성읍을 허물지 못한 것은 어째서인가? 살펴보건대-호씨의 안설(按說)이다.-이 해 겨울에 정공이 성읍을 포위하였으나 이기지 못하였다. 다음 해에 공자가 대사구(大司寇)로서 상(相)의 일을 대리한 뒤에야 소정묘(少正卯)를 주살하였다. 국정을 맡은 지 3개월 만에 시장에서 상인들이 서로 신뢰하였고 길에서 남녀가 유별하게 되었다. 제나라 사람이 여악(女樂)을 바치는 일에 미쳐 공자가 마침내 노나라를 떠났다. 그렇다면 성읍을 포위했을 때 중니가 비록 집정하였지만 노나라의 국정에 전권을 행사할 수 없었으니, 소정묘 등과 같이 교묘한 말로 정사를 어지럽히는 이들이 반드시 그 사이에서 멋대로 의심하고 저지했을 것이다. 성읍을 비록 허물지 못했지만 비슷한 경우가 없었으니 또한 근심거리가 되지 않았다.-소씨(蘇氏)는 말하였다. "비록 따르지 않았지만 근심거리가 되지는 않았다."- 만약 성인께서 뜻을 얻어 노나라에서 시행하여 한 달이 되었다면 전쟁을 일으킬 필요 없이 저절로 허물어졌을 것이다."[6]

6 중유(仲由)는……허물어졌을 것이다 : 호안국의 이 말은 《호씨춘추전(胡氏春秋

상의 일을 대리하여 소정묘를 주살하였다.〔攝行相事, 誅少正卯.〕

인산 김씨가 말하였다. "주자가 말하기를, '소정묘의 일에 대해 나는 좀 의심스럽다. 이 일은 《논어》에 실려 있지 않으며 자사(子思)와 맹자(孟子)도 말한 적이 없다. 또한 사실무근의 일과 잡박한 일까지 실려 있는 《좌씨춘추》의 내전(內傳)과 외전(外傳)[7]에도 이 일은 언급되지 않았다. 유독 순황(荀況)만이 이를 언급하였으니[8], 이는 필시 제로(齊魯) 지방의 저급한 유자(儒者)들이 성인이 직위를 잃은 것에 분개해서 일부러 이러한 이야기를 만들어 성인의 권세를 자랑한 것일 뿐이리라.' 하였다. 주자의 말이 이와 같은데도 오히려 여기에 '주소정묘(誅少正卯)' 네 글자를 남겨둔 것은 의심스러운 것을 우선 그대로 둔 것이다."[9]

떠나 송나라로 갔다.〔去適宋〕

살펴보건대, 《공자통기》에 '공자가 위(衛)나라를 떠나 조(曹)나라를 지나갔다', '조나라를 떠나 송(宋)나라로 갔다', '송나라 사마환퇴(司馬桓魋)가 공자를 죽이려 하였다.' 운운 하였는데, 여기에서 "광(匡) 땅에서 풀려나자 위나라로 돌아왔다가 위나라를 떠나 송나라로 갔다."라고 하였으니, 이는 위나라를 떠나 송나라로 간 것이다. 《공

傳)》 권28 〈정공〉 12년 조에 보인다.

7 좌씨춘추의 내전과 외전 : 《춘추좌씨전》과 《국어》를 각각 이른다.

8 순황(荀況)만이 이를 언급하였으니 : 《순자(荀子)》 〈유좌(宥坐)〉에 보인다.

9 주자가……둔 것이다 : 김이상의 이 말은 그의 저서 《논어집주고증(論語集註考證)》 〈권1 전(前)〉 보인다.

자통기》의 '조나라를 떠나 송나라로 갔다.'라고 한 것과 같지 않으니, 어느 쪽이 옳은지 모르겠다.

다시 위나라로 돌아오니, 당시에 영공(靈公)이 이미 죽고 위군 첩(輒)이 공자를 얻어 정치를 하고자 하였다.〔又返乎衛, 時靈公已卒, 衛君輒欲得孔子爲政.〕

반공수(潘孔修 반부(潘府))가 말하였다. "《사기》에는 '공자가 초(楚)나라에서 위나라로 돌아갔다.'라고 되어 있다. 그러나 〈진세가(陳世家)〉를 고찰해 보면, 초 소왕(楚昭王)이 죽은 해에 공자는 위나라에 있었으니 위나라로 돌아간 것이 아니다. 〈위세가(衛世家)〉를 고찰해 보면 제나라 사람이 도공(悼公)을 시해한 해에 공자가 비로소 진(陳)나라에서 위나라에 도착했고 이듬해에 노나라로 돌아왔으니, 위나라에 오래 있었던 것은 아니다. 그런데도 위나라에 이르렀다고 한 것은 어째서인가? 공자가 진(陳) 나라에 있으면서 노나라의 광사(狂士)들을 생각하였으니, 진나라에서 위나라에 이른 것은 위나라를 지나간 것일 뿐이다. 또한 자하(子夏)·자양(子羔)·자공(子貢)과 같은 문도들이 대부분 위나라 사람이었으니, 속뜻은 노나라로 돌아가는 것이 주였다. 노나라는 공자에게 부모의 나라이다. 떠날 때 이미 사구(司寇)로서 나라를 떠났으니, 다시 돌아올 때 아무런 까닭 없이 나라로 돌아올 수 없었다. 그러므로 이듬해 부름을 받자 곧 돌아간 것이다."

이에 《서전》과 《예기》를 서술하고 시를 산정하고 음악을 바로잡았으며 《주역》의 〈단전〉·〈상전〉·〈설괘전〉·〈문언전〉을 차례로 지었

다.〔乃敍書傳禮記, 删詩正樂, 序易彖象說卦文言.〕

반공수가 말하였다. "주(周)나라 왕실이 쇠약해진 후부터 《시(詩)》와 《서(書)》는 결락되고 예악(禮樂)은 무너졌다. 공자가 이에 《서》를 서술하여 위로는 당우(唐虞)시대부터 아래로는 진 목공(秦穆公)에 이르기까지 백 편을 지었다. 《시》를 산정하여 위로는 설(契)과 후직(后稷)에 관한 시를 채록하고, 중간에 상나라와 주나라의 융성함을 서술하고, 아래로는 유왕(幽王)과 여왕(幽王)의 실정에 이르는 내용을 담되 〈관저(關雎)〉를 풍(風)의 시작으로 삼고, 〈녹명(鹿鳴)〉을 소아(小雅)의 시작으로 삼고, 〈문왕(文王)〉을 대아(大雅)의 시작으로 삼았고, 〈청묘(淸廟)〉를 송(頌)의 시작으로 삼았으니 모두 305편이다. 공자가 모두 연주하며 노래하여 소(韶)와 무(武) 음악과 아(雅)와 송(頌)의 소리에 합치되기를 구하였다."

○사계(沙溪 김장생(金長生)) 선생께서 말씀하셨다. "지금 세상에 전하는 《예기》는 한(漢)나라 유자인 대성(戴聖)이 편집한 것이고 공자께서 서술하신 것은 실전되어 전하지 않는다."

이듬해 신유년에 자로(子路)가 위나라에서 죽었다.〔明年辛酉, 子路死於衛.〕

살펴보건대, 이것은 《공자세가(孔子世家)》의 기록으로 자로가 죽은 것은 공자 나이 72세 때였다. 《공자통기》를 통해 살펴보면, 자로의 죽음은 공자 나이 73세 때인데, 어느 쪽이 맞는지 모르겠다.

하씨(何氏)

하안(何晏)이다. 남양(南陽) 완(宛) 땅 사람으로 하진(何進)의 손자이며 하함(何咸)의 아들이다. 조상(曹爽)이 정권을 잡았을 때 하안을 상서로 삼았다. 또 공주에게 장가들었다. 저술이 모두 수십 편이다. 정시(正始) 연간에 《논어집해(論語集解)》를 바쳤다.

○하안의 서문에서 또 다음과 같이 말하였다. "《노논어(魯論語)》는 태자태부 하후승(夏侯勝), 전장군 소망지(蕭望之), 승상 위현(韋賢) 및 그의 아들 위현성(韋玄成) 등이 전하였다. 《제논어(齊論語)》는 낭야(瑯琊) 왕경(王卿) 및 교동(膠東) 용생(庸生), 창읍중위(昌邑中尉) 왕길(王吉) 등이 모두 이 책으로 학도들을 가르쳤다. 안창후(安昌侯) 장우(張禹)는 본래 《노논어》를 수학하였는데, 《제논어》를 함께 강론하여 좋은 것을 따르고 이름을 《장후론(張侯論)》이라 하니, 세상 사람들이 귀하게 여겼다. 포씨(包氏)와 주씨(周氏)의 장구(章句)가 나왔다. 《고논어(古論語)》는 오직 박사 공안국(孔安國)만이 훈해(訓解)를 지었으나 세상에 전해지지 않는다. 순제(順帝) 때에 이르러 남군태수(南郡太守) 마융(馬融)이 또한 훈설(訓說)을 지었다. 한나라 말엽에 대사농 정현(鄭玄)이 《노논어》의 편장(篇章)에 의거해 《제논어》와 《고논어》를 참고하여 주석을 내었다. 근고(近古)에 사공 진군(陳群), 태상 왕숙(王肅), 박사 주생렬(周生烈)이 모두 《의설(義說)》을 지었다. 이전 시대에는 전수한 사설(師說)에 비록 차이가 있어도 훈해(訓解)를 짓지 않다가 중간에 훈해를 짓더니 지금에 와서는 매우 많아졌다. 소견이 같지 않고 서로 득실이 있으니, 이제 제가의 설 중에 좋은 것만을 채집하여 그 성명을 기록하고 타당하지 못한 것은 꽤 고치고서 책명을 《논어집해(論語集解)》라 하였다."

《고논어》가 공씨(孔氏) 집 벽에서 나왔다.〔古論出孔氏壁中〕

형병(邢昺)의 《논어정의》에 다음과 같이 말하였다. "전(傳)[10]에 이르길 '노나라 공왕(共王)은 궁실을 짓기 좋아하여 공자의 구택(舊宅)을 철거하다가 종경(鍾磬)과 금슬(琴瑟) 소리를 듣고서 마침내 감히 다시 철거하지 못하였다. 그 벽 속에서 고문(古文)으로 쓰인 경(經)과 전(傳)을 얻었다.' 하였다. 고문은 곧 과두서(科斗書 과두문자(蝌蚪文字))이다."

○진시황(秦始皇) 때에 이사(李斯)가 시서(詩書)를 태울 것을 논의하였다. 공자의 9세손인 공부(孔鮒)가 《논어》·《상서》·《효경》·《공자가어》 등의 책을 조당(祖堂)의 서벽(書壁) 가운데 숨기고 자신은 숭산(崇山)으로 은거하였다. 20여 편을 저술하였으니 《공총자(孔叢子)》라고 한다.

줄을 가지고 노는 것을 배우지 않으면 줄을 편안히 여기지 못하고, 사물의 이치를 널리 구하는 것을 배우지 않으면 시(詩)를 편안히 여기지 못하고, 복잡한 의복을 배우지 않으면 예(禮)에 편안하지 못한다.〔不學操縵, 不能安絃, 不學博依, 不能安詩, 不學雜服, 不能安禮.〕-소주-

〈학기(學記)〉의 주(註)에 다음과 같이 말하였다. "'조만(操縵)'은 거문고와 비파의 줄을 가지고 노는 것이다. 초학자는 손과 줄을 제대로 놀릴 수 없기 때문에 줄을 가지고 노는 것을 그만두지 않아야 능히 익숙해져서 줄을 편안하게 여길 수 있다. 시인이 비유하고 흥기하는 말은 대부분 사물의 이치에 의탁한다. 그러나 사물의 이치란 지극히

10 전(傳) : 《한서》 〈경십삼왕전(景十三王傳)〉을 말한다.

넓기에 배우는 자가 사물의 이치가 깃들여 있는 것을 널리 알지 못하면 그 실질을 경험할 수 없게 된다. 그래서 시의 말에 대해 필시 의혹이 있어 편안하지 못하게 될 것이다. 복잡한 의복이란 면(冕)과 변(弁), 의(衣)와 상(裳) 따위이다. 선왕(先王)께서 의복을 만들 때 예에 맞게 옷을 각각 정했기에 지극히 번다하고 복잡하다. 배우는 자가 예를 행하는 이들의 복잡한 의복을 널리 보지 못한다면 그 제도를 다 알 수가 없다. 그래서 예의 형식에 대해 필시 모호함이 있어 편안하지 못하게 될 것이다."

지금 사람들은 책을 읽을 줄 모른다.〔今人不會讀書〕

사계 선생이 말하였다. "'회(會)'는 '능(能)'과 같다."

신안 진씨(新安陳氏)가 말하였다. "첫째 장은 '때로 익히는 것'을 근본으로 삼았고, 둘째 장은 '효제(孝悌)'를 인을 행하는 근본으로 삼았고, 셋째 장은 '충신(忠信)'을 전해 받은 것을 익히는 근본으로 삼았고, 도천승(道千乘) 장은 다섯 가지를 치국의 근본으로 삼았다.〔首章以時習爲本, 次章以孝悌爲爲仁之本, 三章以忠信爲傳習之本, 道千乘章以五者爲治國之本.〕"-소주-

살펴보건대, 주자가 "기록한 내용이 근본을 힘쓰는 뜻이 많다."라고 하였는데, 이른바 '많다'는 것은 〈학이〉 한 편 중에 근본을 힘쓰는 뜻이 많음을 총괄해서 말한 것이지 장마다 한두 구를 뽑아내 그 장의 근본으로 삼았음을 말한 것은 아니다. 첫째 장으로 말하자면, 이른바 '배우고 익히면 기쁘고', '벗이 오면 즐겁고', '알아주지 않아도 성내지 않음'은 모두 실질에 힘쓰는 뜻이다. 둘째 장에 이른바 '그 사람 됨됨이가 효성스럽고 공경스러우면서 윗사람을 범하기를 좋아하는 사람은 드물다.' 등의 말도 모두 근본에 힘쓰는 뜻이다. 넷째 장에서 이른바 '날마다 세 가지로 내 몸을 살피니, 남을 위하여 일을 도모함에 충성스럽지 못한가.' 등의 말도 모두 근본에 힘쓰는 뜻이다. 지금 진씨(陳氏)가 매 장마다 나아가 본 것은 그 말이 좋지 않은 것은 아니지만 주자의 본뜻은 아닌 듯하다.

셋째 장은 충신(忠信)을 전습(傳習)의 근본으로 삼았다.〔三章以忠信爲傳習之本〕-소주-

살펴보건대, 학이 장 이하를 순서대로 보면 이것은 곧 넷째 장이다. '삼장(三章)'의 '삼(三)' 자는 잘못인 듯하다.

도(道)에 들어가는 문이요 덕(德)을 쌓는 기반이다.〔入道之門, 積德之基.〕-집주(集註)-

살펴보건대, 방에 들어가는 자는 먼저 그 문부터 들어가고, 집을 짓는 자는 먼저 그 기반부터 축조한다. 〈학이〉 한 편은 모두 근본에 힘쓰는 뜻이니, 실로 도(道)에 들어가는 이의 문이고, 덕을 쌓는 이의 기반이다.

○채청(蔡淸)이 말하였다. "'도에 들어감'은 지(知)로 말한 것이고 '덕을 쌓음'은 행(行)으로 말한 것이며, 사물에 있어서는 '도(道)'이고 이 도를 마음에 얻으면 '덕(德)'이 된다."

윤시강(尹侍講)-소주-

이름은 형(享)이고, 자는 언명(彦明)이다.

자왈학이시습지장
子曰學而時習之章

자왈(子曰)

형병(邢昺)의 《논어정의(論語正義)》에 다음과 같이 말하였다. "경전에서 서로 대등한 자끼리는 서로 모두 '오자(吾子)'로 칭하기도 하고, 스승 또한 '자(子)'로 칭하였으니, 여기에 말한 '자'는 덕이 있는 남자의 통칭이다. 《공양전》의 주(註)에[11] 경서와 전주(傳注)에서 단지 '자왈'이라고 한 것은 모두 공자를 가리킨다. 공자는 성스러운 덕이 드러나서 후세의 모범이 되었으므로 굳이 '씨(氏)'를 말하지 않아도 사람들이 모두 알기 때문이다. 그 밖에 후인이 돌아가신 자기 스승의 말을 칭할 경우 '자(子)'를 '씨(氏)' 위에 씌웠으니 이는 그가 자기의 스승임을 밝힌 것이다. 자공양자(子公羊子), 자심자(子沈子) 따위가 이에 해당한다. 만약 자기의 스승이 아닌 다른 덕이 있는 자를 칭할 경우는 '씨' 위에 '자'를 씌우지 않으니, 맹자(孟子), 고자(高子) 따위가 이에 해당한다."

배우고 때로 익히면 또한 기쁘지 않은가.〔學而時習之, 不亦說乎.〕

살펴보건대, '학(學)'이라는 글자는 '지'와 '행'을 겸해서 말한 것이 있고, '지'만을 단독으로 들어 말하는 것도 있다. 여기에서 말한 '학이

11 공양전의 주(註)에 : 저자는 이하의 말을 《공양전》 주의 인용으로 보았으나, 이것은 형병의 설이다.

시습지(學而時習)'의 '학'은 곧 '지'와 '행'을 겸해서 말한 것이다. 《중용》의 이른바 '도문학(道問學)'의 '학'은 곧 '지'만을 단독으로 말한 것이다.

○제1장의 제1절에서 먼저 '학' 한 글자를 말하고, 다음에 '시습' 두 글자를 말했으니 그 뜻이 깊다. 단지 배우고 때로 익히지 않으면 공부가 끊어지고, 이미 배우고 또 때로 익힌다면 공부가 익숙해져 배운 것이 비로소 나의 소유가 된다. ○《백호통(白虎通)》에서 말하였다. "배움은 깨달음〔覺〕이니 알지 못한 것을 깨닫는 것이다."

○주자가 말하였다. "배우고 때로 익힌다.'라는 말이 비록 강학(講學)과 역행(力行)을 평등하게 말하고 있지만 그 문의(文意)를 보면 강학의 의사가 결국에는 더 많다."

○또 말하였다. "이는 단지 도를 배워서 기쁜 것만을 말한 것이 아니다. 지금 사람들이 글자 쓰는 것을 배울 때 처음에는 글씨가 좋지 않다고 훗날 하루아침에 글씨를 좋게 쓰는 때에 이르면 어찌 기쁘지 않겠는가. 또한 사람이 활쏘기를 배울 때 처음에는 쏜 화살이 모두 맞지 않다가 훗날 명중을 시키는 순간에 이르면 어찌 기쁘지 않겠는가. 대개 배워서 기뻐하는 수준에 이를 때는 이미 진일보한 것이니, 다만 나중에는 저절로 그만둘 수 없음을 말하였다."

○혹자가 묻기를 "학(學)에는 대학과 소학이 있는데, 여기서 말하는 '학'은 대학입니까?" 하였다. 대답하기를 "그렇지 않다. 배우고 익히며 익혀서 기뻐하는 것은 모든 배움이 다 그러하다. 대학과 소학의 차이가 있지 않다. 또한 물 뿌리고 청소하며 응대하는 일은 실로 문하의 제자들이 마땅히 먼저 해야 하는 일이니, 성인께서 어찌 소홀히 하였겠는가." 하였다.

내가 하기 좋아해서 자세히 반복하는 것은 아니다.〔非吾好爲是詳復也〕-소주-

'복(復)'은 다른 본에는 '복(複)'으로 되어 있다.

배우기를 그치지 않음을 마치 새가 자주 나는 것과 같이 하는 것이다.〔學之不已, 如鳥數飛也.〕-집주-

살펴보건대, 여기서 '불이(不已)' 두 글자는 앞의 '습(習)' 자의 뜻을 풀이한 것이다.

몸을 굽혀 듣는다.〔磬且聽〕-소주-

《예기(禮記)》〈곡례(曲禮)〉 구주(舊註)에 "마치 제사 지내는 것처럼 몸을 굽혀 듣는 것이다. '제(齊)'는 제사 지낼 때이다."라고 하였다. ○살펴보건대, '경차청(磬且聽)'은 경쇠처럼 굽혀 듣는 것이니, 제사 때 몸을 굽혀 듣는 것이 마치 경쇠처럼 굽어서이다.

벗이 먼 곳에서 찾아오면 또한 기쁘지 아니한가.〔有朋自遠方來, 不亦樂乎.〕

형병의 《논어정의》에 다음과 같이 말하였다. "정현의 《주례》〈대사도(大司徒)〉 주(註)에 '같은 스승을 모시는 것을 붕(朋)이라 하고, 뜻이 같은 것을 우(友)라고 한다.' 하였다. 붕(朋)은 소원하고 우(友)는 친근하다."

○혹자가 물었다. "벗이 찾아와 함께 강습하는 즐거움을 즐거움이라 하는 것입니까?" 주자가 말하였다. "정이천(程伊川)의 설이 훌륭한 것만 못하다. 이러한 도리는 천하의 공공의 것인데 나만 홀로 깨닫고

남이 깨닫지 못하다면 그 또한 저절로 남을 가련히 여기게 된다. 만약 멀리서 벗이 찾아온다면 믿고 따르는 이들이 많기 때문에 기뻐할 만하다. 만약 강습하는 것을 즐거움으로 삼는다면 이는 상대방에게 도움을 받은 뒤에 기뻐하는 것이니 그 즐거움이 되는 것이 적을 것이다. 이런 경지가 크기 때문에 위상이 높은 것이다."

믿고 따르는 이가 많다.〔信從者衆〕-집주-

살펴보건대, 이 '중(衆)' 자는 '자원방래(自遠方來)'의 '원(遠)' 자에 호응한다. 대개 동류의 사람이 멀리서 찾아오면 근방의 사람이 어떨지 알 수 있다. 그러므로 믿고 따르는 이가 많다고 한 것이다. 그리고 단지 근방의 사람들만 믿는다면 '중(衆)'이라고 말할 수 없다.

남이 알아주지 않아도 성내지 않는다면 또한 군자가 아니겠는가.〔人不知而不慍, 不亦君子乎.〕

살펴보건대, '벗이 멀리서 찾아온다.'는 것은 '배우고 때로 익힌' 후의 효험이다. '남이 알아주지 않아도 성내지 않는다.'는 것은 또 기쁘고 즐거운 이후에 덕을 이룬 효험이다. 배우고 익혀서 기쁘고 벗이 찾아와 즐거운 연후에 남이 알아주지 않아도 성내지 않는 군자에 이를 수 있다.

○주자가 말하였다. "'남이 알아주지 않아도 성내지 않는다.'라는 것은 말은 쉽지만, 그러한 지위에 도달하는 것은 어렵다. 성내지 않는다는 것은 크게 화를 낸다는 것이 아니라, 단지 마음속에 다소간 불평한 의사가 있으면 곧 '온(慍)'이 된다. 이러한 경지는 터득한 것이 깊고 기른 것이 두터운 이가 아니면 어찌 이처럼 할 수 있겠는가."

덕을 이룬 선비로서 처지를 편안히 여기고 천명을 즐기는 이가 아니면 미칠 수 없다.〔非成德之士安土樂天者, 不能及也.〕-소주-

《예기(禮記)》〈애공문(哀公問)〉에 "공자가 말하였다. '자기 몸을 제대로 보유하지 못하면 자신의 처지를 편안히 여기지 못하고, 자신의 처지를 편안히 여기지 못하면 천명을 즐기지 못한다.'"라고 하였는데, 그 주(註)에 "자신의 몸을 제대로 보유하지 못하면 일신이 용납되는 바가 없게 된다. 그러므로 처지를 편안히 여길 수 없다. 처지를 편안히 여기면 거할 곳을 택할 것이 없고, 천명을 편안히 여기면 만나는 일에 원망하는 바가 없을 것이다. 굽어보아 택할 것이 없으면 우러러서도 원망하는 바가 없을 것이다. 그러므로 처지를 편안히 여기지 못하면 천명을 편안히 여길 수 없는 것이다." 하였다.

유자왈기위인야효제장
有子曰其爲人也孝弟章

그 사람됨이 효도하고 공경하면서……있지 않다.〔其爲人也孝弟……未之有也.〕

'선의(鮮矣)' 두 글자는 단지 드물고 적음을 말하고, '미지유야(未之有也)' 네 글자는 반드시 없음을 말한다. 그 뜻에 차이가 있으니, 읽는 이들은 범범하게 보아서는 안 된다.

근본이 서면 도가 생겨나니, 효와 제는 인을 행하는 근본일 것이다.〔本立而道生, 孝悌也者, 其爲仁之本歟.〕

살펴보건대, 이 말은 인(仁) 전체에 대해 한 말이 아니고, 단지 인을 행하는 것에 대해 말한 것이다. 인을 행하는 일은 한 가지가 아니다. 예컨대 친족을 친애하고〔親親〕 백성을 인애하고〔仁民〕만물을 사랑하는〔愛物〕 따위가 모두 인을 행하는 것이다. 그러나 마땅히 친족을 친해하는 것을 백성을 인애하고 만물을 사랑하는 근본으로 삼아야 한다. 인민을 인애하고 만물을 사랑하는 것이 모두 친족을 친애하는 것에서부터 미루어 나가기 때문이다.

○진경지(陳敬之)가 '효제가 인을 행하는 근본이 된다.'는 장에서 3, 4구가 분명하지 않다고 말하였다. 선생께서 그림 하나를 그려 보여주었는데, 중간에 '인'자를 쓰고, 바깥으로 겹쳐서 '효제' 자를 쓰고, 다시 그 바깥으로 겹쳐서 '인민'과 '애물' 자를 썼다. 그리고 다음과 같이 말하였다. "이 인의 도를 행하는 데 먼저 효제로부터

시작하여 친족을 친애하고 어른을 어른으로 대접하고 그러한 후에 차례대로 미루어 가야하니, 무분별한 겸애(兼愛)와 같은 것은 아니다."

인이란 사랑의 이치이고 마음의 덕이다.〔仁者, 愛之理心之德.〕-집주-

인이란 사랑의 이치이고 마음의 덕이라는 것에 대해 묻자, 주자가 "사랑의 이치가 곧 마음의 덕이다." 하였다.

정자(程子)가 말하였다. "충서(忠恕)가 도를 행하는 근본이 되는 것과 같다.〔猶忠恕之爲道也〕"-소주-

살펴보건대, 인을 행함에 효제를 근본으로 삼는 것은 도를 행함에 충서를 근본으로 삼는 것과 같다.

두루 퍼지어 사물에까지 미침을 가리켜 말한 것이다.〔指其周遍及物者言〕-소주-

살펴보건대, 이것은 인을 행하는 것에 대해 말했기 때문에 '널리 두루 퍼지어 사물에까지 미친다.'라고 한 것이다.

인을 행함은 효제를 근본으로 삼으며, 본성을 논한다면 인이 효제의 근본이 된다.〔爲仁以孝悌爲本, 論性則以仁爲孝悌之本.〕-집주-

살펴보건대, 인을 행함은 효제에서부터 시작한다. 그러므로 인을 행함은 효제를 근본으로 삼는다고 말한 것이다. 본성을 논한다면 효제는 인(仁)의 본성에서부터 나온다. 그러므로 본성을 논한다면 인이 효제의 근본이 된다고 말한 것이다.

어찌 효제가 있었겠는가.〔曷嘗有孝悌來〕-집주-

율곡(栗谷) 선생이 말하였다. "'래(來)'는 어조사이니, 《장자(莊子)》에 '저에게 가르침을 주시기 바랍니다.〔有以語我來〕'[12]라고 말한 것과 같다."

12 저에게……바랍니다 : 《장자(莊子)》 〈인간세(人間世)〉에 보인다.

자왈교언영색선의인장
子曰巧言令色鮮矣仁章

말을 좋게 하고 얼굴빛을 곱게 하는 사람은 인(仁)이 드물다.〔巧言令色, 鮮矣仁.〕

살펴보건대, 어진 이는 사사로운 마음이 없다. 만약 말을 좋게 하고 얼굴빛을 곱게 하여 남을 기쁘게 만드는 데 힘쓴다면 이는 모두 사사로운 뜻이니 어찌 인이라고 이를 수 있겠는가.

○"《예기》에서 '말은 좋게 하고자 한다.〔辭欲巧〕'라고 하고, 《시경》에서 '위의를 좋게 하고 얼굴빛을 좋게 한다.〔令儀令色〕'라고 한 것은 어째서입니까?"라고 묻자, 주자가 답하였다. "글을 볼 때 이처럼 해서는 안 된다. 《예기》에서 '말은 좋게 하고자 한다.'고 한 것은 남을 위해 꾸민다는 것이 아니라 그 말을 곡진하게 하고자 한 것이다. 예를 들면, '선생께서는 위군(衛君)을 위해 정치를 하겠습니까?'라는 말에, 자공(子貢)이 답하기를 '내가 가서 여쭤보겠다.'라 하고서 들어가 공자에게 묻기를 '백이(伯夷)와 숙제(叔齊)는 어떤 사람이었습니까?'라고 한 것과 같은 것이다. 시인이 얼굴빛을 좋게 한다는 것은 중산보(仲山甫)의 올바른 도가 이처럼 자연스러운 것이지 일부러 이렇게 한 것은 아니다. 이는 덕이 밖으로 드러난 것이 이와 같은 것이다. 인한 이가 드물다고 한 것과는 관계가 없다."

○채청(蔡淸)이 말하였다. "사람의 마음은 물욕에 부림을 당하지 않는 것이 가장 중요하다. 저 말을 좋게 하고 얼굴빛을 곱게 하는 사람이 인이 드문 것은 그가 사물에 부림을 당하기 때문이다. 이러

한 사람들은 부귀가 능히 방탕하게 할 수 있으며, 빈천이 능히 절개를 바꾸게 할 수 있으며, 위세가 지조를 굽히게 할 수 있으니, '비루한 자들과 함께 임금을 섬길 수 있겠는가.'[13]와 참으로 똑같은 사람이다."

오로지 적다고만 말했으니 그렇다면 인(仁)한 자가 절대로 없음을 알 수 있는 것이다.-집주-

"인한 자가 드물다는 말에 대해 선생께서는 절대로 없다고 한 것은 어째서입니까?"라고 묻자, 주자가 대답하였다. "단지 이러한 마음이 있을 때 곧 인이 된다. 만약 말을 좋게 하고 얼굴빛을 곱게 하는 사람이라면 한결같이 마음이 바깥으로 쏠려 안에 있지 아니하니 어찌 인하다고 할 수 있겠는가. 이천(伊川)이 말하였다. '말을 좋게 하고 얼굴빛을 곱게 하는 이들이 인하지 않음을 안다면 인을 아는 것이다. 인하지 않다고 말했으니 인한 자가 절대로 없음을 알 수 있다."

13 비루한……있겠는가 : 《논어》 〈양화〉편에 나오는 말이다.

증자왈오일삼성오신장
曾子曰吾日三省吾身章

증자(曾子)가 말하였다. "나는 날마다 세 가지로 내 몸을 살피니, 남을 위하여 일을 도모함에 충성스럽지 않았는가. 벗과 사귐에 성실하지 않았는가. 전수(傳受) 받은 것을 익히지 않았는가.〔吾日三省吾身, 爲人謀而不忠乎, 與朋友交而不信乎, 傳不習乎.〕"

정자(程子)가 말하였다. "'전수 받은 것을 익히지 않았는가.'는 '익혀서 남에게 전해 주지 않았는가.'이다."

○상채 사씨(上蔡謝氏 사양좌(謝良佐)가 말하였다. "'전(傳)'은 남으로부터 얻은 것이고, '습(習)'은 내가 터득한 것이다. 남으로부터 얻고 익히지 않으면 도는 도 대로 나는 나 대로라서 끝내 서로 합하여 하나가 될 수 없다. 오직 익혀서 익숙해지면 도가 내와 더불어 하나가 될 것이다."

○임차애(林次崖 임희원(林希元))가 말하였다. "오륜(五倫) 사이는 모두 마땅히 신(信)으로 해야 하는 것인데 붕우에 대해서만 신을 말한 것은, 사람이 하늘이 합쳐준 친족 간에는 교유가 대부분 진정(眞情)에서 나오지만, 붕우는 사람이 합해준 것으로 교유가 대부분 진정에서부터 나올 수 없는 것이 있기 때문에 유독 신(信)으로써 말한 것이다."

자기 마음에서 발하여 스스로 최선을 다하는 것을 '충(忠)'이라 하고, 사물의 이치에 따라 어김이 없는 것을 '신(信)'이라 한다.〔發己自盡爲

忠, 循物無違爲信.〕-소주-

묻기를 "무엇을 일러 '자기 마음에서 발하여 스스로 최선을 다한다.'고 합니까?" 하자, 주자가 답하였다. "지금 내가 7할을 터득하고서 남에게는 단지 2, 3할을 말하는 것을 문제로 여기는 것과 같다. 이것이 바로 자신에게서 나오는 것을 다하지 못하는 것이다." 묻기를 "무엇을 일러 '사물을 따라 어김이 없다.'고 합니까?" 하자, 주자가 답하였다. "지금 말한 문제점과 매우 흡사하다. 저것이 본래 단지 7할인데, 더하여 10할을 만들기도 하고 덜어내서 5할을 만들기도 한다. 이것이 바로 사물을 따르지 않는 것이고 어김이 있는 것이다." ○또 말하였다. "사물 가운데 큰 것을 크다고 하고 작은 것을 작다고 하니, 이를 일러 사물을 따라 어긋남이 없다고 하는 것이다. 사물 가운데 큰 것을 작다고 하고 작은 것을 크다고 하니, 이를 일러 사물에 어긋난다고 하는 것이다."

신안 진씨(新安陳氏)가 말하였다. "스스로 반성하여 잘못이 없다고 단지 이와 같이만 하고 만다면, 세 가지 잘못이 장차 생겨날 것이다.〔使自省而無失, 只如此而已, 則三失將生矣.〕"-소주-

살펴보건대, 이것은 단지 스스로 반성하여 잘못이 없게만 하고 다시 힘써 공부하지 않는다면 세 가지 잘못이 또 장차 생겨날 것임을 말한 것이다.

윤씨(尹氏)가 말하였다. "증자는 지킴이 요약(要約)되었다.〔曾子守約〕" -집주-

이패림(李霈霖)이 말하였다. "윤씨(尹氏)가 말한 수약(守約)은 남을 위해 도모하고 사귀고 전수하는 세 가지 일을 간략하게 하는 것을 가리킨 것이 아니다. 다만 스스로를 다스림에 진실하고 간절함이니, 이것이 그의 지킴이 요약된 곳이다."

운봉 호씨(雲峯胡氏)가 말하였다. "증자는 일이관지(一以貫之)의 뜻을 일찌감치 깨달았으며, 만년에 세 가지로 반성하는 공부를 더하였다.〔曾子早悟一貫之旨, 晩加三省之功.〕"-소주-

살펴보건대, 공자께서 돌아가실 때 증자의 나이는 26세였다. 일이관지(一以貫之)를 들은 것이 공자께서 돌아가시기 전이니 '일찌감치 들었다.'는 것은 옳다. 다만 이 세 가지로 반성하는 공부에 대해서는 시기를 상고할 수가 없으니, '만년에 더하였다.'는 말은 어디에 근거하여 말한 것인지 모르겠다.

자왈도천승지국장

子曰道千乘之國章

면재 황씨(勉齋黃氏)가 말하였다. "보존해야 할 바만을 말하고 다스림의 도구는 언급하지 않았다.〔但言所存, 未及治具.〕"-소주-

살펴보건대, 보존해야 할 바는 마음을 말한다. 여기서 말한 다섯 가지 일은 다만 정치를 하는 마음을 말한 것이고, 나라를 다스리는 도구는 언급하지 않았다. 지금 '소존(所存)' 두 글자로 보건대 단지 마음에 대해 말했고 일을 행하는 것에 대해 말하지 않았음을 볼 수 있다.

경원 보씨(慶源輔氏)가 말하였다. "《춘추좌씨전》에 농한기〔農隙〕에 대한 두씨(杜氏)의 주(註)에 '각각 그 철의 일을 하고난 여가를 따른다.'고 한 것이 이것이다.〔左傳農隙杜氏註, 謂各隨時事之間是也.〕"-소주-

채청(蔡淸)이 말하였다. "봄의 수(蒐), 여름의 묘(苗), 가을의 선(獮), 겨울의 수 (狩)는 바로 백성들로 하여금 모두 사시의 여가를 따르게 한 것이다. 주자가 '옛날에 네 계절의 전렵(田獵)을 모두 농한기에 무예를 강습하였다.'[14] 하였는데, 여기 네 계절은 모두 농한기이니, 두씨(杜氏)가 《좌전》에 낸 주석에 이른바 '각각 그 철의 일을 하고난 여가를 따른다.'고 한 것이 증거가 되기에 충분하다."

14 옛날에……하였다 : 《맹자집주》 〈양혜왕장구 하〉의 '유(囿)'에 대한 집주의 내용이다.

다섯 가지 일이 반복되어 서로 말미암는 일에 대해 묻자, 주자 말하기를……이것은 아래가 위로 말미암는 것이다. 그러나 자기의 일에 공경히 하더라도 남에게 믿음을 얻지 못하는 경우도 있다.……이것은 위가 아래를 말미암는 것이다.〔問反復相因, 朱子曰云云, 是下因上也. 然有敬於己而不信於人者云云, 是上因下也〕"-소주-

살펴보건대, 이른바 '아래가 위를 말미암는다.'는 것은 아래의 일이 필시 위의 일로 말미암아 생기는 것임을 말한 것이다. 예를 들어 재용을 절약함〔節用〕은 필시 일을 공경히 하고 백성에게 믿음을 받음〔敬信〕을 말미암고, 백성을 사랑함〔愛人〕은 필시 절용(節用)으로부터 말미암고, 때에 맞게 백성을 부리는 것〔使民以時〕은 필시 애인(愛人)으로부터 말미암는다. 그러므로 '아래가 위를 말미암는다.'고 말한 것이다. 이른바 '위가 아래로 말미암는다.'는 것은 위의 일을 이미 마치고 다시 이로 말미암아 아래의 일을 마친다는 말이다. 예를 들어 경신(敬信)하고 나면 마땅히 절용하고 절용(節用)하고 나면 마땅히 애인(愛人)하고 애인(愛人)하고 나면 마땅히 사민이시(使民以時)해야 한다. 그러므로 '위가 아래를 말미암는다.'고 말한 것이다.

자왈제자입즉효장

子曰弟子入則孝章

들어가서는 효도하고 나가서는 공손해야 한다.〔入則孝, 出則悌.〕

임차애(林次崖)가 말하였다. "형이나 어른을 잘 섬기는 것을 제(悌)라고 하였는데, 형제도 또한 마땅히 '들어가서는〔入〕'에 해당한다. 여기에서 '나가서는 공손해야 한다.'고 말한 경우 여기 '제' 자는 포함하는 범위가 꽤 넓으니 전적으로 형만을 가리켜 말한 것은 아니다. 종족과 향당 가운데 나보다 나이가 많은 이들을 마땅히 공손하게 따라야 한다."

널리 여러 사람들을 사랑하되 인(仁)한 자를 가까이 해야 한다.〔汎愛衆, 而親仁.〕

채청(蔡淸)이 말하였다. "사랑함은 두루 미치고자 하고 친애함은 가리는 바가 있다."

○이패림(李霈霖)이 말하였다. "효제(孝悌)가 우선이고 근신(謹信)이 그 다음이니, 윤상(倫常)을 앞서 언급하고 언행(言行)에 미친 것이다. 다시 다음으로 널리 여러 사람을 사랑하고 인한 자를 가까이 해야 한다고 한 것은 언행은 자기로부터 나오는 것이고 친애함은 남과 접하는 것이기 때문이다. 말이 친인(親仁)에까지 이르면 이미 도리를 논하여 밝히는 뜻이 있는 것이다."

행하고 여력이 있으면 글을 배워야 한다.〔行有餘力, 則以學文.〕

살펴보건대, 선후로 말하면 지(知)가 앞이고 행(行)이 뒤이다. 경중으로 말하자면 지가 가볍고 행이 무겁다. 여기서는 경중으로 말했기 때문에 '행하고 여력이 있으면 글을 배워야 한다.'고 말한 것이다.

'근(謹)'은 행동에 일정함이 있는 것이다.〔謹者, 行之有常也.〕-집주-

위학증(魏學曾)이 어떻게 삼가면 일정함의 의미가 있는지 모르겠다고 묻자, 이패림(李霈霖)이 답하였다. "오늘은 이와 같고 내일은 이와 같지 않다면 이것은 얼마나 제멋대로인가. 오늘 이와 같고 내일도 이와 같으면 이는 삼감에 법도가 있어 감히 멋대로 하지 않는 것이다."

자하왈현현역색장
子夏曰賢賢易色章

어진 이를 어질게 여기되 색(色)을 좋아하는 마음과 바꾼다.〔賢賢易色〕

살펴보건대, 자하(子夏)의 이 말은 앞 장 공자의 말씀과 대략 같다. '현현역색(賢賢易色)'은 '인한 이를 가까이 한다.〔而親仁〕'이며, '부모를 섬길 때 제 힘을 다한다.'는 '들어가서 효도한다.'이며, '말에 신의가 있다.'는 '행실을 삼가고 말을 신실하게 한다.'이다. 다만 '수왈미학(雖曰未學)' 운운한 것은 공자께서 '행유여력(行有餘力)' 운운한 것과 같지 않다.

반드시 배움에 힘쓴 것이 지극할 것이다.〔必其務學之至〕-집주-

채청(蔡淸)이 말하였다. "혹자는 주(註) 가운데 '반드시 배움에 힘쓴 것이 지극할 것이다.'라는 것은 본문에서 '나는 반드시 그를 배웠다고 하겠다.'의 '반드시' 글자라고 하였는데, 그렇지 않다. 본문의 '반드시'는 자기에게서 기필함을 취하는 것이고, 주 가운데 '반드시'는 남에게서 기필함을 취하는 것이다."

○채청의 말은 너무 심한 듯하다.

주자가 말하였다. "자하의 이 말은 다른 사람이 한 말을 받은 것이다.[15]〔朱子曰, 子夏此言, 被他說殺了.〕"-소주-

주자가 말하였다. "세상에는 또한 자품이 높으면 할 수 있는 허다한 일이 있다. 다만 자하의 이 두 구는 다른 사람의 말을 받은 것이니, 그래서 오씨(吳氏)가 그 말에 폐단이 있다고 말한 것이다.[16]"

15 자하의…… 것이다 : 다른 사람의 말은 경문의 '비록 배우지 않았다고 하더라도〔雖曰未學〕'를 가리킨다. 자하의 '비록 배우지 않았다고 하더라도 나는 반드시 배웠다고 하겠다.'고 말한 두 구절이 '배우지 않았다.'는 말을 들었기 때문이라는 것이다.

16 오씨(吳氏)가……말하였다 : 오씨(吳氏)는 자하의 말의 폐단이 학문을 폐지하는 데에 이를 수 있음을 지적하였다. 오씨의 설은 《논어집주》에 소개되어 있다.

자왈군자불중즉불위장
子曰君子不重則不威章

공자께서 말씀하셨다. "군자가 후중(厚重)하지 않으면 위엄(威嚴)이 없고, 학문도 견고하지 못하다."〔子曰, 君子不重則不威, 學則不固.〕

주자가 말하였다. "만약 그 사람의 말이 진중하며 거동이 느긋하면 그 후중함을 알 수 있다. 말이 경솔하고 거동이 들뜨고 가벼우면 그 사람됨이 가벼움을 알 수 있다."

○유씨(游氏)가 말하였다. "그 의관을 바로잡고 시선을 존엄하게 하면 엄숙하게 사람들이 우러르고 경외한다. 이는 군자의 후중함과 위엄이니, 후중하고 위엄이 있으면 덕성이 높아진다. 이로 말미암아 학문을 하면 덕은 온전해지고 학문은 견고해진다."

주자가 말하였다. "이와 같은 네 가지는 모두 몸을 닦는 요점이다.〔如此四者, 皆是脩身之要.〕"-소주-

살펴보건대, 네 가지는 곧 '후중하지 않으면 위엄이 없음', '충과 신을 주로 삼음', '나만 못한 이를 벗하지 않음', '허물이 있으면 고치기를 꺼리지 않음' 네 가지이다.

성현께서 학문의 차례를 말했으니, 먼저 외면의 형상이 있는 곳에서부터 장악해서 부지해 일으키는 것이다.〔聖賢言爲學之序, 先自外面有形象處, 把捉扶竪起來.〕-소주-

살펴보건대, 후중함과 위엄은 바로 외면으로 볼 수 있는 분명하게 형상이 있는 것이다.

정자(程子)가 말하기를 "사람의 도리는……성실하지 못하면 사물이 없다.〔人道……不誠則無物.〕" -집주-

주자가 말하였다. "마음에는 형체나 그림자가 없다. 오직 성실한 때에야 바야흐로 그러한 물사(物事)가 있는 것이다. 지금 사람이 일을 하는데 처음에는 성의가 있다가 반절쯤 된 뒤에 뜻이 나태하고 산만해져 버리고나면 전반부에는 사물이 있고 후반부에는 없는 것이다. 만약 9할에까지 이르러서 나머지 1할에 성의가 없다면 이는 곧 1할의 사물도 없는 것이다."

○또 말하였다. "관계가 있는 사물이 올 때에 모두 마땅히 나의 성심을 다해 응해야 하니 그래야만 그러한 물사가 있게 된다. 또한 하나의 일을 할 때 자신의 마음이 거기에 있지 않으면 그 일은 곧 이루어지지 않으니 그러면 그러한 일은 없게 된다. 예를 들어 책을 읽는 경우, 자기의 마음이 여기에 있지 않다면 곧 그 책이 없는 것과 마찬가지이다."

또 말하였다. "사물은 단지 눈앞의 사물이면 모두 사물이라고 부른다. 만약 성실하다면 그러한 사물이 있게 된다. 만약 입으로만 장엄과 공경을 말하면서 마음으로는 자만하고 소홀히 한다거나, 입으로만 성실을 말하면서 마음으로는 교만하고 거짓되다면, 접한 물사가 도리어 없는 것과 마찬가지이다."

나만 못한 이를 벗하지 말라.〔無友不如己者〕

정자(程子)가 말하였다. "사람은 반드시 충과 신을 근본으로 삼아야 한다. 나만 못한 이는 충과 신이 없는 자이다."

○주자가 말하였다. "사람들이 벗을 사귈 때에는 모름지기 자기보다

나은 이를 구해야 비로소 유익함이 있다. 예를 들어 사람이 글쓰기를 배울 때에 모름지기 자기보다 나은 이와 함께 상량한 후에 알아내는 바가 있다. 만약 단지 자기만 못한 이와 함께 상량한다면 좋은 점을 그가 혹 알지 못하기도 하고, 그가 알지 못할 뿐만 아니라 나 또한 단지 그가 나만 못함만을 보아서 격려하는 뜻이 전혀 없으니, 어찌 해가 되지 않겠는가." 또 묻기를 "그렇다면 나보다 못한 이는 끝내 함께 더불어 처할 수 없는 것입니까?" 하니, 대답하기를 "만약 나보다 못한 이가 찾아와 나와 벗하기를 구한다면 그를 거절해서는 안 된다. 성인의 이 말씀은 다만 사람들에게 벗을 구하는 법을 가르친 것일 뿐이다."라고 하였다.

허물이 있으면 고치기를 꺼리지 말라.〔過則勿憚改〕

살펴보건대, 사람이 만약 허물이 있는데 고치기를 꺼려서 끝내 고치지 않는다면 이는 젊을 때부터 늙을 때까지, 늙어서부터 죽을 때까지 길이 허물 가운데 있는 것이다. 사람이 만약 잘못을 하고서 후회하고, 후회해서 고친다면 결국 허물이 없는 데 이르게 될 것이다. 성인은 허물을 고치기 꺼리지 않는 것을 귀하게 여긴다.

○복희씨(伏羲氏)의 《주역(周易)》에 '멀리 가지 않고 되돌아온다.〔不遠復〕'와 안자(顔子)의 '잘못을 두 번 저지르지 않는다.〔不貳過〕'[17]가 바로 고치기를 꺼리지 않는다는 것이다.

17 복희씨(伏羲氏)의……않는다 : 주역의 말은 〈복괘(復卦)〉초구 효사이고, 안자의 일은 《논어》 〈옹야〉 편에 보인다.

증자왈신종추원장
曾子曰愼終追遠章

증자(曾子)가 말하였다. "상사(喪事)를 신중히 치르고 먼 조상을 추모하면 백성의 덕이 후한 데로 돌아갈 것이다.〔愼終追遠, 民德歸厚矣.〕"

살펴보건대, 여기서 '민(民)' 자를 보면 이른바 '신종추원(愼終追遠)'은 윗자리에 있는 이를 가리켜 말한 것임을 알 수 있다. 《논어집주》에서 '민' 자 위에 '하(下)' 자를 첨가한 것이 그 뜻이 더욱 명백하다.
○백성의 덕은 원래 후하였다. 그러나 세대가 내려오고 교화가 쇠락함으로 인하여 '신종추원'할 수 없게 되어 그 후함을 잃었다. 이제 위에 있는 이가 '신종추원'함을 인하여 백성들이 모두 보고 감동하면 그 덕이 다시 후한 데로 돌아갈 것이다. 그래서 '귀후(歸厚)'라고 한 것이다. '귀' 자는 마땅히 음미해야 한다.

○공씨(孔氏)가 말하였다. "'신종(愼終)'은 상사(喪事)에 그 슬픔을 다하는 것이고, '추원(追遠)'은 제사에 그 공경을 다하는 것이다. 군주가 이 두 가지를 능히 행하면 백성이 그 덕을 변화시켜 모두 후한 데로 돌아갈 것이다."

자금문어자공장

子禽問於子貢章

자공(子貢)이 말하였다. "부자(夫子)는 온화하고 선량하고 공손하고 검약하고 겸양하여……부자의 구하심은 다른 사람들이 구하는 것과는 다를 것이다.〔夫子溫良恭儉讓……其諸異乎人之求之與.〕"

문기를 "검약함은 어디에 나아가 보아야 합니까?" 하자, 주자가 답하기를, "이는 단지 작용이니, 검약은 의복과 관식(冠飾)의 용도 따위이다." 하였다.

○채청(蔡淸)이 말하였다. "자공의 말은 '부자(夫子)께서 국정에 대해서 저절로 얻을 수 있으니, 「줌〔與〕」도 오히려 말하기에 부족한데 하물며 「구함〔求〕」을 말할 수 있겠는가.'라고 이른 것이다. 그래서 내버려 두고 답하지 않고 다만 '구(求)' 한 글자를 빌려 반대로 말하여 '구하지 않음의 구함〔不求之求〕'이 저절로 있음을 보인 것이다."

자왈부재관기지장

子曰父在觀其志章

아버지가 살아 계실 때는 그의 뜻을 관찰하고……효라 이를 수 있다.〔父在觀其志……可謂孝矣〕.

살펴보건대, 뜻은 행동이 안에 있는 것이며, 행동은 뜻이 밖으로 드러난 것이다. 먼저 두 개의 '관(觀)' 자를 보고 뒤에 '지(志)'와 '행(行)' 두 자를 보면, 그 자식의 뜻과 행동이 이미 아버지와 같지 않은 점이 있음을 볼 수 있다. 그러나 삼 년 동안 효자는 가슴속에 추모하고 애달파하는 마음이 간절하니 어찌 차마 경솔하게 고치겠는가. 그러므로 아버지의 도가 비록 고칠 점이 있더라도 반드시 삼 년을 기다린 뒤에 고쳐야 효라고 할 수 있는 것이다.

○주자가 말하였다. "아마 당시에 응당 고쳐야 하는 것이지만 아직 고치지 않아도 되는 일이 있었기 때문에 성인께서 이렇게 말씀하신 듯하다." 또 말하였다. "이 장은 반드시 이유가 있어서 말한 것이지만 상고할 곳이 있지 않다."

유자왈예지용화위귀장
有子曰禮之用和爲貴章

유자(有子)가 말하였다. "예(禮)의 작용은 화(和)를 귀하게 여기니……작은 일이고 큰일이고 모두 이것을 따랐다.〔禮之用和爲貴……小大由之.〕"

주자가 '예(禮)의 작용은 화(和)가 귀함이 된다.'에 대해 묻자, 연평(延平 이동(李侗))이 답하였다. "《맹자》에서 '인(仁)의 실제는 어버이를 섬기는 것이고, 의(義)의 실제는 형에게 순종하는 것이고, 예의 실제는 이 두 가지를 절문(節文)하는 것이다.'[18]라고 하였다. 예의 도가 비록 화(和)를 귀하게 여기지만, 반드시 그 근원이 흘러나오는 곳을 체득하여 절문하면 잘못되지 않는다. 만약 크고 작은 일을 이것을 따라서 존비(尊卑)와 고하(高下)를 구분함이 없이 화(和)를 알아서 화(和)만 하고 절문에 대해 밝지 못하면 이는 모두 행할 수 없으니, 그렇게 되면 예의 체와 용이 잘못될 것이다. 세상의 군자가 예를 사용함의 엄격함이 구애가 되는 데에 이른 자가 있고 화(和)만 해서 그 절문을 잃는 자가 있으니 모두 예를 아는 자가 아니다."

○주자가 말하였다. "예에 품절(品節)의 상세함이 있는 이유는 모두 사람 마음의 자연스러운 절문(節文)에서 나왔기 때문이다. 성인이 예를 만드실 때 다만 사람들로 하여금 이것을 따라서 그 중도에 맞도록 하였지 사람이 하고 싶어 하지 않는 것을 억지로 강제한 것은

18 맹자에서……것이다 : 《맹자》 〈이루 상〉에 보인다.

아니다. 그러므로 실천하는 것이 비록 무척 힘들더라도 저절로 그 화(和)를 잃지 않는 점이 있는 것이다. 만약 여기에 근본하지 않고 다만 의절(儀節) 사이에서 억지로 힘쓴다면 이는 단지 예일 뿐 화는 없는 것이다."

호씨(胡氏)가 말하였다. "천리(天理)는 본체이므로 절(節)이 먼저이고 문(文)이 뒤이다. 인사(人事)는 작용이므로 의(儀)가 먼저이고 칙(則)이 뒤이다.〔天理其體, 故先節而後文. 人事其用, 故先儀而後則.〕" -소주-

이정(李禎)이 말하였다. "천리(天理)는 자연스러운 절문이 있다. 그러므로 인사에 당연한 의칙(儀則)이 있는 것이다. 절이 먼저고 문이 뒤이며 의가 먼저고 칙이 뒤라고 한 호씨(胡氏)의 설은 천착이다."

또한 다시 예(禮)의 본연(本然)이 아니다.〔亦非復禮之本然矣〕-집주-

이패림(李霈霖)이 말하였다. "예의 본연은 원래 화가 있다. 만약 한갓 화가 귀한 것만을 알아 한결같이 화만 하고 다시 예로 절제하지 않으면 이것은 예의 밖에서 화를 구하는 것이다. 그러므로 '예의 본연이 아니다.'라고 한 것이다."

정자(程子)가 말하였다. "예(禮)가 치우치면 사이가 떨어진다. 그러므로 예의 작용은 화(和)를 귀하게 여기니……악(樂)이 지나치면 방탕으로 흐른다. 그러므로 행하지 못할 것이 있다.〔禮勝則離, 故禮之用和爲貴云云. 樂勝則流, 故有所不行者.〕" -집주-

살펴보건대, 악(樂)은 종고(鍾鼓)나 관현(管絃)을 가리키는 것이 아니다. 대개 사람의 마음이 편안하고 온화한 곳이 곧 악이다. 그래서 《예기(禮記)》의 '예악은 잠시라도 몸을 떠나서는 안 된다.〔禮樂不可斯須去身〕"의 주(註)에서 또한 마음의 화(和)를 악이라 하였다.
○주자가 말하였다. "예의 화는 곧 예의 악이다. 악에는 절제하는 곳이 있으니, 이것이 악의 예이다."
○퇴계(退溪) 선생이 말하였다. "행하지 못할 것이 있다는 것은 예가 행해지지 않음을 말한다." 정우복(鄭愚伏 정경세(鄭經世))이 말하였다. "위의 문장을 이어받아 말하기를 '이와 같은데도 다시 행하지 못할 것이 있다.'라고 하였으니, 행할 수 없다고 말한 것과 같다. 예가 행해지지 않는다는 것은 아닌 듯하다. 아래의 문장을 자세하게 음미하면 알 수 있다." 사계 선생은 정우복의 설이 옳다고 하였다.

자왈신근어의장

子曰信近於義章

유자(有子)가 말하였다. "약속이 의에 가까우면 그 말을 실천할 수 있고……또한 그 사람을 종주(宗主)로 삼을 수 있다.〔信近於義, 言可復也……亦可宗也.〕"

살펴보건대, 여기의 두 '근(近)' 자와《중용(中庸)》의 세 '근(近)' 자[19]는 그 의미가 대략 같다.

○미생(尾生)이 여자와 다리 아래서 만나기로 약속을 하였다. 물이 불었는데도 자리를 떠나지 않다가 죽었다.[20] 이를 두고 약속을 지켰다고 할 수는 있으나 의에는 가깝지 않다. 정위(丁謂)가 구준(寇準)의 수염을 닦아준 일은 공손하다고 할 수 있다.[21] 그러나 실제로는 아첨하는 일이었으니 예에는 가깝지 않다. 진요옹(陳了翁)은 채변(蔡卞)으로 인해 천거를 받았다.[22] 이것은 이미 가까이할 만한 사람

19 세 근(近) 자:《중용장구》 제20장에 "학문을 좋아하는 것은 지(知)에 가깝고, 힘써 행하는 것은 인(仁)에 가깝고, 부끄러움을 아는 것은 용(勇)에 가깝다.〔好學近乎知, 力行近乎仁, 知恥近乎勇.〕"라고 하였다.

20 미생(尾生)이……죽었다:《장자(莊子)》〈도척(盜跖)〉에 보인다.

21 정위(丁謂)가……일:송(宋)나라 진종(眞宗) 때 구준(寇準)은 재상이었고 정위(丁謂)는 참정이었다. 정위가 평소 구준에게 심하게 아첨하였는데, 하루는 중서성의 회식에서 구준의 수염에 국물이 묻자 정위가 일어나 닦아주었다. 이에 구준이 말하기를 "참정은 나라의 대신인데 장관을 위하여 수염을 닦아주다니."라고 하였다. 정위는 매우 부끄러워하였고 뒤에 구준을 참소하여 쫓아내었다.《宋史紀事本末 卷23 丁謂之姦》

22 진요옹은……받았다:요옹은 송나라 진관(陳瓘, 1057~1124)의 호이다. 진관은

을 잃은 것이니, 더욱이 종주(宗主)로 삼을 수 있었겠는가.

○횡거(橫渠 장재(張載))가 말하였다. "군자는 말을 돌아보지 않을지언정 의(義)가 아닌 약속에 얽매이지 않으며, 몸이 곤욕을 당할지언정 다른 사람의 예를 잃은 공손함을 따르지 않으며, 고립무원의 처지가 될지언정 천하게 여길만한 사람을 가까이하는 잘못을 저지르지 않는다."

○주자가 말하였다. "예를 들면 처음에 좋은 이와 친하게 지내다가 후에 그의 천거를 받아 관리가 되었다면 이것이 그를 종주로 삼은 것이다. 이것이 바로 앞서는 그 가까이할 만한 사람을 잃지 않은 것이고 뒤에도 종주로 삼을 수 있는 것이다."

장돈(章惇)의 천거로 태학박사가 되었으나 나중에는 장돈과 어긋나 쓰이지 못하였다. 여기서 채경이라고 한 것은 약간의 오해가 있는 듯하다.《宋史 卷345 陳瓘列傳》

자왈군자식무구포장

子曰君子食無求飽章

공자께서 말씀하셨다. "군자는 먹을 때에 배부름을 구하지 않으며, 거처에 편안하기를 구함이 없으며……배움을 좋아한다고 이를 만하다.〔君子食無求飽, 居無求安……可謂好學也已.〕"

주자가 말하였다. "일은 행하기 어렵기 때문에 민첩하기를 요구하고, 말은 쉽게 나오기 때문에 삼가기를 요구한다. 도가 있는 이에게 나아가 그 언행의 옳고 그름을 바로잡는다."

○이패림(李霈霖)이 말하였다. "이 장의 첫머리에 먼저 '군자(君子)' 두 글자를 두었으니 이는 이미 성인(聖人)의 학문에 종사하는 사람이다. 편안함과 배부름을 구하지 않으며 일에 민첩하고 말에 신중한 것은 모두 마땅히 해야 할 일이다. 다만 행동에 지나치거나 미치지 못하는 치우침이 조금 있으며 견해에 정밀하거나 거친 구별이 조금 있다면 곧 도의 당연함에 합치될 수 없으니 곧 도가 있는 이에게 나아가 바로잡아야 한다."

모름지기 나아가 바로잡아야 얻을 수 있다. 허다한 공부가 있다.……비록 도가 있는 이에게 나아가 바로잡고자 하더라도 헛일이다.〔須是就正方得, 有許多工夫……雖欲就正有道, 亦徒然.〕-소주-

살펴보건대, 이 주(註)에는 이해가 가지 않는 부분이 많다. 그러므로 지금 본문의 처음과 끝에 따라서 여기에 베껴 써둔다. 본문에서는 "편안함과 배부름을 구하지 않음은 마음을 보존하는 부분이고, 일에 민첩하고 말에 신중함은 공력을 쓰는 부분이니, 모름지기 나아가 바로잡아야 얻을 수 있다." 하였고, 또 말하기를 "허다한 공부가 있어도 도가 있는 이에게 나아가 시비를 바로잡지 못하면 또한 얻을 수 없다. 만약 허다한 공부가 없으면[23] 비록 나아가 바로잡고 싶더라도 헛일이다." 하였다. 이렇게 보면 글의 뜻이 환해진다.

23 만약 허다한 공부가 없으면 : 본문의 '若無許多工夫'를 번역한 것이다. 여기의 '약(若)' 자는 《논어집주대전》의 소주에는 없는 글자인데, 저자가 이 한 글자를 넣어서 앞뒤 문장의 구분을 만들고 문맥이 통하도록 안배한 것이다. 세주의 본문을 '또 말하였다〔又曰〕'로 두 단락으로 나눈 것도 문의를 분명하게 하기 위한 것이다.

자공왈빈이무첨장

子貢曰貧而無諂章

자공(子貢)이 말하였다. "가난하되 아첨함이 없으며 부유하되 교만함이 없으면 어떻습니까?……부유하되 예(禮)를 좋아하는 것만 못하다.〔貧而無諂富而無驕何如……富而好禮者也.〕"

살펴보건대, 자공은 이미 가난하되 아첨함이 없고 부유하되 교만함이 없는 경지에 도달하여 스스로 지극하다고 여겼기 때문에 이런 질문을 하였다. 그러나 공자의 말씀을 듣고서는 곧바로 그 말뜻을 이해할 수 있어서 즉시《시경》의 '절차탁마(切磋琢磨)'의 말을 인용하여 밝히고 말하기를 "아마도 이를 이른 듯합니다." 하였다. 당초에 만약 아첨함이 없고 교만함이 없음을 부족하다고 생각했다면 필시 어떠한지를 묻는 이런 질문은 있지 않았을 것이다.

○자공은 앞서 가난하였다가 뒤에 부유해졌다. 아마 가난했을 때 필시 아첨함이 능히 없고 부유해진 뒤에 필시 교만함이 능히 없는 것은 모두 그 경지를 실제로 밟은 것이기 때문에 이렇게 물은 것이다. 다만 아첨이 없고 교만이 없는 경지 위에 도를 즐기고 예를 좋아하는 한 층이 더 있다는 것을 알지 못했을 뿐이다.

○장경부(張敬夫 장식(張栻))가 말하였다. "가난하게 살면서 털끝만큼의 구하고자 하는 마음이 있거나 부유하게 살면서 털끝만큼의 자부하는 마음이 있는 것은 모두 아첨이며 교만이다. 이 병통을 제거하지 않고서 자신은 도를 즐기고 예를 좋아한다고 말하는 것을 들어보지 못하였다. 필시 아첨과 교만이 없는 뒤에야 도를 즐기고 예를

좋아함에 진보할 수 있을 것이다."

동양 허씨(東陽許氏)가 말하였다. "일을 행할 때 선에 처하기를 편안히 여기는 것은 그 마음이 이치를 따르는 것을 즐기기 때문이다.〔行事安於處善, 蓋其心樂於循理也.〕"-소주-

살펴보건대, 동자(董子 동중서(董仲舒))의 본문으로 보면 '선에 처하기를 편안히 여긴 이후에 이치를 따르는 것을 즐긴다.〔安處善, 然後樂循理〕'[24] 하였다. 지금 허씨의 설은 그 의미가 선에 처하기를 편안히 여기는 것이 그 마음이 이치를 따르는 것을 즐기기 때문이라는 것이다. 말이 뒤바뀐 것을 면하지 못할 듯하다.

부자의 말씀을 듣고 또 의리(義理)가 끝이 없어서 비록 얻음이 있더라도 대번에 스스로 만족해서는 안 된다는 것을 알았다.〔聞夫子之言, 又知義理之無窮, 雖有得焉, 而未可遽自足也.〕-집주-

정우복(鄭愚伏)이 말하였다. "아첨과 교만이 없는 것이 바로 자공이 이미 능하여 스스로 만족하는 것이다. 공자의 말씀을 듣고서는 비로소 그 위에 도를 즐기고 예를 좋아하는 한 층이 더 있음을 알았고, 마침내 모든 천하의 일이 그 의리가 무궁하여 비록 얻은 바가 있더라도 스스로 만족해서는 안 된다는 것을 알았다. 이른바 얻은 바가 있다는 것은 실제로 아첨과 교만이 없음을 가리킨다. 다만 이로 인해 모든 일이 다 그러함을 깨달았기 때문에 '간 것을 일러주니 올 것을 아는구나.'라고 한 것이다."

24 선에……즐긴다 :《한서(漢書)》 권56 〈동중서전(董仲舒傳)〉에 보인다.

○사계 선생이 말하였다. “주자가 이르기를 ‘아첨과 교만이 없음은 그가 실제로 이러한 경지에 도달한 것이다. 성인이 그가 실제로 그러함을 알고서 비로소 한 단계 위의 도를 즐기고 예를 좋아함을 말해주자 곧 의리가 무궁하여 학문은 조금 얻었다고 해서 대번에 그만두어서는 안 된다는 것을 환하게 깨달았다.’ 하였다. 이에 근거하면 이른바 얻음이 있다는 것은 학문 가운데의 의리를 넓게 가리킨 것이지 아첨과 교만이 없음을 가리킨 것은 아니다. 정우복의 설은 그렇지 않은 듯하다.”

사(賜)는 비로소 더불어 시(詩)를 말할 만하구나. 간 것을 일러주니 올 것을 아는구나.〔賜也, 可與言詩已矣. 告諸往而知來者.〕

임차애(林次崖)가 말하였다. “자공은 본래 공자께서 가난함과 부유함에 처하는 일에 대해 논한 것을 인하여 나아가 학문을 하는 도리를 깨달았다. 그러므로 부자께서 함께 시를 논할 만하다고 인정한 것이다. ‘간 것을 일러주자 올 것을 안다.’는 것은 요약하면 가난함과 부유함에 처하는 일 또한 학문을 하는 것이라는 말이다. 다만 자공의 뜻이 포함하는 것이 넓고 또 오로지 부귀와 빈천에 관해서만 말하지 않았기 때문에 ‘간 것을 일러주니 올 것을 아는구나.’라고 한 것이다.”

자왈위정이덕장
子曰爲政以德章

북신이 제자리에 있으면〔北辰居其所〕

곽박(郭璞)이 말하였다. "북극은 하늘의 중앙에 위치하여 사시(四時)를 정한다. 그렇다면 극(極)은 중(中)이고 신(辰)은 시(時)이다. 하늘의 중앙에 위치하였기 때문에 '북극(北極)'이라 하고, 사시를 정하기 때문에 '북신(北辰)'이라 한 것이다."

○주자가 말하였다. "《사기》에서 '태일성(太一星)'이 '제좌(帝座)'라 하였으니, 곧 북극이다. 별의 신위(辰位)[25]로 말하면 '태일'이라 하고, 위치한 곳으로 말하자면 '북극'이라 한다. '태일'은 군주와 같고, '극(極)'은 황제의 도읍과 같다." 또 말하기를, "상채(上蔡 사양좌(謝良佐))가 '신(辰)은 북신(北辰)이 아니다. 바로 하늘의 북극(北極)이다. 하늘이 수차(水車)와 같다면, 북신은 곧 굴대가 있는 곳이다. 수차는 움직여도 굴대는 움직인 적이 없다.'[26]라고 하였는데 상채가

25 신위(辰位) : 본문에는 "神位"로 되어있으나 《주자어류》권23에 근거하여 "辰位"로 바로잡아 번역하였다.

말한 것은 바로 북두이다. 북두는 뭇 별들과 똑같이 하루에 한 번 하늘을 도는데, 어찌 제자리를 지킨다고 할 수 있겠는가."

○채청이 말하였다. "북신은 북두가 아니다. 북신은 단지 오성(五星)이고, 북두는 칠성(七星)이 있다. 북신은 오로지 오성 가운데 하나의 별 부근의 하늘과 땅을 가리켜 말한 것이고, 북극은 오성을 아울러 연결해서 말한 것이니, 또한 약간의 구분이 있다."

바퀴의 장심(藏心)과 같다. 장(藏)은 바깥쪽에 위치하여 움직이고, 심(心)은 전혀 움직이지 않는다.……석당반자(射糖盤子)와 같아서 북신은 중앙에 있는 장자(樁子)고, 극성은 장자 근처의 점자(點子)다.〔似箇輪藏心, 藏在外面動, 心都不動……如射糖盤子, 北辰便是中央樁子, 極星便是近樁點子.〕-소주-

살펴보건대, 석당반자(射糖盤子)[27]는 오늘날의 맷돌과 같고 장자(樁

26 상채(上蔡)가……적이 없다 : 본문의 인용은 곧바로 주자의 말처럼 되어있지만, 《주자어류》 23권을 살펴보면 이 부분은 상채(上蔡) 사양좌(謝良佐)의 말을 인용한 것이다. 《주자어류》를 근거하여 번역하였다. 그리고 "신(辰)'은 북신(北辰)이 아니다.〔辰非是北辰〕'라는 부분도 본문에는 "辰"이 "北辰"으로 되어있으나《주자어류》23권에 근거하여 위와 같이 바로잡아 번역하였다. 다만 "北辰"이라고 했을 때 그 말이 명확하지 않아 저자가 채록하면서 정리했을 가능성도 있다. 확정할 수 없어 우선 《주자어류》를 따른다.

27 석당반자(射糖盤子) : '석당반자'에 대해서는 여러 가지 추측만 있을 뿐 자세하지 않다. 다만 《지산집(芝山集)》제6권 〈제서질의(諸書質疑)〉에서 '석당반자의 모양과 같다.〔如射糖盤子樣〕'에 대한 설명으로 "물건을 가리켜 취하는 것을 '석(射)'이라고 한다. 음은 석(石)이다. 엿을 당(糖)이라고 한다.〔指物而取曰射, 音石, 餳謂之糖.〕"하였는데, 이 설명이 옳은지는 알 수 없다. '사당반자'로 읽기도 하는데 번역에서는 이곳의 음석(音釋)을 따라 '석당반자'라 표기하였다.

子)는 맷돌의 중심과 같다. 바퀴의 장심(藏心)도 같은 뜻인 듯하다. 다만 그 제도가 어떠한지 알지 못한다.

○정복심(程復心)이 말하였다. "'추(樞)'는 문순(門簨, 문의 가로대)이다. 하늘은 항상 회전하며 움직이는데 북신은 되레 하늘의 북극 중앙의 움직이지 않는 곳이니, 마치 문의 가로대와 서로 비슷하다. 그래서 하늘의 지도리가 된다. 그리고 움직이지 않는 것은 아니지만 다만 움직일 때 다시 원래 그 자리로 돌아온다."

○살펴보건대, 문은 열고 닫을 때 회전하며 움직이고, 지도리는 비록 움직이더라도 원래의 자리를 떠나지 않는다.

자왈시삼백장
子曰詩三百章

무릇 시의 말이 선한 일을 읊은 것은 사람의 착한 마음을 감발시킬 수 있고, 악한 일을 읊은 것은 사람의 방탕한 마음을 징계할 수 있다.〔凡詩之言, 善者可以感發人之善心, 惡者可以懲創人之逸志.〕-집주-

채청이 말하였다. "'일지(逸志)'는 방탕한 마음이다."

○주자가 말하였다. "변풍(變風)의 〈정풍(鄭風)〉과〈위풍(衛風)〉의 시를 부자께서 남겨둔 것은 단지 한때의 일과 사방의 풍속을 보임으로써 읽는 이로 하여금 이를 고찰하여 그 득실을 살펴서 마음이 결국 바름으로 돌아가게 하기 위해서이지, 그 시들이 모두 예와 의에 합치하는 것이어서 사람들로 하여금 본받게 하기 위한 것은 아니다."

○임차애(林次崖)가 말하였다. "《전습록(傳習錄)》-왕양명(王陽明)이 지은 책이다.-에서 '《시경》에서 〈정풍〉과 〈위풍〉이 산삭(刪削)되지 않은 것은, 공자가 산정한 삼백 편은 모두 아악(雅樂)이었으니 이는 필시 진(秦)나라의 병화가 있은 후에 세속의 유자들이 견강부회하여 삼백 편의 수를 채운 것이다.……「악한 일을 읊은 것은 사람의 방탕한 마음을 징계할 수 있다.」라고 한 것은 〈정풍〉과 〈위풍〉이 산삭되지 않은 것에 대한 설명을 찾고자 해도 찾을 수 없어서 말을 만들어 낸 것이다.'[28] 하였다. 내 생각에 이것은 시의 유래를 알지 못한 것이

28 공자가……것이다 : 《전습록》의 내용이 일부 축약되어 소개되어 있다. 그 중 다음에 이어지는 논의의 이해를 위해 중간에 생략된 부분을 소개하면 다음과 같다. "대개

다. 옛날 선왕이 순수(巡狩)할 때에 태사(太師)에게 민간의 시를 채집해 올리도록 명하여 백성의 풍속을 살피고 채록하여 경(經)으로 만들었다. 백성의 풍속을 살폈다면 필시 아름다운 것과 악한 것을 함께 보았을 것이니, 단지 선정(善政)만을 본 것은 아니었다. 그러므로 '시를 통해 살펴볼 수 있다.〔詩可以觀〕'라고 한 것이다. 성인이 시를 산삭할 때 단지 좋은 것만을 남겨두었다고 한다면 이는 시에 권면하는 것만 있고 징계하는 것은 없게 되니 성인께서 시를 통해 살펴볼 수 있다고 한 말이 그르게 된다."

○여만촌(呂晩村 여유량(呂留良))이 말하였다. "만약 성인의 경전에 반드시 올바른 것만을 남기고 사특한 것을 없애 사특함이 없게 하였다면《역(易)》에 돈 많은 지아비를 보고 몸을 두지 못하는 상(象)[29]을 말해서는 안 되고《춘추》에 강씨(姜氏)가 제후(齊侯)와 만난 일에 관한 글[30]을 실어서는 안 된다."

면재 황씨가 말하였다. "곧바로 가리켰다면 은미하고 완곡한 것이 아니고, 전체라면 하나의 일이 아니다. 곧바로 가리켰기 때문에 명확하

음탕한 말은 세속에서 대부분 전하기를 좋아하는 것들이다. 지금의 여항도 모두 그러하다.〔蓋淫佚之詞, 世俗多所喜傳, 如今閭巷皆然.〕"

29 역에……상 : 《주역》〈몽괘(蒙卦) 육삼(六三)〉에 보인다.

30 춘추에……글 : 부인 강씨가 제후(齊侯)를 만난 기록은《춘추좌씨전》〈장공(莊公)〉2년과 4년과 5년과 7년에 보인다. 강씨는 노 환공(魯桓公)의 아내로 친정 오라비인 제양공(齊襄公)과 간통하였는데, 노 환공이 이를 알게 되자 제 양공이 역사를 시켜 노 환공을 살해하였다. 그런 뒤에도 강씨는 간통을 하기 위해 제후(齊侯)와 계속 만났다.

고, 전체이기 때문에 극진한 것이다.〔直指則非微婉, 全體則非一事, 直指故明, 全體故盡.〕"-소주-

사계(沙溪)가 묻기를, "이것은 '직지(直指)'와 '전체(全體)'를 쌍으로 들어 구분하여 말한 것이다. 혹자는 '그 전체를 곧바로 가리켰다.'라고 말하는데, 두 가지 설 가운데 무엇이 옳은가?" 하였는데, 우복(愚伏)이 답하기를, "'직지전체(直指全體)'는 본래 '그 전체를 곧바로 가리켰다.'라는 말이다. 면재는 단지 나눠서 말하여 그 뜻을 밝히려 한 것이지 사람들로 하여금 '직지'와 '전체'를 나누어 읽게 하려 했던 것은 아니다." 하였다.

정자가 말하였다. "생각에 사특함이 없는 것이 성(誠)이다.〔思無邪者, 誠也.〕"-집주-

주자가 말하였다. "이천(伊川)이 '생각에 사특함이 없는 것이 성(誠)이다.'라고 한 말은, 늘 그저 범범하게 보고 지나갔는데 자세하게 생각해보면 매우 의리가 있는 말이다. 대개 행동에 사특함이 없는 것은 아직 성이 아니니, 생각에 사특함이 없어야 마침내 성이라 할 수 있다."

자왈도지이정장
子曰道之以政章

공자께서 말씀하셨다. "인도하기를 법령으로 하고 가지런히 하기를 형벌로 하면 백성들이 면하되 부끄러워함이 없다.〔道之以政, 齊之以刑, 民免而無恥.〕"

살펴보건대, 이른바 '부끄러워함이 없다.'는 것은 법령과 형벌 아래에서는 백성들이 단지 형벌을 구차히 면할 뿐이고 안으로 자책하여 마음에 수치스러움을 가지는 일은 없다는 말이다.

법제와 금령이다.〔法制禁令〕-집주-

채청이 말하였다. "법제는 보여주어 이것을 따라 하게 하는 것이고, 금령은 징계하여 이것을 따라 하지 않아서는 안 되게 하는 것이다."

인도하기를 덕으로써 하고, 가지런하게 하기를 예로써 하면, 부끄러워함이 있고, 또 선(善)에 이른다.〔道之以德, 齊之以禮, 有恥且格.〕

살펴보건대, 윗자리에 있는 이가 덕과 예로 백성들을 교화한다면 백성들이 모두 보고 감동하여 흥기해서 자신의 불선(不善)을 알면 저절로 부끄러워하는 마음을 가지게 되고 이미 부끄러움이 있다면 반드시 선으로 돌아가게 될 것이다. 대개 부끄러움이 있다는 것은 덕과 예의 효과이고, 선에 이르는 것은 부끄러움이 있음의 효과이다. 그러므로 맹자가 "부끄러움은 사람에게 있어서 매우 중대하다.〔恥之於人, 大矣.〕"라고 한 것이다.

예는 제도(制度)와 품절(品節)을 이른 것이다.〔禮謂制度品節〕-집주-

제(制)와 도(度) 두 글자의 구별에 대해 묻자, 채청이 대답하였다. "'제(制)'는 모든 법을 통틀어 말한 것이고, '도(度)'는 그 가운데 도수(度數)와 차등(差等) 따위이다."

자왈오십유오장
子曰吾十有五章

공자께서 말씀하셨다. “나는 열다섯 살에 학문에 뜻을 두었다.〔吾十有五而志于學〕”

주자가 말하였다. “성인이 나면서부터 안다는 것은 이치가 매우 분명하지만 또한 반드시 열다섯 살이 되기를 기다려 학문에 뜻을 두었다. 다만 이곳은 전적으로 이와 같은 것도 아니고 또한 전적으로 실제가 없는 것도 아니다.[31] 다만 모름지기 스스로 생숙(生熟)의 차이가 있음을 깨달은 것이다.”

서른 살에 자립하였다.〔三十而立〕

살펴보건대, ‘예에서 자립하며〔立於禮〕’에 대한 집주에서 주자가 말하기를 “우뚝하게 자립하여 사물에게 흔들려 빼앗김을 당하지 않게 된다.”고 하였는데 그 뜻이 이곳의 ‘입(立)’ 자와 같다.

자립할 수 있다.〔有以自立〕-집주-

이패림이 말하였다. “‘자립(自立)’이라는 글자가 매우 좋다. 학문에 뜻을 둠은 단지 이러한 도리에 따라서 행하는 것이다. 자립하면 이 이치가 이미 자신에게 있는 것이다. 그러므로 ‘지킴이 견고하여 뜻을

31 다만……아니다 : 본문에는 “但覺此處”로 되어있으나 《주자어류》권23에 근거하여 “覺”를 빼고 번역하였다.

두는 것을 일삼을 바가 없을 것이다.'라고 말한 것이다."

쉰 살에 천명을 알았다.〔五十而知天命〕

상채 사씨가 말하였다. "천명은 이치가 말미암아 오는 곳이고, 본성이 말미암아 나오는 곳이다."

예순 살에 귀가 순하였다.〔六十而耳順〕

주자가 말하였다. "지천명(知天命)으로부터 다시 10년을 더하였으니, 덕은 성대해지고 인(仁)은 완숙해져 거의 화(化)함에 가까워진 것이다."

일흔 살에 마음이 하고자 하는 바를 따라 법도를 넘지 않았다.〔七十而從心所欲, 不踰矩.〕

정자가 말하였다. "열다섯 살에 학문에 뜻을 두고 서른 살에 자립하며 마흔 살에 의혹되지 않음은 선을 밝힘이 투철한 것이다. 쉰 살에 천명을 아는 것은 생각하여 아는 것이다. 예순에 귀가 순해진 것은 바로 생각하지 않아도 깨달은 것이다. 그러나 여전히 드러난 자취에 얽매였다. 일흔 살에 마음이 하고자 하는 바를 따라 법도를 넘지 않는 경지에 이르면 성인의 도가 끝난다. 이것이 가르침의 순서이다."

○주자가 말하였다. "이것은 성인이 대인으로서 화(化)한 경지로 마음과 이치가 하나가 되어 혼연하여 사욕이 끼어들 틈이 없어서 그렇게 된 것이다. '이순(耳順)'에서부터 여기에 이르기까지 10년 동안은 힘쓰는 바가 없어도 조용히 저절로 이른 것이니, 마치 따뜻한

봄기운에 얼음이 녹는 것과 같다. 그렇게 되는 이유를 알지 못하는 사이에 저절로 그렇게 됨이 있으니, 이것이 성인의 덕의 지극함이다."

그 비슷한 것을 인하여 스스로 이름하였다.〔因其近似以自名〕-집주-

채청이 말하였다. "부자가 이 장에서 하신 말씀은 대부분 배우는 자를 위해 가설한 것이지, 자기 자신에게 둔 의미가 큰 것은 아니다. 그러므로 그 비슷한 것을 인하여 스스로 이름을 붙인 것이니, 배우는 자들이 이를 법칙으로 삼아 스스로 힘쓰기를 바란 것이다."

맹의자문효장

孟懿子問孝章

번지(樊遲)가 "무엇을 이르신 것입니까?" 하고 묻자, 공자께서 말씀하셨다. "살아 계실 때 예로써 섬기고……예로써 제사지내는 것이다."〔樊遲曰, 何謂也. 子曰, 生事之以禮……祭之以禮.〕

주자가 말하였다. "노나라의 삼가(三家)에서 빈(殯) 할 적에 발(撥)을 진설하였으니[32] 그 장례가 참람되어 예가 아니었으며, 〈옹(雍)〉 시를 노래하면서 제사상을 거두었으니[33] 그 제사가 참람되어 예가 아니었다. 살아 있을 때 모실 때 참람된 예를 사용한 일은 비록 상고할 수는 없으나 또한 상상하여 알 수 있다. 저들이 이렇게 하는 것은 그 마음에 어찌 이렇게 하는 것이 부모를 존귀하고 영화롭게 하여 가장 큰 효가 되기에 충분하다고 생각해서가 아니겠는가. 예에 한 번 어긋나면 도리어 그 부모를 참람하고 반역하여 신하의 도리를 하지 못하는 지경에 두게 되어 스스로 가장 큰 불효에 빠지게 된다는 것을 어찌 알았겠는가. 공자께서는 그가 효에 대해 물은 일로 인하여 그가 부모를 사랑하는 마음을 가지고 있음을 알았기 때문에 이렇게 알려주신 것이니, 감발하는 바가 있어 능히 고치기를 바란 것이다."

32 노나라의……진설하였으니 : 노 애공(魯哀公)이 어린 아들 돈(蕼)의 상에 발(撥)을 설치하고자 했다. 유약(有若)은 "괜찮습니다. 군주의 세 신하도 오히려 이것을 설치하였습니다."라며 삼가(三家)가 이 예를 사용하고 있는 것을 풍자하였고, 안류(顏柳)는 그 예를 사용하는 삼가의 참람을 비판하였다. 발(撥)은 제후가 사용하는 영구(靈柩)인 순거(輴車)를 끄는 줄이다. 이 고사는《예기》〈단궁 하〉에 보인다.

33 옹(雍) 시를……거두었으니 : 이 일은《논어》〈팔일〉에 보인다.

자유문효장

子游問孝章

자유(子游)가 효를 묻자, 공자께서 말씀하셨다. "지금의 효라는 것은……공경하지 않으면 무엇으로 구별하겠는가."〔子游問孝, 子曰, 今之孝者……不敬何以別乎.〕

살펴보건대, 이 장의 긴요한 부분은 '경(敬)' 자에 있다.

○성인께서 문인을 깨우치는 말씀을 가만히 보면 그 뜻이 함축되지 않은 것이 없어 자연스럽게 사람들을 감발시킴이 있다. 다만 여기에서 자유가 효를 물은 것에 답한 말씀은 경계하고 꾸짖는 뜻이 이처럼 직접적으로 크게 드러난 것은, 그 당시에 공자께서 마침 느낀 바가 있어 말씀하셔서 그러한 것인가. 자유는 성인 문하의 뛰어난 제자로 필시 그러한 일이 없었을 것이니, 이로써 공자의 이 말씀이 오로지 자유만을 위해서 한 말씀이 아님을 알 수 있다. 다만 자유가 아마 평소에 부모를 섬길 때 그가 부모를 사랑하고 봉양하는 것은 충분하였으나 존경하는 것은 소략했기 때문에 부자께서 이렇게 말씀하셔서 깊이 경계시킨 것이다. 그렇다면 이른바 함축된 뜻 또한 이미 그 안에 포함되어 있는 것이다.

묻기를 "개나 말은 스스로 먹을 수 없다……"〔問犬馬不能自養〕-소주-

살펴보건대, 물은 것은 주자가 물은 것이다.

자하문효장
子夏問孝章

일찍이 효라고 여겼더냐.〔曾是以爲孝乎〕

"'증(曾)' 자를 혹 '곧〔則〕'으로 풀이하기도 하고 혹 '일찍이〔嘗〕'라고 풀이하기도 하는데 어째서입니까?"라고 묻자, 주자가 답하였다. "무릇 자의(字義)에 '○의 글자 됨이 ○이다.'라고 하는 것은 음과 뜻이 모두 대략 비슷한 것이다. '상(嘗)'과 '즉(則)'은 뜻이 또한 대략 같다."

정자가 말하였다. "자하는 직의(直義)는 능하였으나 온화한 빛이 혹 부족하였다.〔子夏能直義, 而或少溫潤之色.〕"-집주-

"자하의 직의(直義)한 곳을 어떻게 볼 수 있습니까?"라고 묻자, 주자가 답하였다. " 자하가 '사귈 만한 사람은 사귀고 사귈 만하지 못한 사람은 거절해야 한다.'라고 한 말과 《맹자》에서 또한 '맹시사(孟施舍)는 증자와 비슷하고 북궁유(北宮黝)는 자하와 비슷하다.'라고 말한 것을 살펴보면, 자하는 몸가짐이 신중하고 법도가 엄격한 사람이다."

자하의 병통이 바로 자유의 약이다.〔子夏之病, 乃子游之藥.〕-소주-

살펴보건대, 본문[34]에는 '자유지약(子游之藥)' 아래에 다시 '자유의 병통이 바로 자하의 약이다.〔子游之病, 乃子夏之藥.〕' 아홉 글자가 있다.

34 본문 : 여기서 말하는 '본문'은 《주자어류》를 말한다. 이 내용은 《주자어류》 권23에 보인다.

자왈오여회언장
子曰吾與回言章

공자께서 말씀하셨다. "내가 회(回)와 더불어 종일 동안 이야기를 하는데 어기지 않는 것이 마치 어리석은 사람인 듯하더니……회는 어리석지 않다.〔吾與回言終日, 不違如愚……回也不愚.〕"

정자(程子)가 말하였다. "묵묵히 아는 것이 바로 이른바 배움이다. 오직 안자(顔子)만 이를 능히 할 수 있었기 때문에 공자가 '내가 회(回)와 더불어 종일 동안 이야기를 하였는데 어기지 않는 것이 마치 어리석은 사람인 듯하였다.'고 한 것이다. '퇴이성기사(退而省其私)'는 안자가 물러가서 자기에게 있는 것을 살펴보아 또한 충분히 이것을 발휘하였다는 말이다. 그러므로 중니(仲尼)가 그가 어리석지 않다는 것을 아셨다."

○살펴보건대, 정자는 '퇴이성기사(退而省其私)'를 안자가 물러가 자기에게 있는 것을 살펴보았다고 여겼다. 지금 본문의 문세(文勢)와 말뜻으로 보건대 이것은 공자가 안자가 평상시 혼자 지낼 때의 일을 살핀 것이지, 안자가 자기에게 있는 것을 살핀 것을 말함은 아닌 듯하다. 주자가 《집주》에서 취하지 않은 것은 이 때문인가.

○주자가 말하였다. "안자가 공자의 말씀을 이해했을 뿐만 아니라, 물러나서는 곧바로 행하여 다시 막힘이 없었다."

○채청이 말하였다. "부자께서 안자가 어리석지 않음을 분명히 본 뒤에 이 말씀을 하셨다. 구설(舊說)에서 처음에는 그가 어리석다고 의심하다가 결국에는 어리석지 않음을 확신하였다고 하였는데, 그

르다.”

○또 말하였다. “물러났다는 것은 공자가 물러났다는 것으로 ‘오(吾)’ 자를 이어받은 것이다. 안자가 물러났다고 한다면 아래에 ‘사(私)’ 자가 있다.”

○이정(李禎)이 말하였다. “《집주》에서는 ‘물러나 그 사생활을 살펴보니〔退省其私〕’라고 한 맥락의 말로 만들었으니, 물러남은 단지 공자가 물러난 것이지, 안회가 물러난 것이 아니다. 《주자어류(朱子語類)》에서도 ‘이것은 부자께서 물러나 안회의 사생활이 이와 같음을 살핀 것이다.’라고 하였다. 오직 《논어혹문(論語或問)》에서 인용한 호씨(胡氏)의 말에 ‘모시며 앉았다가 물러났다는데 부자께서 그의 사생활을 관찰하였다.’라고 되어 있는데, 오늘날 사람들은 모두 호씨를 따르고 있다. 오직 채씨의 설이 주자와 부합하니, 마땅히 이를 좇아야 한다.”

안자는 깊고 순수하여〔顔子深潛純粹〕-집주-

주자가 말하였다. “심잠(深潛)은 깊고 두터워서 얕게 드러나지 않는 것이다. 이와 같을 때는 생각이 항상 그 속에 감추어져 있다.”

○인산 김씨(仁山金氏)가 말하였다. “‘심잠순수(深潛純粹)’ 네 글자는 단지 안회의 자품과 기상을 형용한 것이다. 정자 또한 말하였다. ‘안자와 맹자는 공자에 비교하여 그 지(知)의 깊이는 동일하지만, 단지 안회가 더욱 온후하고 침착하여 성인의 기상과 가깝다. ‘심잠’은 지식의 뜻을 띠고 있고, ‘순수’는 실천의 뜻을 띠고 있다. ‘심잠’은 ‘어기지 않는 것이 마치 어리석은 사람 같음’에서 보이고, ‘순수’는 ‘그의 사생활에서 충분히 발휘함’에서 보인다. ‘심잠’은 지(知)의 기

상으로 뒤편의 '나의 말에 대해 기뻐하지 않는 바가 없다.'는 것이고, '순수'는 행(行)의 기상으로 뒤편의 '3개월 동안 인(仁)을 떠나지 않는다.'는 것이다."

주자가 말하였다. "이것은 부자께서 물러나 안자의 사생활을 관찰한 것이다." 또 말하였다. "물러난 것은 공자가 물러난 것이 아니라 바로 안자가 물러난 것이다.〔此夫子退而省察顔子之私也. 又曰退非夫子退也, 乃顔子退也.〕"-소주-

사계 선생이 말하였다. "마땅히 앞의 설이 옳다고 보아야 할 듯하다."

자왈시기소이장
子曰視其所以章

공자(孔子)께서 말씀하셨다. "그 하는 것을 보며 그 유래를 살피며 …… 사람이 어찌 숨길 수 있겠는가.〔視其所以, 觀其所由…… 人焉廋哉.〕"

형병(邢昺)의 《논어정의》에 다음과 같이 말하였다. "사람을 알아보는 방법은 단지 그 사람의 처음과 끝을 관찰할 뿐이니, 그렇게 하면 그 사람이 어느 곳에 그 실정을 숨길 수 있겠느냐는 말이다. 두 번 말한 것은 실정을 숨길 수 없음을 깊이 밝힌 것이다."

○주자가 말하였다. "여씨(呂氏)가 이르기를 '소유(所由)는 그가 이전에 한 일을 본다는 것이고, 소안(所安)은 그가 이후로 한 일을 살피는 것이다.'라고 하였으니, 또한 통한다."

○임차애가 말하였다. "행하는 것을 보고 또 반드시 그 유래를 살피는 것은, 세상에는 본디 비록 행한 바가 비록 선하더라도 그 의도가 도리어 그렇지 않은 일들이 있기 때문이다. 예를 들어 제 환공(齊桓公)이 주(周)나라를 높이고 오랑캐를 물리친 일이 어찌 일찍이 불선한 일이겠는가. 다만 이것이 힘으로써 인(仁)을 가장하여 진실한 마음이 전혀 없었기에 곧 순수한 왕도를 얻지 못한 것이다. 그 유래를 살피고 또 반드시 편안히 여기는 바를 살피는 것은, 세상에는 본디 의도는 참으로 좋은 것이지만 단지 마음의 진실함에서 나오지 않은 일이 있기 때문이다. 그러나 마음이 즐기는 바가 여기에 있지 않으면 또한 오래 지속될 수 없다. 예를 들어 당 태종(唐太宗)이 신하의 말을 듣고 간언을 잘 받아들인 것은 태평성대에 대한 의지가

굳은 것으로 그 의도가 참으로 좋았지만 이는 단지 수(隋)나라가 간언을 거절하다가 멸망했던 일을 경계로 삼아 마지못해 억지로 힘썼던 일이지 당태종의 마음이 본래 즐기는 바는 아니었다. 때문에 끝내 오래 지속되지 못해서 전사옹(田舍翁)을 죽이겠다는 속마음이 탄로 나는 일[35]이 있었다.

35 전사옹(田舍翁)을……나는 일 : 전사옹(田舍翁)은 위징(魏徵)을 가리킨다. 위징이 예의를 내세워 태종의 사심(私心)을 견제하자, 태종이 노하여 "내가 결단코 전사옹(田舍翁)을 죽이고야 말겠다." 한 일을 가리킨다. 《舊唐書 卷71 魏徵列傳》

자왈온고이지신장

子曰溫故而知新章

공자께서 말씀하셨다. "옛것을 익혀서 새로운 것을 알면 스승이 될 수 있다.〔溫故而知新, 可以爲師矣.〕"

형병의 《논어정의》에 다음과 같이 말하였다. "살펴보건대, 《중용》의 '온고이지신(溫故而知新)'에 대해, 정현(鄭玄)의 주에 '온(溫)은 심온(燖溫)의 온(溫)으로 읽어야 하니, 옛날에 배운 것이 정숙(精熟)한데도 뒤에[36] 때로 익히는 것을 온(溫)이라 한다.'고 하였다. 《춘추좌씨전》〈애공(哀公)〉 12년에 애공이 탁고(橐皐)에서 오인(吳人)과 회합할 때 오나라 태재(太宰) 비(嚭)가 심맹(尋盟)하기를 청하니, 자공이 답하기를 '맹약을 되살릴 수 있다면 또한 폐기할 수도 있다.'라고 하였는데, 가규(賈逵)의 주에 '심(尋)은 온(溫)이다.'라고 하였다.

○주자가 말하였다. "'온(溫)' 자는 '냉(冷)' 자의 상대어로 마치 한 그릇의 국이 이제 차가워졌는데 가져가 덥혀 오면 또 좋은 것과 같다."

○주공섬(朱公掞)이 말하였다. "여기서는 남의 스승이 된 자를 위해 말한 것이다. '온고지신'은 《논어》와 《중용》 양쪽에서 말씀하셨는데, 《논어》에서 '고(故)'라고 한 것은 남에게 들은 것이고, 《중용》에

36 뒤에 : 본문에는 '復'로 되어있으나 《논어주소》에 근거하여 '後'로 바로잡아 번역하였다.

서 '고'라고 한 것은 자기에게 보존하고 있는 것이다. 《논어》는 그 하나의 이치에 나아가서 뭇 이치의 무궁함을 미루어 보는 것이고, 《중용》은 그 체통을 온전히 하여 맥락의 정미함을 더욱 보는 것이다. 《논어》가 하나의 일이고, 《중용》은 또 다른 일이다."

자왈군자불기장

子曰君子不器章

공자께서 말씀하셨다. "군자는 기구(器具)처럼 국한되지 않는다.〔君子不器〕"

왕형공(王荊公 왕안석(王安石))의 〈군자재기(君子齋記)〉에서 말하였다. "천자와 제후를 군(君)이라 이르고, 경과 대부를 자(子)라 이른다. 천자나 제후나 경과 대부의 지위에 있으면서 그에 걸맞는 덕이 없어도 군자(君子)라고 이를 수 있으니, 그 지위를 칭한 것이다. 천자나 제후나 경과 대부의 덕을 지녔으면서 그에 걸맞는 지위가 없어도 군자라고 이를 수 있으니 그 덕을 칭한 것이다."

○"'군자불기'의 군자는 어떤 사람입니까?"라고 묻자, 주자가 답하였다. "일반적으로 소인에 상대하여 말한 군자가 있으니 곧 작은 군자이다. '성인을 내가 만나 볼 수 없다면 군자를 만나 볼 수 있으면 좋겠다.'와 같은 것은 곧 큰 군자를 말하니, 바로 성인의 다음가는 자이다."

○채청이 말하였다. "기구는 단지 한 방면에 쓰인다. 천하의 사물은 모난 것은 모나게 쓰이지 둥글게 쓰이지 않으며, 둥근 것은 둥글게 쓰이지 모나게 쓰이지 않는다. 그러므로 배를 수레로 삼아서 육지에서 다니게 할 수 없고, 수레를 배로 삼아서 물에서 다니게 할 수 없으니, 이른바 '기구〔器〕'라는 것이다. 군자가 배움을 이미 이루고 덕을 이미 성취하였다면 자기에게서 닦는 것인 격물치지(格物致知)와 성의정심(誠意正心)의 도가 이미 다하지 않음이 없고, 남에게

미루는 것인 수신제가치국평천하(修身齊家治國平天下)의 방법 또한 밝지 않음이 없을 것이니, 이른바 '체를 갖추지 않음이 없다.〔體無不具〕'는 것이다. 그러므로 쓰이는 바에 따라 모두 통하여 조씨(趙氏)와 위씨(魏氏)의 가로(家老)가 될 수도 있으며, 등(滕)나라와 설(薛)나라의 대부가 될 수도 있으며, 위리(委吏)나 승전(乘田)이 될 수도 있으며, 대사구(大司寇)가 되어 재상의 일을 대리할 수도 있으며, 예(禮)를 담당하거나 악(樂)을 담당하는 데에 쓰일 수 있으며, 소송을 맡거나 형벌을 결정하는 데에 쓰일 수 있으며, 한 고을의 수령으로 쓰일 수도 있으며, 천하의 재상으로 쓰일 수도 있다. 크게 쓰면 큰 효과를 볼 것이고, 작게 쓰면 작은 효과를 볼 것이다. 그 이유는 그 체(體)가 갖추어졌기 때문이고, 그 체를 갖추었다는 것은 마음이 본디 뭇 이치를 갖추고 모든 일에 응할 수 있기 때문이다. 다만 사람이 배우고 힘써서 채움이 없기 때문에 그 체가 갖추어지지 않아 작용이 비로소 좁아진 것이다."

자왈군자주이불비장

子曰君子周而不比章

공자께서 말씀하셨다. "군자는 두루 사랑하고 편당(偏黨)하지 않으며, 소인은 편당하고 두루 사랑하지 않는다.〔君子周而不比, 小人比而不周.〕"

정자가 말하였다. "'주(周)'는 지극함이다. 군자는 두루 지극하며 무리 짓지 않는다."

○"'주(周)'와 '비(比)'는 서로 비슷한 것이 아닙니까?"라고 묻자, 주자가 답하였다. "겉모습은 서로 닮았지만 내면은 크게 차이가 나니, 그 기미(幾微) 사이에서 변별하지 않아서는 안 된다."

주자가 말하였다. "'주(周)'와 '비(比)'는 서로 간의 거리가 멀지 않으니, 모름지기 서로 크게 먼 점을 분별해야 한다.〔周比相去不遠, 須分別得大相遠處.〕"-소주-

이정(李禎)이 말하였다. "'주(周)'와 '비(比)'는 모두 남과 더불어 친후(親厚)한 것이니, 이른바 '서로 멀지 않다.'라는 것이다. 주(周)가 공(公)이고 비(比)가 사(私)라면 서로 크게 먼 것이다."

자왈학이불사즉망장
子曰學而不思則罔章

공자께서 말씀하셨다. "배우기만 하고 생각하지 않으면 얻음이 없고, 생각하기만 하고 배우지 않으면 위태롭다.〔學而不思則罔, 思而不學則殆.〕"

"배움은 그 일을 배움이고, 생각은 그 이치를 생각하는 것입니까?"라고 묻자, 주자가 답하였다. "생각은 단지 배운 바의 일을 생각하는 것이다. 배우되 생각하지 않으면 아무것도 없게 된다." "생각하기만 하고 배우지 않으면 어째서 위태롭게 됩니까?"라고 묻자, 주자가 답하였다. "비록 마음으로 생각하고 헤아리더라도 실제 일에서 익숙히 한 적이 없어서 결국에는 생경하여 편안하지 못하다."

마음에 구하지 않으므로 어두워서 얻음이 없고, 그 일을 익히지 않으므로 위태로워 편안하지 못하다.〔不求諸心, 故昏而無得, 不習其事, 故危而不安.〕-집주-

주자가 말하였다. "'어둡다〔昏〕'는 것은 마음을 가지고 말한 것이고, '얻음이 없다〔無得〕'는 것은 이치를 터득하지 못해 결국 아무것도 없게 된다는 것이다. '위태롭다〔危〕'는 일을 가지고 말한 것이고 '편안하지 못하다〔不安〕'는 이치에 편안하지 못해 결국 위태롭게 된다는 것이다."

정자가 말하였다. "박학(博學)·심문(審問)·신사(愼思)·명변(明辨)

· 독행(篤行), 이 다섯 가지 중에 하나만 폐지하여도 학문이 아니다.〔博學審問愼思明辨篤行五者, 廢其一, 非學也.〕"-집주-

"《집주》에서는 도리어 《중용》에서의 박학(博學) · 심문(審問) · 신사(愼思) · 명변(明辨) · 독행(篤行)의 말을 거론하였는데, 제가 보기에 박학과 독행은 배움의 처음과 끝이고, 심문과 신사와 명변은 생각의 처음과 끝입니다."라고 묻자, 주자가 그렇다고 답하였다.

자왈공호이단장
子曰攻乎異端章

공자께서 말씀하셨다. "이단(異端)을 전공(專攻)하면 해가 될 뿐이다.〔攻乎異端, 斯害也已.〕"

살펴보건대, 《언해(諺解)》에 이르기를, "이단(異端)을 공(攻)ᄒᆞ면 이 해(害)니라" 하였는데, 이는 이단을 전적으로 공부하면 이것이 해가 됨을 말한 것이다. 여기서는 '이(已)' 자를 어조사의 의미로 본 것이다. 《집주》에서 말하기를, "양주(楊朱)와 묵적(墨翟)이 천하를 거느리고서 무부(無父)·무군(無君)의 지경에 이르렀으니, 전적으로 공부하여 정밀히 알고자 하면 해됨이 심한 것이다."라고 하였는데, 이는 이단을 전적으로 공부하면 그 해가 심함을 말한 것이다. 여기서는 '이(已)' 자를 '심(甚)' 자의 의미로 본 것이다. 어떤 이가 말하기를, "'공(攻)'은 공격함이다. 이단을 공격하면 그 해가 그침을 말한 것이다." 하였다. 여기서는 '이(已)' 자를 '지(止)' 자의 의미로 본 것이다. 세 가지 설이 각각 같지 않다.

○"'공(攻)' 자를 만약 '공격하다'로 본다면 어떻게 해가 있겠습니까?"라고 묻자, 주자가 답하였다. "성인이 만약 이단을 공격하면 해가 있다고 말하였다면 이에 대해 말씀이 더 있었을 것이고 단지 이렇게 말하고 그만두려고 하진 않았을 것이다. 만약 공격의 의미를 따른다면 여씨(呂氏)의 설이 가깝다. 그러나 '공치(攻治)'의 '공'으로 보는 것이 비교적 온당함만 못하다." 여씨가 말하였다. "군자는 떳떳한 도를 회복할 뿐이니, 떳떳한 도가 바루어지면 사특함이 없어질 것이

다. 지금 이단을 미워하여 힘써 공격하면 단지 자신을 가리기에 족할 뿐이다."

자장학간록장
子張學干祿章

자장(子張)이 녹(祿)을 구하는 방법을 배우려고 하였다.〔子張學干祿〕

살펴보건대, 여기에서 '학간록(學干祿)'은 자장이 스스로 녹을 구한 것을 말한 것이지 공자에게 배우고자 함은 아니다. 부자께서는 자장의 잘못으로 인하여 아래 문장에서 훈계하는 말씀을 하신 것이다.

많이 듣고서 의심나는 것을 빼고 그 나머지를 삼가서 말하면[37] 허물이 적고……녹(祿)이 그 가운데에 있을 것이다.〔多聞闕疑, 愼言其餘則寡尤……祿在其中.〕

"그 나머지를 삼간다는 것은 단지 의심이 없고 위태로움이 없는 곳을 가리킨 것입니까?"라고 묻자, 주자가 답하기를, "참으로 옳다." 하였다.

○또 말하였다. "자장이 녹을 구하는 방법을 물은 것은 이러한 때 이미 바르지 않은 마음이 있던 것이다. 그런데 부자께서 그의 물음에 돌려서 답하여, 그에게 어떻게 하면 녹을 구할 수 있는지 가르치지도 않고 또 녹을 구하지 말라고 가르치지도 않고서 다만 녹이 그 안에 있다고만 말씀하셨다."

○또 말하였다. "듣고 보는 것은 언행의 바탕이다. 그러나 많이 쌓지

37 말하면 : 본문에는 '思'로 되어 있는데, 《논어집주》에 근거하여 '言'으로 바로잡아 번역하였다.

못하면 고루해지고 비천해지며 증험할 수 없게 되어 의심스럽고 위태로운 곳을 알지 못하게 된다. 안다고 빼버리지 않으면 구차함을 무릅쓰게 되어 의지할 곳이 없어 오류와 망령됨으로 빠지게 된다. 위태로움을 빼버릴 수 있다면 거의 가까워져 그 나머지를 돌아볼 수 있게 되어 결국에는 스스로 믿게 되고 편안해진다. 그러나 삼가는 일이 없다면 언행 사이에 사물과 내가 서로 어그러져 더욱 후회가 쌓이는 것을 면하지 못하게 된다."

○채청이 말하였다. "군자의 학문은 들은 바가 필시 많다. 그러나 들은 내용 가운데 의심스러운 바가 없을 수 없기에 빼버리고 말하지 않는다. 그 나머지 의심스럽지 않은 것들은 말할 수 있지만, 또한 반드시 신중하게 말해야 한다. 능히 이와 같을 수 있다면 허물이 적어진다. 군자의 학문은 본 것이 필시 많다. 그러나 본 것 가운데 편안하지 않은 것이 없을 수는 없기에 빼버리고 실행하지 않는다. 그 나머지 이미 편안한 것들은 실행할 수 있지만, 또한 반드시 신중하게 실행해야 한다. 능히 이와 같을 수 있다면 후회가 적다."

○여만촌이 말하였다. "녹이라는 것은 원래 학문 밖의 일이니 구하는 것이 잘못이다."

애공문왈하위즉민복장
哀公問曰何爲則民服章

애공(哀公)이 "어떻게 하면 백성이 복종합니까?" 하고 묻자……굽은 사람을 들어 쓰고 정직한 사람을 버려두면 백성들이 복종하지 않습니다."〔哀公問曰, 何爲則民服……擧枉錯諸直則民不服.〕

애공(哀公)은 정공(定公)의 아들이다.

○형병의 《논어정의》에서 다음과 같이 말하였다. "이때 애공이 덕망을 잃어 백성이 복종하지 않았다. 애공이 이를 근심하였기 때문에 이렇게 물은 것이다."

계강자문사민경충이권장
季康子問使民敬忠以勸章

계강자(季康子)가 "백성으로 하여금 윗사람을 공경하고 충성하게 하며 이것을 권면하게 하려는데, 어찌하면 되겠습니까?" 하고 묻자……잘하지 못하는 자를 가르치면 권면될 것이다.〔季康子問, 使民敬忠以勸如之何……教不能則勸〕

채청이 말하였다. "장엄함으로 백성들에게 임하고 자기를 공경으로 자신을 단속하였으므로 백성들 또한 그를 공경하는 것이다. 부모에게 효도하면 그 덕이 백성들을 교화하기에 충분하고, 백성들에게 인자하면 그 은덕이 백성들을 결집할 수 있어 백성들이 자연히 나에게 충성할 것이다. 잘하는 이를 등용하면 잘하는 이들이 더욱 진전하여 태만하지 않게 되고, 잘하지 못한 이들을 또 가르치면 잘하지 못한 이들 또한 장차 발돋움하여 미치게 될 것이니, 백성들이 권면되지 않겠는가."

혹위공자왈자해불위정장
或謂孔子曰子奚不爲政章

정공(定公) 즉위 초년에 공자(孔子)께서 벼슬하지 않으셨다.〔定公初年, 孔子不仕.〕-집주-

당시 공자 나이 43세였다.

○이패림이 말하였다. "정공(定公)이 효성스럽지 않고 우애가 없었기 때문에 공자께서 벼슬하지 않고 이로 인해 효우(孝友)의 도리를 어떤 이에게 넌지시 보인 것이라면, 공자께서 초년에 벼슬하지 않은 것은 바로 정공 때문이고, 뒤에 재상을 대신하여 큰 정사를 펼친 것도 바로 정공 때문이니, 공자께서 전후로 궤철(軌轍)을 바꾼 것은 아니다. 정공 즉위 초년을 살펴보면 실로 벼슬을 할 수 없었다. 소공(昭公)이 건후(乾侯)에서 죽을 때 제대로 죽지 못하였는데, 계씨(季氏)가 태자 연(太子衍)과 공숙 무인(公叔務人)을 폐하고 정공을 세웠다. 정공이 등극한 후에 선군(先君)을 위해 복수하고 계씨를 주살해야 마땅한데 도리어 이를 은혜로 알고 계평자(季平子)를 총애하여 관직을 주었으니 이미 공자에게 권력을 줄 수 없었다. 계평자가 권력을 스스로 부여하여 오직 성인에게 토벌당할 것을 걱정하였으니, 또 어찌 공자를 기꺼이 등용하려 했겠는가. 성인은 등용되지 않으면 은거하니, 또 어찌 벼슬을 구할 뜻을 가지셨겠는가. 이것이 벼슬하지 않은 까닭이다. 9년 이후에 정공에게 벼슬한 것은 어째서인가? 성인은 때에 따라서 중도를 지켜 각기 마땅한 바가 있다. 정공이 즉위한 것이 비록 훔친 것에 가까웠으나 그 죄는 군주를 쫓아내고

후사를 폐한 도적을 토벌하지 못한 데에 있었지, 위나라 첩(輒)이 자식으로서 아버지에게 대항하여 크게 혼란을 만들고 부도했던 것[38]과는 같지 않다. 이제 즉위한 지 8, 9년이 되어 이미 군위(君位)를 피하여 양위한다는 말을 고집할 수 없었고, 군주를 쫓아내고 적자를 폐한 도적도 이미 죽었고 보면 토벌을 가할 수 없으니, 성인이 또 어디에서 바로잡겠는가. 그래서 이후에 정공에게 벼슬한 것은 원래 이치를 어긴 점이 없다. 다만 이 장에서 앞뒤로 말한 것은 원래 상고할 수가 없는데 주자가 마침내 '정공초년(定公初年)' 네 글자를 썼으니, 효우의 도리가 정공과 관계가 있어서가 아니겠는가."

38 위나라 첩(衛)이……것 : 위첩은 위 영공(衛靈公)의 태자 괴외(蒯聵)의 아들이다. 괴외가 영공의 부인 남자(南子)를 죽이려다가 영공에게 쫓겨나서 진(晋) 나라로 망명하였는데, 그 후 영공이 죽고 첩(輒)이 즉위하게 되자, 괴외가 진 나라의 힘으로 환국하려 하니, 첩이 입국을 막고 대항하였다.《左傳 哀公 15年》

자왈인이무신부지기가야장

子曰人而無信不知其可也章

큰 수레에 횡목이 없고, 작은 수레에 멍에걸이가 없다.〔大車無輗, 小車無軏.〕

동양 허씨가 말하였다. "예(輗)와 월(軏)은 수레와 마소가 접속하는 부분이고, 믿음은 자신과 남이 접속하는 부분이다. 이 비유가 가장 절실하다."

○살펴보건대, 본문의 주된 뜻은 사람에게 신의가 없으면 행세할 수 없는 것이 수레에 횡목과 멍에걸이가 없으면 갈 수 없다는 일에 비유하는 것을 말한 데 불과하다. 애초에 접속하는 부분에 대해 말한 것이 아니니, 본뜻을 잃은 듯하다.

○《주례》의 주에 "'형(衡)'은 양 멍에 사이를 말한다."하였다. '원(轅)'을 《설문》에서는 '주(輈)'라 하였고, 《시고(詩詁)》에서는 "수레 앞의 구부러진 나무로 위에서 멍에를 거는 것을 '주(輈)'라 하고, 또한 '원(轅)'이라고도 한다. 진(軫)에서부터 약간 구부러져 위로 형(衡)에 이르니, 형의 위에 있으면서 아래를 향해 멍에를 건다. 형(衡)은 끌채에 가로댄 나무로 이것으로 말에 멍에를 맨다."라고 하였다. 공영달의 소(疏)에, "형(衡)은 멍에〔軛〕이다. 주(輈) 아래에 가로로 놓여 있으니, 집의 대들보와 같다."

○퇴계 선생이 말하였다. "예(輗)는 원(轅)의 끝에 가로지른 나무이고, 액(軛)은 예에 묶어서 소에 멍에를 거는 것이다. 월(軏)은 원의 끝에 위로 굽은 부분이다. 형(衡)은 고리로 월을 걸어서 말에 멍에를

거는 것이다. 대개 예(輗)·월(軏)·액(軛)·형(衡) 네 가지는 모두 원 끝부분에 설치하여 마소에 멍에를 거는 물건이다. 다만 오늘날 수레의 제도에 비록 원이 있다고 하더라도 옛날 제도는 아니니, 어떻게 네 사물의 제도를 정확하게 알 수 있겠는가."

자장문십세가지야장
子張問十世可知也章

자장(子張)이 "열 왕조(王朝)의 일을 알 수 있습니까?" 하고 물었다. 〔子張問十世可知也〕

채청이 말하였다. "자장이 부자께서 《주역》을 좋아하여 앞일을 잘 아는 것을 보았으니, 이 질문을 꺼낸 것은 의도가 운수를 알아보는 데 있었다. 부자께서 알려주신 것이, 단지 이치만을 말하고 운수를 말하지는 않았다."

○살펴보건대, 채씨의 이 설은 상고할 바가 없으니 믿을 수 없다.

왕자(王者)가 성(姓)을 바꾸어 천명(天命)을 받는 것을 일세(一世)라고 한다.〔王者易姓受命, 爲一世.〕-집주-

살펴보건대, 아래의 글에서 "은(殷)나라는 하(夏)나라의 예(禮)를 인습(因襲)하였고, 주(周)나라는 은(殷)나라의 예를 인습하였다. 혹시라도 주(周)나라를 잇는 자가 있다면 비록 백세(百世) 뒤라도 알 수 있을 것이다."라고 한 것으로 보면, 《집주》에서 이른바 성을 바꾸어 천명을 받는 것을 일세라고 한다는 것의 의미가 분명해진다.

공자께서 말씀하셨다. "은(殷)나라는 하(夏)나라의 예(禮)를 인습(因襲)하였으니, 보태고 덜 것을 알 수 있으며……비록 백세(百世) 뒤라도 알 수 있을 것이다."〔子曰殷因於夏禮, 所損益可知……雖百世可知也.〕

주자가 말하였다. "진(秦)나라가 주나라를 계승한 것은 비록 가감함에 부당한 바가 있지만 삼강(三綱)과 오상(五常)은 끝내 변하지 않아 군신(君臣)은 옛날 그대로 군신이고 부자(父子)는 옛날 그대로 부자이니, 다만 관계가 안정되지 못했을 뿐이다. 성인께서 '알 수 있다.'라고 말씀하신 것 또한 단지 그것이 서로 인습함을 안다는 것이다. 마치 네 계절의 운행이, 봄 뒤에 반드시 여름이 오고 여름 뒤에 반드시 가을이 와서, 그 사이에 비록 추위와 더위가 어그러짐이 없을 수 없지만 네 계절의 운행은 끝내 바꿀 수가 없는 것과 같다."

마씨(馬氏)가 말하였다. "손익한 것은 문(文)·질(質)과 삼통(三統)을 이른다.〔所損益, 謂文質三統.〕"《집주》에서 말하였다. "손익한 것은 문장(文章)과 제도(制度)가 약간 지나치거나 미치지 못한 것에 불과할 따름이다.〔所損益, 不過文章制度小過不及之間.〕"-집주-

채청이 말하였다. "'문질삼통(文質三統)'[39]에만 그치지 않는 듯하다. 백성을 기르는 정사로 말하자면, 하후씨(夏后氏)가 50묘에 공법(貢法)을 쓰고, 은나라 사람은 70묘에 조법(助法)을 쓰고, 주나라 사람은 100묘에 철법(徹法)을 쓴 것과 같은 따위는 또한 그 문위(文爲)이다. 백성을 가르치는 정사로 말하자면, 《예기(禮記)》〈왕제(王制)〉에서 하후씨가 향례(享禮)로써 노인들을 봉양하고 은나라 사람들이 사례(食禮)로써 하고, 주나라 사람들이 이를 닦아 겸하여 행한 것

39 문질삼통(文質三統) : 하(夏)·은(殷)·주(周) 삼대(三代)의 정사(政事)를 말한다. 문질(文質)은 하(夏)나라는 충(忠)을, 은(殷)나라는 질(質)을, 주(周)나라는 문(文)을 숭상하는 것이고, 삼통(三統)은 하나라는 인월(寅月)로 정월을 삼으니 인통(人統), 은나라는 축월(丑月)로 정월을 삼으니 지통(地統), 주나라는 자월(子月)로 정월을 삼으니 천통(天統)인 것이다.

같은 따위는 또한 그 제도와 문위이다."

후세의 참위(讖緯)나 술수(術數)의 학술이다.〔後世讖緯術數之學〕-집주-
여만촌이 말하였다. "이치와 운수는 원래 구분할 수 없지만, 결국엔 이치를 위주로 한다. 이치가 없으면 운수 역시 계산하기 어렵다. 참위가(讖緯家)들은 단지 한쪽 면만을 보기 때문에 효험이 있기도 하고 없기도 하지만, 성인은 위아래로 천 년을 상고하기를 옷 입고 밥 먹는 것처럼 한다."

팔일 제삼 八佾 第三

물헌 웅씨(勿軒熊氏)가 말하였다. "먼저 하・은・주나라의 예를 말하고, 다음으로 하나라와 은나라는 징험하기에 부족함을 말하고 난 뒤에 주나라를 따르겠다는 말을 하였다. 주나라가 쇠하자 예악이 노나라에서 폐지되고 붕괴되었으니, 대개 이를 상심한 것이다. 예에 대해 말한 것이 22장, 악에 대해 말한 것이 3장, 예와 악을 아울러 말한 것이 1장이고, 공자의 출처에 대해 말한 것이 1장이다."

공자위계씨팔일무어정장
孔子謂季氏八佾舞於庭章

공자께서 계씨(季氏)를 두고 말씀하셨다.〔孔子謂季氏〕

형병의 《논어정의》에, "위(謂)는 평론(評論)을 말한다." 하였다.

팔일(八佾)

《좌전》 소공(昭二) 25년에 소공이 자가구(子家駒)에게 "내가 무엇을 참용하였는가?"라고 하자, 자가구가 답하기를, "붉은 방패와 옥도끼를 들고서 대하(大夏)의 악곡에 맞추어 춤을 추고, 팔일로써 대무(大武)의 악곡에 맞추어 춤을 추니, 이것은 모두 천자의 예입니다." 하였다.

○채청이 말하였다. "'일(佾)'은 간우(干羽)[40]의 총칭이다. 《춘추》에 '육우(六羽)'라고 썼는데, 이 또한 무일(舞佾)이다. 우(羽)는 문(文)을 상징하고, 간(干)은 무(武)를 상징한다."

춤은 팔음의 절주에 맞추어 팔풍을 행하는 것이다. 그러므로 악무(樂舞)의 수는 8에서부터 내려오면서……〔夫舞所以節八音而行八風, 故自八以下.〕-소주-

40 간우(干羽) : 간(干)은 자루이고, 우(羽)는 가리개로, 모든 춤추는 자의 도구이다. 《서경(書經)》 〈대우모(大禹謨)〉에 "간우(干羽)로 양계(兩階)에서 춤을 춘다.〔舞干羽于兩階〕."라고 하였다.

두예(杜預)가 말하기를, "오직 천자만이 사물의 수를 다 사용할 수 있기 때문에 8열을 사용하니, 제후는 감히 팔일(八佾)을 사용할 수 없다. 이른바 팔음이라는 것은 금(金)·석(石)·목(木)·혁(革)·사(絲)·죽(竹)·포(匏)·토(土)이다."라고 하였고, 복건(服虔)이 말하기를 "이른바 팔풍(八風)이라는 것은 8괘의 바람이다. 건(乾)의 소리는 석(石)이니 그 바람은 불주(不周 서북풍)이고, 감(坎)의 소리는 혁(革)이니 그 바람은 광막(廣莫 북풍)이고, 간(艮)의 소리는 포(匏)이니 그 바람은 융(融 동북풍)이고, 진(震)의 소리는 죽(竹)이니 그 바람은 명서(明庶 동풍)이고, 손(巽)의 소리는 목(木)이니 그 바람은 청명(淸明 동남풍)이고, 이(離)의 소리는 사(絲)이니 그 바람은 경(景 남풍)이고, 곤(坤)의 소리는 토(土)이니 그 바람은 양(涼 서남풍)이고, 태(兌)의 소리는 금(金)이니 그 바람은 창합(閶闔 서풍)이다."라고 하였으며, 또《역위(易緯)》〈통괘험(通卦驗)〉에서 "입춘에는 조풍(調風)이 이르고, 춘분에는 명서풍(明庶風)이 이르며, 입하에는 청명풍(淸明風)이 이르고, 하지에는 경풍(景風)이 이르며, 입추에는 양풍(涼風)이 이르고, 추분에는 창합풍(閶闔風)이 이르며, 입동에는 불주풍(不周風)이 이르고, 동지에는 광막풍(廣莫風)이 이른다."라고 하였으니, 이것이 바로 천자의 악무(樂舞)가 팔음을 절주로 삼아 팔풍을 행하기 때문에 팔일(八佾)인 것이다.

혹자가 말하였다. "인(忍)'은 용인(容忍)하는 것이다.〔忍, 容忍也.〕"-집주-

"어떤 이는 인(忍)이 '용인(容忍)'의 인(忍)이라고 하는데, 성인의 말이 어찌 이처럼 박절합니까?"라고 묻자, 주자가 답하였다. "반드시 그렇지는 않다. 그러나 호씨(胡氏)가 말하기를, '성인의 도량은 천지와도 같아서 사람들을 서(恕)로써 대한다. 오직 난신적자(亂臣賊子)에 대해서만은 매우 엄하게 다스린다. 그 법도가 《춘추》에 갖추어져 있으니, 큰 윤리를 부식(扶植)하고 기강을 세우기 위해서이다.'라고 하였다. 이 설로 관통해 보면 또한 의심할 것이 없다. 다만 본뜻이 반드시 그렇지는 않은 듯하다."

삼가자이옹철장
三家者以雍徹章

삼가의 당〔三家之堂〕

인산 김씨(仁山金氏)가 말하였다. "당(堂)은 묘당(廟堂)이다. 위의 문장에서의 '정(庭)'-팔일무정(八佾舞庭)- 또한 이 묘정(廟庭)이다. 대개 묘제(廟制)는 실(室) 바깥을 당으로 삼고, 당 앞을 정으로 삼는다."

서산 진씨(西山眞氏)가 말하였다. "비과외야(非過外也)"-소주-

살펴보건대, '과외(過外)'는 과분(過分)의 오류인 듯하다.[41]

후재 풍씨(厚齋馮氏)가 말하였다. "편안하여 마음이 흔들리지 않는다.〔安然不以動心〕"-소주-

살펴보건대, '안연(安然)'은 아마도 안연(晏然)인 듯하다.

41 과외(過外)는……듯하다 : '과외(過外)'라고 그대로 보면 서산 진씨의 앞의 말이 이해되지 않기 때문에 '과분(過分)'으로 보아야 한다는 말이다. '과외(過外)'가 포함된 문장을 '과분(過分)'으로 바꾸어 번역하면 다음과 같다. "신하가 임금이 없으면 이러한 작위가 없으니, 자신이 임금으로 인하여 이 작위를 가졌다면 임금을 섬길 때 자연히 충성을 다하여야 한다. 이것은 그 본분(本分)에 마땅히 해야 할 일을 극진히 하는 것이니, 분수를 넘는 것이 아니다.〔過分〕" 외(外)와 분(分)은 그 글자의 형태가 비슷하다.

지은이 **김간(金幹)**

본관은 청풍(淸風), 자는 직경(直卿), 호는 후재(厚齋)이다. 송시열(宋時烈)과 박세채(朴世采)의 문인이다. 1646년(인조24)에 경기도 광주 사천촌(沙川村)에서 출생하였다. 생부는 김도(金濤)이며, 출생 직후 후사가 없었던 백부 김수(金洙)의 양자로 들어갔다. 1664년(현종5) 공도회(公都會) 초시(初試)에 급제하였고, 1668년에는 증광감시(增廣監試) 초시와 대과(大科) 초시에 급제했지만, 회시(會試)에는 합격하지 못했다. 이후 과거를 포기하고 평생을 학문 연구와 저술에 집중하였다. 1694년(숙종20)에 학행(學行)으로 천거되어 전설사 별검에 임명된 이후 계속해서 관직에 제수되었으나 1701년(숙종27) 예산 현감(禮山縣監)과 1708년(숙종34) 연산 현감(連山縣監) 두 차례 지방 수령 직에만 나아가고, 나머지 관직은 거의 다 사양하였다. 일생의 거의 전 시기를 재야의 학자로 살다 1732년(영조8) 7월 26일에 87세로 세상을 떠났다. 시호는 문경(文敬)이다.

옮긴이

최예심(崔禮心)

1967년 충북 제천 출생. 민족문화추진회 국역연수원 연수부 및 상임연구부를 졸업하였다. 민족문화추진회를 거쳐 단국대학교 동양학연구원 연구교수로 재직 중이다. 《승정원일기》(공역), 《월정집》(공역), 《용주유고》(공역), 《어우집》(공역) 등을 번역하였다.

이라나

1971년 전북 군산 출생. 서울예술대학교 극작과, 동덕여자대학교 문예창작과를 거쳐 성균관대학교 동아시아학술원에서 석사학위를 받고 박사과정을 수료하였다. 한국고전번역원 고전번역교육원의 전문과정을 마치고 한국고전번역원 번역위원을 거쳐 현재 단국대학교 동양학연구원에 연구원으로 재직 중이다. 《일성록》(공역), 《월정집》(공역), 《동강유고》(공역), 《용주유고》(공역), 《낙전당집》(공역) 등을 번역하였다.

권진옥(權津鈺)

1979년 경북 영천 출생. 고려대학교 한문학과를 졸업하고, 동 대학교 국어국문학과에서 〈택당 이식의 변문·고문 연찬과 산문 창작의 실제〉로 석사학위를 받고 〈균산 이유원의 학문 성향과 유서·필기 편찬에 관한 연구〉로 박사학위를 받았다. 고려대학교 민족문화연구원과 단국대학교 동양학연구원 연구원을 거쳐, 현재 단국대학교 국어국문학과 조교수로 재직 중이다. 《낙전당집》(공역), 《어우집》(공역), 《한비자집해》(공역), 《오천집》 등을 번역하였다.

권역별거점연구소협동번역사업 연구진

연구책임자 김문식(단국대학교 사학과)
공동연구원 윤재환(단국대학교 국어국문학과)
김우정(단국대학교 한문교육과)
책임연구원 허호구(단국대학교 동양학연구원)
최예심(단국대학교 동양학연구원)
이라나(단국대학교 동양학연구원)
선임연구원 이승용(단국대학교 동양학연구원)
연구원 김종하(단국대학교 동양학연구원)
연구보조원 유명석(단국대학교 동양학연구원)

후재집 4

김간 지음 | 최예심 · 이라나 · 권진옥 옮김
2023년 12월 31일 초판 1쇄 발행
편집 · 발행 학자원
등록 2011.4.6 제2011-14호
주소 (05355) 서울시 강동구 천호대로 1121
전화 02-6403-1000 | 팩스 02-6338-1001 | 이메일 hakjaone@daum.net

값 40,000원
ISBN 979-11-6247-320-7 94810
979-11-6247-316-0 (세트)